الفَعْل العَرَبِي

101가지 아랍어 동사

الفَعْل العَرَبي

الفعل العربي

아랍어 101가지 동사

구어체
요르단
팔레스타인 편

Fridrik E. Tiedemann Jr. 지음
김 문 규 옮김

HUiNE

사진은 요르단 계곡, 요르단과 이스라엘 사이의 비무장 지대에 있는 다리이다. 로마 시대 때에 처음 만들어졌으며,
오스만 제국 시대와 영국 식민 시대를 거쳐 1948년까지 다마스커스와 하이파를 연결하는 주요 철길이었다.
전쟁으로 말미암아 현재까지 기차는 다닐 수 없게 되었지만 언젠가 평화가 찾아와 다시 왕래할 수 있기를 바란다.
다리가 있음으로 말미암아 요단강을 쉽게 건널 수 있듯이,
이 책으로 인해 한국인들이 아랍어와 아랍 문화를 습득하는데 작은 도움이라도 되길 소망하는 바이다.

▲ 나바티안들이 세운 페트라는 세계 7대 불가사의에 뽑힐 정도로 유명한 명소이고 영화(레이더스, 트렌스포머)에 등장하기도 한다.

▲ 한국과는 다르게 초겨울에 첫비(이른비)가 내려 봄에 내리는 마지막비(늦은비)가 내릴 무렵에는 광야가 잠시 푸른 초장이 되어 양을 목축하기 좋다.

▲ 요르단의 허리를 나누는 와디 무집(아르논 계곡)은 Grand Canyon만큼이나 규모가 큰 계곡으로 최대 1300m의 깊이를 자랑한다.

▲ 사해는 지구 상에서 가장 낮은 곳으로 해저 400m이다. 해안에는 염도가 높아 소금이 해변에 결정되기도 하고, 누구나 저절로 뜬다. 최근 해수위가 점점 줄어 큰 환경문제가 되고 있다.

▲ 사막의 밤풍경은 참으로 아름답다. 요르단 남부에 위치한 와디람에는 야영할 수 있는 시설들이 인기가 많다.

▲ 예루살렘성의 남쪽에 위치한 오펠(ophel) 가든에서 바라본 감람산(Mt. Olive)은 유대인들의 무덤 때문에 삭막해 보인다.

▲ 감람산에서 바라본 예루살렘성의 모습이다. 반복되는 전쟁과 분쟁의 역사를 말해주듯 많은 사원과 교회, 명소들이 한눈에 보인다.

▲ 한적한 시골마을에 이슬람사원과 교회가 나란히 붙어 있는 모습이 인상적이다.

▲ 요르단 대학교 학생회장 선거를 위해 운집한 학생들의 모습이다. 국회의원 선거만큼이나 열기가 대단하다.

▲ 다른 아랍국가처럼 요르단도 자녀를 많이 출산하기 때문에 골목에서 놀면서 몰려다니는 아이들을 쉽게 만날 수 있다.

▲ 한국의 남대문 시장과 같은 곳이 암만의 발라드 시장이다. 군데 군데 모여 환담을 나누는 사람들을 쉽게 만날 수 있다.

▲ 팔레스타인 사람들의 삶은 고단하다. 바로 옆 동네를 갈 때에도 이스라엘군의 검문초소를 거쳐야 하는데 외국인에게도 자주 경험하고 싶은 일은 아니다.

▲ 가자지구와 서안지구에 설치된 높이 8m의 분리 장벽은 팔레스타인 사람들을 거대한 감옥에 가두고 있는 셈이다. 자유를 그리는 마음으로 그린 그림이 마음을 아프게 한다.

▲ 갈릴리 호수에 있는 동상으로 예수가 제자를 부르실 때의 모습을 형상화했다.

▲ 요르단 지역의 전통 민속춤 공연으로, 농사와 목축업이 주축을 이룬 사회의 풍습을 잘 묘사해주고 있다.
오른쪽 끝에 있는 사람이 민속춤의 리더이다.

▲ 한국어에 대한 관심이 높아 요르단 대학교 한국어 강의 시간이 학생들에게 인기가 많다.

▲ 베들레헴의 한 호텔에 한국인을 환영하는 태극기가 걸려 있다. 한국인 뿐만 아니라 한국 상품에 대한 지명도가 매우 높다.

▼ 아랍 국가들의 국기는 비슷한 것이 많다. 두차례의 전쟁으로 요르단에는 많은 수의 이라크 난민들이 들어와 함께 살아가고 있고 국기를 나타내는 모자를 팔기도 한다.

▲ 태권도장을 알리는 표지판에서 보듯이 한국의 태권도가 아랍지역에서 인기가 높다.

▲ 물담배(narjileh 혹은 hookah)는 한번에 한두 시간 정도 피우기 때문에 바쁜 사람들에게는 어울리지 않는다. WHO에서는 담배 100~200개를 피운 것과 동일한 해가 있다고 한다.

▼ Khaliil(헤브론)시에 남아 있는 아브라함의 상수리나무는 나이가 천년이 넘은 것이나 1990년대 말라서 죽은 것으로 보고되었다.

◀ 아랍의 단과자는 한국 것과 비교되지 않게 달다. 달게 먹고 기름지게 먹기 때문에 성인병이 많다.

▲ 일반적인 예상과 다르게 요르단, 팔레스타인 지역은 겨울에 간혹 폭설이 내린다.
한번 눈이 내리면 모든 대중교통 수단이 멈춰 밖에 나갈 수 없게 된다.

▶ 3개의 대륙이 교차하는 팔레스타인 지역은 문명간의 충돌로 인해 역사 속에서 조용할 날이 없었다.
예루살렘의 한 박물관 입구에 있는 포스터에 그 이유가 잘 나타나 있다.

차 례

감사의 말씀

이 책이 나오기까지 많은 시간과 굉장한 노력, 자료수집의 과정을 거쳤습니다. 우선적으로, 저는 이 책을 마무리 지을 수 있도록 저를 도구로 사용해 주신 하나님께 감사를 드리고 싶습니다. 다음으로 저는 이 책을 제작하는 과정에서 가족과의 시간이 줄었었음에도 저를 격려해주고 응원하여 준 나의 아내 Deb에게 깊은 감사와 사랑을 표하고 싶습니다. 그리고 이 프로젝트에 큰 공헌을 해 준 Zaki Kopti와 그의 아내 Fadia Naber Kopti에게 감사를 표하고 싶습니다. 또한 뛰어난 실력으로 최종편집에 도움을 주신 Khaled (Jack) Ekermawi와 Youiel Zarour에게 동일한 감사의 마음을 전하고 싶습니다. 진심으로, 이들 네 분의 전문적인 도움이 없었더라면, 이 책을 펴내는 일은 무척 어려웠을 것입니다.

제 감사 또한 Basima Bayyouk에게 전하고 싶습니다. 그녀가 아니었더라면 이 화려하고 아름다운 언어의 특징을 제대로 이해하지 못했을 것입니다. Sally와 Aseel Qarmout는 아랍어 원고 교정에 도움을 주었습니다. 저는, 비록 위에 명시되지 않았지만, 제 모든 아랍 친구들과 조언해 주신 분들께 끊임없는 격려와 도움에 감사를 전하고 싶습니다. 마지막으로, Matthew Walter와 Keith Summey에게 그들의 깊은 통찰력과 모범에 감사의 말씀을 더하고 싶습니다.

Fridrik E. Tiedemann Jr.

추천의 글

아랍어는 아랍 20여 국가의 공용어이고 이슬람의 언어이며 소수의 아랍 기독교인들의 언어입니다. 아랍어는 격식 아랍어(푸스하)와 비격식 아랍어(암미야)가 있어 한국인에게는 학습하기에 어려운 언어에 속합니다. 외국어로서의 아랍어 학습에는 왕도가 없습니다. 특히 한국인들은 격식 아랍어와 비격식 아랍어 모두를 학습해야 합니다. 이번 김 문규 박사님이 한국어로 번역하셔서 내놓으시는 이 책은 아랍어 동사, 능동 분사, 수동분사, 동명사, 쌍수와 복수, 그리고 101가지 비격식(구어체) 아랍어 동사와 문형, 동사 변화표 등 아랍어 형태론이 일목 요연하게 잘 설명되어 있고 격식 아랍어와 비격식 아랍어의 예시 문장이 제시되고 있어서 아랍어 학습의 속도를 한층 더 앞당겨 줄 것으로 확신합니다.

한국어의 세계화에 힘입어 아랍인들이 한국어를 학습하는 수가 늘고 최근 들어 아랍어를 배우는 한국인들의 수 또한 과거에 비해 월등하게 많아지고 있습니다. 이러한 때에 아랍어를 좀 더 쉽고 체계적으로 배울 수 있도록 하는 교재의 필요성은 아랍어 학습자 모두에게 절실하다고 할 수 있습니다. 그 동안 아랍어 교재는 한국의 대학들과 개인에 의해 만들어졌습니다. 그러나 그것은 기관의 성격이 드러나 모든 아랍어 학습자들이 자유롭게 사용하는 데에는 어려움이 있는 것도 사실이었습니다.

이번 김문규 박사님이 번역한 이 책은 누구나 아랍어 학습을 원하는 사람에게 사용될 수 있도록 어휘와 문법, 용례들이 격식 아랍어와 비격식 아랍어로 나뉘어 잘 설명되어 있습니다. 모쪼록 이 책의 한국어판 발간이 아랍어 학습의 진보에 기폭제가 되기를 기대하며 한국인의 아랍어 학습자들에게 이 책을 추천합니다.

전 요르단 대학교 교수 공 일 주

역자 서문

언어는 의사소통하는 수단 이상의 의미가 있습니다. 한국과 아랍이 먼 만큼 언어, 문화의 차이도 크기 때문에 한국인으로서 아랍을 배움에 있어 많은 장벽을 뛰어 넘어야만 합니다. 하지만 아랍이 같은 아시아 대륙에 위치하고 있고, 아랍인들도 우리와 똑 같은 사람이기에, 같이 지내다 보면 많은 공통점이 있는 것을 발견하게 됩니다. 처음에는 힘들지라도 장애물들을 하나씩 극복하면 아랍어도 친숙하게 다가올 것으로 확신합니다.

아랍어는 특이하게 문어체와 구어체가 공존합니다. 한국으로 말하자면 현대 한국어로 말하면서 쓰고 읽기는 훈민정음의 복잡한 문법을 따라가는 셈입니다. 아랍어 문법이 어려운 것은 익히 잘 알려져 있습니다. 하지만 일상 생활에서는 모든 아랍인들이 구어체로 말하기 때문에 아랍의 각 나라마다 구어체를 익혀야 합니다. 이 책이 요르단, 팔레스타인 지역의 구어체를 가르치는 최초의 한글 교재이기에 이 책을 통하여 한국과 중동, 특히 요르단, 팔레스타인이 가까워지며 불필요한 장벽이 무너지는 계기가 되길 소망합니다.

널리 사용되는 101개의 아랍어 동사와 함께 800개 이상의 예문들을 수록하고 있으며, 10가지 형태의 동사 변형과 활용을 보여 주고 있습니다. 특히 서론의 내용을 잘 숙지하길 권하며 650개 이상의 불규칙 복수명사를 외울 때 함께 제작된 MP3 음원을 통해 반복 청취함으로 도움을 받을 수 있을 것입니다. 원문과 음성파일 간에 몇 단어가 차이가 나는 것은 수정과정에 생긴 것으로 뜻에는 차이가 없으니 양해해주시기 바랍니다. 녹음할 때 한국어를 먼저 한 이유는 아랍어 표현을 유추하여 생각하게 하기 위함입니다.

이 책은 특이하게 3개 언어로 구성되어 있습니다. 근본적으로 구어체 아랍어를 한국어로 번역했지만 원본의 영어를 남겨 두어서 이해를 돕고자 했습니다. 하지만 아랍어가 표현하는 어감을 최대한 살리려고 했기 때문에 한국어와 영어 간에는 차이가 생길 수 있을 것입니다. 예를 들면 아랍어 동사의 뜻 설명이 모두 과거 시제로 쓰여져 있기 때문에 영어 번역도 과거 시제로 했지만 한국어는 편하게 현재 시제로 표시했습니다. 의미가 분명하지 않은 경우에는 원저자 및 현지인들과 직접 면담하면서 정확한 번역을 하고자 노력했습니다. 간혹 한국어 표현이 자연스럽지 못할 때가 있는데 그 이유는 아랍어 단어의 의미를 최대한 살리려 했기 때문입니다. 그래도 부가적인 설명이 필요할 경우, '참고' 혹은 '직역'란을 마련하였습니다. 책의 마지막에 있는 색인은 동사의 모든 뜻을 번역했다기 보다는 이 책에서 의미하는 내용만 다루었고 기록된 뜻 이외에도 다른 뜻이 있을 수 있겠습니다. 우리 나라에도 외래어가 많듯이 아랍 지역에 영어나 불어에서 유래한 외래어가 많고 흔히 사용되기 때문에 이 책에도 구어체 언어를 구현하기 위해 많이 소개되었습니다.

사실 이 책은 초급자를 위한 것은 아니며 문어체를 공부하는 아랍어 전공자에게는 혼동을 일으키는 내용도 있습니다. 하지만 요르단, 팔레스타인 뿐만 아니라 시리아, 레바논, 이라크에서도 통하는 구어체 아랍어이기 때문에 이 지역을 대상으로 일하실 분들에게는 도움이 될 줄 믿습니다. 개인적인 경험에 의하면 북아프리카나 걸프 지역의 아랍인들과도 어느 정도 의사 소통이 되는 것을 경험하였습니다.

마지막으로 이 책이 나오기까지 격려를 아끼지 않고 남편과 자녀들의 뒷바라지를 위해 수고한 아내에게 가장 큰 감사를 돌리고 싶습니다. 번역의 모든 과정에서 성의껏 도움을 준 Fridrick과 Zaki에게 감사를 드리며 한국어 녹음에 애쓴 채정병 님에게 감사를 전합니다. 어색한 표현을 수정해준 전을생 교수, 오현경 님의 수고에 고마움을 표하며 모든 감사를 아래의 글로 표현하고 싶습니다.

احْمَدُوا الرَّبَّ لأَنَّهُ صَالِحٌ، لأَنَّ إِلَى الأَبَدِ رَحْمَتَهُ.

주님께 감사하라 그는 선하시며 그의 인자하심이 영원함이로다.

김 문 규

개 관

الفِعْل العَرَبِي

아랍어 동사

아랍어는 3자음 어근을 바탕으로 하고 있다. 대부분의 단어들, 즉 동사, 명사, 형용사 등은 품사에 상관없이 기본적으로 3자음 어근으로 구성되어 있다. 그리고 이러한 기본 3자음 어근의 동사가 가장 흔하며 I형 동사로 일컬어진다. 예를 들어 I형 동사 " عَلِم "의 경우, “그는 알았다”라는 의미이다. I형 동사는 기본형이 되고 나머지 9개의 다른 파생형 동사와 연관되어 있다. 대부분의 모든 아랍어 동사는 I형에서 X형까지 나뉘어질 수 있으나 모든 동사가 I형에서부터 X형까지 다 갖는 것은 아니다.

3자음 어근을 기초로 만들어진 각 파생동사는 저마다 독특한 의미를 가지며, 동사 기본형과 그 의미가 대개 연관된다. (예: 재귀*, 수동/사역, 등) 예를 들어 동사 기본형의 " علم "(알다)의 II형은 " عَلَّم "이며, 그 의미는 “그가 가르쳤다”이다. "تعَلَّم"은 V형이며 II형의 재귀형으로 그 의미는 “그가 배웠다”이다. 비록 동사 활용표를 가지고 3자음을 어근 동사를 활용하여 10개의 파생동사를 다 만들어 볼 수 있겠지만 10개의 모든 형태를 다 갖고 있는 동사는 적다. 아랍어 어휘를 배우는 과정을 통해 사용되는 동사 형태를 파악해야 한다.

아랍어 파생동사10가지 형태는 어느 정도 아랍어를 배운 사람들에게는 학습의 좋은 도구가 되고 동사학습에 큰 도움이 되는 동시에, 아랍어 습득 과정을 용이하게 해준다. 다음은 10가지 형태를 이해하는 일반적인 길잡이다. 자세히 들여다 보면, 일정한 규칙 같은 것을 발견할 것이다. 학습자의 머리 속에 그 패턴이 익숙해 질 때까지 각 형태를 공부하고 패턴끼리 비교하면서 이해의 폭을 넓혀 나가야 할 것이다.

I 형 فَعَل ⇨ 자동사 또는 타동사의 의미
II 형 فَعَّل ⇨ 사역동사, 연속적인 행동이나 더 강한 강도를 의미
III 형 فاعَل ⇨ 자동사의 의미 및 시도, 노력를 의미
IV 형 أَفْعَل ⇨ 행위의 유도, 사역동사의 의미(II 형과 유사)
V 형 تَفَعَّل ⇨ II 형의 재귀형/사역(수동)의 의미
VI 형 تَفاعَل ⇨ III 형의 재귀형/상호작용, 사역(수동) 또는 자동사의 의미
VII 형 انْفَعَل ⇨ I 형의 재귀형 및 사역(수동)의 의미
VIII 형 افْتَعَل ⇨ 자동과 수동의 의미/ I 형의 재귀형 및 상호적 일
IX 형 افْعَلّ ⇨ 색깔 변화나 신체장애(드문 형태)
X 형 اسْتَفْعَل ⇨ IV 형의 재귀형/ 판단평가/애원 의뢰

위와 더불어서 명심해야 할 것은 V형, VI형이 바로 목적어를 취하기 보다는 동사 뒤에 전치사가 따라 온다는 사실을 알아야 한다. 다음 페이지에서 구어체 아랍어의 시제를 국어와 대조시켰다. 실제로 아랍어 동사는 과거, 현재, 미래, 3개의 시제밖에 없다. 여러분은 이 아랍어 동사의 한계를 잘 파악하고, 복합한 개념을 이해하고 표현하기 위해 문맥을 정확히 간파해야 할 것이다.

*재귀: reflexive, 스스로 하게 하는 개념. 예를 들면 가르치다(عَلَّم, II형)는 개념의 재귀형은 배우다(تَعَلَّم, V형)가 되는 것이다.

▣ 능동 시제 (능동형)

현재	그가 쓴다.	بُكْتُب .	المُضارِع
과거	그가 썼다.	كَتَب .	الماضِي
현재 분사	그가 쓰고 있다.	عَمْ بُكْتُب .	المُضارِع المُسْتَمِرّ
과거 분사	그가 쓰고 있었다.	كان يُكْتُب .	الماضِي المُسْتَمِرّ
현재 완료	그가 썼다.	كَتَب .	المُضارِع التّامّ
과거 완료	그가 썼었다.	كَتَب .	الماضِي التّامّ
현재 완료 분사	그가 쓰고 있었다.	كان عَمْ بُكْتُب .[1]	المُضارِع التّامّ المُسْتَمِرّ
과거 완료 분사	그가 쓰고 있었다.	كان يُكْتُب .	الماضِي التّامّ المُسْتَمِرّ
미래	그가 쓸 것이다.	رَح يُكْتُب .	المُسْتَقْبَل
미래 분사	그가 쓰고 있을 것이다.	رَح يكُون بُكْتُب .	المُسْتَقْبَل المُسْتَمِرّ
미래 완료	그가 썼을 것이다.	رَح يكُون كَتَب . رَح يكُون كاتِب .[2]	المُسْتَقْبَل التّامّ
미래 완료 분사	그가 쓰고 있었을 것이다.	رَح يكُون عَمْ بُكْتُب .	المُسْتَقْبَل التّامّ المُسْتَمِرّ

[1] 현재 완료 분사 형태에서 아랍인들은 동사 앞에 항상 " ب "을 쓰지는 안는다. 그러나 " ب "는 1 인칭 단수에서 말할 때 (예: " كُنْت عَمْ بَكْتُب . "), 항상 주동사 앞에 온다.

[2] 미래완료 형태에서, 의미를 전달하는 주동사 대신에 اسْمِ الفاعِل (능동 분사)를 사용할 수 있다.

▣ 수동 시제 (수동형)

현재	그 책은 쓰여진다.	الكِتاب مَكْتُوب .[1]	المُضارِع
과거	그 책은 써졌다.	الكِتاب انْكَتِب . / الكِتاب كان مَكْتُوب .[2]	الماضِي
현재 분사	그 책은 쓰여지고 있다.	الكِتاب عَمْ بِنْكَتِب .	المُضارِع المُسْتَمِرّ
과거 분사	그 책은 쓰여지고 있었다.	الكِتاب كان بِنْكَتِب .	الماضِي المُسْتَمِرّ
현재 완료	그 책은 쓰여졌다.	الكِتاب انْكَتِب .	المُضارِع التّامّ [3]
과거 완료	그 책은 써졌었다.	الكِتاب انْكَتِب .	الماضِي التّامّ
미래	그 책은 쓰여 질 것이다.	الكِتاب رَح يِنْكَتِب .	المُسْتَقْبَل
미래 완료	그 책은 쓰여 질 것이었다.	الكِتاب رَح يكُون انْكَتَب .	المُسْتَقْبَل التّامّ

[1] 이 상황에서, 수동 현재 시제의 동사가 아니라 اسْمِ المَفْعُول (수동 분사)가 주로 사용된다. (예: " بِنْكَتِب ").

[2] 과거 시제에서, 수동 분사 اسْمِ المَفْعُول (i.e. " كان مَكْتُوب ")보다는 수동 과거 동사를 사용한다. (예: " انْكَتَب ").

[3] 여기에 아랍어 동사는 현재 완료라고 되어 있지만 행위가 만료된 과거 시제로 여겨질 수 있다.

▣ 조동사(助動詞) 역할을 하는 주요 단어들

아랍어에는 동사는 아니지만 동사처럼 쓰이는 3 단어가 있다. 그것은 " لازِم ", " بِـدُّه ", 그리고 " مُمْكِن "이다. " بِـدُّه " 라는 단의 의미는 "그가 원한다"이고 동사와 연결해서 사용할 수가 있다. (예: "그가 쓰길 원한다") 또는 일반 동사로 사용할 수 있을 것이다. (예: "그는 그 책을 원한다"). " بِـدُّه "는 아래의 표와 같이 활용된다.

بِدّ ... + 명사

그는 그 책을 원한다.	بِدُّه الكِتاب .
그 여자는 그 책을 원한다.	بِدّها الكِتاب .
그들은 그 책을 원한다.	بِدّهُم الكِتاب .
당신은 그 책을 원한다.	بِدَّك الكِتا ب .
당신(여)은 그 책을 원한다.	بِدِّك الكِتاب .
당신들은 그 책을 원한다.	بِدّكُم الكِتاب .
나는 그 책을 원한다.	بِدّي الكِتاب .
우리는 그 책을 원한다.	بِدّنا الكِتاب .

بِدّ ... + 동사

그는 쓰기를 원한다.	بِدُّه يُكْتُب .
그 여자는 쓰기를 원한다.	بِدّها تُكْتُب .
그들은 쓰기를 원한다.	بِدّهُم يُكْتُبُوا .
당신은 쓰기를 원한다.	بِدَّك تُكْتُب .
당신(여)은 쓰기를 원한다.	بِدِّك تُكْتُبِي .
당신들은 쓰기를 원한다.	بِدّكُم تُكْتُبُوا .
나는 쓰기를 원한다.	بِدّي أُكْتُب .
우리는 쓰기를 원한다.	بِدّنا نُكْتُب .

" لازِم "이라는 단어는 "그가 해야 한다, 그가 필요하다, 그가 반드시(미래, 현재) 해야 한다" 라는 의미이며, 동사와 함께 활용한다. (예: "그는 써야 한다."). " لازِم "은 다음의 표에서 동사와 함께 활동하되 " لازِم "의 형태는 변화하지 않은 것을 수 있다.

لازِم ... + 동사

그는 써야 한다.	لازِم يُكْتُب .
그 여자는 써야 한다.	لازِم تُكْتُب .
그들은 써야 한다.	لازِم يُكْتُبُوا .
당신은 써야 한다.	لازِم تُكْتُب .
당신(여)써야 한다.	لازِم تُكْتُبِي .
당신들은 써야 한다.	لازِم تُكْتُبُوا .
나는 써야 한다.	لازِم أُكْتُب .
우리는 써야 한다.	لازِم نُكْتُب .

" مُمْكِن " 이라는 단어는 대부분 의문문에서 현재 시제로 쓰인다. 예를 들어, " مُمْكِن أَكْتُب ؟ " 은 "내가 써도 될까요?"라는 의미이다. 아랍인들은 " مُمْكِن " 을 사용하거나 "...할 수 있는"의 의미로 " قِدِر " 사용할 것이다. "그가 할 수 있었다" 또는 "내가 할 수 있을지도 모르겠다" 라고 질문할 때, " مُمْكِن " 은 다음 표와 같이 동사와 함께 활동하되 그 형태는 절대 변화지 않는다.

مُمْكِن ... + 동사

그는 갈 수 있나요?	مُمْكِن يرُوح ؟
그 여자는 갈 수 있나요?	مُمْكِن تْرُوح ؟
그들은 갈 수 있나요?	مُمْكِن يرُوحُوا ؟
당신은 갈 수 있나요?	مُمْكِن تْرُوح ؟
당신(여)은 갈 수 있나요?	مُمْكِن تْرُوحِي ؟
당신들은 갈 수 있나요?	مُمْكِن تْرُوحُوا ؟
제가 갈 수 있나요?	مُمْكِن أرُوح ؟
우리가 갈 수 있나요?	مُمْكِن نْرُوح ؟

위의 동사만큼 자주 사용되지는 않더라도 언급되는 문장이 또한 있다. " المَفْرُوض " 는 "그/ 그 여자/ 그것이 ~라고 예상하다, 또는 ~라고 짐작하다/ 생각하다"로 번역할 수 있다. 과거형은 항상 그 문장 앞에 " كان "을 쓴다. 예를 들어, " كان المَفْرُوض يِيجِي مْبارِح ." "라는 문장은 "그가 어제 왔을 것이라고 생각한다"로 번역된다.

이런 문장은 또한 다음 표에서 보듯이 그 형태가 변하지 않고 활용된다.

المَفْرُوض* ... + 동사

그가 갈 것이라고 생각한다.	المفْرُوض يرُوح .
그 여자가 갈 것이라고 생각한다.	المفْرُوض تْرُوح .
그들이 갈 것이라고 생각한다.	المفْرُوض يرُوحُوا .
당신이 갈 것이라고 생각한다.	المفْرُوض تْرُوح .
당신(여)이 갈 것이라고 생각한다.	المفْرُوض تْرُوحِي .
당신들이 갈 것이라고 생각한다.	المفْرُوض تْرُوحُوا .
내가 갈 것이라고 생각한다.	المفْرُوض أرُوح .
우리가 갈 것이라고 생각한다.	المفْرُوض نْرُوح .

*: " المَفْرُوض " 은 또한 المَفْرُوض إِنُّه / المَفْرُوض " مَفْرُوض " مِنِ المَفْرُوض / مِنِ المَفْرُوض إِنُّه /의 형태로도 쓰일 수 있다

▣ 능동 분사/ اسْمِ الفاعِل

اسْمِ الفاعِل을 일반적으로 능동 분사(예: 달리는, 가는, 보내는 등) 형으로만 알고 있지만 사실은 더 넓은 의미의 기능을 하고 있다. 아랍어에서는 명사, 동명사 또는 형용사의 기능으로도 쓰일 수 있다. 다음의 예를 보자.

1. 명사 형태

선수 – لاعِب
학자 – عالِم
작가 – كاتِب
술 주정꾼 – شارِب
승리자 – فايِز
선생 – مُعَلِّم
노동자 – عامِل
파괴자 – مُخَرِّب
학생 – طالِب

2. 동사 형태

가고 있는 – رايِح
앉아 있는 – قاعِد
돌아 오는 – راجِع
서 있는 – واقِف
이해하는 – فاهِم
보고 있는 – شايِف
자고 있는 – نايِم
아는 – عارِف
무서워 하는 – خايِف
오는 – جايّ

3. 형용사 형태

밝은 (색깔) – فاتِح
준비하는 – حاضِر
확실한 – مِتْأَكِّد
가능한 – قادِر
감사한 – شاكِر

능동 분사 اسْم الفاعِل 는 이미 알고 있는 동사 형태에서 일정한 패턴으로 만들어진다. 다음은 Ⅰ형에서 Ⅹ형 형동사에 따른 활용 패턴(파생형)이다.

	동사		능동 분사
Ⅰ형	فَعَل	⇨	فاعِل
Ⅱ형	فَعَّل	⇨	مُفَعِّل
Ⅲ형	فاعَل	⇨	مُفاعِل
Ⅳ형	أَفْعَل	⇨	مُفْعِل
Ⅴ형	تَفَعَّل	⇨	مُتَفَعِّل
Ⅵ형	تَفاعَل	⇨	مُتَفاعِل
Ⅶ형	انْفَعَل	⇨	مُنْفَعِل
Ⅷ형	افْتَعَل	⇨	مُفْتَعِل
Ⅸ형	افْعَلّ	⇨	مُفْعِلّ
Ⅹ형	اسْتَفْعَل	⇨	مُسْتَفْعِل

▣ 수동 분사/ اسْمِ المَفْعُول

اسْمِ المَفْعُول는 영어의 수동 분사와 비슷하다. (예: 보내진, 쓰여진, 요구된 등.) 그러나 اسْمِ الفاعِل 의 경우와 같이, 더 넓은 의미를 가지고 있다. 아랍어의 경우, 수동 분사는 대부분의 경우 형용사로서 쓰이고, 때때로 명사로도 쓰인다. 다음의 예를 보자.

1. 형용사 형태

열려진 – مَفْتُوح	알게된 – مَعْرُوف
부서진 – مَكْسُور	이해된 – مَفْهُوم
연결된 – مَوْصُول	쓰여진 – مَكْتُوب
사용된 – مُسْتَعْمَل	지불된 – مَدْفُوع
사랑하게 된 – مَحْبُوب	파괴된 – مُخَرَّب
만들어진 – مَعْمُول	조직된, 짜여진 – مُرَتَّب

2. 명사 형태

편지 – مَكْتُوب	식품(복수) – مَأْكُولات
연인 – مَحْبُوب	음료(술 종류) – مَشْرُوب
수입 – مَدْخُول	마으물(아랍 빵 종류) – مَعْمُول

수동 분사 اسْمِ المَفْعُول 도 또한 이미 알고 있는 동사에서 일정한 패턴에 따라 만들어진다. 다음은 Ⅰ형에서 Ⅹ형 형동사에 따른 활용 패턴(파생형)이다.

	동사		수동 분사
Ⅰ형	فَعَل	⇨	مَفْعُول
Ⅱ형	فَعَّل	⇨	مُفَعَّل
Ⅲ형	فاعَل	⇨	مُفاعَل
Ⅳ형	أَفْعَل	⇨	مُفْعَل
Ⅴ형	تَفَعَّل	⇨	사용 안함
Ⅵ형	تَفاعَل	⇨	사용 안함
Ⅶ형	انْفَعَل	⇨	مُنْفَعَل (드물게 사용됨)
Ⅷ형	افْتَعَل	⇨	مُفْتَعَل
Ⅸ형	افْعَلّ	⇨	사용 안함
Ⅹ형	اسْتَفْعَل	⇨	مُسْتَفْعَل

▣ 동명사 / المَصْدَر

동명사는(المَصْدَر) 아랍어 구어체와 문어체에서 아주 중요한 역할을 한다. 명사 형태(예: 음식)나 동명사 형태(예: 먹음)로 쓰일 수 있다. 구어체보다는 문어체에서 더 빈번하게 사용되긴 하나 조동사와 함께 있을 때 동사 같이 구어체에서도 쓰인다. (예를 들어 "나는 오늘밤 이웃을 방문하길 더 좋아한다." / " بَفَضِّل زِيارة الجِ◌ِيران اللَّيْلة . ").

명사 형태

과 (수업) – دَرْس	교육 – تَعْلِيم
공부 – دِراسة	지불 – دَفْعة
이해 – فَهْم	음료 – شَراب
두려움 – خَوْف	요구 – طَلَبْ
상승 – رَفْع	도둑질 – سِرْقة
사용 – اسْتِعْمال	방문 – زِيارة
시도 – مُحاوَلة	거짓말 – كِزْبة

동사 형태

가는 – رَوْحة	사는 – بَيْع
들어가는 – دُخُول	돌아오는 – رُجُوع
가지는 – أَخْذ	때리는 – ضَرْب
배우는 – تَعَلُّم	마시는 – شُرْب
쓰는 – كِتابة	말하는 – حَكِي
사용하는 – اسْتِعْمال	생각하는 – تَفْكِير
죽이는 – قَتْل	훔치는 – سِرْقة

다음은 어떻게 동명사가 파생되었는지 보여준다.

	동사		동명사형
I 형	فَعَل	⇨	فَعْل (I 형은 다양한 형태 존재)
II 형	فَعَّل	⇨	تَفْعِيل* / تَفْعِلة / تِفْعال
III 형	فاعَل	⇨	مُفاعَلة* / فِعال
IV 형	أَفْعَل	⇨	إِفْعال
V 형	تَفَعَّل	⇨	تَفَعُّل
VI 형	تَفاعَل	⇨	تَفاعُل
VII 형	انْفَعَل	⇨	انْفِعال
VIII 형	افْتَعَل	⇨	افْتِعال
IX 형	افْعَلّ	⇨	افْعِلال
X 형	اسْتَفْعَل	⇨	اسْتِفْعال

*주: " تَفْعِيل " (II 형에서) 그리고 " مُفاعَلة " (III 형) 은 일반적으로 더 자주 쓰인다.

■ 쌍수, 복수, 불규칙 복수 / المُثَنّى والجَمْع وجَمْعِ التَّكْسِير

아랍어에는 "두 개"라는 의미를 가진 독특한 형태의 접미사가 있다. 구어체 아랍어에서는 모든 명사에 "두 개"라는 의미를 가진 "쌍수"를 사용하는데, 명사 끝 부분에 " يْن " (-ein)라는 단어를 붙인다. 예를 들어 "شَخص"라는 단어는 "한 사람(남성)"를 의미한다. 여기에 " يْن "를 붙이면 그 단어는 "شَخْصَيْن"이 되어 "두 사람"이라는 의미가 된다. 만일 명사가 سَيّارة(자동차)와 같이 여성 단수이면, سَيّارَتَيْن (자동차 두 대)이 될 것이다. 주의할 것은 " ة "는 " يْن "이 붙으면 " ت " (ta)로 바뀌어서 " تَيْن "으로 활용된다.

3-10까지의 사람이나 사물을 셀 때, 복수형을 사용한다. 예를 들어 사람 "열 명"를 말할 때는 복수로 사용하고, "열 한명"이나 그 이상의 수를 말할 때는 단수를 쓴다. 아랍어에서 복수는 다른 언어보다 쉽지 않은 부분이 있다. 그 이유는 대부분의 아랍어의 복수가 다른 언어와 같이 규칙적인 형태를 따르기 보다는 불규칙 형태가 많이 있기 때문이다. 불규칙 복수 명사들을 جَمْعِ التَكْسِير (직역: 깨어진 복수)라고 부른다. 아마도 아랍어 복수를 배우는 최상의 방법은 명사가 복수 형태로 어떻게 변하는지 많이 접해서 그 패턴과 익숙해지는 것이다.

아랍어의 규칙 복수 명사들이 사람을 언급할 때, 남성인 경우에는 " ين "를 붙이고, 여성인 경우에는 " ات "를 붙인다. 예를 들어 مُعَلِّم (남자 선생님)은 مُعَلِّمين (남자 선생님들)으로 되어 적어도 3명 이상의 남자 선생님들을 언급할 때 쓰인다. 반면에, مُعَلِّمة (여자 선생님)은 مُعَلِّمات (여자 선생님들)이 되어 3명 이상의 여자 선생님들을 의미한다. 만일 남자와 여자가 함께있는 3명 이상의 선생님 전체를 언급할 경우, 남성 복수 형태인 (مُعَلِّمين) 를 사용한다. (여기서 따로 여성복수를 쓰지 않고, 남성에 포함시킨다.)

일반적으로 " ة "로 끝나는 많은 아랍어 명사는 대게 " ة "를 없애고, 대신에 복수 형태인 " ات "를 붙이게 된다. (예: " عَمَلِيّات " → " عَمَلِيّة ") 이와 더불어서, 다른 많은 아랍어 명사가 " ة "로 끝나지 않더라도 " ات "를 취할 수 있다. (예: " امْتِحانات " → " امْتِحان "). 마지막으로 외래어의 경우 대부분 항상 복수 형태는 " ات "를 취하게 된다. (예: " تَكْسِيات " → " تَكْسِي ").

불규칙 복수(جَمْعِ التَّكْسِير)는 다양한 형태로 만들수 있는데 이는 접두어나 접미어가붙여 간단하게 만들기 보다는 그 단어 자체에 문자를 추가하거나 빼기에 때문에, 불규칙 복수는 까다롭다. 물론 많이 공부한 경우에는 짐작으로 불규칙 복수를 만들 수도 있지만 불규칙 복수 명사의 단수 형태와 함께 외우는 것이 더좋다. 참고로, 다양한 불규칙 복수 형태의 목록을 다음 페이지부터 단수 형태와 더불어 수록하였다. 다음 목록의 대부분 단어들은 구어체에서 또한 찾을 수 있을 것이며, 단어의 철자에 따르기 보다는 말하는 발음에 따라 정렬해 놓았다. 그에 따라 국제적인 음성학에서 보면 철자가 잘못 표기된 단어도 있다. 또한 단순화시키기 위해서, 수량명사(numbered plurals)와 집합명사(collective plurals)의 복수 사이에 구별을 두지 않았다.

1. وَلَد (소년/boy) → وْلاد

جَبَل (산/mountain) → جْبال

سَبَب (이유/reason) → أَسْباب

شَخْص (사람/person) → أَشْخاص

غَلَط (잘못/mistake) → أَغْلاط

نَوَع (종류/a kind; species) → أَنْواع

ضَوّ (빛/light) → ضْواو

شَوْق (욕구/desire, longing) → أَشْواق

يَوْم (하루/day) → أَيّام

قَلَم (펜, 연필/pen; pencil) → *قْلام

مَثَل (비유, 속담/proverb) → أَمْثال

عَمَل (일, 행위/work, deed) → أَعْمال

فَخّ (덫/trap) → فْخاخ

شَبَح (유령/ghost) → أَشْباح

بَطَل (영웅; 우승자/hero, champion) → أَبْطال

قَزَم (난쟁이/midget, dwarf) → أَقْزام

فَرْد (개인/individual) → أَفْراد

زَوْج (부부; 남편/couple; husband) → أَزْواج

وَجَع (통증/pain) → أَوْجاع

مَرَض (질병/sickness, disease) → أَمْراض

عَمّ (아저씨; 이모부,외삼촌/uncle) → عْمام

خَبَر (뉴스/news, news item) → أَخْبار

حَجِم (크기/size) → أَحْجام

رَقَم (번호/number, digit) → أَرْقام

أَلَم (고통/suffering) → آلام

أَمَل (희망/hope) → آمال

كَلْب (개/dog) → كْلاب

طَرَف (끝머리/edge, extremity) → طْراف

بَلَد (나라; 읍/country; town) → بْلاد

جَوْل (득점[축구]/goal [in soccer]) → جْوال

نَهِر (강/river) → أَنْهار

خَطأ (잘못, 실수/mistake, error) → أَخْطاء

وَتَر (힘줄, 인대/tendon) → أَوْتار

حَدَث (사건/event, happening) → أَحْداث

دَوْر (역할; 순번/role, part; turn) → أَدْوار

خَطَر (위험/danger, risk, hazard) → أَخْطار

جَرُو (강아지/puppy) → جْراوْ

قِسْط (지불;수업료/payment; tuition fee) → * أَقْساط

أَلْف (천, 1000/thousand) → آلاف

صَوْت (투표/vote, ballot) → أَصْوات

فَخِد (넓적다리/thigh) → فْخاد

بَوْط (운동화; 구두/athletic shoe; leather shoe) → بْواط

نَفَق (터널/tunnel) →*أَنْفاق

عَجَل (타이어, 바퀴/tire, wheel) → عْجال

جَمَل (낙타/camel) → جْمال

صَنَم (우상/idol, deity) → أَصْنام

وَطَن (조국/homeland) → أَوْطان

هَدَف (목표, 골/purpose; goal) → أَهْداف

ضَرَر (손해/damage) → أَضْرار

حَيّ (이웃/neighborhood) → أَحْياء

جَوْز (남편/husband) → جْواز

حَبِل (끈, 줄/rope, clothes line, line) → حْبال

لَوْن (색깔/color) → أَلْوان

2. باب (문/door) → بْواب

3. عِرْق (인종/ethnicity, race) → أَعْراق
سِرّ (비밀/secret) → أَسْرار
سِلْك (철사, 케이블/wire, cable) → أَسْلاك
سِعْر (가격/price) → أَسْعار
شِعْر (시/poem) → أَشْعار
سِنّ (치아/tooth) → سْنان
مِتِر (미터/meter) → مْتار
حِمِل (짐/load) → أَحْمال
خِتِم (인장, 도장/seal, stamp) → أَخْتام
شِكْل (외관, 모양; 표정/appearance; figure, shape; facial expression) → أَشْكال
طِفِل (아이;아기/child; toddler; baby) → أَطْفال
زِرّ (단추/button; clothing button) → زْرار
حِزِب (정당/political party) → أَحْزاب
وِرِك (궁둥이, 골반부/hip) → وْراك
حِلِم (꿈/dream) → أَحْلام
فِلِم (필름, 영화/film, movie) → أَفْلام
قِسِم (부서, 구역/department, section) → أَقْسام
جِنْس (성별/gender) → أَجْناس

4. اِسِم (이름/name) → أَسْماء
شِي / إِشِي (어떤 것, 물건/something, thing) → أَشْياء

5. دِين (종교/religion) → أَدْيان
جِيل (세대/generation) → أَجْيال
كِيس (봉지, 가방/bag) → كْياس

6. عُذْر (변명/excuse) → أَعْذار
حُكُم (재판; 판정;통치/judgment; jail sentence; reign) → أَحْكام
لُغْم (지뢰/land mine) → أَلْغام
مُخّ (마음; 두뇌/[human] mind; [animal’s] brain) → مْخاخ
جُزُء (부분/part) → أَجْزاء
شُغُل (일, 직업, 남자/job) → أَشْغال
تُمّ (입/mouth) → تْمام
حُرّ (자유인/free person) → أَحْرا
فُرُن (오븐; 난로/oven; stove) → فْران
عُرُس (혼례/wedding) → عْراس
كُمّ (소맷자락/sleeve) → كْمام

7. رُوح (정신, 영/spirit) → أَرْواح　　　كُوع (팔꿈치/elbow) → كْواع
سُور (담/[outside] wall) → أَسْوار
سُوق (슈퍼마켓; 시장/market, supermarket; shopping area) → *سْواق

8. شَجَرة (나무/tree) → أَشْجار　　　وَرَقة (종이; 잎/piece of paper; leaf) → *وْراق
زَلَمة (사내, 녀석/man, guy) → زْلام　　　كَوْمة (더미/pile [of s/thing]) → كْوام
سَلّة (바구니/basket) → سْلال　　　جَرّةِ الغاز (가스통/gas tank) → جْرارِ الغاز
رَقَبة (목/neck) → رْقاب　　　مَوْجة (물결/wave) → أَمْواج

9. فِكْرة (생각/idea, thought) → أَفْكار

10. لُعْبة (장난감; 게임; 인형/toy; game; doll) → أَلْعاب

11. صْغِير (어린이/child) → صْغار　　　كْبِير (어른/adult, grown-up) → كْبار
قَدِيم (오래된/old thing) → *قْدام　　　حَفِيد (손자/grandson) → أَحْفاد
ضَعِيف (약한; 마른/weak; slim) → ضْعاف　　　جْدِيد (새로운/new person; new thing) → جْداد
حَبِيب (애인/loved one) → حْباب　　　يَتِيم (고아/orphan) → أَيْتام

12. شَرِّير (악인/evil person) → أَشْرار

13. صاحِب (친구/friend, buddy) → صْحاب

14. مَيِّت (죽은자/dead person) → أَمْوات

15. شَبّ (청년/guy, young man) → شَباب

16. رِيح (바람/wind) → رِياح　　　دِيب (이리/wolf) → دِياب
مِيل (마일/mile) → مِيال　　　شِيك (울타리/fence, chain-link fence) → شِياك

17. أَخّ (형제/brother) → إِخْوان

18. سَهم (화살/arrow) → سِهام

19. لَوْح (판자, 칠판/board) → لْواح

20. جَوْز (남편/husband) → جِيزان

21. جار (이웃/neighbor) → جِيران

22. حُوت (고래/whale) → حِيتان

23. دَرْس (수업/lesson) → دْرُوس
نَفْس (영혼/soul) → نْفُوس
بَيْت (집,가정/house, home) → بْيُوت
جَيْش (군대/army) → جْيُوش
شَهَر (달, 월/month) → شْهُور
قَرْض (대여, 대출/loan) → قْرُوض
دَيْن (빚/debt) → دْيُون
عَرْض (TV프로그램,특별가/TV show, [special] offer) → عْرُوض
بَنْك (은행/bank) → بْنُوك
وَفْد (위임/delegation) → وُفُود
هَمّ (걱정, 근심, 부담/worry, concern, burden) → هْمُوم
عَيْن (눈; 버너/eye; burner) → عْيُون
حَقّ (권리/right) → حْقُوق*
سَمّ (독/poison) → سْمُوم
شَرّ (악/evil) → شْرُور
صَحِن (접시/plate) → صْحُون
عَقِد (계약/contract) → عُقُود

قَلْب (심장, 마음/heart) → قْلُوب*
سَقِف (천장/ceiling) → سُقُوف*
ضَيْف (손님/guest) → ضْيُوف
حَدّ (국경; 한계/border; limit) → حْدُود
رَفّ (책장, 찬장/bookshelf; shelf) → رْفُوف
صَفّ (학급; 줄/class; row) → صْفُوف
أَصْل (기원, 뿌리/origin, root) → أُصُول
ذَنْب (죄책감; 죄/guilt; sin) → ذُنُوب
شَطّ (해변/beach, shore) → شْطُوط
تَخْت (침대; 구유/bed; crib) → تْخُوت
وَحْش (야수/beast) → وُحُوش
وَعِد (약속/promise) → وُعُود
حَقِل (밭, 목초지/field, meadow) → حُقُول

23.(계속) فَنّ (예술/art) → فُنُون　　　حَرْف (글자/letter [of the alphabet]) → حُرُوف

أَسَد (사자/lion) → أُسُود

جَذِر (뿌리;어근/root [of a tree]; root) → جُذُور

عَقِل (생각,지각/mind) → عُقُول*　　　قَيْد (금지; 사슬/restriction; chain) → قُيُود

رَسِم (요금/fee) → رُسُوم

ضَغْط (압력; 스트레스/pressure; stress) → ضُغُوط

حَلّ (해법/solution) → حْلُول　　　قَرْن (백년, 뿔/century; horn) → قُرُون

شَقّ (틈새/crack) → شْقُوق

كَرْت (연하장; 명함/greeting card; business card) → كْرُوت

زَرْف (봉투/envelope) → زْرُوف　　　صَقِر (매; 송골매/hawk; falcon) → صُقُور

بَحَر (바다/sea) → بْحُور　　　رِمْش (속눈썹/eyelash) → رْمُوش

كَرْش (배불뚝이, 내장/pot belly, gut) → كْرُوش

خَصِم (상대방, 라이벌; 에잇볼/opponent, rival; 8-ball) → خْصُوم

خَدّ (볼, 뺨/cheek) → خْدُود

أَلْف (1000[사람을 셀 때]/thousand [for counting persons]) → أُلُوف

قَصِر (성/castle) → قُصُور　　　زَرْف (상황/circumstance) → زُرُوف

خَدْش (할퀸 상처/scratch) → خُدُوش　　　تَمِر (대추야자/palm date) → تُمُور

حَبِس (감옥; 교도소/jail; prison) → حْبُوس

شَرْط (계약조항, 상황; 절개/stipulation, condition; incision) → شْرُوط

طَقِم (세트/set [of dishes, sofas, teeth, etc.]) → طْقُوم*

24. حَبّة (알약; 씨, 핵, 곡물/pill, capsule; seed, kernel, grain [of s/thing]) → حْبُوب

25. شَحْطة (할퀸 자국/scratch) → شْحُوط

جَيْبة (주머니; 콧구멍/pocket; nostrils [plural use only]) → جْيُوب

26. وِجِه (얼굴/face) → وُجُوه

فِرِع (분과,지사/branch [of a business]) → فْرُوع

قِرْد (원숭이/monkey) → قُرُود*

26. (계속) نِجم (별; 스타(연예인), 유명인사/star; Hollywood star, celebrity) → نُجُوم

نِمِر (호랑이/tiger) → نُمُور

قِرْش (끼르쉬(화폐단위)/penny [one qirsh]) → قُرُوش*

قِفِل (자물쇠/lock) → قُفُول*

شِلِن (쉬린(화폐단위: 5끼르쉬)/nickel [five qirsh]) → شْلُون

كِنْز (보물/treasure) → كُنُوز

جِدّ (할아버지; 조상/grandfather; forefather) → جْدُود

جِسِر (다리/bridge) → جْسُور

نِسِر (독수리;콘도르/eagle; vulture) → نْسُور

سِجِن (감옥; 교도소/jail; prison) → سْجُون

27. نِجْمة (별; 여성스타/star; Hollywood star, celebrity [fem.]) → نْجُوم

28. عُقُد (목걸이/necklace) → عْقُود*

خُزُق (구멍/hole [not in the ground]) → خْزُوق*

جُهُد (노력/effort) → جُهُود

غُصْن (나무가지/branch [of a tree]) → غْصُون

جُرُح (잘림,상처/cut) → جْرُوح

عُطُر (향수;향기/perfume; cologne; scent) → عُطُور

29. راس (머리/head) → رُوس

كاْس (컵/cup [in sports]) → كُؤُوس

30. شاهِد (목격자/witness) → شُهُود

31. دِيك (수탉/rooster) → دْيُوك

32. جُنْدِي (군인/soldier) → جُنُود

33. وَصِل (인수, 수령/receipt) → وْصُولة

34. مَكْتَب (사무실; 책상/office; desk) → مَكاتِب

مَكْتَبة (서점; 도서관/bookstore; library) → مَكاتِب

مَحْكَمة (법원, 법정/courthouse, court) → مَحاكِم

مَلْعَب (놀이터; 안뜰; 벌판/playground; court; field) → مَلاعِب

مَدْرَسة (학교/school) → مَدارِس

مَأْساة (비극,재해/tragedy, disaster) → مَآسِي

مَزْرَعة (목장; 농장/farm; ranch) → مَزارِع

مَعْنَى (의미, 정의/meaning, definition) → مَعانِي

مَصْنَع (공장/factory) → مَصانِع

مَسْلَخ (도살장/slaughter house) → مَسالِخ

مَجْرى (도랑; 하수구/ditch; sewer) → مَجارِي

مَنْجَرة (목공소/carpenter's shop) → مَناجِر

مَسْرَح (무대/stage) → مَسارِح

مَنْظَر (전망; 광경; 장면/view; look; scene) → مَناظِر

مَلْجأ (피난처/shelter) → مَلاجِئ

مَجْلى (싱크대/kitchen sink) → مَجالِي

مَبْدأ (원리/principle) → مَبادِئ

مَعْلَقة (숟가락; 차숟가락/spoon; teaspoon) → مَعالِق*

مَعْرَكة (전투/battle) → مَعارِك

مَنْشَفة (수건/towel, bath towel) → مَناشِف

مَجْرَفة (삽/shovel) → مَجارِف

مَخْزَن (저장소; 창고/storage area; warehouse) → مَخازِن

مَبْلَغ (양, 합계/amount, sum) → مَبالِغ

مَقْبَرة (묘지, 공동묘지/graveyard, cemetery) → مَقابِر*

مَيْتَم (고아원/orphanage) → مَياتِم

مَحْفَظة (지갑, 가죽지갑/wallet, billfold) → مَحافِظ

مَمْلَكة (왕국/kingdom) → مَمالِك

مَكْبَس (주요산물/staple) → مَكابِس

مَصْيَدة (덫/trap) → مَصايِد

مَفْصَل (관절, 이음매/joint) → مَفاصِل

هَيْكَل (성전/temple) → هَياكِل

مَصْعَد (승강기/elevator) → مَصاعِد

مَصْلَحة (개인이득/personal interest, benefit) → مَصالِح

تَكْسِي (택시/taxi) → تَكاسِي

مَحْبَس (수문 ;배수구/water valve; water spout) → مَحابِس

مَغْرَفة (국자; 뒤집개/serving spoon, utensil; ladle) → مَغارِف

مَرْتَبة (지위/position, level [not in the military]) → مَراتِب

35. مَنْطِقة (지역/area) → مَناطِق*　　مَنْصِب (직책/position [in a job]) → مَناصِب

مَسْجِد (회교사원/mosque) → مَساجِد

مَوْقِف (주차장; 태도, 입장/parking lot; attitude) → مَواقِف*

مَرْكِز (센터; 위치/center; position) → مَراكِز　　مَوْهِبة (재능,은사/talent, gifting) → مَواهِب

تَهْنِئة (축하/congratulation) → تَهانِي

تَجْرِبة (실험; 유혹/experiment; temptation) → تَجارِب

36. دَفْتَر (노트, 수첩/notebook) → دَفاتِر　　فَهْرَس (목차/index) → فَهارِس

كَوْكَب (행성/planet) → كَواكِب　　دَعْوة (소송/lawsuit) → دَعاوِي

ثَعْلَب (여우/fox) → ثَعالِب　　عَقْرَب (전갈/scorpion) → عَقارِب*

أَرْنَب (토끼/rabbit) → أَرانِب　　أَرْمَل (홀아비/widower [m.]) → أَرامِل

أَهْبَل (멍청이/idiot) → هَبايِل　　مَعْدَن (금속; 광물/metal; mineral) → مَعادِن

بَنْشَر (구멍난 타이어/flat tire, a flat) → بَناشِر

بَلْوى (재난; 천재/disaster; genius, wiz) → بَلاوِي

شَكْوى (불만/complaint) → شَكاوِي　　شَرْشَف (식탁보/table cloth) → شَراشِف

طَنْجَرة (냄비/cooking pot) → طَناجِر　　مَغْسَلة (세면대/bathroom sink) → مَغاسِل

أَرْمَلة (과부/widow [fem.]) → أَرامِل

تَزْكَرة (표, 승차권/[plane, etc.] ticket, pass) → تَزاكِر

جَدْوَل (목록; 스케줄, 시내; 목차/list; schedule; stream; index) → جَداوِل

37. ضُفْدَع (개구리; 두꺼비/frog; toad) → ضَفادِع

مُنْخُل (방충망; 체/window screen; sieve) → مَناخِل

أُصْبَع (손가락; 발가락/finger; toe) → أَصابِع

كُرْسِي الحَمّام (변기/toilet, commode) → كَراسِي الحَمّام

أُضْفَر (손톱/fingernail, nail) → أَضافِر　　كُرْكَعة (거북이/turtle) → كَراكِع

كُنْدَرة (신발/shoe) → كَنادِر　　أُغْنِية (노래/song) → أَغانِي

38. بُرْغِي (나사/screw) → بَراغِي　　كُرْسِي (의자/chair, seat) → كَراسِي

39. فُنْدُق (호텔, 모텔/hotel, motel) → فَنَادِق

40. شارِع (거리/street) → شَوارِع

خاتِم (반지/ring [jewelry]) → خَواتِم

شاغِر (공백; 열린 구멍/vacancy; opening) → شَواغِر

زاوْيَة (구석; 각도/corner; angle) → زَوايا

عاصِفة (태풍/storm) → عَواصِف

دائِرة (원; 부서/circle; department) → دَوائِر

قائِمة (목록; 메뉴/list; menu) → قَوائِم

مانِع (반대; 장애물/objection; obstacle) → مَوانِع

جائِزة (상; 선물/prize; gift) → جَوائِز

هاتِف (전화/phone, telephone) → هَواتِف

راتِب (봉급/salary) → رَواتِب

فائْدة (이익, 이자/benefit, interest [monetary]) → فَوايِد

قارِب (배/boat) → قَوارِب

عاصِمة (수도/capital [of a country]) → عَواصِم

ساحِل (해변/coast, seacoast) → سَواحِل

طابِق (층/level, floor [of a building]) → طَوابِق*

حاجِب (눈썹/eyebrow) → حَواجِب

رابْطة (연결점; 연결고리/connection, link; tie, bond) → رَوابِط

سائِل (액체/liquid) → سَوائِل

حادِس (사고/car accident) → حَوادِس [حَوادِث]

عاقِبة (결과/consequence) → عَواقِب

قاعِدة (군기지/[military] base, stand) → قَواعِد

طابْعة (도장; 인쇄기/stamp; printer) → طَوابِع

دافِع (동기/motivation, drive; motive) → دَوافِع

عاطِفة (감정/emotion) → عَواطِف

حافِز (동기/motivation, drive; motive) → حَوافِز

ضاحْية (교외/suburb) → ضَواحِي

تانْية (초(1/60분)/second [of time]) → تَوانِي [ثَوانِي]

شارِب (콧수염/mustache) → شَوارِب

كارِثة (비극, 재난/tragedy, disaster) → كَوارِث

شاهِد (참조/reference) → شَواهِد

رابِطة (리그; 협회; 연합/league; association; union) → رَوابِط

41. كَنِيسة (교회/church) → كَنائِس/كَنايِس

وَظِيفة (직업, 업무/job, occupation) → وَظايِف

دَقِيقة (분(60초)/minute) → دَقايِق*

وَدِيعة (은행예금/bank deposit) → وَدايِع

مْصِيبة (재난/disaster) → مَصايِب

هَدِيّة (선물/gift, present) → هَدايا

خَلِيّة (세포/cell) → خَلايا

وَثِيقة (문서; 기록/document; record) → وَثائِق

41.(계속) ضَريبة (세금/tax) → ضَرايِب　　جَريدة (신문/newspaper) → جَرايِد
شْريطة (누더기/rag) → شَرايِط　　ذَخِيرة (탄약/ammunition) → ذَخائِر
حَقِيقة (진실/truth) → حَقايِق
شَرِيحة (길고 얇은 조각/long thin slice) → شَرايِح
خَطِيّة (죄/sin) → خَطايا　　قَضِيّة (사건; 소송/case; lawsuit) → قَضايا
حَدِيقة (공원/park) → حَدائِق
ضَحِيّة (피해자; 희생/victim; sacrifice) → ضَحايا
حَرِيقة (불/fire) → حَرايِق*
طَقِيّة (모자; 야구모자/hat; baseball cap) → طَواقِي*
قَبِيلة (부족/tribe) → قَبائِل
نَصِيحة (충고 한마디/a piece of advice) → نَصايِح
عَشِيرة (씨족/clan) → عَشايِر　　بَرِيزة (10끼르쉬/dime [ten qirsh]) → بَرايِز
وَصِيّة (명령; 유언/command; will [last will and testament]) → وَصايا

42. قَريب (친척/relative) → قَرايِب*　　نَسِيم (산들바람/breeze) → نَسايِم
حَبِيب (연인, 친한 친구/loved one) → حَبايِب　　ضَمِير (의식/conscious) → ضَمايِر
نْسِيب (처남; 사돈/brother-in-law; relative by marriage) → نَسايِب

43. شِبْشِب (샌들,슬리퍼/[pair of] flip-flops, sandals, slippers) → شَباشِب

44. بَرْنامِج (스케줄, 협의사항; 프로그램, 정렬/schedule, agenda; program, line-up) → بَرامِج

45. رِسالة (메시지/message) → رَسايِل/رَسائِل
خَزانة (옷장, 벽장, 책장 /closet; cabinet; bookcase) → خَزايِن

46. عَرُوس (신부(결혼)/bride) → عَرايِس　　زْبُون (고객/customer) → زَبايِن
عَجُوز (노인/old man, old woman) → عَجايِز

47. فِلْتَر (여과(장치)/filter [for liquids]) → فَلاتِر

48. سِلَّم (사다리/ladder; step-ladder) → سَلالِم

49. مُكْنَسة (빗자루; 진공청소기/broom; vacuum cleaner) → مَكانِس

50. بُلُوزة (티셔츠; 스웨터/t-shirt; sweater) → بَلايِز

51. إِسْوارة (팔찌/bracelet) → أَساوِر

52. مِينا (항구/harbor, seaport) → مَوانِي
رِيحة (냄새; 향수/smell, odor; perfume) → رَوائِح/رَوايِح

53. أَرْض (대지; 땅/earth; ground) → أَراضِي　　اسْم (이름; 명사/name; noun) → أَسامِي
رَبِط (연결, 연결고리/connection, link) → رَوابِط

54. شُعُور (느낌/feeling) → مَشاعِر

55. خَوْف (두려움/fear) → مَخاوِف
قَفى (엉덩이/butt, backside, behind) → مَقافِي* (pl. not used)
سَكَن (기숙사; 주택/dorm; housing) → مَساكِن

56. مِنْهاج (교과과정;개요/curriculum; syllabus) → مَناهِج
زِلْزال (지진, 진동/earthquake, tremor) → زَلازِل
سِنْجاب (다람쥐; 땅다람쥐/squirrel; gopher) → سَناجِب

57. رِباط (연결,연결고리/connection, link) → رَوابِط

58. سِلْسِلة (사슬;시리즈/chain; series) → سَلاسِل　　صِدْرِيّة (브래지어/bra, brassiere) → صَدارِي

59. جُمْجُمة (두개골/skull) → جَماجِم　　خُنْفُسة (딱정벌레/beetle) → خَنافِس

60. بُرْداية (커튼/curtain, drape) → بَرادِي　　فُرْشاية / فُرْشايْ (빗/brush) → فَراشِي
جُرْزاية (양털 스웨터/wool sweater) → جَرازِي

61. سُلْحَفا (거북/turtle; tortoise) → سَلاحِف

62. سَحْلِيّة (도마뱀/lizard) → سَحالِي

63. مَلاك (천사/angel) → مَلايْكة

64. حَزِين (슬픈 (사람)/sad person) → حَزانى　　يَتِيم (고아/orphan) → يَتامى

65. رَئِيس (대통령/president) → رُؤَسا　　وَزِير (장관/government minister) → وُزَرا
مُدِير (지배인/manager) → مُدَرا　　سَفِير (대사/ambassador) → سُفَرا
خَبِير (전문인/expert) → خُبَرا
زَعِيم (족장; 두목/tribal leader; gang leader) → زُعَما
أَمِير (왕자/prince) → أُمَرا　　وَكِيل (대리인/authorized agent) → وُكَلا
شَهِيد (순교자/martyr) → شُهَدا　　عَقِيد (대령/[army] colonel) → عُقَدا
لَطِيف (온화한 (사람)/gentle; kind) → لُطَفا
عَمِيد (학장; 준장/dean; brigadier general) → عُمَدا
عَمِيل (비밀요원/secret agent) → عُمَلا
زَمِيل (동료/colleague, co-worker, associate) → زُمَلا
وَسِيط (명상가/mediator) → وُسَطا
خَطِيب (연설가; 회교포교자/speaker; Muslim preacher) → خُطَبا
حَلِيف (우군, 지지자/ally, supporter) → حُلَفا
سَجِين (죄인; 수감자/convict; jailed person) → سُجَنا
فَقِير (가난한 자/poor person) → فُقَرا*　　لَئِيم (악한 자/wicked, conniving) → لُؤَما
يَتِيم (고아/orphan) → يُتَما

66. خَلِيفة (칼리프, 후계자, 계승자/Caliph, viceroy) → خُلَفا

67. عالِم (학자; 과학자/scholar; scientist) → عُلَما

68. حَبِيب (애인[문어체]/loved one) → أَحِبّا　　طَبِيب (의사/physician) → أَطِبّا

69. إمام (이맘/Imam) → أَئِمّة

70. رَأْي (의견/opinion) → آراء

71. أَبْ (아버지/dad, father) → آباء

72. صَدِيق (친구/friend) → أَصْدِقاء　　غَنِيّ (부자/rich man) → أَغْنِيا
بَرِيء (결백한 사람/innocent person) → أَبْرِياء
تَقِيّ (신심깊은 사람/godly person, God-fearing person) → أَتْقِياء

73. تِمْثال (동상/statue) → تَماثِيل
شَيْطان / شِيطان (악마; 사단/devil; Satan) → شَياطِين
بِرْواز (액자/picture frame) → بَراوِيز
مِعْيار (표준; 측량/standard; measure) → مَعايِير
إِحْساس (느낌/feeling) → أَحاسِيس　　مِشْوار (산책/short trip, outing) → مَشاوِير
مِقْياس (표준/criteria) → مَقايِيس　　مِيدان (광장/plaza, public square) → مَيادِين
مِرْحاض (화장실/toilet) → مَراحِيض
مِقْدار (재료; 양/ingredient; amount) → مَقادِير
فِنْجان (컵/cup [for coffee or tea]) → فَناجِين　　تِمْساح (악어/alligator; crocodile) → تَماسِيح
مِيزان / مِزان (저울/[weight] scale, scale) → مَوازِين

74. مُفْتاح (열쇄; 스위치/key; light switch) → مَفاتِيح
بُرْهان (증거, 증거물/proof, evidence) → بَراهِين
وُطْواط (박쥐/bat [an animal]) → وَطاوِيط　　مُنْخار (코/nose) → مَناخِير
جُزْدان (지갑/purse; wallet) → جَزادِين　　مُنْقار (부리/beak) → مَناقِير *

74.(계속) مُنْشار (톱/saw) → مَناشِير

75. شُبّاك (창문/window) → شَبابِيك
دُكّان (편의점/convenience store) → دَكاكِين
دُوّار (로타리/traffic circle) → دَواوِير
قُوّار (화분/flower pot) → قَواوِير *

76. جَرّار (옷장/drawer) → جَوارِير
خَفّاش (박쥐/bat [an animal]) → خَفافِيش

77. بَرْغُوتة (벼룩/flea) → بَراغِيت
مَعْجُون (풀; 접합제/paste; putty) → مَعاجِين
مَكْتُوب (편지/letter) → مَكاتِيب
مَصْرُوف (지출/expenditure) → مَصارِيف
مَجْنُون (미친 사람/crazy person) → مَجانِين
صَنْدُوق (차트렁크; 상자/trunk [of a car]; chest) → صَنادِيق*
جَرْثُومة (세균/germ) → جَراثِيم
صَرْصُور (바퀴벌레/roach, cockroach) → صَراصِير
مَشْرُوع (계획/project) → مَشارِيع
عَرْبُون (계약금, 예금/down-payment, deposit) → عَرابِين
مَجْرُود (쓰레받이/dust pan) → مَجارِيد
كَلْكُول (실내화/[pair of] house shoes, slippers) → كَلاكِيل

78. أُسْبُوع (주/week) → أَسابِيع
أُسْطُورة (전설/legend, fable) → أَساطِير
أُسْلُوب (방식;방법,예법/style; way, manner) → أَسالِيب

79. صارُوخ (미사일/missile) → صَوارِيخ
طابُور (줄, 열/line [of people]) → طَوابِير
قامُوس (사전/dictionary) → قَوامِيس
شاكُوش (망치/hammer) → شَواكِيش
قانُون (법/law) → قَوانِين
زارُوبة (골목/alley, alleyway) → زَوارِيب

80. ماسُورة (관/pipe) → مَواسِير
فاتُورة (청구서, 송장/bill, invoice) → فَواتِير
جاسُوس (간첩/spy) → جَواسِيس
تابُوت (관/coffin, casket) → تَوابِيت
بارُودة (총/rifle, gun) → بَوارِيد
صابُونة (비누/bar of soap, soap) → صَوابِين

80.(계속) نامُوسة (모기/mosquito) → نَوامِيس　　طاوُوس (수컷공작/peacock) → طَواوِيس

بابُوج (샌달, 슬리퍼/[pair of] flip-flops, sandals; slippers) → بَوابِيج

81. تَنُّورة (치마/skirt) → تَنانِير　　كَبُّوت (외투; 우비/coat; raincoat) → كَبابِيت

دَبُّور (말벌/wasp) → دَبابِير

82. جَنْزِير (쇠사슬/chain) → جَنازِير　　خَنْزِير (돼지/pig, hog) → خَنازِير

بَرْمِيل (통/barrel) → بَرامِيل　　دَرْبِيل (쌍안경/binoculars) → دَرابِيل

تَقْلِيد (전통/tradition) → تَقالِيد　　بَرْبِيج / بَرْبِيش (호스/hose) → بَرابِيش

تَعْلِيم (가르침/teaching) → تَعالِيم　　بَشْكِير (손수건/hand towel) → بَشاكِير

بَطْرِيق (펭귄/penguin) → بَطارِيق

دَلْفِين (돌고래; 참돌고래/dolphin; porpoise) → دَلافِين

تَفْسِير (설명/explanation) → تَفاسِير　　تَفْصِيل (세부/detail) → تَفاصِيل

تَقْرِير (보고/report; reporting) → تَقارِير

كَفْكِيرة (국자/serving spoon, utensil; ladle) → كَفاكِير

مَسْكِين (가난한 사람/poor person; poor guy) → مَساكِين

83. إقْلِيم (지역/region) → أَقالِيم

إنْجِيل (복음서; 신약성경/a book of the Gospels; New Testament; Gospel) → أَناجِيل

84. سِكِّينة (칼(주방용)/knife) → سَكاكِين

85. مُرْجَيْحة (그네/swing) → مَراجِيح　　سُحْسَيْلة (미끄럼틀/slide) → سَحاسِيل

86. حُزَّيْرة (추측/a guess) → حَزازِير

87. مَوْعِد (약속, 예약/appointment, scheduled time, prior engagement) → مَواعِيد

88. تَكْلِفة (값/cost) → تَكالِيف

89. حَدِيث (대화/conversation) → أَحادِيث بْرِيز (콘센트/power outlet, outlet) → أَبارِيز
بْرِيق (주전자/pitcher, jug) → أَبارِيق*

90. نِتْفة (부스러기; 부분/crumb; bit) → نَتاتِيف كِلْفة (값/cost) → تَكالِيف

91. جَرْدَوْن (들쥐/rat) → جَرادِين بَلْكَوْن (발코니/balcony, terrace) → بَلاكِين
مَلْيَوْن (백만/million) → مَلايِين
بَنْطَلَوْن (바지/pants, slacks, trousers) → بَناطِيل
كَلْسَوْن (속옷; 팬티/[pair of] underwear; panties) → كَلاسِين

92. أَهْبَل (멍청이/idiot) → مَهابِيل

93. قُصّة (이야기/story) → قُصَص*
صُرّة (꾸러미; 배꼽/bundle; belly-button) → صُرَر
لُعْبة (장난감; 놀이; 인형/toy; game; doll) → لُعَب
رُخْصة (운전면허증; 허가증/driver's license; permit) → رُخَص
طُبْعة (스티커/sticker) → طُبَع جُثّة (사체/dead body, corpse) → جُثَث
نُكْتة (농담/joke) → نُكَت
صُورة (사진; 그림/photo, picture; painting) → صُوَر
رُكْبة (무릎/knee) → رُكَب
صُدْفة (우연의 일치; 기회/coincidence; chance) → صُدَف
قُرْحة (궤양/ulcer) → قُرَح
نُقْطة (점수; 방울; 기간; 점/point; drop; period; dot) → نُقَط*
نُسْخة (복사/copy) → نُسَخ
أُمّة (나라; 국민/nation; people [group]) → أُمَم
شُوْكة (포크; 갈퀴; 가시/fork; rake; thorn) → شُوَك
حُفْرة (구덩이/hole [in the ground]) → حُفَر
تُحْفة (걸작/masterpiece, work of art) → تُحَف
عُطْلة (휴일; 방학/holiday; [school] break) → عُطَل

93.(계속) فُرْصة (기회; 휴식시간/chance; opportunity; break) → فُرَص

زُقّة (골목/alley, alleyway) → زُقَق

فُوْطة (손수건; 기저귀; 냅킨/hand towel; diaper; napkin) → فُوَط

رُتْبة (계급/rank, level [in the military]) → رُتَب

قُرْنة (장식용 쿠션; 모서리/throw pillow; corner [of a room]) → *قُرَن

94. دَوْلة (국가, 주/nation, state) → دُوَل   قَرية (마을/village) → قُرى

طَوْشة (싸움/fight) → طُوَش   هَوْشة (싸움/fight) → هُوَش

شَنْتة (가방; 서류가방; 책가방/suitcase; briefcase; book bag) → شُنَت

95. أَهْبَل (멍청이/idiot) → هُبَل

96. عَتِيق (낡은 것/old thing) → *عُتَق

97. حِفّة (모서리/edge) → حِفَف

فِرْقة (밴드; 군부대/[music] band; army division) → *فِرَق

بِدْعة (숭배,이교/cult) → بِدَع

نِسْبة (퍼센트; 비율/percentage; ratio) → نِسَب

حِجّة (변명/excuse) → حِجَج   مِهْنة (직업/occupation, profession) → مِهَن

بِسّة (고양이; 새끼고양이/cat; kitten) → بِسَس

نِتْفة (부스러기; 부분/crumb; bit) → نِتَف

لِحْية (수염/beard) → لِحى   قِطْعة (부분;조각/part; piece) → *قِطَع

عِلْبة (용기,통조림/container) → عِلَب   خِطّة (계획, 설계/plan, scheme) → خِطَط

دِبْلة (결혼반지/wedding ring, wedding band) → دِبَل

عِبْرة (교훈/lesson [learned in life], an example [not to be followed]) → عِبَر

بِرْكة (수영장; 웅덩이; 연못/pool, swimming pool; puddle; pond) → بِرَك

قِمّة (꼭대기; 간부회의; 산정상/summit, peak; high-level meeting; crest) → قِمَم

98. فِيش (전기플러그/[electrical] plug) → فِيَش

99. لِيفة (수건/washcloth) → لِيَف

100. جَيْبة (주머니/pocket) → جِيَب

101. فَرِيق (팀/team) → فِرَق*

102. فِيل (코끼리/elephant) → فِيَلة

103. مَدِينة (도시/city) → مُدُن
جَزِيرة (섬/island) → جُزُر
سَفِينة (배/ship) → سُفُن
طَرِيقة (방법/way, manner) → طُرُق*

104. أَطْرَش (귀머거리/deaf person) → طُرُش
أَعْمى (맹인/blind person) → عُمِي
أَحْدَب (꼽추/hunchbacked person) → حُدُب
أَخْرَس (벙어리/mute person, mute) → خُرُس

105. طَرِيق (길/way, road, route) → طُرُق*

106. قَسِّيس (목사/pastor) → قُسُس*

107. رَسُول (선지자; 사도/prophet, messenger; apostle) → رُسُل

108. كِتاب (책/book) → كُتُب
لْحاف (담요/blanket) → لُحُف
حْصان (말/horse) → حُصُن

109. عَصايْ (막대기/stick) → عُصِي

110. غَطا (뚜껑; 침대요/cover, lid; bed sheet) → غُطِي

111. بَدَوِي (베두인; 유목민/Bedouin; nomad) → بَدُو

112. سايِح (관광객/tourist) → سُوّاح

فاجِر (부도덕한 사람/immoral person) → فُجّار

طالِب (학생/student) → طُلاّب

حاكِم (통치자/governor) → حُكّام

كافِر (무신론자/infidel) → كُفّار

خاطِي (죄인/sinner) → خُطّاة

ناقِد (비평가/critic) → نُقّاد

زايِر (방문객/visitor) → زُوّار

ضابِط (장교/officer) → ضُبّاط

عامِل (노동자/worker, laborer) → عُمّال

تاجِر (상인/dealer, merchant) → تُجّار

واعِظ (설교자/[Christian] preacher) → وُعّاظ

راكِب (탑승객/rider, passenger) → رُكّاب

كاتِب (저자, 작가/writer, author) → كُتّاب

قائِد (군지도자/military leader) → قُوّاد

رائِد (개척자; 우주비행사; 육군소령/pioneer; astronaut; [army] major) → رُوّاد

نائِب (보좌관; 대리인/deputy; vice [-president]; political representative) → نُوّاب

113. حَجّ (메카순례자/one who did the Hajj) → حُجّاج

114. خَطِيب (약혼남/fiancé [m.]) → خُطّاب

115. دُبّانة (파리; 말파리/fly; horsefly) → دُبّان

116. سِجّادة (양탄자, 깔개/rug, mat) → سِجّاد

117. مِشْكَلْجِي (문제아/trouble-maker) → مِشْكَلْجِيّة

كَهْرَبْجِي (전기기술자/electrician) → كَهْرَبْجِيّة

سَمْكَرِي (배관공/plumber) → سَمْكَرِيّة

بَنْشَرْجِي (타이어수리공/tire repairman) → بَنْشَرْجِيّة

جَوْلْجِي (골키퍼/goalie) → جَوْلْجِيّة

118. مُحامِي (변호사, 변호인/lawyer, attorney) → مُحامِيّة

119. مَوَسِرْجِي (배관공/plumber) → مُوَسَرْجِيّة

120. عَبْد (노예/slave) → عَبِيد　　سَنة (해, 년/year) → سْنِين

121. حْمار (당나귀/donkey, mule) → حَمِير

122. أَطْرَش (귀머거리/deaf person) → طُرْشان　　أَعْمى (맹인/blind person) → عُمْيان
أَزْعَر (악당/scoundrel) → زُعْران　　أَخْرَس (벙어리/mute person, mute) → خُرْسان

123. غَزال (사슴/deer) → غُزْلان　　غُراب (까마귀/crow; raven) → غُرْبان
شُجاع (용감한 사람/courageous one) → شُجْعان
جَناح (날개/wing [of a bird or a plane]) → جُنْحان

124. قَمِيص (셔츠/shirt) → *قُمْصان　　عَرِيس (신랑/groom) → عُرْسان
قَضِيب (쇠막대기, 쇠기둥/metal rod, metal bar) → *قُضْبان

125. راعِي (목자/shepherd) → رُعْيان

126. خَرُوف (양/sheep) → خُرْفان
عَمُود (기둥; 원주/pole, post; pillar, column) → عُمْدان

127. راعِي (목사/pastor) → رُعاة
هاوِي (아마추어; 취미로 하는 사람/amateur; hobbyist) → هُواة
قاضِي (판사/judge) → قُضاة
ماشِي (행인, 보행자/pedestrian, walker) → مُشاة

128. خَرُوف (양/sheep) → خِرْفان　　وادِي (계곡/valley) → وِدْيان

129. دَكْتُور (의사/doctor) → دَكاتْرة

130. خُورِي (신부/priest) → خَوارْنة

131. خِتْيار (노인/old man) → خَتايْرة

132. أُسْتاذ (교수/professor) → أَساتْزة

133. عَبْقَرِي (천재/genius) → عَباقِرْة

134. قَسِّيس (목사/pastor) → قَساوْسة*

135. مادّة (물질, 물체; 요소; 과목/material, matter; element; [school] subject) → مَواد

136. نار (불/fire) → نِيران

فار (쥐/mouse) → فِيران

137. مِثال (예시/example) → أَمْثِلة

حْصان (말/horse) → أَحْصِنة

وِسام (메달/medal) → أَوْسِمة

جِهاز (전기장치/electrical device) → أَجْهِزة

سِلاح (무기/weapon) → أَسْلِحة

لْسان (혀/tongue) → أَلْسِنة

إِلَه (신/[a] god) → آلِهة

حِزام (띠/belt) → أَحْزِمة

نِظام (시스템; 정렬; 규칙/system; order; rule, guideline) → أَنْظِمة

138. سُؤَال (질문/question) → أَسْئِلة

139. جَواب (대답/answer) → أَجْوِبة

مَكان (장소/place) → أَمْكِنة

جَناح (날개/wing [of a bird or a plane]) → أَجْنِحة

140. شْرِيط (테이프/tape; cassette tape) → أَشْرِطة

رَصِيف (인도/sidewalk, curb) → أَرْصِفة

141. دَوا (약/medicine) → أَدْوِية

غَطا (뚜껑; 침대요/cover; lid; bed sheet) → أَغْطِية

142. وادِي (계곡/valley) → أَوْدِية

143. دَلِيل (길잡이; 안내서/guide; manual, instruction book) → أَدِلّة

144. سَما (하늘; 천국/sky; heaven) → سَمَوات   صَلاة (기도/prayer) → صَلَوات
حَماة (시어머니, 장모/mother-in-law) → حَمَوات
قَناة (채널/[satellite or television] channel) → قَنَوات

145. أُمّ / إِمّ (어머니/mom, mother) → أُمَّهات

146. خَصِم (할인/discount) → خُصُومات
فَحْص (진찰; 검사/[physical] examination; [academic] exam, test) → فُحُوصات

147. عِلْبة (통조림/canned good, canned food) → مُعَلَّبات

148. صايِغ (금세공/goldsmith) → صاغة   قائِد (지도자/leader) → قادة

149. خايِن (반역자/traitor, backstabber) → خَوَنة

150. شُرْطِي (경찰/policeman) → شُرْطة

151. مَرِيض (환자/sick person; patient) → مُرَضا

152. مَرِيض (환자/sick person; patient) → مَرْضى

153. لَيْل (밤/night) → لَيالِي

154. نِيّة (의도/intention) → نَوايا

155. دار (집/house, home) → دُور

156. نَمْلة (개미/ant) → نَمِل　　　نَحْلة (벌/bee) → نَحِل
عَضْمة (뼈/bone) → عَضِم　　　مَوْجة (파도/wave) → مَوْج
عَنْزة (염소/goat) → عَنْز

157. سَمَكة (물고기/fish) → سَمَك　　　جاجة (닭/chicken, hen) → جاج
بَقَرة (소/cow) → بَقَر*　　　غَنَمة (양/sheep) → غَنَم
بَطّة (오리/duck) → بَطّ　　　بَقّة (점/tick) → بَقّ*
حَبّة (알, 캡슐; 씨/pill, capsule; seed, kernel) → حَبّ

158. بِزْرة (씨/seed) → بِزِر

159. دُودة (지렁이, 벌레/worm) → دُود

160. نَوَرِي (무례한 사람/rude person) → نَوَر　　　نُورِي (집시/gypsy) → نَوَر

161. مُغَيّْطة (고무밴드/rubber band) → مُغَيّْط
لُزَيْقة (테이프; 스티커/[piece of] tape; sticker) → لُزَيْق*

162. بَطّيخة (수박/watermelon) → بَطّيخ

163. وَاعة (그릇, 용기/vessel) → أَوْعِية

164. أَخ (형제/brother) → إِخْوة

165. شَهَر (달, 월/month) → أَشْهُر　　　سَهِم (재고/stock) → أَسْهُم

166. سَطِح (지붕/roof) → أَسْطُح

167. سْطُوح (지붕/roof) → أَسْطُح

168. مَكان (장소/place) → أَماكِن

169. أَسِير (수감자, 포로/prisoner, captive) → أَسْرى

국적 / الجِنْسِيّات

عَرَبِي (아랍인/an Arab) → عَرَب

إِنْجْلِيزِي (영국인/a British man) → إِنْجْلِيز

صِينِي (중국인/a Chinese man) → صِينِيِّين

إِسْبانِي (스페인인/a Spaniard) → إِسْبان / إِسْبانِيّة

فِنْلَنْدِي (핀란드인/a Finnish man) → فِنْلَنْدِيِّين

سْوِيسْرِي (스위스인/a Swiss man) → سْوِيسْرِيِّين / سْوِيسْرِيّة

إِيطالِي (이태리인/an Italian) → إِيطالِيِّين / تِلْيان

أُسْتْرالِي (호주인/an Australian) → أُسْتْرالِيِّين

كُورِي (한국인/a Korean) → كُورِيِّين / كُورِيّة

يَهُودِي (유대인/a Jew / a Jewish man) → يَهُود

أُرْدُنِي (요르단인/a Jordanian) → أُرْدُنِيِّين / أُرْدُنِيّة

سُورِي (시리아인/a Syrian) → سُورِيِّين / سُورِيّة

عِراقِي (이라크인/an Iraqi) → عِراقِيِّين / عِراقِيّة

عُمانِي (오만인/an Omani) → عُمانِيِّين / عُمانِيّة

قَطَرِي (카타르인/a Qatari) → قَطَرِيِّين / قَطَرِيّة

مَصْرِي (이집트인/an Egyptian) → مَصْرِيِّين / مَصارْوة

لُبْنانِي (레바논인/a Lebanese man) → لُبْنانِيِّين / لُبْنانِيّة

سَعُودِي (사우디 아라비아인/a Saudi) → سَعُودِيِّين / سَعُودِيّة

فَلَسْطِينِي (팔레스타인인/a Palestinian) → فَلَسْطِينِيِّين / فَلَسْطِينِيّة

مَغْرَبِي (모로코인/a Moroccan) → مَغارْبة

سُودانِي (수단인/a Sudanese man) → سُودانِيِّين / سُودانِيّة

أَمْرِيكِي (미국인/an American) → أَمْرِكان / أَمْرِيكِيِّين

أَلْمانِي (독일인/a German) → أَلْمان

تُرْكِي (터키인/a Turkish man) → أَتْراك

فَرَنْسِي (프랑스인/a Frenchman) → فَرَنْسِيِّين

مَكْسِيكِي (멕시코인/a Mexican) → مَكْسِيكِيِّين

نْيُوزْلَنْدِي (뉴질랜드인/a New Zealander) → نْيُوزْلَنْدِيِّين

يابانِي (일본인/a Japanese man) → يابانِيِّين / يابانِيّة

أَرْمَنِي (아르메니아인/an Armenian) → أَرْمَن

كْوَيْتِي (쿠웨이트인/a Kuwaiti) → كْوَيْتِيِّين / كْوَيْتِيّة

بَحْرَيْنِي (바레인인/a Bahraini) → بَحْرَيْنِيِّين / بَحْرَيْنِيّة

يَمَنِي (예멘인/a Yemeni) → يَمَنِيِّين / يَمَنِيّة

تْشادِي (차드인/a Chadian) → تْشادِيِّين / تْشادِيّة

جَزائِرِي (알제리인/an Algerian) → جَزائِرِيِّين / جَزائِرِيّة

لِيبِي (리비아인/a Libyan) → لِيبِيِّين

مُورِيتانِي (모리타리아인/a Mauritanian man) → مُورِيتانِيِّين / مُورِيتانِيّة

أَثْيُوبِي (이디오피아인/an Ethiopian) → أَثْيُوبِيِّين

نايْجِيرِي (나이제리아인/a Nigerian) → نايْجِيرِيِّين

فِلِبِينِي (필리핀인/a Filipino) → فِلِبِينِيِّين / فِلِبِينِيّة

سِرِلَنْكِي (스리랑카인/a Sri Lankan) → سِرِلَنْكِيِّين / سِرِلَنْكِيّة

هِنْدِي (인도인/an Indian man) → هُنُود

باكاسْتانِي (파키스탄인/a Pakistani man) → باكِسْتان / باكاسْتانِيّة

مالِيزِي (말레시아인/a Malaysian man) → مالِيزِيِّين

أَنْدُونِيسِي (인도네시아인/an Indonesian) → أَنْدُونِيسِيِّين / أَنْدُونِيسِيّة

사용 안내

저자는 이 책의 이해를 돕기 위해 몇가지 시도를 하였다. 그래서 일반 독자들이 쉽고 빠르게 이 책의 구조를 이해할 것이다. 그것을 돕기 위해 몇가지를 예를 아래에 제시하고 있다:

간혹 모난괄호 안에 인용부호로 표시된 문자가 있는 경우, 구어체 아랍어에서는 다르게 발음되는 것을 의미한다. 예로 제시된 동사의 경우 구어체에서는 "تْزَكَّر" 로 발음된다.

로마숫자는 파생동사의 형태를 의미하고 (예; V형) '[입말]'이 없는 경우에는 문어체와 구어체 모두에서 통용되는 동사임을 뜻한다 (아래 예문 참조).

여기에는 동사의 의미를 영어와 함께 적었고 필요한 경우, 적절한 전치사도 제시하였다. 만약 뜻이 표준 영어에 해당되지 않는 속어일 경우에는 기울임꼴로 기입하였다.

19 V تَذَكَّر – َ (عن) ["ز"]

기억하다

remembered, recalled, [s/thing or s/one], (about) [s/one or s/thing]

예문 ما بَتْزَكَّر إنِّ قُلْتِلُّه أَيّ إِشي عن هاد .

이것에 대해 그에게 말했던 어떤 것도 기억나지 않는다.

I don't remember telling him (*or* that I told him) anything about that.

여기에는 동사를 사전에 나오는 순서에 따라 적었다 (문어체에서도 사용되는 경우에 한하여). 동사에 표시된 모음표기를 통해 독자는 현재형에서 어떻게 활용될 지 예상할 수 있을 것이다(더 자세한 것은 동사활용표를 보시오). 동사 뒤에 전치사가 괄호, 모난괄호, 혹은 아무런 괄호도 없이 올 수 있다. 괄호가 없는 경우에는 정확한 의미를 전달하기 위해 전치사가 반드시 있어야함을 의미한다.

아라비아숫자는 101가지 동사를 사전의 순서에 따라 붙였으며 가장 먼저 나오는 동사는 101가지 동사에 포함된다.

동사 뒤에 있는 별표(*)는 구어체에서 " ق " 발음이 바뀌는 경우를 의미한다. 대체로 " ء " (목구멍에서 멈추듯 나는 소리)로 발음되나 일부 요르단 지역에서는 "g"로 발음한다. 예로 제시된 동사의 경우발음이 "wa''af" 혹은 "waqqaf"가 된다.

101-8 II **وَقَّف ل ★ ـَ**

[입말]

'[입말]'은 이 표현이 구어체에서만 사용됨을 의미한다. 광고와 같은 특정한 경우를 제외하고는, 방송이나 신문에서 볼 수 없는 표현인 것이다.

맞서다, 견디다

stood up to [s/one]

예문 إِزا فِي أُوْلاد فِي المِدْرَسة بِحاوْلُوا يِتْحَكَّمُوا فِيك ،

لازِم تْوَقِّفِلْهُم وتْخَلِّيهُم يِعْرَفُوا إِنَّك مِشْ خايِف .

만약 학교에 당신을 들볶는 소년들이 있으면, 그들과 맞서서 당신이 그들을 두려워하지 않는다는 사실을 알도록 해 주어야 해요.

If there are boys at school trying to bully you around, you need to stand up to them and let them know that you're not afraid.

여기에는 동사를 그 의미에 맞게 적절히 문장 속에서 활용하고 있다. 모든 모음표기를 함으로 아랍인들이 어떻게 발음하는지 배울 수 있다. 부가적으로, 아랍어와 한국어/ 영어를 비교하면서 적절하게 번역하여 아랍인들이 많이 사용하는 표현을 배울 수 있게 하였다.

마지막으로 아래의 약자와 그 의미를 참고하길 바란다:
당신(여) = 2인칭 여성인 경우, "m." = masculine, "fem." = feminine, "lit:" = 직역(literally)
이해를 돕기 위해 직역은 전부 이태릭체로 표시하였다.

사용 안내*(앞면에서 계속)*

본 저서에서 구어체 아랍어를 최대한 문자화하려고 노력했기 때문에 문법과 상관 없는 임의적인 표현들이 이해를 돕고자 사용되었다. 아랍 현지인 뿐만 아니라 아랍어가 어느 정도 능숙한 사람에게 이 책의 많은 표현들이 현대 표준 아랍어와 차이가 있고 문법에 어긋남을 쉽게 발견할 것이다. 문법적 원칙을 지키면서 문어체를 최대한 살리는 것에는 많은 애로사항이 있었다. 그럼에도 불구하고 저자는 구어체와 문어체 사이에 적절한 균형을 유지하면서 이 책을 저술했음을 자신할 수 있다. 그래서 이 책을 공부하기 앞서 혼선을 미연에 방지하기 위해 몇가지 논쟁 혹은 혼돈될 수 있는 주제를 다루고자 한다.

현대 표준 아랍어에서 " جَدِيد " 와 같은 형용사는 구어체에서는 " جْدِيد " 로 발음된다. 마찬가지로, 이 형용사의 한정형 (الْجَدِيد) 도 구어체에서는 " لِجْدِيد "로 발음된다. 이와 유사한 단어들은 구어체에서 발음되는 형태로 이 책에 적혀졌으며 문어체와는 차이가 있음을 미리 숙지하길 바란다. 또한 어떤 단어는 شَدّة (-ّ)가 있으면서도 شَدّة와 함께 아무런 모음표기가 없는 경우가 있을 것이다. 이런 것이 보이면, " ا "와 " ة "와 " ى "가 뒤따라오지 않는 한, شَدّة 위에 سُكُون (-ْ)이 온 것으로 여기길 바란다. 예를 들어, " بِتْقَدّمُوا "라는 단어는 구어체에서 실재로는 " بِتْقَدّْمُوا "로 발음된다는 뜻이다. 하지만 본 저서에서는 شَدّة 위에 سُكُون 표기를 하지 않았는데, 그 이유는 문법에도 어긋나고 아랍인들에게 받아들여질 수 없기 때문이다.

모든 예문에서 V형 동사와 VI형 동사는 첫자음인 " ت " 위에 항상 سُكُون 이 오게 했는데 그 이유는 구어체의 발음 현상 때문이다. 아랍인들은 단어의 첫부분에 " ت "가 올 경우에 فَتْحة (-َ)를 발음하지 않는다. 그 대신에 " ت " 앞에 " إ "을 발음한다. 예를 들면, " تَعَلَّم " 동사의 경우, 구어체에서는 " إِتْعَلَّم "로 발음된다. 그래서 혼동을 줄이기 위해 이 책에서는 " تْعَلَّم "으로 예문에 적어 놓았다

다음은 요르단, 팔레스타인 지역에서 많이 사용되는 101가지동사들이다:

1. اتَّصَل مع/في/ب
2. إجى
3. أَخَذ
4. اسْتَعْمَل
5. اسْتَنّا
6. اشْتَرى
7. اشْتَغَل
8. أَعْطى
9. أَكَل
10. باع
11. بَدا
12. بَطَّل
13. بَعَث
14. بِقِي
15. بَلَّش
16. بَنى
17. بَيَّن
18. تأَكَّد
19. تذَكَّر
20. تَرَك
21. تَطَلَّع على
22. تِعِب
23. تَعَلَّم
24. تَفَرَّج على
25. تَمَنّى
26. جاب
27. جَرَّب
28. حاوَل
29. حَبّ
30. حَسّ
31. حَضَر
32. حَطّ
33. حَكى
34. خاف
35. خَبَّر
36. خَرَّب
37. خَفَّف
38. خَلّى
39. خَلَّص
40. دَخَل / دَخَل على
41. دَرَس
42. دَفَع
43. دَوَّر على
44. راح
45. رَتَّب
46. رِجِع
47. رَفَع
48. رَمى
49. رَوَّح
50. زاد
51. زار
52. زِعِل
53. سَأَل
54. سَرَق
55. سَكَّر
56. سِمِع / سِمِع ل
57. سَوّى
58. شاف
59. شِرِب
60. شَكَر
61. صار
62. ضَرَب
63. طَلَب
64. طِلِع
65. ظَلّ
66. ظَنّ
67. عَجَب
68. عِرِف
69. عَلَّم
70. عِمِل
71. غَلَّب
72. فات
73. فاز
74. فَتَح
75. فَرْجى
76. فَكَّر
77. فِهِم
78. قال
79. قَتَل
80. قِدِر
81. قَرا
82. قَطَع
83. قَعَد
84. كان
85. كَتَب
86. كَذَّب
87. كَسَر
88. كَلَّف
89. لِعِب
90. لَغى
91. لَقى
92. مات
93. مَسَك
94. مَشى
95. نام
96. نِزِل
97. نِسِي
98. نَقّى
99. وِصِل ل/على
100. وِقِع
101. وَقَّف

아랍동사

101가지 구어체(비격식) 아랍어 동사 문형

- 요르단, 팔레스타인 편

01 VIII اتَّصَل مع/في/ب ـِ

전화걸다, 통화하다, 연락하다

contacted, got in contact with, called, gave [s/one] a call, dropped [s/one] a line, phoned [s/one]

*참고: 전화에만 사용함

예문 لَوْ سَمَحْت ، اتَّصِل مَعِي الشَّهَر الجايْ بَعِدْما أَخَلِّص الإمْتِحانات .

괜찮으시다면, 다음달에 제가 시험들이 끝난 후에 전화해 주세요.

If you will, call me next month after I am finished with exams.

02-1 I إِجى ـِ (على/ل)

[입말]

① [집, 모임 등에] 오다;

came (to) [the house, the party, etc.];

예문 إجى وْالله جابُه !

호랑이도 제 말하면 온다!

**직역: "그가 왔고 하나님(하느님)이 그를 데리고 왔다!"*

Speak of the devil! (*English expression*)

② [전화, 팩스 등을] 받다;

got, received [a phone call, a fax, etc.];

예문 إجانِي كْتِير تَلَفَوْنات من خالْتِي مْبارِح !

어제 이모(외숙모)에게서 저에게 전화가 많이 왔어요!

**직역: "어제 수많은 전화가 이모로부터 저에게 왔어요!"*

I got a lot of calls from my aunt yesterday!

③ 다가오다

came to, came up to [s/one]

예문 أَنا شُفْت فارِس قَبِل دَقِيقة وَحْدة . إجالِي وطَلَب مِنِّي أَعْمَلُّه مَعْرُوف (خِدْمة) .

방금전에 파리스(Faris)를 보았다. 그가 내게 다가와서 부탁을 했다.

I just saw Faris a minute ago. He came up to me and asked me to do a favor for him.

02-2 إجى بـِ – (ل)

[입말]

① [교통수단으로] 오다 ;

came by, came in a [taxi, plane, train, etc.];

예문 كِيف جِيت (إِجِيت) عَالقاهِرة ؟ ... إِجِيتْ (جِيتْ) بِالباص .

당신은 어떻게 카이로에 왔나요? ... 저는 버스로 왔어요.

How did you get to Cairo?... I came by bus.

② [음식, 선물 등을 가지고] 오다

came with, came over with, brought [food, presents, etc.] (for) [s/one], brought [food, presents, etc.] with him, brought with him [food, presents, etc.]

예문 إجى الجَيْش بِقُوّة عَسْكَرِية كْبِيرة بَسْ تْراجَعُوا عَشان خِلِص الأَكِل .

그 군대는 많은 병력으로 왔지만 식량이 떨어져 퇴각했다.

The army came with a lot of military power but was turned back because they ran out of food.

02-3 إجى بَعِد ـِ

[입말]

① 뒤에 오다, 후에 나타나다;

[s/one] came after, arrived after, showed up after [a certain time];

예문 خَمِس طُلّاب إِجُوا بَعْدِ السّاعة ثَمْنْية والتّانْيين إِجُوا بَعْدَيْن.

5명의 학생은 8시 이후에 왔고 나머지는 나중에 왔다.

Five students came after eight o'clock and the others showed up later.

② 초래하다, 결과로 오다;

[s/thing good, s/thing bad, etc.], came out of, arose from, resulted from [s/thing];

예문 مَرّات ، الحَسَنة بْتِيجِي بَعْدِ السَّيِّئة .

때때로, 나쁜 일 뒤에 좋은 일이 온다.

Sometimes, good arises from bad.

③ 따라 오다, 뒤를 잇다

[s/one] followed, came after [s/one] [in a position, job, etc.]

예문 المِلك عَبْدَالله إجى بَعْدِ المَرْحُوم المِلك حْسَيْن .

압둘라(Abdullah) 왕은 고 후세인(Hussein) 왕을 이어 왕위에 올랐다.

직역: "압둘라왕은 은혜를 베푼 후세인왕을 이어 왔다."

King Abdullah came after the Late King Hussein.

02-4 ⓘ إِجى فِي ــ

[입말]

[벌레가 접시 등에] 떨어지다, 빠지다

[a fly, dirt, a bug, etc.] fell in, landed in, [his food, his bowl], fell on, landed on [his plate, etc.], [a fly, a bug, etc.], flew into [his food, etc.]

예문 يَعْ ! فِي حَشَرَة إِجَتْ فِي الشُّورَبة تَبَعَتِي !

아이구! 지금 벌레가 내 수프에 떨어졌어요!

Oh… Gross! A bug just landed in my soup!

*참고: تَبَعَتِي 는 소유를 나타내는 의미로 "나의 것"을 뜻하고 남성명사인 경우 تَبَعِي 라고 하며, 인칭에 따라 변함.

02-5 ⓘ إِجى فِيه ــ

[입말]

[누군가에 대해] 노골적으로 말하다

[s/one] was talking directly to him, was now talking about him,
stepped on his toes, hurt his feelings

*참고: 어떤 사람이나 집단에 대한 이야기가 듣는 이에게 본의 아니게 모욕을 준 경우를 의미한다

예문 هَيْه ! إِنْتَبِهْ ! لَمّا تِحْكِي إِشي عاطِل (إِشِي مِشْ كْوَيِّس) عَنِ الأَجانِب ،
انْتَ بْتِيجِي فِيِّ .

이봐요, 조심하세요! 외국인들에 대해 안좋게 말하면 그것이 바로 저를 두고 노골적으로 말하는 거예요.

Hey! Watch yourself! When you talk bad about foreigners, you're talking directly to me.

02-6 إجى علىـ

[입말]

① [어떤 것이 사물에] 떨어지다, 튀다;

[s/thing] got on, got onto [s/one, his clothes, his car, etc.],

*note: English speakers more often say, "He got [something] on [himself, his clothes, etc.]";

예문 يا بَيِّيْه ! إجى خَلّ على كَبُّوتِي الجْدِيد !

저런(어머나)! 제 새로운 코트에 겨자*가 떨어졌어요!

Oh darn! I just got mustard on my new coat!

*참조: خَل 은 원래 식초이지만 이 문장에서는 겨자의 의미임.

② [어떤 시간에] 도착하다;

came at, arrived at [a certain time];

예문 بَتْمَنّى إِنُّه العَرُوس والعَرِيس يِيجُوا عَالوَقِت عالحَفْلة (على الحَفْلة) .

부디 신랑과 신부가 제 시간에 피로연에 도착했으면 좋겠어요.

I hope the bride and groom arrive to the reception on time.

③ [어떤 장소에] 오다;

came to [the house, the office, etc.];

예문 بْتِقْدَر تِيجِي على المِكْتَب وتْساعِدْنِي حَتّى نْغَيِّر مَحَلّ الأَثاث ؟

사무실에 와서 저를 도와 가구 위치 바꾸는 것을 도와줄 수 있을까요?

Can you come to the office and help me move some furniture around (*or* rearrange some furniture)?

④ [옷이] 어울리다, 맞다;

[the shirt, the pants, etc.], fit [s/one]

*참고: 신발에는 적용되지 않음;

예문 كْتِير بَحِبّ هَداكِ القَمِيص ، بَسّ المِشْكِلة إِنُّه ما بِيجِي عَلَيْك مْنِيح .

저는 정말 그 셔츠가 마음에 들지만, 문제는 당신에게 잘 어울리지 않는다는 거에요.

I really like that dress shirt, but the problem is it doesn't fit you well enough.

⑤ [바람이] 불어오다, 불다;

[the fan, the wind, the air conditioning, the heat, etc.] blew on [s/one];

예문 مُمْكِن تْلِفّ المَرْوَحة عن أُمِّي ؟ لِأَنْها ما بِتْحِبّ إِنْها تِيجِي عَلَيْها .

선풍기를 돌려서 저의 어머니에게 안가게 해주시겠어요? 왜냐하면 그녀가 (바람이) 오는 것을 좋아하지 않아요.

Can you turn the fan away from my mom? She doesn't like it blowing on her.

⑥ [벌레가] 날아오다, 날아와 앉다

[a fly, dirt, a bug, etc.] fell in, landed in [his food, his bowl, etc.], fell on, landed on [his plate, his head, etc.], [a fly, a bug, etc.] flew into [his food, etc.]

예문 يَعْ ! بِقَرِّف !!! إِجَتْ دُبّانة على تُمّها !

앗! 메스꺼워!!! 파리가 그 여자의 입에 앉았어요!

Whoa! Gross!!! A fly landed on her mouth!

02-7 I إِجى على بالُه ـِ

[입말]

① [어떤 일을] 하고 싶다;

felt like [doing s/thing]

*참고: 위의 경우에서, 아랍인들은 거의 매번 줄인 표현인 " جَعَبالُه " 을 사용한다

예문 مُو جَعَبالِي (مِش جايّ على بالِي) أَرُوح وَلا على مَحَلّ (أَرُوح على أَيّ مَحَلّ) .

بَسْ بِدِّي أَضَلّ بِالبَيْت وأَسْتَرْخِي .

저는 어디에도 가고 싶지 않아요. 단지 집에 들어 앉아 쉬고 싶어요.
I don't feel like going anywhere. I just want to stay here and veg-out.

② 어떤 일이 벌어지다

it occurred to him [that…]

**직역: "그의 마음에 떠오르다"*

*참고: 현재형으로 사용할 때, 아랍인들은 현재형 동사를 사용하기 보다는 اسْمِ الفاعِل (능동분사)을 선호한다

예문 هَلاّء إِجى على بالِي إِنُّه إِحْنا ما مْنِقْدَر نْجَدِّد إِقامْتَك إِلاّ إِزا بْتَعْطِيني صُورْتَيْن لَلجَواز .

지금 일이 좀 생겼는데, 만약 당신이 저에게 2 장의 여권용 사진을 주지 않으면 우리는 거주증(이까마)을 갱신해 드릴 수 없겠어요.
It just occurred to me that we can't renew your residence card unless you give me two passport photos.

02-8 I إِجى على قَدُّه – ِ ★

[입말]

[셔츠, 바지 등이] 어울리다

[the shirt, the pants, etc.] fit

**참고: 신발에는 사용하지 않음*

예문 جَرِّب هالبَنْطَلَوْن وخَلِّينا نْشُوف إِزا بِيجِي على قَدَّك وِلاّ لأ (أَوْ لا) .

이 바지를 입어보세요, 그리고 당신에게 잘 어울리는 지 안그런지 우리 함께 한번 봅시다.
Try on these pants (one pair) and let's see if they fit you or not.

02-9 I إِجى على قَدّ إِجْرُه – ★

[입말]

[신발이] 맞다

[the shoes] fit

예문 هالكُنْدَرة دِيقة أَوْ بْتِيجِي على قَدّ إِجْرَك ؟

그 신발이 꽉 끼나요, 아니면 잘 맞나요?
Are those shoes tight or do they fit ok?

02-10 I إِجى على مَقاسُه _ِ ★

[입말]

[옷이] 몸집에 맞다

[the shirt, the pants, etc.] fit

예문 اشْتَرَيْنا لإِبْنِي بْلُوزة جْدِيدة كُمّ طَوِيل من تَلَتْ تُشْهُر وهَلاّ ما بْتِيجِي على مَقاسُه أَبَداً ! عَمْ بِكْبَر كْتِير بْسُرْعة !

우리는 3개월 전에 제 아들에게 새 긴팔 티셔츠를 사주었는데 지금은 크기가 전혀 맞지 않아요! 그는 매우 빠르게 자라고 있어요!
We just bought my son a new long-sleeve t-shirt three months ago and now it doesn’t fit at all! He’s growing like a weed (or He’s growing so fast!)!

02-11 I إِجى عِنْد / إِجى لَعِنْد _ِ

[입말]

[집에] 만나러 오다, 만나러 가다

went over to [s/one’s house], came over to see, came to see [s/one]

예문 إِسْمَعْ ! لَيْش ما تِيجِي عِنْدِي اليَوْم ومْنِتْسَلّى مع بَعَضْ ومْنِحْكِي ؟

이봐요 (잘 들어봐요), 오늘 저의 집에 와서 같이 즐겁게 지내면서 대화하는 것이 어때요?
Hey, why don’t you come over to my house today and we’ll hang out together and talk?

02-12 I إِجى قَبِل _ِ (على) ★

[입말]

① 앞서 도착하다, 오다;

[s/one] came before, arrived before, showed up before [a certain time], got (to) [s/place] before [a certain time];

예문 جِيتْ على حَفْلة عِيدِ الميلاد قَبِل بِنُصّ (قَبِل نُصّ) ساعة مِمّا إِجُوا خَواتِي .

나는 나의 여동생들이 도착하기 반시간 전에 그 생일파티에 도착했다.

I got to the birthday party a full half-hour before my sisters got there.

[lit: "... before by a half hour from what my sisters came."]

② [직책에서 누구보다] 먼저오다, 전임이다

[s/one] preceded, came before [s/one] [in a position, in a job, etc.]

예문 الرَّئِيس لِنْكَوْلِن إجى قَبْلِ الرَّئِيس جْرانْت .

링컨(Lincoln) 대통령은 그랜트(Grant) 대통령보다 먼저 있었다(전임이다).

President Lincoln came before President Grant.

02-13 I إجى مع ـِ (على/ل)

[입말]

동행하다, 함께 오다

came along with, came with, accompanied [s/one] (to) [s/place]

예문 لازِم أَجيب أَكِل مِن المطْعَم . بِدَّك تِيجِي مَعِي ؟

저는 식당에서 음식을 꼭 가져와야 해요. 당신도 저와 함께 가겠어요?

I need to pick up some food from the restaurant. Do you want to come along with me?

02-14 I إجى من ـِ

[입말]

① 유래하다;

[s/thing] derived from, came from [s/thing or s/where];

예문 لُغةِ القُرآن العَرَبِيّة إِجَتْ مِن اللُّغة العَرَبِيّة الدّارْجة في مَكّة أَيّام حَياةِ الرَّسُول مُحَمَّد .

꾸란의 아랍어는 예언자 무함맏 시대에 메카에서 사용된 구어체 아랍어에서 유래된 것이다.
Quranic Arabic is derived from the colloquial Arabic spoken in Mecca during prophet Muhammad's time.

② [누군가 어디에서] 오다

[s/one] came from [s/place]

예문 أَنا جِيت دُغْرِي مِنِ المِطار لَمّا سْمِعِت الأَخْبار عن أَخُوك. كِيفُه ؟ رَح يكُون كْوَيِّس ؟

저는 당신의 형에 관한 소식을 듣자마자 곧바로 공항에서 왔어요. 그는 어때요? 그가 호전될까요?
I came straight from the airport when I heard the news about your brother. How is he? Is he gonna be ok?

02-15 1 إِجالُه / إِجاه – ـِ

[입말]

① [누구에게] 가다;

went to, went up to [s/one];

예문 جِينا لَلمِتْعَهِّد عَشان نِشْتَكِيلُه عن شُغْلِ العُمّال الشَّلْفَقة (كِيف شُغُل العُمّال أَيّ كَلام) بَس رَفَض يِسْمَعْنا (طَنَّشْنا) .

우리는 건축업자에게 가서 작업이 얼마나 엉성한지 그에게 불평했다. 그러나 그는 우리에게서 듣는 것을 거부하였다.
We already went to the builder with complaints about how sloppy of a job the workers are doing, but he refused to hear it.

② [경찰이] 찾아오다, 잡으러 오다

[the police, etc.] came looking for him, came for him, came to get him

*참고: 잘못을 저지른 자를 잡으러 올 때 사용되는 의미

예문 واضِح إنُّه جاري عِمِل إشي غَلَط عَشان الشُّرْطة إجَتْلُه مْبارِح بِاللَّيْل .

저희 이웃이 뭔가 분명 잘못했요. 왜냐하면 어제 저녁에 경찰이 그를 잡으러 왔거든요.

My neighbor obviously did something wrong because the police came looking for him last night (*lit: "yesterday in the night"*).

02-16 إِجاه رِبح صافِي – ـِ

[입말]

[회사, 사업가가] 순이익을 남기다

[the company, s/one, etc.] cleared, netted [a certain amount of money, a profit, etc.] made [a certain amount of money] net

예문 شِرْكة مايْكْرُوسَوْفت إجاها مِلْياراتِ الدُّولارات رِبح صافِي السَّنة الماضْية مع إنُّه نِسْبة مْنِيحة من مُنْتَجاتْهُم مَبْيُوعة في السُّوق السَّوْدا .

마이크로 소프트(Microsoft)사는 생산품의 상당 비율이 암시장에서 팔렸음에도 불구하고 지난해 수백만 달러의 순이익을 남겼다.

Microsoft netted billions of dollars last year in spite of the fact that a good percentage of their products are sold on the black market.

02-17 إِجاه فُرْصة – ـِ (حَتّى/ل)

[입말]

그에게 기회가 주어지다

he was given an opportunity, he was given the opportunity [to do s/thing]

직역: 기회가 그에게 오다

예문 إجانِي فُرْصة أَرُوح على حَفْلة عَشا بِمُناسَبة عِيد جَلالةِ المِلِك .

나에게 왕의 생일을 기념하는 저녁파티에 갈 수 있는 기회가 주어졌다.

**직역:* "기회가 내게 와서 국왕 폐하께서 베푸시는 잔치의 저녁 파티에 가게 되었다."*

I was recently given the opportunity to attend a dinner party in honor of the king's birthday.

02-18 I إجى الوَقْت – ِ (حَتّى/ل) ★

[입말]

[무엇을] 할 시간이 되다

the time has come, it's time (to) [do s/thing], the time has come, it's time (for) [s/one] [to do s/thing]

예문 إجى الوَقِت حَتّى لِصْغار (الصْغار) يناموا .

아이들이 잠자러 갈 시간이 되었다.

**직역: 시간이 되어 아이들은 잠을 자야 한다.*

The time has come for the little children (the little kids) to go to sleep.

03-1 I أَخَذ – ِ (ل) {من} ["د"]

① **[물건을 누구에게] 가져다주다;**

took [s/thing] (to) [s/one];

예문 أخْدَتْ أُمّي مَعْها الأَكِل لَسِتّي (لجَدِّتي) .

나의 어머니는 나의 할머니에게 음식을 가져다 주셨다.

My mother took the food for my grandmother with her.

② **[물건을 누구에게서] 가져오다, 빼앗아오다, 징발하다;**

got, got a hold of, commandeered [s/thing] {from} [s/one];

예문 أَخَد أَحْمَد لِكْتاب (الكِتاب) من صاحْبُه .

아흐맏(Ahmad)는 그의 친구로부터 책을 가져왔다.

Ahmad got the book from his friend.

③ **[시간, 돈을] 쓰다, 챙기다, [수업 시간이] 소요되다;**

took [a certain amount of time or a certain amount of money], [the class, the session, etc.] lasted [a certain amount of time];

예문 خُدْ قَدّما بِدَّك مِنِ الوَقِت عَشان تِعْمَلُه .

서두르지 말고 충분한 시간을 갖고 일하도록 하세요.

Take as much time as you need to do it.

④ **[물건을 누구에게서] 빼앗다;**

took [s/thing] {from/away from} [s/one];

예문 هَداكِ الوَلَد أَخَد شَنْتِتي مِنِّي وهَرَب !

저 소년이 내 책가방을 내게서 빼앗아 도망갔어요!

That boy took my book bag away from me and ran off!

⑤ **[택시, 버스를] 타다;**

took [a taxi, a bus, train, etc.] (to) [s/place];

예문 لازِم نَوْخُد تَكْسِي عَشان السَّيّارة مع مَرْتِي .

제 아내가 차를 사용하고 있기 때문에 우리는 택시를 탈 수 밖에 없어요.

We'll have to take a taxi because my wife has got (or has) the car.

⑥ **[수표, 신용카드를] 받아 들이다, 인수하다, 수용하다;**

took, honored, accepted [checks, credit cards, etc.];

예문 بْتاخُد بِطاقات إِئْتِمان ؟ ما مَعِي كاش بِكَفِّي (مَصارِي كِفاية) .

신용카드도 받나요? 저에게 현금이 충분하지 않아요.

Do you take credit cards? I don't have enough cash on me.

⑦ [사상을] 신봉하다, 믿다;

embraced [an idea, s/one's idea, or s/one's way of thinking];

예문 كُلّ إِلّي أَخَدُوا الشُّيُوعِيّة تْخَيَّب أَمَلْهُم في النِّهاية .

공산주의를 신봉했던 모든 사람들은 결국 실망하게 되었다.

All those who embraced communism were disappointed in the end.

⑧ [신이] 생명을 취하다, 빼앗다;

[God] took [s/one's] life, struck [s/one] down, struck [s/one] dead;

예문 مَرّة ، وَلَد في الشّارِع طَلَب مِنِّي مَصارِي ولَمّا ما أَعْطَيْتُه إياها قالِّي ، ((الله يوْخْدَك !))

한번은, 거리의 소년이 내게 돈을 요구했는데 내가 거절하자 그는 "가다가 벼락이나 맞아라!"라고 말했다.

직역: "...신이 당신의 생명을 가져가길!..."

One time, a kid in the street asked me for money and when I didn't give him any, he said (*lit: "he said to me"*), "May God take your life!"

⑨ [거리에서] (우/좌)회전하다;

took [a right, a left, a certain road, etc.];

예문 خُدْ شْمال (يَسار) عِنْدِ الإشارة الضَّوْئِيّة وبَعْدَيْن رُوح دُغْرِي لَحَوالي كِيلُومِتِر وبَعْدَيْن خُدْ يَمين بَعْد المطَبّ .

신호등에서 좌회전하고, 약 1Km 정도 직진한 다음에, 스피드범프(속도방지턱)에서 우회전하도록 하세요.

Take a left at the light and go straight for about a kilometer and then take a right after the speed bump.

⑩ [새 단어, 나쁜 버릇을] 배우다;

learned, picked up [a new word, a bad habit, a new phrase, etc.];

예문 ما بَقْدَر أَخَلِّي بِنْتِي تِلْعَب مع هَدَوْل لُولاد (الأَوْلاد) بَعِد هَيْك عَشان هي كانَتْ عَمْ تاخُد كِلْمات مِشْ مْنِيحة مِنْهُم .

나는 내 딸을 이제 더 이상 저 아이들과 놀게 할 수 없는데 그 이유는 그녀가 그들로부터 좋지 못한 말을 배우곤 했기 때문이다.
I can't let my daughter play with those children anymore because she was picking up cuss words from them.

⑪ **[기계가 건전지를] 쓰다, 사용하다**

[a toy, etc.] took [a certain number of batteries], [the car, etc.] took [a certain type of gas, etc.]

예문 قامُوسِي الإِلِكْتْرُونِي بِياخُد بَطّارِيتَيْن حَجم أُصْبَع .

내 전자사전은 2 개의 손가락 크기 건전지 (AA 건전지)를 쓴다.
My electronic dictionary takes two AA batteries.

03-2 أَخَذ إِجازة ـُ (من) ["د"]

① **휴가를 가다, 휴가를 챙기다;**

took vacation time, took off, took time off (from) [work]

*참고: 이 동사는 휴가 가는 것을 의미하지만 관광지로 여행하는 것보다는 집에서 쉬는 것을 의미한다

예문 أَخِيراً أَخَدْنا الإِجازة إِلّي كُنّا كْتِير مِحْتاجِينْها الصَيْفِ الماضِي .

마침내 지난 여름에 우리는 그동안 절실했던 휴가를 갔다.
We finally took a much-needed vacation this past summer.

② **[일로부터] 쉬다, 휴가를 받다**

took leave, took a leave of absence (from) [work]

هي أَخَدَتْ إِجازة مِنِ الشُّغُل عَشان لازِم تِعْمِل عَمَلِيّة في حَوْضْها .

그 여자는 고관절 수술을 받아야만 하기 때문에 직장으로부터 휴가를 받았다.
She's taking a leave of absence from work because she has to have hip replacement surgery. [*lit.* '*She took a vacation from the work… she has to do an operation in her hip.*']

03-3 أَخَذ الأَرْض ـُ ـِ ["د"]

[입말]

[공격을 피해] 땅에 엎드리다

hit the deck, took cover, got down on the ground

*직역:"땅을 취하다"

예문 في اللَّحْظة إلِّي سِمِعْنا فِيها الإنْفِجار ، أَخَدْنا الأَرْض .

폭발 소리를 듣는 순간, 우리는 땅에 엎드렸다.

The moment we heard the explosion, we hit the deck.

03-4 أَخَذ إِذْن ـُ ـِ (من) ["د"] ["ز"]

[누구에게서] 허락을 받다

got permission (from) [s/one] [to do s/thing]

예문 أَخَدْت إِزِن من أَهْلَك عَشان تْرُوح على هالرِّحْلة ؟

당신은 이 여행을 위해 부모님의 허락을 받았나요?

Did you get permission from your parents to go on this trip?

03-5 أَخَذ اسْتِراحة ـُ ـِ (من) ["د"]

[입말]

[일하다가] 휴식을 취하다

took a break (from) [work, studying, etc.]

예문 لَمَّا أَدْرُس لَلإِمْتِحانات ، عادةً باخُد اسْتِراحة وَحْدة بَسْ لَمُدّة تُلْت ساعة .

시험공부할 때, 나는 보통 한번의 휴식을 20 분 동안만 취한다.

When I study for exams, I usually only take one break for about twenty minutes (*or* a twenty-minute break).

03-6 I أَخَذ بِخاطْرُه ـُ ["د"]

[입말]

위로하다, 위문하다

comforted him, consoled him

**참고: 가족이나 가까운 사람이 죽었을 때 위로하는 의미*

예문 بَشْعُر إِنِّي تْبارَكْت كْتِير لَمّا صْحابِي إِجُوا وأَخَدُوا بِخاطْرِي في وَقِت حاجْتِي .

어려운 시기에(필요할 때) 내 친구들이 나를 찾아와 위로해줄 때 나는 많이 축복받은 것을 느낀다.

I feel so blessed that (*lit: "when"*) my friends came over and comforted me in my time of need.

03-7 I أَخَذ بَرْد ـُ (من) ["د"]

[입말]

감기에 걸리다

caught a cold, got a cold (from) [s/thing]

예문 خُدِي أَواعِي دافْيِة مَعِك عَشان ما بِدِّي إِيّاكِي تُوْخْدِي بَرْد .

따뜻한 옷을 챙겨가세요, 왜냐하면 나는 당신(여)이 감기에 걸리는 것을 원하지 않아요.

Take (fem.) warm clothes with you because I don't want you to catch a cold (*or* I don't want you catching cold)!

03-8 I أَخَذ بِعَيْنِ الإِعْتِبار إِنُّه ـُ ["د"]

[시간, 돈을] 계산하다, 예상하다, 어림잡아 준비하다

figured on, counted on [s/thing taking a certain amount of time, spending a certain amount of money, etc.]

**직역: 그가 고려하는 눈으로..."*

예문 إزا بِدَّك تِشْتَرِي سِيّارة مُسْتَعْمَلة في وَضِع مْنِيح ، خُدْ بِعَيْنِ الإِعْتِبار إِنَّك تِدْفَع بِالقَلِيلة (على الأَقَلّ) أَرْبَع تالاف (أَرْبَع آلاف) دِينار .

만약 당신이 상태가 양호한 중고차를 사길 원한다면 적어도 4천 디나르(dinar)를 지불할 생각(계산)하세요.
If you want to buy a used car that's in good condition, figure on paying at least four thousand dinar.

03-9 أَخَد جَوْلة ـِ (في/ب) {على} ["د"]

[입말]

① **[관광지를] 여행하다;**
took a tour (of) [an area, a site, a city, etc.];

예문 بَعِدْما تْغَدَّيْنا ، أَخَدْنا جَوْلة في جَرَش إِلِّي هِيِّ مَدِينة رُومانِيّة مْحافَظ عَلَيْها مِن القَرْنِ الأَوَّل بَعْدِ المِيلاد .

우리는 점심 식사한 후, 주후 1세기 이래로 잘 보존된 로마 유적지인 제라쉬(Jerash)를 돌아보았다.
After we had lunch, we took a tour of Jerash which is a well-preserved Roman city from the first century A.D. (*lit: "from the first century after the birth [of Christ]"*).

② **[차, 말을] 타보다, 드라이브하다**
went for a ride, took a ride (in) [his car, etc.], went for a ride, took a ride {on} [the motorcycle, the bicycle, the horse, etc.]

예문 بَقْدَر آخُد جَوْلة في فان ماثْيُو الجْدِيد (الجَدِيد) ؟

제가 메튜(Matthew)의 새 밴(van)을 타볼 수 있을까요?
Can I go for a ride in Matthew's new van?

03-10 ● أَخَذ دَعِم ـُ ـِ (عَشان/ل) ["د"]

[입말]

[사람, 회사, 조직이] 모금하다

[s/one, the company, the organization, etc.] raised funds, aised money, raised support, did fund raising (for) [s/one or s/thing]

예문 في كُلّ سَنة انْتِخابِيّة في أَمَيْرْكا ، المَرَشَّحِين السِّياسِيِّين بِياخْدُوا دَعِم مَلايِين مِن الدُّولارات حَتّى يِقْدَرُوا يغَطُّوا حَمْلاتْهُم .

미국에서 매번 선거철이 되면, 후보들은 선거 유세 비용을 충당하기 위해 수백만 달러를 모금한다.

Every election year in America, political candidates raise millions of dollars in order to support their campaigns for office (*lit: "to cover their campaigns"*).

03-11 ● أَخَد الدَّوا ـُ ـِ(ل) ["د"]

[입말]

[병으로 인해] 약을 먹다

took some medicine, took some medication, took some pills (for) [pain, a headache, etc.]

예문 لازِم آخُد الدَّوا لَوَجَع راسِي . في عِنْدَك بْرُوفِن ؟

저는 두통 때문에 약을 꼭 먹어야겠어요. 당신에게 이부프로펜이 있나요?

I need to take some medicine for my headache. Do you have any Ibuprofen?

03-12 ● أَخَد دَوْرة ـُ ـِ(في) ["د"]

[입말]

[학교, 학원에서] 수강하다, 과정을 이수하다

took a course in, took a class in [cooking, typing, etc.], took a [computer, typing, etc.] course, took a [computer, typing, etc.] class (at) [the community college, etc.]

예문 مَهاراتِي في الكُمْبْيُوتَر زَيّ العَمَى (تَعْبانة) . لازِم آخُد دَوْرة في كُلِّيّةِ المجْتَمَع هاد الخَرِيف .

제 컴퓨터 실력이 정말 형편없어요. 저는 이번 가을에 전문대학(2 년제)에서 컴퓨터 과정을 수강해야겠어요.

My computer skills are terrible. I need to take a computer course at the community college this fall.

03-13 I أَخَذ رأْيُه ـُـِ (في) ["د"]

[입말]

의견을 묻다, 충고를 구하다

asked his opinion, asked for his opinion (about) [s/thing], asked for his advice (about, on) [s/thing]

예문 إزا ما بِتْمانِع ، بِدِّي آخُد رَأْيَك في شِي (في شَغَلة) .

괜찮으시다면, 뭔가에 대해 당신의 의견을 묻고 싶어요.

직역: 반대하지 않으신다면...

If you don't mind, I would like to ask your opinion about something.

03-14 I أَخَذ شَفّة ـُـِ(من) ["د"]

[입말]

① [물을] 한 모금 마시다;

took a sip, had a sip, drank a sip, got a sip (of) [water, etc.];

예문 يَلاّ ! خُدْ شَفّة من هاد .

자! 이것 한 모금 마셔라.
Here you go! Have a sip of this.

② [담배를] 한 모금 빨다

took a drag (from) [his cigarette]

예문 أَخَد شَفّة من سِيجارْتُه ونَفَخْها بْوِجْهِي!

그는 그의 담배를 한 모금 빨더니 내 얼굴에 불었다.
He took a drag from his cigarette and blew it in my face!

03-15 I أَخَذ فُرْصة ـُـِ (من) ["د"]

[입말]

① 점심 시간을 갖다, 점심 휴식하다;

went on lunch break, took a lunch break, took his lunch break, went to lunch;

예문 يَلاّ شَباب ! رَكْزُوا مَعِي . عِنّا كَمان خَمِس دَقايِق بَس و بَعْدَيْن مْنُوخُد فُرْصةِ الغَدا .

얘들아! 가만 있어봐. 이제 겨우 5분 남았으니까 그 다음에 우리 점심 시간을 갖도록 할께.
Come on students (*lit: "guys"*)! Stay with me here. We only have five more minutes and then we go to lunch.

② (여름) 휴가를 가다, 휴가를 떠나다

was out for summer break, went on summer break, was out for spring break, went on spring break

예문 أَيْمْتى بْتُوْخْدُوا فُرْصةِ الصَّيْف ؟

여러분은 언제 여름 휴가를 가질 것인가요?
When do you guys get out for summer break?

03-16 أخَذ فِكْرة إِنُّه ـُ ["د"]

[입말]

[부정적인, 뭔가 잘못되었다는] 생각을 하다

got the idea that… [s/one was angry, s/thing was wrong, s/one didn't care, etc.]

예문 في العالَم العَرَبِي ، مِش كْوَيِّس إنَّك بْتِسْأَل كْتِير كِيف أَخْبار مَرْة أَوْ بِنت حَدا لأَنُّه مُمْكِن يُوْخُد فِكْرة إِنَّك مِهْتِمّ فِيها . لازِم تِعْرَف إِنُّه بَعَضِ الرِّجالِ العَرَب كْتِير بِغارُوا على نِسْوانْهُم .

아랍 세계에서는, 어떤이의 아내나 딸에 대해 너무 많이 물어보는 것은 좋지 못하다. 왜냐하면 당신이 그들에게 딴 생각을 갖고 있다고 생각할 수 있기 때문이다. 당신이 반드시 알아야 할 것은, 아랍의 일부 남자들은 여성들을 철저하게 단속한다는 것이다.

In the Arab world, it's not good to ask too many questions about how someone's wife or daughter is doing because he may get the idea that you're interested in her. You have to remember (*lit: "you must know"*) that some Arabic men are very protective of their women. *[lit: "… some of the Arabic men are very jealous on their women."]*

03-17 أَخَذُه قُدْوة إِلُه / أَخَذُه مِثال إِلُه ـُ ["د"]

[입말]

존경하다, 본보기로 여기다

looked up to him, looked up to him as an example

**직역: "그에게서 본보기를 취하다"*

예문 أَنا مِشْ بَسْ عِنْدِي احْتِرام كْبِير لأَبُوِي ، كَمان أَنا باخْدُه قُدْوة إِلي .

나는 나의 아버지를 매우 존경할 뿐만 아니라, 나의 본보기로 여기고 있다.

I not only have a lot of respect for my dad, but I also look up to him as an example.

03-18 ⬤ أَخَذ على عاتْقُه –ُ["د"]ِ ★

책임을 지다, 책임이 있다

took the responsibility for, was responsible for [doing s/thing]

예문 كُلّ مَرّة بِكُون عِنّا جَمْعة لِلقَرايِب ، أُمِّي بْتاخُد على عاتِقْها إِنْها تِعْمَل كُلّ الحَلَوِيّات .

친지모임이 있을 때마다, 나의 어머니는 책임을 지시고 모든 간식(디저트)을 만드신다.

Every time we have a family reunion (*lit: "a gathering for the relatives"*), my mom takes the responsible for making all the desserts.

03-19 ⬤ أَخْذُه على –ُ ["د"]ِ

[누구를] 데리고 가다

took him [home], took him to [the office, work, the store, etc.]

예문 كُلّ أَكَمّ سَنة (كَمّ سَنة) أَهِلْنا أَخْدُونا على عالَم دِزْنِي . وِاِلّي هو عِبارة عن مَلاهِي كْبِيرة ، فِيها أَلْعاب وعُرُوض كْتِير .

몇 년에 한번씩 우리 부모님은 우리를 디즈니월드에 데리고 갔다. 그곳은 큰 놀이 공원으로서 많은 종류의 놀이 기구와 공연이 있다.

Once every few years, our parents would take us to Disney World. It's a big amusement park with lots of different rides and shows.

[lit: "... and which it consists of a big amusement park, in it many games and shows."]

03-20 ⬤ أَخَذ عِبْرة –ُ ["د"]ِ

교훈을 배우다

learned a lesson, learned his lesson, learned a valuable lesson,
(from) [s/one or s/thing]

예문 بَعِدْما انْسَرَق بَيْتِي الأُسْبُوع الماضِي أَخَدْت عِبْرة ورَكَّبْت نِظام إِنْذار .

지난주에 나의 집이 털린 뒤에야, 나는 귀한 교훈을 배웠고, 경보 시스템을 설치하였다.
After my house was robbed last week, I learned a valuable lesson and installed a security alarm.

03-21 I أَخَذ كَلامُه جَدّ – ُ ِ ["د"]

[입말]

말을 진지하게 받아들이다
took him seriously, took what he said seriously, took his words seriously

예문 أَحْسَنْلَك تاخُد كَلامُه جَدّ عَشان هو بُقْصُد إِلّي بِحْكِيه .

당신은 그의 말을 진지하게 받아들이는 것이 좋을 거예요. 왜냐하면 그의 말은 진담이니까요.
You'd better take him seriously because he means what he says. (*or* he means business /*or* he doesn't play around).

03-22 I أَخَذْلُه – ُ ِ ["د"]

[입말]

[누구에게] 가져다 주다, 사다 주다
brought him [s/thing], brought [s/thing] for him, took him [s/thing], took [s/thing] for him

예문 أَنا فِي المَخْبَز هَلاّ . بِتْحِبّ آخُدْلَك شِي من هَوْن ؟

저는 지금 빵집에 있어요. 여기서 무엇을 가져다(사다) 줄까요?
I'm at the bakery right now. Would you like me to bring you something from here?

03-23 I أَخَذُه لَفّة – ُ ِ (في/ب){على} ["د"]

[입말]

[자동차, 자전거로] 한바탕 달리다, 질주하다
took him for a spin, took him for a ride (in) [his car, etc.], took [s/one] for a ride {on}[his motorcycle, his bicycle, his horse, etc.]

예문 بَحِبّ آخُد لَفّة بِالِبي إمْ لجْدِيدة تَبْعَتْ أَحْمَد .

나는 아흐맏(Ahmad)의 새 BMW 승용차로 질주하는 것을 좋아한다.
I would love to go for a spin in Ahmad's new BMW.

03-24 I أَخَذ المُبادَرة –ِ (في) ["د"]

[어떤 일에] 솔선수범하다

took the initiative (in) [doing s/thing]

예문 أَخَد الوَلَد المبادَرة عَشان يساعِد الخِتْيار (الزَّلَمة لِكْبِير) .

그 소년은 솔선수범하여 그 노인을 도왔다.
The boy took the initiative to help the old man.

03-25 I أَخَذُه مِشْوار –ِ(ل/على) {في/ب} ‹على› ["د"]

[입말]

① [누군가를] 산책에 데리고 가다;

took him for a short trip, took him on a short trip (to) [s/place];

예문 ما كُنّا في البَيْت في يَوْم عِيدِ العُمّال . أَخَدْنا لُولاد (الأَوْلاد) مِشْوار عالمُنْتَزَه (الحَدِيقة) .

우리는 노동절에 집에 있지 않았다. 우리는 아이들을 데리고 공원에 산책 나갔었다.
We weren't at home on Labor Day. We took the kids (*or* the children) on a short trip to the park.

② [누군가를] 태워주다, 승선하다

took him for a ride {in} [his car, etc.], took him for a ride ‹on› [his motorcycle or his bicycle]

예문 إِبِنْ عَمّي طَيّار هَلُكَبْتَر (مَرْوَحِيّة) ومَرّة أَخَدْنِي مِشْوار في الهَلُكَبْتَر تَبْعِت شِرْكِتُه .

내 사촌은 헬리콥터 조종사인데, 한번은 나를 회사 헬리콥터에 탑승하게 해주었다.

My cousin is a helicopter pilot and one time he took me for a ride in his company's helicopter.

03-26 Ⅰ أَخَذ مَوْقِف – ـِ (ضِدّ) {من} ["د"] ["د"]

[입말]

① **태도를 취하다, [무언가에] (반대하여) 의견을 나타내다;**

took a position, took a stance (against) [s/thing];

예문 تَقْرِيباً كُلّ المسِيحِيِّين والإِسْلام (المسْلِمِين) بِيُوْخْدُوا مَوْقِف ضَدّ الإِجْهاض والقَتْلِ الرَّحِيم .

거의 모든 기독교인들과 무슬림들은 낙태와 안락사에 반대 입장을 취하고 있다.

Most all Christians and Muslims take a stance against abortion and euthanasia (*or* mercy killings).

② **경계하다, 가까이 하지 않다**

stayed on his guard, was guarded, kept himself guarded, guarded himself {against} [s/one]

*참고: 부정적인 의미를 내포할 때는 주로 피해의식에 사로잡혀 온전한 관계를 형성하지 못하는 경우를 의미임.

예문 إِزا انْتَ زَكِي ، بْتاخُد مَوْقِف من هايّ المرَة . هي بِهِمّها حالْها ومَصْلَحِتْها بَسْ .

만약 당신이 지혜롭다면, 이 여성을 멀리하세요. 그 여자는 오로지 자기 자신과 자신의 이익에만 집착하고 있어요.

직역: "그녀는 본인과 본인의 이익에만 관심갖고 있어요."

If you're smart, you'll keep yourself guarded against this woman. She's looking out for herself and her interests only.

03-27 Ⅰ أَخَذ نَظَرَة – (ل)["د"] ["ز"]

[입말]

살펴보다, 밖을 돌아보다

took a look, went to take a look, went to have a look, went to check something out (for) [s/one]

예문 زَنَّيْت إِنِّ سْمِعِت صَوْت بَرّا ... بْتِقْدَر تْرُوح تُوْخُد نَزَرة ؟

제가 밖에서 나는 소리를 들은 것 같아요. 당신이 나가서 한번 살펴볼래요?

I thought I heard a noise outside… would you go and take a look?

03-28 I أَخَذ نَفَسْ – ِ ["د"] ُ

숨을 쉬다, 호흡하다

took a breath, breathed in, inhaled

예문 لَمَّا بَكُون مُضْطَرِب ، باخُد نَفَس عَمِيق .

나는 불안할 때, 심호흡을 한다.

When I get nervous, I take deep breaths.

04 X اسْتَعْمَل – ِ

[컴퓨터, 화장실, 물건 등을] 사용하다

used [the computer, the bathroom, s/thing, etc.]

예문 كان لازِم أَسْتَعْمِل الآلة الحاسْبة تَبعة أَخُوِي (حاسْبة أَخُوِي) في الإِخْتِبار لِأَنُّه نْسِيت تبَعَتِي .

나는 내 전자계산기를 잃어 버렸기 때문에 시험에서 동생 것을 쓸 수 밖에 없었다.

*참고: تَبَعة는 누구 소유인지 설명하며 성에 따라 변한다. 남성인 경우 ت가 없으며 여성인 경우, تَبْعَتْ로도 쓰일 수 있다.

I had to use my brother's calculator for the quiz because I forgot mine.

05-1 X اسْتَنّا – َ (ل)

[입말]

① 기다리다, [어떤 것을] 고대하다;

waited for, held out for, *hung on for* [s/one or s/thing], waited;

예문 يَلاَّ مُرِّلِّي ! رَح أَكُون بَسْتَنّاك فِي غُرْفِة الطَّوارِئ .

얼른 서둘러 나에게 들러 주세요. 내가 응급실에서 당신을 기다릴께요.

Hurry up and come get me! I'll be waiting for you in the emergency room.

② [가격을] 끝까지 요구하다, 거부하다, 강력히 주장하다

held out, held off, waited (for) [a better price, a better product, etc.]

예문 لا ، بَزُنّ إِنُّه هاد غالِي كْتِير . رَح أَسْتَنّى هَلاَّء عَشان مِتْأَكِّد إِنُّه بَقْدَر أَلاقِي

سِعِر أَحْسَنْ من هَيْك .

아니요, 제 생각에 이것은 너무 비싸요. 이것보다 더 좋은 가격을 분명히 찾을 수 있을 테니까 지금 더 흥정해보죠.

No, I think that's too much. I'll hold out for now because I'm sure that I can find a better deal (*lit: "price better"*) than that.

05-2 x اسْتَنّا الحُكُمْ – (عَشان)

[입말]

재판을 기다리다, 재판에 회부되다

stood trial, was put on trial, went to trial, awaited trial (for)
[murder, theft, rape, etc.]

예문 الزَّلَمة إِلِّي سَرَق بَيْتِي انْمَسَك وبِسْتَنّا الحُكُم .

나의 집을 털은 녀석은 붙잡혀서 재판을 기다리고 있다.

The guy who broke into my house was caught and is standing trial.

05-3 x اسْتَنّا دَوْرُه – (فِي/ب)

[입말]

[줄서서, 가게에서] 차례를 기다리다

waited his turn, waited for his turn (in) [line, the store, the post office, etc.]

예문 لازِم تِسْتَنّى دَوْرَك زَيّ كُلّ المَرْضى التّانْيين إِلّي في العِيادة .

당신은 진료소에 있는 다른 환자들처럼 당신의 차례를 기다려야만 해요.

You should wait your turn (*or* wait for your turn) like all the other patients in the clinic.

05-4 X اسْتَنّا على ـَ

[입말]

[어떤 일이 일어나기를, 어떤 사람을] 기다리다

was waiting on, [s/one to do s/thing, for s/thing to happen, or for s/thing to get done],

*참고: 이 동사가 " على " 전치사와 함께 올 경우 괄호 안의 내용에 국한된다

예문 أَنا بَسْتَنّا على اليَوْم إِلّي فِيه كَمال رَحْ يِيجِي ويخَلّص شُغُل السَّمْكَرة إِلّي بَداه،

بَسْ أَنا بَتْوَقَّع إِنُّه هاليَوْم ما رَح يِيجِي أَبَداً !

저는 카말(Kamaal)이 와서 그가 시작했던 배관공사를 마무리하길 기다리고 있어요. 그러나 그날이 결코 오지 않을 것으로 예상돼요.

I'm waiting on the day that Kamaal will finally come and finish the plumbing work he started, but I doubt (*lit: "but I don't expect"*) that that day will ever come!

06-1 VIII اشْتَرى ـِ (من)

① **[물건을] 사다, 구입하다;**

bought [s/thing] (from) [s/one or a business];

예문 من وَيْن بْتِشْتَرِي الفَواكة والخُضْرة ؟

당신은 어디서 과일과 야채를 사나요?
Where do you buy your fruits and vegetables?
[or "Where do you buy fruits and vegetables?"]

② [선수를] 모집하다, 선발하다

[s/one or the sports team] drafted, recruited [the player]

예문 مَزْبُوط إِنُّه الفَرِيق اليابانِي كان عَمْ يِشْتَرِي اللاّعِبِين (اللاّعِّيبة) من بُلْدان تانْية عَشان يزِيدُوا فُرَصْهُم في دُخُولْهُم لِلمُباراة نُصِّ النِّهائِيّة ؟

일본팀이 다른 나라들로부터 선수들을 선발해서 준결승전에 들어갈 가능성을 높이려 한다는 것이 사실인가요?
**직역: "... 마지막의 절반 시합에 들어갈 기회들을 올리려 한다..."*
Is it true that the Japanese team has been drafting players from other countries in order to boost their chances for a playoff bid?

06-2 VIII اشْتَرى ل ـِ

사주다

bought [s/thing] for [s/one], bought [s/thing] for [a special occasion], bought [s/one] [s/thing]

예문 المِسْتَبِدِّ المِلْيارْدَيْر (الدِّيكْتاتُورِ البِلْيُونَيْر) اشْتَرى لَمَرْتُه فَيْلاّ حِلْوة في بارِيس وَكَمان اشْتَرالْها سَيّارة غالِية .

백만장자 독재자가 그의 부인을 위해 파리에 아름다운 빌라와 또한 값비싼 자동차를 사주었다.
The billionaire dictator bought his wife a beautiful villa (large house) in Paris and also bought her an expensive car.

07-1 VIII اشْتَغَل ـِ(في/ب/مع)

[입말]

① [직장에서] 일하다;

[s/one] worked;

예문 اشْتَغَل أَحْمَدْ في شِرْكة عَمُّه حَتّى بَلَّش شِرْكِتُه الخاصّة .

아흐맏(Ahmad)는 자기 자신의 회사를 시작하기 전까지 고모부(삼촌)의 회사에서 일했었다.

Ahmad worked in his uncle's company until he started his own.

[lit: "… until he started his personal company."]

② 작동하다;

[the machine, the computer, etc.] worked, ran, operated;

예문 بْتِشْتَغِل شاشةِ الكَمْبُيوتَر هَلاّ وِلاّ لأ ؟

컴퓨터 화면이 작동해요, 안해요?

Is the computer screen working now or not?

③ 취직하다, 취업하다;

was hired, got a job, got the job, was hired on, landed the job, was hired for the job, started work, began his new job;

예문 ما سْمِعْت الخَبَر الحِلُو ؟ هي اشْتَغْلَتْ الشَّهْرِ الماضِي !

그 좋은 소식을 듣지 못했어요? 그 여자는 지난 달에 취직했어요.

Didn't you here the good news? She got a job last month!

④ 바빠지다, 바쁘게 일하다;

got busy, *got busy with it, got to it, hopped to it, got a leg up on it, got going with it, got on it*;

예문 يَلاّ … خَلِّصْنا … اشْتَغِل ! ما بَقْدَر أَضَيِّع كُلِّ اليَوْم مَعَك !

자… 일을 좀 끝냅시다… 빨리 일하세요! 당신 때문에 하루 종일 허비할 수 없어요!

Come on… for goodness sake… get busy with it! I don't have all day!

⑤ [무엇을] 시작하다, 작업하다

got started (on) [s/thing], got to work (on) [s/thing], got busy (with) [s/thing]

예문 حَطَّيْت كَمبُوتَرِي هَوْن قَبِل أَكْتَر من أُسْبُوع ولَهَلاء لِسّا ما اشْتَغَلْتُوا فِيه ؟!

일주일보다 더 이전에 내 컴퓨터를 여기에 맡겼는데, 당신들은 아직 시작도 안했어요?

I dropped off my computer here over a week ago and you guys haven't (*or* have not) got started on it yet?!

07-2 VIII اشْتَغَل أَكْتَرْ من ـِ

[입말]

[다른 사람보다] 더 열심히 일하다

worked harder than, outworked [s/one else]

예문 مِين بِهالشِّرْكة بِشْتَغِل أَكْتَر من فُؤاد ؟! هو بِسْتاهَل جائزِة المَوَظَّف المِثالِي لَهاي السَّنة .

이 회사에서 푸와드(Fouad)보다 열심히 일하는 사람이 있을까요?! 그는 올해의 모범직원상을 받기에 합당해요.

Who in this company works harder than Fouad?! He deserves the award for employee of the year.

07-3 VIII اشْتَغَل دَوام كامِل ـِ(في/مع/ل/ب) {في/ب} ‹ل›

[입말]

전업으로 일하다

worked full-time, (for) [the government, the state, the city, etc.], worked full-time, had a full-time job {at} [McDonald's, the library, etc.], worked full-time ‹for› [s/one]

*참고: 만약 " عِنْد " 전치사가 뒤따라 올 경우, 직원보다는 종처럼 일하는 것을 의미

예문 وَيْن بِشْتَغِل أَبُوك ؟ أَبُوي بِشْتَغِل دَوام كامِل في الحُكُومة كَمُدَقِّق حِسابات .

당신의 아버지는 어디에서 일하나요? 저의 아버지는 정부에서 전임 회계감사원으로 일하세요.
Where does your dad work? My dad works full-time for the government as an auditor. *[lit: "... as an auditor of accounts."]*

07-4 VIII اشْتَغل شُغُلْ جُزْئي ـِ(في/مع/ل/ب) {في/ب} ‹ل›

[입말]

파트타임 근무하다

worked part-time, (for) [the government, the state, the city, etc.], worked part-time, had a part-time job {at} [McDonald's, the library, etc.], worked part-time ‹for› [s/one]

*참고: 만약 " عِنْد " 전치사가 뒤따라 올 경우, 직원보다는 종처럼 일하는 것을 의미

예문 حَتّى أَدَبِّر حالِي وأَعِيش ، اضْطَرَّيْت أَشْتَغِل دَوامَيْن جُزْئِيَّيْن (شُغُلَيْن إِضافِيَّيْن) خِلال دِراساتِي العُلِيا .

내 사정으로 인해, 대학원 공부하는 동안 2 개의 파트타임 근무를 할 수 밖에 없었다.
**직역: 내 상황을 정돈하고 살기 위해...*
In order to manage and make ends meet (*lit: "in order to manage my situation and to live"*), I had to work two part-time jobs during graduate school (*lit: "my high studies"*).

07-5 VIII اشْتَغل في/ب ـِ

[입말]

① [차, 엔진, 컴퓨터 등을] 수리하다;
[s/one] worked on [the car, the engine, the computer, etc.];

예문 اشْتَغَلْت في سَيّارْتِي تَلات ساعات اليَوْم وَلِسّاتْنِي (لِسّا) مِش قادِر أَلاقِي المِشْكِلة .

오늘 저는 3 시간 동안 제 차를 수리하기 위해 일했지만 아직도 문제를 찾아내지 못하고 있어요!
I worked on my car for three hours today and I still cannot find the problem!

② [어떤 장소에서] 일하다

worked at, worked in [a hotel, a restaurant, Disney World, etc.]

예문 لَمّا كُنْت أَدْرُس دِراسات عُلِيا ، اشْتَغَلْت في مَطْعَم كَغَرْسَوْن وكَمان في نادِي تِنِس كَمُوَظَّف أَمِن .

제가 대학원에서 공부할 때, 저는 식당 종업원 뿐만 아니라 테니스 클럽에 경비원으로도 일했어요.

While I was in graduate school, I worked in a restaurant as waiter and also at a tennis club as a security officer. *[lit: "... When I was studying higher studies..."]*

07-6 VIII اشْتَغل على ـ

[입말]

① [숙제, 논문 등에] 매달리다, 작업하다;

[s/one] worked on [his homework, the project, etc.];

예문 اشْتَغَلْت على بَحْثِي تَلات ساعات اليَوْم وَلِسّاتْنِي (لِسّا) ما كَمَّلْتُه .

저는 오늘 3 시간 동안 연구 논문에 매달렸지만 아직도 마무리하지 못했어요!

I worked on my research paper for three hours today and I still haven't finished it yet!

② [휘발유, 디젤, 전기 등으로] 가동되다, 달리다

ran on [gasoline, diesel, electricity, hydrogen fuel, etc.]

예문 صاحْبِي بِمِلْك سَيّارة (عِنْدُه سَيّارة) بْتِشْتَغِل على الكَهْرَباء والبَنْزِين ، بَسْ ما بْتِقَوّم بْسُرْعة .

제 친구는 전기와 휘발유로 가동되는 차가 있지만 가속은 잘 안돼요.

My friend owns a car that runs on part electricity and part gas, but it doesn't have a lot of pick-up (*or* a lot of get-up-and-go).

07-7 VIII اشْتَغل على راحْتُه ـِ

[입말]

[일에 있어] 속도 조절하다, 쉬어가며 일하다

paced himself [in his work], worked at his leisure

예문 في حَياتي العَمَلِيّة ، لَوْ إنِّي ما كُنْت اشْتَغَلْت على راحْتي لَكُنْت تْعِبت بِسُرْعة .

제가 일할 때, 속도 조절하지 않으면 쉽게 피곤해지곤 했어요.

In my line of work, if I didn't pace myself I would get tired quickly.

07-8 VIII اشْتَغل عِنْد/ل ـِ

[입말]

[사람, 기관 등을] 위해 일하다

worked for [s/one, a company, etc.]

예문 أنا بَشْتَغِل عِنْد مُؤَسَّسة دَوْلِيّة كْبيرة بْتِعْمَل أعْمال إنْسانِيّة .

저는 인권에 관련된 일들을 하는 큰 국제 기관에서 일해요.

I work for a large international organization that does humanitarian work.

07-9 VIII اشْتَغل كَمِّن شَغْلة ـِ

[입말]

여러 일을 동시에 하다

juggled several jobs, worked several jobs

예문 أَبُوي اشْتَغَل كَمِّن شَغْلة عَشان يأَمِّن عَيْلْتُه .

저의 아버지는 가족의 안녕을 위해 여러 직장일을 동시에 하셨어요.

My dad juggled several jobs in order to provide for his family.

07-10 VIII اشْتَغَل مع ـِ

[입말]

함께 일하다

worked with [s/one]

예문 أخُوِي بِشْتَغِل مع بابا في المزْرَعة .

저의 형은 아버지와 함께 농장에서 일해요.

My brother is working with my father on the farm.

07-11 VIII اشْتَغَل من تَحت لَتَحِت ـِ

[입말]

은밀하게 일하다, 비밀리에 진행하다

did something secretively, *did something under the table*

예문 مَرّات في مُجْتَمَعْنا ، الشَّباب بِشْتَغَلُوا من تَحِت لَتَحِت عَشان خايْفِين إِنُّه حدا يِعْرِف شُو بِعْمَلُوا .

때때로 우리 사회에서, 젊은이들은 자신들이 하는 일을 누군가가 알아내는 것이 두려워서 일을 은밀하게 진행한다.

Sometimes, in our society, young people do things secretively because they're scared someone will find out. *[lit: "... that someone knows what they do."]*

08-1 IV أَعْطى ـِ (ل) {في}

① [누구에게 무엇을] 주다;

gave [s/thing] (to) [s/one];

예문 أَعْطى السّايِق (السُّوّاق) شْوَيّة مَصارِي لِلفَقِير .

그 운전사는 가난한 사람에게 약간의 돈을 주었다.
The driver gave some money (*or* a little money) to the poor man.

② **건네주다;**

gave [s/one] [s/thing];

예문 أَعْطَيْت المصارِي لَصَمُوئِيل ؟ آه ، أَعْطَيْتُه إِيّاهُم .

당신은 사무엘(Samuel)에게 돈을 건네 주었어요? 네, 그것을 주었어요.
Did you give Samuel the money? Yes, I gave it to him.

③ **[소리를] 만들다, 내놓다, [전기를] 만들다;**

put out, generated, gave out, produced [a certain amount of noise, a certain amount of electricity, etc.];

예문 مِشْ عارِف إِزا لازِم نِشْتَرِي هايِ السَّيّارة . شِكْلُه الماتُور بَعْطِي صَوْت كْتِير عالِي .

저는 우리가 이 차를 사야만 하는 것인지 모르겠어요. 차의 모터 소리가 너무 커요.
I don't know if we should buy this car. It seems like the motor puts out too much noise. *[lit: "It's look the motor gives a lot of loud noise."]*

④ **주사하다, [약을] 주입하다;**

injected [the needle] {into} [his arm, etc.], injected [the drug] {into} [his blood stream]

예문 بَعِدْما نَعْطِيك الدَّوا في شِرْيانَك ، رَحْ ياخُد أَكَمِّن دَقِيقة بَسْ والوَجَعْ رَح يرُوح .

우리가 약을 혈관에 주사하고 나면, 몇 분내에 통증이 사라질 거예요.
After we inject the drug into your blood stream, it will take only a few minutes and the pain should go away.

08-2 IV أَعْطَى سَبَبْ ـِ (ل)

① **사유를 주다, 제공하다;**

gave [s/one] a reason [to do s/thing];

예문 ما بِدِّي أَعْطِيه أَيّ سَبَبْ عَشان ما يِحِبْنِي .

저는 그가 저를 싫어할 어떠한 이유도 주고 싶지 않아요.
I don't want to give him any reason to dislike me.

② 이유를 제시하다

gave a reason [why he did s/thing or said s/thing]

예문 إِزا بْتِقْدَر تَعْطِينِي سَبَبْ مُقْنِع عَشان لَيْش أَنا لازِم أَخَلِّيك تِتْأَخَّر بَرّا مع صْحابَك، فَبَخَلِّيك تْرُوح .

만약 네가 밤늦게까지 바깥에서 친구들과 함께 지낼 만한 정당한 이유를 내게 제시한다면, 가게 해 주겠어.
If you can give me a good reason (*lit: "convincing reason"*) why I should let you stay out late with your friends, then I will let you go.

08-3 IV أَعْطاه دَفْعة – (حَتّى/ل/عَشان)ِ

[입말]

동기를 부여하다, 강요하다

motivated, pushed, moved [s/one] (to) [do s/thing]

예문 بْرُوْفَسُوْرِي أَعْطانِي دَفْعة قَوِّيّة حَتّى أَدْرُس دكتوراه .

나의 교수님은 정말 나로 하여금 박사과정을 하도록 강요하셨다.
My professor really pushed me to go for my PhD.

08-4 IV أَعْطاه سِرّ –ِ

[입말]

[비밀을] 털어 놓다

confided in him, told him a secret, went to him with his secret

**직역:"그에게 비밀을 주었다"*

예문 لَمّا يكُون عِندَك صُعُوبات في الحَياة ، لَمِين بْتَعْطِي سِرَّك ؟

당신이 삶에 어려움들이 있을 때 누구에게 털어 놓나요?
When you have difficulties in life, who do you confide in?

08-5 IV أَعْطاه عُمْرُه – ـِ

[입말]

죽다, 숨을 거두다

passed away, died, breathed his last, passed on, *gave up the ghost, met his maker*

**직역: "그의 일생을 내어주다"*

*참고: 이 동사는 동정어린 표현이면서 동시에 듣는 이의 장수를 바라는 표현임

예문 بِنْت جِيرانّا أَعْطَتَك عُمرْها وإحْنا رُحْنا عالجَنازة .

우리 이웃의 딸이 죽었고 우리는 장례식에 참석했다.
Our neighbor's daughter passed away and we attended the funeral.

08-6 IV أَعْطى مَثَلْ – ـِ (عن)

예를 들다, 예를 들어 설명하다

gave an example, gave an illustration (of) [s/thing]

**note: in English, one can also say, "He illustrated something" and this appears without the preposition*

예문 اسْمَحْلِي أَعْطِيك مَثَل عَنِ الفَرق بَيْنِ النِّعْمة والرَّحْمة .

제가 은혜와 자비의 차이점에 대해 예를 들을 테니 잘 들어요.
Allow me to illustrate the difference between grace and mercy.

08-7 IV أَعْطاه مُحاضَرة – ـِ (عَشان) {عن}

[입말]

교훈을 주다, 강연하다, 설교하다

gave him a lecture, lectured him (about/for) [doing s/thing or not doing s/thing], gave him a lecture, lectured him {on} [s/thing]

예문 إمّي أَعْطاتْنِي مُحاضَرة لَمُدّة ساعة عن كِيف لازِم أَنَضِّف (أَنَظِّف) غُرِفْتِي كُلّ يَوْم .

나의 어머니는 한 시간 동안 내가 왜 매일 내방을 청소해야 하는지 훈계하셨다.

My mom lectured me for a whole hour on why I should clean my room every day. *[lit: "… for a period of an hour about how I must clean my room every day."]*

09-1 I أَكَل ـُ ـِ

① **먹다, 먹어보다;**

ate [s/thing], got [s/thing] to eat, got a bite to eat;

예문 أَكَلْنا كْتِير كْتِير في البُوفَيْه المفْتُوح ومرِضْنا .

우리는 부페에서 아주 많이 먹었고 아프게 되었다.

We ate way too much at the buffet and got sick.

② **[불이] 소화하다, 소멸시키다;**

[the fire, the blaze, etc.] consumed, destroyed [the house, etc.];

예문 بِالوَقْت إلِّي وِصْلَتْ فِيه سِيّارِة الإِطْفاء (الإِطْفائِيّة) لَبَيْتْنا ، كانَتِ النّار أَكْلَتْ مُعْظَمُه (مُعْزَمُه) .

소방차가 우리집에 도착했을 때, 불은 이미 집을 거의 태웠다.

By the time the fire truck arrived to our house, the fire had already consumed most of it. *[lit: "In the time which the extinguishing car arrived in it…"]*

③ **[녹이] 부식시키다**

[the rust, the acid, etc.] ate away at, corroded, ate [the wire, the metal, etc.]

예문 اكْتَشَفْنا إِنُّه كان في رْطُوبة في حَيْطْنا وأَكْلَتْ سِلْكِ التَّلِفُون إلِّي بِالتّالِي سَبَّب المِشْكِلة في الخَطّ .

우리는 내벽에 습기가 있어 전화선이 부식되었고 그 결과, 전선에 문제를 유발했다는 사실을 발견했다.

We discovered that there was moisture inside of our wall and it ate away at the telephone wire which in turn caused the problem in the line.

09-2 أَكَل الأَخْضَر واليابِس – ـُ ـِ

[입말]

① **다 먹어 치우다, 게걸스레 다먹다;**

ate everything, *ate everything up*, devoured everything, ate everything on the table, *ate like a pig, ate like a horse;*

예문 لازِم نِعْزِم هِشام عَالغَدا ؟! آخِر مَرّة هو إِجَى فيْها عالغَدا ، أَكَل الأَخْضَر واليابِس !

과연 우리가 히샴(Hisham)을 점심에 초대해야할까요?! 지난번에 그가 점심에 와서, 모조리 먹어버렸어요!

Do we have to invite Hisham over for lunch?! The last time he came over for lunch, he ate everything on the table!

② **다 집어가다, 남김없이 다 먹다**

took everything for himself, took it all, didn't leave anything

**직역: "그가(메뚜기가) 야채와 마른 줄기를 먹다"*

예문 حَطّينا هالمَلَبَّس بَرّا لِلصْغار بَسْ نادْيا أَكْلَتِ الأَخْضَر وِاليَابِس !

우리는 이 사탕을 아이들을 위해 밖에 놓았는데 나디아(Nadia)가 다 집어가 버렸어요!

We put this candy out for the children and Nadia took it all for herself!

09-3 أَكَل إِسْفِين – ـُ ـِ (مِن)

[입말]

비난당하다, 중상당하다, 욕먹이다

was slandered, *was talked bad about* (by) [a co-worker]

*참고: " إِسْفِين " 는 외벽의 타일을 붙일 때 사용되는 작은 나무조각임.

*참고: 이 동사는 젊은 남자가 주로 사용하는 심한 속어임

예문 الكُلّ بِعْرَف أَيْش هو . قَصْدِي إِنُّه نُصّ النّاس في الشِّرْكة أَكَلُوا أَسافِين مِنُّه .

모든 사람이 그가 어떤 사람인지 알아요. 무슨 말이냐면, 회사직원의 절반이 그에게 비방당했어요.

**직역: "...내 의미는 회사 직원의 절반이 그에게서 나무쐐기를 먹었어요."*

Everybody already knows what kind of person he is. I mean, half the people in this company have been slandered by him!

09-4 أَكَل أَصابِعُه نَدَم ـُـ ـِـ (عَشان)

[입말]

자책하다, 자기에게 화를 내다

could have kicked himself, kicked himself, kicked himself in the butt, wanted to kick himself (for) [doing s/thing or not doing s/thing]

*참고: 현재의 의미를 가질 때에도 항상 과거형 동사를 사용함.

** 직역: "그가 후회하며 자기 손가락을 먹다"*

예문 أَكَلْت أَصابْعِي نَدَمْ عَشان ما اشْتَرَيْت هالجِّينْز لَمّا كان في تَنْزِيلات !

나는 세일할 때 이 청바지를 사지 않았던 것을 자책했다!

I could kick myself for not buying those jeans when they were on sale!

[lit: "... when there was a sale."]

09-5 أَكَل بَرّا ـُـ ـِـ

[입말]

(레스토랑에서) 외식하다

went out to eat, ate out [at a restaurant]

예문 أَنا ومَرْتِي مِنْحِبّ ناكُل بَرّا عالقَلِيلة (على القَلِيلة) مَرّة أَوْ مَرّتَيْن في الأُسْبُوع

حَسَب مِيزانِيِّتْنا .

나와 내 아내는 생활비 여건에 따라 한주에 적어도 한두 번 외식하는 것을 좋아한다.

My wife and I like to eat out at least once or twice a week if we can afford it *[lit: "according to our budget"].*

09-6 أَكَل بُكْس –ِ(على) {من}

[입말]

주먹으로 맞다, 구타당하다

got punched, got slugged, *got boxed, got clubbed, got clocked, got whacked, was punched (in)* [the arm, the chest, the stomach, the face, etc.] {by} [s/one]

예문 في إِحْتِمال إِنَّك تاكُل بُكْس إِزا بِتْسِبّ عَلَيْه .

만약 당신이 그를 모독한다면, 구타당할 가능성이 높아요.

**직역: "만약 당신이 그를 험담한다면 주먹을 먹을 가능성이 있어요."*

You're likely to (liable to) get punched in the face if you cuss at him!.

09-7 أَكَل سِكِّينة –ِ(في/ب) {من}

[입말]

[몸을] 칼에 찔리다

got stabbed, was stabbed, got stabbed with a knife, was stabbed with a knife, got knifed (in) [the arm, the chest, the stomach, the face, etc.] {by} [s/one]

예문 سْمِعِت على الأَخْبار إِنُّه في كَمان زَلَمة أَكَل سَكِينة (انْطَعَن)

وهو بِسْحَب مَصارِي مِنِ الصَّرّاف الآلي .

나는 또 다른 사람이 현금인출기에서 돈을 찾다가 칼에 찔렸다는 소식을 들었다.

I heard on the news that another man was stabbed while getting money out of an ATM.

09-8 I أَكَل شَلُّوط ـُ(على) {من}

[입말]

발에 차이다

got kicked, was kicked (in) [the leg, the stomach, the head, etc.]{by} [s/one]

예문 أَكَلْت شَلُّوط على وِجْهي لَمّا كُنّا نِلْعَب طابة (فُطّ بُوْل) . كان بِوَجِّع كْتِير !

우리가 공차고 놀았을 때 나는 얼굴을 차였다. 정말 아팠었다!

We were playing soccer and I got kicked in the face. It was very painful!

[lit: 'I ate a kicking on the face when we were playing ball. It was hurting a lot!']

09-9 I أَكَل قَتْلة ـُ (من)★

[입말]

① **호되게 맞다, 사정없이 맞다, 죽도록 맞다;**

got beat-up, *got clobbered,* got himself beat-up, *got his butt kicked;*

예문 دِير بالَك ! ما تِسْتَعْمِل هالعِبارة مع حَدا ما بْتَعْرَفُه مْنِيح إلاّ إزا بِدَّك تُوْكُل قَتْلة !

조심하세요! 호되게 맞지 않으려면 잘 모르는 사람에게 이 표현을 쓰지 마세요!

Be careful! Don't use this phrase with someone you don't know well unless you want to get beat-up!

② **[벌로] 찰싹 때리다, 매맞다**

got a spanking, got a beating, got a whipping (from) [s/one], was spanked, was whipped, was spanked (by) [s/one]

예문 إعْمَل زَيْما قُلْتِلَّك أَوْ رَح تُوْكُل قَتْلة .

내 말대로 해, 안그러면 매맞을 줄 알아!

You do what I say now or you're gonna get a spanking!

09-10 أَكَل لُقْمة من ـِـُ ★

[입말]

조금씩 먹다, 입질하다

nibbled on, took a little bite of [a cracker, a piece of bread, a donut, a carrot, etc.]

예문 سارة مَرِيضة من أَكَمِّنْ يَوْم ومِشْ جايّ عَبالْها (على بالْها) تاكُل . هي بْتاكُل لُقْمة مِن التَّسالِي بَيْنِ الوَقِت والتّانِي .

사라(Sarah)는 지난 며칠 아파서 먹을 기분이 아니에요. 그녀는 간혹 건과류만 조금씩 먹어요.

Sarah has been sick for the last few days and doesn't feel like eating. She just nibbles on crackers every now and then.

09-11 أَكَل المَقْلَب / أَكَل مَقْلَب ـِـُ (من) ★

[입말]

[누구에게] 속다, 걸려 들다

fell for it, fell for the prank, fell for the joke

*note: some English speakers use the phrase, "He fell for it hook, line, and sinker"

예문 ما تْقُول إِنُّه المَقْلَب ما مِشِي عَلَيْك (ما مَشى عَلَيْك) لإِنَّك أَكَلْتُه زَيِّ الأَهْبَل !

당신이 장난에 안 걸려든다고 하지 마세요. 왜냐하면 당신도 바보처럼 걸려 들었으니까요!

**직역: "장난이 당신에게 걸어올 수 없다고 말하지 마세요. 왜냐하면 당신도 바보처럼 먹었으니까!"*

Don't try to say you didn't fall for it… you fell for our prank big time!

09-12 أَكَل مُوس ـِـُ (من)

[입말]

칼에 베이다, 난도질당하다

was cut (by) [s/one] with a knife, was slashed (by) [s/one] with a knife

예문 حَياةِ السِّجِن مُو سِهْلة (مِش سِهْلة) . سِمْعِت قَبِل أُسْبُوع إِنُّه تَنَيْن مِن المساجِين أَكَلُوا مُوس لَمّا مجْمُوعة مَساجِين هَجْمَتْ عَلَيْهُم .

감옥살이는 쉽지 않다. 나는 지난주에 수감자들 중에 2명이 다른 수감자 무리들에 의해 습격을 받아서 칼에 베였다고 들었다.

Life in prison is not easy. I heard just last week that two inmates were attacked by several other inmates and were cut with a knife.

09-13 أَكَل كَفّ ـُ ـِ (على) {من}

[입말]

빰을 맞다

got slapped, was slapped (in) [the face] {by} [s/one] got slapped, was slapped (on) [the arm, the hand, the face] {by} [s/one]

예문 أَكَلُّه أَكَمّ كَفّ في المخابَرات عَشان ما رِضِي يِحْكي وَيْن خَبّى القُنْبُلة .

그는 폭탄 숨긴 곳을 말하려 하지 않아서 정보부에서 빰을 수차례 맞았다.

**직역: "그는 그가 폭탄 숨긴 곳 말하기를 즐겨하지 않아 정보요원으로부터 수차례 손바닥을 먹었다."*

He got slapped several times in the intelligence agency because he refused to tell where he hid the bomb.

10-1 باع ـِ (ل) {ب}

① [어떤 가격에] 팔다;

sold [s/thing] (to) [s/one] {for} [a certain price];

예문 التّاجِر بِدُّه يبِيع كُلّ البْضاعة الخَرْبانة وَبِتْأَمَّل إِنُّه يحَقِّق رِبح مْنِيح .

그 상인은 흠있는 물건을 모두 다 팔아 큰 이익을 내기 원한다.
The merchant wants to sell all of his defective products and hopes to make a good profit.

② [소유물을] 팔다;
sold [s/one] [s/thing];

예문 شايِف الشَّبّ إلّي هُناك ؟ أنا بِعْتُه كُمْبْيُوتَرِي المَحْمُول (اللاّب تَوْب تَبَعِي) .

저기 있는 사람 보이세요? 제가 저 사람에게 제 노트북을 팔았어요.
직역: "...제 휴대용 컴퓨터를..."
See that guy over there? I sold him my laptop.

③ [증권을] 현금으로 바꾸다, 청산하다, 지불하다
liquidated, sold off, sold [his assets, his stock, his business, etc.]

예문 لَمّا أَحِسّ إِنُّه اَسْعارِ البُورْصة عالية ، رَح أَبِيع أَسْهُمِي وأَشْتَرِي سَنَدات إِسْتِثْمار .

나는 증시가 올라간다고 느껴지면, 증권을 팔아 채권을 살 것이다.
Once I feel that the market is at a high, I will liquidate my stocks and buy bonds.

10-2 I باعْها / باع الدِّنيا بِالِّي فِيها ـِ

[입말]

상관하지 않다, 신경쓰지 않다, 개의치 않다
couldn't care a less, didn't give a rip, couldn't give a rip, didn't care a less, didn't care
**직역: "그는 모든 것과 함께 세상을 팔았다"*
*참고: 동사보다는 능동분사(اسْمِ الفاعِل)를 더 많이 사용함

예문 قُلْتِلْها إِنّها رَحْ تُوْقَع فِي مُشْكِلة بَسْ هِيِّ بايْعَة الدِّنْيا بِالِّي فِيها .

나는 그 여자에게 문제가 생길 것이라고 말했지만 그 여자는 상관하지 않았다.
I told her that she was gonna (going to) get in trouble, but she didn't give a rip.

10-3 باعُه بِقِشْرة بَصَلة – ـِ ★

[입말]

관계를 끊다, 절교하다

threw away his friendship with him, threw away his relationship with him

**직역: "그를 양파껍질에 팔았다"*

*참고: 합당하지 않은 이유에 좋았던 관계를 끊을 때 사용함

예문 فَكَّرْت إِنُّه مُخّك نْضِيف ، لَيْش بِتْبِيع أَهْلَك (لَيْش بِتْبِيع عَلاقْتَك مع أَهْلَك) بِقِشْرة بَصَلة ؟

저는 당신이 똑똑한 사람인줄 알았어요. 왜 부모님과의 인연을 끊는 거요?

**직역: 저는 당신의 머리가 깨끗한 줄 알았어요. 왜 당신의 부모님을 양파껍질에 파는 거예요?*

I thought you had a good head on your shoulders (*lit: "your mind is clean"*). Why are you throwing away your relationship with your parents?

10-4 باع بِنْتُه – ـِ

[입말]

돈받고 딸을 시집 보내다, [신랑에게서] 지참금을 받고 딸을 결혼시키다

married his daughter off for money, sold his daughter off in marriage, gave his daughter away for money

*참고: 중동에서는 신랑이 신부 아버지에게 결혼지참금을 주고 딸과 결혼하는 경우가 흔함

예문 مِشْ كْتِير مِنِ النَّاس عِنْدْهُم احْتِرام لَهَداكِ الزَّلَمة عَشان هو باع بِنْتُه .

저 사람을 존경하는 사람은 많지 않은데, 그 이유는 그가 돈받고 자기 딸을 시집보냈기 때문이다.

Not a lot of people have respect for that man because he married his daughter off for money.

10-5 باع ضَمِيرُه – ـِ (ل)

[입말]

양심을 팔다, 파렴치하다

sold out, sold himself out, sold himself for money

**직역: "그가 본인의 의식을 팔았다"*

예문 الشَّباب إِلِّي بِدَوّرُوا على شُغُل لازِم يكُونُوا كْتِير مِنْتَبْهِين هايِ الأَيّام ، عَشان بَعْضِ الوَظايِف

بْتِتْطَلَّب إِنُّه المَوَظَّف بِيبِيع ضَمِيرُه .

오늘날 직장을 구하는 젊은이들은 세심한 주의가 필요하다, 왜냐하면 몇몇 회사들은 직원들의 양심까지도 팔기를 요구하기 때문이다.

Young people looking for jobs have to be careful these days, because some jobs require that the employee sell himself out.

11-1 I بَدا –َ

① [일을, 프로그램을] 시작하다;

[s/one or s/thing] began, started [s/thing, doing s/thing or to do s/thing], initiated [s/thing], [s/one] started [a business, a project, a program, etc.];

예문 بَدَيْت شُغْلِي (دَوامِي) السّاعة تَمانْية بِالزَّبْط وخَلَّصِت حَوالِي أَرْبَعة ونُصّ .

나는 8 시 정각에 내 일을 시작해서 4 시반 경에 끝냈다.

I started my work at eight o'clock sharp and finished at around 4:30..

② [모임이] 시작되다;

[the meeting, the show, etc.] started, began, got started, got under way, started up;

예문 مَتى (أَيْمْتى) رَحْ تِبْدا الحَفْلة ؟

언제 파티가 시작하나요?

When is the party going to start?

③ [회의를] 시작하다, 개회를 선언하다;

called [the meeting, the session, etc.] to order, got [the meeting, the session, etc.] started;

예문 رَئِيسِ اللَّجْنة هو إِلّي رَحْ يِبْدا الإِجْتِماع .

위원장이 개회를 선언할 장본인이다.
The chairman will be the one to call the meeting to order.

④ **[충돌이] 일어나다, 발생하다**

[clashes] broke out, ignited, started up, tarted, [a fight, a riot, protests, etc.] broke out, started up, started

예문 الإِشْتِباكات بَدَتْ بَيْنِ المعارِضِين (المحْتَجِّين) والشُّرْطة .

시위자들과 경찰 간에 충돌이 일어났다.
Clashes broke out between protesters and the police.

11-2 I بَدا عَلاقة – (مع)

[입말]

데이트하다, 친해지다, 애인이 되다

[he] got together, hooked up (with) [her], [they] started dating, started seeing each other, became girlfriend and boyfriend

*참고: 성관계를 의미하기도 하고 안하기도 함

예문 مِش مِتْأَكِّد ، بَسْ أَزُنّ إِنُّه بَدا عَلاقة مَعْها في نادِي الرَّقص .

정확하지는 않지만, 그가 댄스클럽에서 그 여자를 사귀기 시작한 것 같아요.
I’m not sure, but I think that he got together with her at a dance club.

11-3 I بَدا يِشْرَب –

음주하기 시작하다

started drinking, *started hitting the bottle*, began drinking

예문 بَعِد طَلاقُه المرّ ، بَدا يِشْرَب كْتِير .

그의 쓰라린 이혼 이후에, 그는 폭음하기 시작했다.
After his bitter divorce, he started drinking a lot.

12-1 II بَطَّل ـِ

[입말]

① [습관을] 끊다, 그치다;

stopped, quit, *cut out* [s/thing or doing s/thing];

예문 بِدَّك تْبَطِّل التَّدْخِين ؟

당신은 금연하길 원하세요?
Do you want to quit smoking?

② 마음을 바꾸다, [약속을] 파기하다

changed his mind, decided not to do [s/thing], *backed out [of s/thing]*

예문 رُحت على حَفْلةِ العُرُس وكُنْت رَح أَدْخُل بَسْ بَطَّلِت في آخِر لَحْظة .

나는 결혼식장에 가서 들어 가려 했지만, 마지막 순간에 마음을 바꾸었다.
I drove to the wedding reception and was going to go in, but I changed my mind at the last minute (*or* at the last moment).

12-2 II بَطَّل في ـِ

[입말]

[돈, 밀가루가] 없다, 떨어지다

there's no more [money, flour, etc.]

예문 بَطَّل في مَصارِي في جَيْبْتِي ... كُلّها راحَتْ ! خَلِّينا نْرَوِّح .

내 주머니에 돈이 없어…다 떨어졌어! 우리 그만 가자.
There's no more money in my pocket… it's all gone! Let's go home.

12-3 II بَطَّل في عِنْدُه ـِ

[입말]

① 들여놓지 않다;

[it, they (a business, etc.)] stopped carrying, quit carrying [s/thing]

*참고:어떤 물건을 들여놓다가 한동안 없을 때 사용함;

예문 الدُّكَنْجِي بَطَّل في عِنْدُه بْضاعة أَجْنَبِيّة بَعِدْما غِلْيَتْ أَسْعارْها .

외국제품의 가격이 오른 뒤, 가게주인은 그것을 들여놓지 않았다.

The store keeper stopped carrying foreign products after their price went up.

② [인내심이] 없다, 바닥나다

he's out of, he ran out of, he's run out of, he doesn't have anymore [patience, morals, hope, etc.]

예문 زَمان أَوَّل كانوا النّاس بُسَطا وبالْهُم طَوِيل أَمّا (بَس) النّاس اليَوْم بَطَّل في

عِنْدْهُم صَبَر وهادَ الشّي واضِح في سْواقِتْهُم .

옛날에는 사람들이 단순하고 인내심이 많았지만, 오늘날 사람들은 참을성이 없는데 이것은 그들이 운전하는 것을 보면 분명해진다.

A long time ago people were simple and had patience, but people today have run out of patience and you can tell it by their driving.

12-4 II بَطَّل يجَمِّع ـِ

[입말]

집중을 중단하다, [생각이] 멍해지다

stopped concentrating, *got a mental block,* stopped being focused

**직역:"그는 모으는 것을 중단했다"*

예문 كُنْت ماشِي (كُنْت بجاوِب) مْنِيح في الإِمْتِحان حَتّى بَطَّلْت أَجَمِّع .

나는 시험을 잘 보고 있었는데 중간에 멍해졌다.

I was doing well on the exam until I got a mental block.

12-5 II بَطَّل يرُوح – ِ (على/ل)

[입말]

가는 것을 그만 두다, 그치다

stopped going, quit going, *cut out going* (to) [the meetings, etc.]

예문 بَطَّلْنا نْرُوح على هَداكِ السُّوق بَعِدْما تْغَيَّرَتْ الإِدارة .

그 가게가 경영방침을 바꾼 뒤로 우리는 그 가게에 가지 않았다.

We stopped going to that supermarket after it changed management.

12-6 II بَطَّل يِيجِي – ِ (على/ل)

[입말]

오는 것을 그치다, 결석하다

stopped coming, quit coming (to) [the meetings, etc.]

예문 كَمْعَلِّم ، صَعِبْ عَلَيّ أَعَلِّم لَمّا نُصّ طُلاّبِي يبَطّلُوا يِيجُوا على الصَّفّ .

선생으로서, 학생의 절반이 수업에 빠지면 나는 가르치기 힘들다.

As a teacher, it's hard for me to teach when half of my students stopped coming to class.

12-7 II بَطَّل يِيجِي على – ِ

[입말]

[옷이] 작아지다, 맞지 않게 되다

[the shirt, the pants, etc.] became too small for, stopped fitting [s/one]

예문 ابِنّا عَمْ بِكْبَر بْسُرْعة ! كُلّ هايِ الأَواعِي إِلِّي اشْتَرَيْنالُه إِيّاها من أَرْبَعْ تُشْهُر بَطَّلَتْ تيجِي عَلَيْه .

우리 아들은 쑥쑥 자라요. 4개월 전에 사주었던 모든 옷이 이제는 그에게 맞지 않아요.
Our son is growing like a weed! All of the clothes we bought for him four months ago have become too small.

13 I بَعَث – َ (ل) ["ت"]

① [무엇을] 보내다;
sent [s/thing] (to) [s/one];

예문 صاحِبْتِي بَعْتَتْلِي رِسالة بَس ما اسْتَلَمْتْها .

내 여자친구가 편지를 보냈지만 나는 받지 못했다.
My friend (fem.) sent me a letter, but I never got it (*or* received it).

② [누구를] 보내다, 소개하다;
referred [s/one] to [s/one or a business], sent [s/one] to [s/one or a business];

예문 ما تِنْسى تِبْعَتِلْنا صْحابَك . إِحْنا مِنْحِبّ الزَّبايِن الجْداد !

우리에게 당신의 친구들을 소개하는 것을 잊지 마세요. 우리는 새로운 고객들을 좋아해요.
Don’t forget to refer your friends to us. We love new customers!

③ 급송하다, 급파하다
dispatched, sent out, sent [police cars, policemen, etc.] (to) [a certain location]

예문 اتَّصَلِت بِـ 911 وبَعَتُوا سِيّارة إِسْعاف على طُول .

나는 119를 불렀고 그들은 바로 구급차를 보내주었다.
I called 911 and they sent an ambulance right away.

14-1 I بِقِي – َ (مع) {في}★

① 머무르다, 남아있다;
stayed, remained, *stayed put* [s/where] (with) [s/one];

예문 ما بَحِبّ أَبْقى كْتِير في البَيْت بَسْ مَضْطَرّ عَشان أُمِّي كْبِيرة في السِّنّ وبِحاجة لَمُساعَدة.

나는 집에 머무르는 것을 좋아하지 않지만 내 어머니가 연로하시고 도움이 필요하기 때문에 있어야만 했다.

I don't like to stay in the house a lot, but I have to because my mother is old and needs help (*or* and is in need of help). *[lit: "... and in need for help."]*

② 어슬렁 거리다, 배회하다;

hung around, hung out, stuck around (with) [s/one];

예문 لَيْش يا أُوْلاد باقْيِين في البَيْت ؟ إِطْلَعُوا بَرّا وإِلْعَبُوا !

얘들아, 왜 집안에 어슬렁 거리고 있니? 밖에 나가서 놀거라!

Why are you boys (*or* children) hanging around the house? Go outside and play!

③ [냄새가] 오래 머무르다, 떠나지 않다, [맛이 오래] 남다

[the smell, etc.] lingered, stayed {in} [the room, the house, etc.], *stuck around {in} [the room, the house, etc.]*, [the taste] lingered, stayed {in} [s/one's mouth], [the taste] lingered, stayed {on} [s/one's breath]

*note: for the verb "It stuck around": rather than saying "[The smell] stuck around in [the house], English speakers usually say, "[The smell stuck around the house]"

예문 رُحْنا إِجازة ونْسِينا نْطَلِّع الزّبالة . حَتّى لَمّا طَلَّعْناها بَرّا ، الرِّيحة بِقْيِت لأَيّام .

우리는 쓰레기를 내놓는 것을 잊고 휴가를 갔다. 쓰레기를 밖에 내놓았어도 냄새는 며칠 계속 되었다.

We went on vacation and forgot to take out the trash. Even after we took the trash out, the smell still lingered for days.

14-2 I بِقِي — َ★

[입말]

① [수업, 시간이 얼마정도] 오래가다, 지속되다;

[the lesson, the class, the session, etc.] lasted, took [a certain amount of time];

예문 بَفَكِّر إِنُّه الحِصّة رَح تِبْقى حَوالِي خَمْسة وأَرْبْعِين دَقِيقة .

제 생각에 이번 수업은 약 45분 지속될 것 같아요.
I think that the class will last about forty-five minutes.

② [기계를] 오래 사용하다, [기계가] 가동되다

[the car, the refrigerator, etc.] lasted, kept on working, kept on running, kept running

예문 تَلاّجِتْنا بِقْيَتْ لَوِقت طَوِيل ، من لَمّا عَمَّرْنا هالبَيْت .

우리 냉장고는 이 집을 건축한 이래로 오랫동안 가동되고 있다.
Our refrigerator has lasted now for a long time, ever since we built this house.

15-1 Ⅱ بَلَّش – ـِ

[입말]

① 시작하다, [프로그램이] 시작되다;

[s/one or s/thing] began, started [s/thing, doing s/thing or to do s/thing], initiated [s/thing], [s/one] started [a business, a project, a program, etc.];

예문 بَلَّشَتْ حَلْقةِ التِّلْفِزْيُون أَبْكَرْ مِمّا كان مَكْتُوب في البَرْنامِج (في الجَدْوَل) .

텔레비전 연속극은 편성표에 적혀 있는 것보다 일찍 시작했다.
The television episode began earlier than what was written in the schedule.

② [모임, 쇼가] 시작하다;

[the meeting, the show, etc.] started, began, got started, got under way, started up;

예문 مُسابَقةِ الغِنا رَح تْبَلِّش بَعِد أَقَلّ من تَلَتِين دَقِيقة ، عَشان هَيْك لازِم نِتْرِك بْسُرْعة .

노래 경연대회는 30분 이내에 시작되기 때문에 우리는 서둘러 떠나야만 해요.
The singing competition is starting in less than thirty minutes, so we need to leave soon.

③ [폭동이] 일어나다, 발생하다

[clashes] broke out, ignited, started up, started, [a fight, a riot, protests, etc.] broke out, started up, started

예문 بَلَّشَتْ مُشْكِلة (طَوْشِة) في مَدْرَسِتْنا بَيْن مَجْمُوعة مِنِ المِكْسِيكِيِّين ومَجْمُوعة مِنِ السُّود .

우리 학교에서 멕시코계와 흑인계 사이에서 싸움이 일어났다.

A fight broke out at our school between a group of Hispanics and a group of Blacks. *[lit: "… between a group from the Spanish and a group from the Blacks."]*

15-2 II بَلَّش عَلاقة – ِ (مع)

[입말]

사귀다, 연애하다

[he] got together, hooked up (with) [her], [they] started dating, started seeing each other, became girlfriend and boyfriend

*참고: 성적인 관계를 의미할 수도, 안할 수도 있음.

예문 هم بَلَّشُوا عَلاقة بَعِدْما تْعَرَّفُوا على بَعَض من خِلال صْحاب بِعْرَفُوهُم .

그들이 함께 알고 있는 친구들로부터 서로 알게 된 후 사귀기 시작했다.

They started dating after they got to know each other through mutual friends.

15-3 II بَلَّش يِشْرَب – ِ

[입말]

술마시기 시작하다

started drinking, *started hitting the bottle*, began drinking

예문 لَمّا الواحَد يبَلِّش يِشْرَب ويصِير مُدْمِن على المِشْرُوب ، كْتِير صَعِب إِنُّه يِتْخَلَّص من هالعادة .

한번 술마시기 시작해서 알콜중독이 되면 이 습관을 끊기 매우 힘들다.
Once a person starts drinking and develops a habit, it's extremely difficult to quit. *[lit: "... very difficult that he get rid of this habit."]*

16-1 I بَنى ـِ (في/ب)

[건물을] 짓다, 건축하다
built [a building, a bridge, a wall, etc.] (in) [s/place]

예문 جَنْب بَيْتِي (جَمْب بَيْتِي) ، بِيْنُوا بِناية تِجارِيَّة كْبِيرة .

내 집옆으로, 큰 상가 건물을 짓고 있다.
Next to my house, they're building a large office building. *[lit: "... a large business building."]*

16-2 I بَنى على ـِ

기반을 두다, 바탕을 두다
built [s/thing] on, founded [s/thing] on, based [s/thing] on [s/thing else]

예문 لازِم تِبْنِي حَياتَك على أَساسْ مَتِين وَالمال مِش هو هدا الأَساس !

당신은 당신 삶을 든든한 기반 위에 세워야만 하는데 돈은 그 기반이 될 수 없어요!
You should build your life on a firm foundation and money is not it!

17-1 II بَيَّن ـِ (من) {ل}

[입말]

① **[표정, 어투로] 분명히 표현하다, 분명하다, 보이다;**
[it] was apparent (from, by) [his facial expression, his words, what he said, etc.], [he] showed, displayed, revealed (by, from) [his facial expression, his words, what he said, etc.];

예문 بَيَّن من كَلامِ الزَّبُون إِنُّه كان مْنَرْفِز (كان مِتْدايِق) مِن الخِدْمة البَطِيئة .

서비스가 더뎌서 고객이 몹시 화났다는 사실이 그의 어투에서 분명히 표현되었다.
It was apparent from what the customer said that he was very upset about the slow service.

② **나타나다;**

[s/one] showed up {for} [s/thing];

예문 الأُسْتاز إِجى بَكِّير بَيْنما كُلّ طُلاّبُه بِاسْتِثْناء واحَد ما بَيَّنُوا إِلاّ بَعِد نُصّ ساعة .

그 교수는 일찍 온 반면에 한명을 제외한 모든 학생들은 30 분(반시간)이 지날 때까지 나타나지 않았다.
The professor showed up early while all of his students, except for one, didn't show up until a half-hour later.

③ **선언하다, 선포하다;**

made [s/thing] clear, clarified [s/thing] {to} [s/one];

예문 وبَعْدَيْن هو بَيَّنِلْهُم إِنُّه إِزا ما بِيجُوا على الوَقْت لِلمُحاضَرة الجايّة رَح يِتْعاقَبُوا .

그 후에 그는 그들이 만약 다음 수업 시간에 때맞추어 오지 않으면 벌받을 것이라고 분명히 선언했다.
Then he clarified to them that if they don't show up on time for the next lecture, they will be punished.

④ **공개하다, 폭로하다, 나타내다;**

disclosed, revealed, showed [his tax records, how much he made, etc.];

예문 أَنا بَفَكِّر إِنُّه كُلّ مَسْؤُول لازِم يبَيِّن قَدَّيْش بِطَلِّع مَصارِي عَشان هايِ المَصارِي اتّاخَدَتْ مِنِ الضَّرايِب والشَعِب بِحِقُّه يِعْرَف وَيْن مَصارِيه بِتْرُوح .

내가 생각하기에 모든 지도자는 돈을 얼마나 버는지 공개해야 한다고 생각한다. 그 이유는 그 돈이 세금으로 거두어 들인 것이고 대중은 돈이 어디로 가는지 알 권리가 있기 때문이다.
I think that every leader (*lit: "responsible one"*) should disclose how much he makes while in office because that money was taken from taxes and the public deserves to know where their money is going.

⑤ 지적하다, 나타내다, 가리키다, 예시하다

[the facts, the statistics, etc.] pointed to, showed, indicated, revealed [s/thing else]

예문 كُلّ الإِحْصائات بِتْبَيِّن إِنُّه النَّصاحة هي سَبَبْ مِنِ الأَسْبابِ الرَّئِيسيّة إِلّي بِتْأَدِّي لَلمَوْت عِنْدِ الأَمْرِيكِيِّين .

모든 통계자료들은 비만이 미국인들의 가장 주된 사망원인이라고 지적하고 있다.

All of the statistics point to obesity as one of the leading causes of death among Americans. *[lit: "... it (fem.) is a reason from the main reasons which leads to the death with the Americans."]*

17-2 II بَيَّن إِنُّه ـِ

[입말]

알게 되다, 나타나게 되다

[s/one, his behavior, his demeanor, etc.] came across [rude, angry, well, etc.], came off [rude, angry, etc.]

예문 بَعِدْما حَكَيْت مَعْها ، أَنا كُنْت مِتْفاجِئ . بَيَّنَتْ إِنّها بِنْت كْتِير زَكِيّة (ذَكِيّة) .

그 여자와 대화한 후 나는 감명을 받았다. 그녀가 아주 똑똑한 여자라는 사실을 알게 되었다.

After talking to her, I was impressed. She came across as a very intelligent girl.

17-3 II بَيَّن على ـِ

[입말]

[누구에게 어떻게] 보이다, 관찰되다, [이렇게] 보이다

[s/one] looked, appeared [happy, tired, sick, etc.]

예문 مْبَيِّن عَلَيْها مِشْ مَبْسُوطة عَشان أَخُوها رَح يِيجِي مَعْنا .

그 여자의 오빠(남동생)가 우리와 함께 왔기 때문에 그녀는 즐거워 보이지 않았다.

**직역: ... 우리는 그녀에게 즐거움이 되지 않는다.*

She doesn't appear to be happy about her brother coming along.

17-4 ㅠ بَيَّن عَلَيْه إِنُّه ـِ

[입말]

얼굴에 써 있다, 표정으로 알다

[it] was written all over his face that [he lied, he stole, etc.], [he] looked like [he was lying, was a thief, etc.]

예문 تْطَلَّع عَلَيْه . مْبَيِّن عَلَيْه إِنُّه بِكْزِب !

그를 봐. 그가 거짓말한다고 써 있잖아!

Look at him. It's written all over his face that he's lying!

[lit: "It appears on his face the lying."]

17-5 ㅠ بَيَّن عَلَيْها الحَمِل ـِ

[입말]

임신한 것으로 보이다

[she] looked pregnant

**직역: "임신한 것이 그녀에게 분명했다."*

예문 عَنْ جَدّ انْتِ حامِل بِالشَّهْرِ الخامِس ؟ مِشْ مْبَيِّن عَلَيْكِ الحَمِل بِالمرّة .

당신 정말로 임신 5개월이예요? 전혀 임신한 것 같지 않네요.

Are you really five months pregnant (*lit: "pregnant in the fifth month"*)? You don't look pregnant at all.

17-6 ㅠ بَيَّن من عِنْدُه ـِ

[입말]

있는 곳에서 보이다

[s/thing] was visible from where he was

*note: English speakers more often say, "He could see something from where he was at"

예문 مْبَيِّن من عِنْدَك المتَكَلِّم ؟

당신 있는 곳에서 강사가 보이나요?
Can you see the speaker from where you are?

17-7 II بَيَّن نِيَّته ـِ (في/ب)

[입말]

의지를 나타내다, 표명하다

showed his intention, made clear his intention (to) [do s/thing]

예문 بَيَّن رَئِيس البَلَدِيّة نِيَّته في مُساعَدَةِ الفُقَرا في قَرْيته بِإِنُّه طَلَبِلْهُم الدَّعِم مِنِ الحُكُومة .

시장은 정부에 지원을 요청함으로 그의 마을에 사는 가난한 자들을 돕고자 하는 그의 의지를 분명히 나타냈다.
The mayor made clear his intention to help the poor in his village by requesting funds from the government.

17-8 II بَيَّنُه عاطِل ـِ

[입말]

험담하다

made him look bad

예문 أَيْشْما بِدَّك تِعْمَل إِعْمَلْ ، بَسْ ما تْبَيِّنِّي عاطِل قُدّام صْحابِي !

좋을 대로 하세요. 하지만 내 친구들 앞에서 내 험담은 하지 마세요!
Whatever you do, don't make me look bad in front of my friends!
[lit: "Whatever you want to do, do it. Just don't make me look bad..."]

18-1 V تَأَكَّد ـَ (من) {على}

확인되다, 분명해지다

[s/thing] was confirmed (by) [s/one] {about} [s/thing or s/one]

예문 تْأَكَّد الكِزب على مَنار من صاحْبِتْها .

마나르(Manar)의 여자 친구에 의해서 마나르가 거짓말한 것이 분명해졌다.

**직역: "Manar 의 거짓말이 Manar 의 친구로부터 확인되었다."*

It was confirmed by her friend that Manar lied.

18-2 V تَأَكَّد إِنُّه — َ

[어떤 것을] 확인하다

made sure that, made certain that, was sure that [he did s/thing]

예문 لَوْ سَمَحْت ، تْأَكَّد إِنّا نُقْعُد قُدّام وإِنُّه نْلاقِي كَراسِي جَنْبِ المَمَرّ .

부탁인데요, 우리가 앞쪽에 통로 쪽 좌석으로 앉을 수 있는지 확인해 주세요.

**직역: "만약 당신이 원하신다면, 우리가 앞에 앉는 것과 우리가 의자들을 복도 옆에서 발견할 수 있도록 확인해 주세요."*

Please make sure that we are sitting in the front and that we have aisle seats.

18-3 V تَأَكَّد ل — َ (من)

재확인하다, 확실히 하다

checked for, double-checked for, made sure for [s/one], checked (on) [s/thing] for [s/one]

예문 كَمان ، حابِبْ إِنَّك تِتْأَكَّدْلِي مِنِ الحَجِز . تْأَكَّد إِنُّه فِي تَلاتة واحَد .

또한, 저를 위해 예약을 재확인해 주세요. 1 월 3 일이라는 것을 확인하세요.

**직역: "... 3, 1 이라는 것을 명심하세요."*

Also, I would like you double-check the reservation for me. Make sure that it's set for the third of January.

18-4 V تَأَكَّد من — َ (عن)

① (옳고 그름을) 입증하다, 체크하다;

checked, double-checked, verified [s/thing];

예문 دايْماً تْأَكَّدُوا من قُيُودْكُم المحاسَبِيّة قَبِلْما تْقَدّمُوها لَلمُراقِب المالِي .

경리부장에게 회계보고서를 넘기기 전에 항상 틀린 것이 없는지 확인하세요.

Always double-check (pl.) your accounting transactions before you submit them to the financial controller.

② [일정을] 확인하다, 조회하다, 검증하다

checked with, double-checked with, got verification from [s/one] (about) [s/thing]

예문 قَبِلْما نِطْلَع لَلمَطار ، لازِم نِتْأَكَّد من إِنُّه الطَّيارة على مَوْعِدْها .

우리가 공항으로 향하기 전에, 반드시 비행기가 예정시간에 오는지 확인해야 해요.

직역: "... 우리는 비행기의 약속에 대해..."

Before we take off for the airport, we should check with the airline to make sure that the plane is on time (*or* is arriving on time).

18-5 v تَأَكَّد من إِنُّه – َ

확실히 해두다

made sure that, made certain that [s/one was going to do s/thing or s/thing was going to happen]

예문 أَنا تْأَكَّدِت من إِنُّه سَمِير رَح يُوْصَل في خَمِسْتَعْشِ الشَهَر .

나는 싸미르(Sameer)가 이번달 15 일에 올 것임을 확실히 해두었다.

I made sure that Sameer was going to arrive on the fifteenth of this month.

18-6 v تَأَكَّد لَحالُه – َ

[입말]

직접 확인하다, 직접 보다

looked for himself, saw for himself, checked for himself

예문 شُفْت حَيّة كْبِيرة تَحت هَدِيكِ الخَشَبة . إِزا مِشْ مْصَدِّقْنِي ، رُوح تْأَكَّد لَحالَك !

나는 저 통나무 밑에 큰 뱀을 보았어. 만약 못 믿겠다면, 가서 직접 확인해 봐!

I saw a big snake under that log. If you don't believe me, go see for yourself!

19 v تَذَكَّر – َ (عن) ["ز"] َ

기억하다

remembered, recalled [s/thing or s/one] (about) [s/one or s/thing]

예문 ما بَتْزَكَّر إِنِّي قُلْتِلُّه أَيّ إِشِي عن هاد .

이것에 대해 그에게 말했던 어떤 것도 기억나지 않는다.

I don't remember telling him (or that I told him) anything about that.

20-1 I تَرَك – ُ ِ

① 나가다, 떠나다;

left [the building, the country, etc.];

예문 كُلّ يَوْم بِتْرِك البَيْت السّاعة سَبْعة ونُصّ حَتّى يرُوح على المَكْتَب .

매일 그는 사무실에 가기 위해 7 시반에 집을 나선다.

Everyday, he leaves the house at 7:30 A.M in order to go to the office.

② [물건을] 남기다, 두고 오다;

left [s/thing or s/one] [s/where], parted company with [s/one];

예문 آسِف يا شَباب ، بَسْ لازِم نِرْجَع عَشان تَرَكْت جَوازِي وَتَزاكِر الطَّيارة على البَلاطة في المَطْبَخ .

자네들에게 미안하네, 내가 여권과 비행기표들을 부엌 조리대에 두고 왔기 때문에 우리는 돌아가야 돼.

**직역: "부엌 타일 위에"*

I'm sorry guys, but we have to go back – I left my passport and plane ticket on the kitchen counter (lit: "on the tile in the kitchen").

③ [직장을] 그만 두다, 사직하다;

quit [his job], quit [work], left [his position];

예문 أنا تَرَكْت شُغْلِي الشَّهْر الماضِي في مَحَطَّة تَوْلِيدِ الطّاقة الكَهْرَبائِيّة وصِرْت بِدُون شُغُل (صِرْت عاطِل عَنِ العَمَل) .

나는 지난달 발전소에 근무하던 내 직장을 그만두고 실직자가 되었다.

**직역: …직장이 없는 상태가 되었다.*

I quit my job at the power plant last month and became unemployed.

④ **[학교를] 그만 두다;**

quit [school, college, the club, etc.];

예문 اضْطَرَّيْت أَتْرِك الجامْعة حَتّى أَتْفَضّى لَعَيْلْتِي وشُغْلِي .

나는 내 가족과 내 직장을 위한 시간을 내기 위해 대학을 그만 둘 수 밖에 없었다.

I had to quit the university in order to free up more time for my family and my work. *[lit: "… in order to be emptied for my family and my work."]*

⑤ **[아내를] 떠나다, 버리다;**

left [his wife];

예문 أنا مِش فاهِم لَيْش تَرَك مَرْتُه عَشان وَحْدة تانِية ؛ مع إنه كان مْبَيِّن عَلَيْهُم مَبْسُوطِين مع بَعْض !

그가 왜 다른 여자 때문에 아내를 버렸는지 이해할 수 없어요; 서로 행복했었던 것 같았는데!

I can't understand why he left his wife for another woman; they seemed so happy together!

⑥ **헤어지다;**

broke up with [s/one];

예문 لَيْش تَرَكْتِي صاحْبِك ؟ كُلْنا حَبَّيْناه .

왜 당신(여)은 남자친구와 헤어졌나요? 우리 모두 그를 좋아했어요.

Why did you break up with your boyfriend? We all liked him.

⑦ [학교, 경기에서] 낙오하다, 탈락하다;

dropped out of [the class, school, the contest, etc.];

예문 رَكَضِت حَوالِي (رَكَضِت شِي) عِشْرِين كِيلُومِتِر ، بَسْ اضْطَرَّيْت أَتْرُك السِّباق عَشان بَلَّشَتْ مِعِدَتِي تِلْعِي .

나는 약 20Km를 달렸지만 배가 아프기 시작해서 경주 도중에 그만 두었다.

*직역: "... 내 위가 울렁거리기 시작해서..."

I ran for about twenty kilometers, but I had to drop out of the race because I began to feel sick. *[lit: "... because my stomach started to feel nauseous."]*

⑧ 남겨 두다, 빠뜨리다

left [s/thing] out, omitted [s/thing]

예문 عَبِّي كُلِّ الطَّلَبْ وإزا بْتِتْرُك أَيّ إِشي فاضِي بِرْمُوه .

신청서를 남김없이 다 채우세요. 만약 하나라도 빈 칸이 있으면 그들은 그것을 던져버릴 거예요.

Fill out the entire application and if you leave anything out, they'll throw it in the trash. *[lit: "... if you leave anything empty, they throw it."]*

20-2 I تَرَك لـُ ـِ

[입말]

① [유산을] 남기다;

left [s/one] [possessions, money, land, etc.];

예문 لَمّا تْوَفّى جِدِّي (سِيدِي) ، ما تَرَك لِجِدِّتِي (لَسِتِّي) إِشي كْتِير عَشان تْعِيش مِنُّه .

내 할아버지가 돌아가셨을 때, 그는 할머니가 살아갈 만한 유산을 많이 남겨두시지 않으셨다.

When my granddad died, he didn't leave much for my grandma to live on.

② 떠나다, [습관을] 버리다, 끊다

parted with, left [smoking, gambling, his car, etc.], quit, stopped [smoking, gambling, etc.]

예문 بَكْرَه أَتْرِك سَيّارْتِي . صِرْت مِتْعَلِّق فِيها كْتِير ، صَرَفْت كْتِير مَصارِي عَشان أَزَبِّطْها (أَحَلِّيها) .

나는 내 차를 바꾸기 싫다. 내 차와 정이 많이 들었고 수리하기 위해 많은 돈을 썼다.
I hate to part with my car. I've become really fond of it and have spent a lot of money to fix it up.

20-3 I تَرَكُه لَحالُه –

[입말]

① [사람을] 혼자 두다;

left [s/one] by himself, let [s/one] be by himself;

예문 بِتْفَكِّر إِنُّه عادِي إِنّا نُتْرُك لُولاد (الأُوْلاد) لَحالْهُم لَمّا نْرُوح عِنْد جِيرانّا لَكَمِّن دَقِيقة ؟

우리가 이웃을 방문하는 몇 분 동안 아이들을 혼자 남겨두는 것이 당신은 옳다고 생각하세요?
Do you think it's ok to leave the kids by themselves while we go over to our neighbors' house for a few moments?

② [사람을] 혼자 있게 하다, 방해하지 않다

left [s/one] alone, let [s/one] be

예문 هاشِم ! إِتْرِك أَخُوك لَحَالُه قَبِلْما أَضْرُبَك على قَفاك !

야, 하쉼(Hashim)! 내가 네 엉덩이를 때려주기 전에 네 동생(형)이 혼자 있도록 내버려둬!
Hashim! Leave your brother alone before I spank your butt!

20-4 I تَرَك وَراه –

[입말]

[자녀, 돈을] 남기다, 남기고 떠나다

left behind [children, possessions, money, etc.],

*참고: 죽고난 뒤 자녀나 재산을 다른 사람에게 위임하게 된 것을 의미함.

예문 صاحِب أَبُوي العَزيز مات في حادِث سَيْر مَأْساوِي وتَرَك وَراه تَلَتْ أُولاد صْغار .

내 아버지의 친한 친구는 끔찍한 교통 사고로 죽었고 3명의 어린 아이들을 남기고 갔다.

My dad's good friend died in a tragic car accident and left behind three small children.

21-1 v تَطَلَّع – َ

[입말]

돌아보다, 여기저기 둘러보다

looked around, took a look around, browsed around, browsed

예문 خُدِي وَقْتِك (خُدِي راحْتِك) وِتْطَلَّعِي مْنِيح . إِحْنا عِنّا أَحْسَنْ تَشْكِيلة وأَرْخَص أَسْعار في البَلَد !

(여성에게) 시간을 갖고 충분히 돌아보세요. 우리가 가진 것이 동네에서 최상의 품목과 가장 싼 가격이에요!

Take your time (fem.) and look around. We've got the best selection and prices in town!

21-2 v تَطَلَّع حوالَيْه – َ (عَشان/ل)

[입말]

주변을 둘러보다, 주변을 살피다

looked around him, took a look around him, looked around (for) [s/thing]

예문 وَقَّعِت العَدَسة اللاّصِقة تَبْعَتِي (اللِّنْسِز تَبْعَتِي) . مُمْكِن تِتْطَلَّع حَوالَيْك وِتْشُوفْها إِزا عِنْد إِجْرَيْك ؟

제가 콘텍트 렌즈를 떨어뜨렸어요. 당신 다리 주변에 있는지 한번 살펴 보아 주시겠어요?
I dropped my contact lens (*lit: "the adhesive lens"*). Would you look around and see if it's near your feet?

21-3 v تَطَلَّع على –َ(ل/عَشان)

[입말]

① 바라보다, 주목하다;

looked at, took a look at [an apartment, a car, a piece of land, etc.];

예문 تْطَلَّعِت على الصُورة إلِّي كانَتْ مْعَلَّقة عالتَّلاّجة وشُفْت إنْها مْمَزَّعة كْتِير (مْمَزُوعة كْتِير) .

나는 냉장고에 걸려 있던 사진을 주목했고, 그것이 험하게 찢어진 것을 보았다.
I looked at the picture that was hanging on the refrigerator and saw that it was badly torn.

② [TV, 쇼를] 관람하다, 시청하다;

watched [television, the news, the show, the game, etc.];

예문 ما بَحِبّ أَتْطَلَّع على التّلْفِزْيُون كْتِير .

나는 TV 시청을 그다지 즐기지 않는다.
I don't like to watch television that much.

③ [시험지를] 엿보다, 부당행위하다;

looked on, looked at, looked onto, peeked at [s/one else's paper, s/one's test, etc.]
*참고: 보통 시험보면서 다른 사람의 시험지를 엿보는 것을 의미함.

예문 شُفْت رَأْفَت بِتْطَلَّع على وَرْقة رائِد في الإمْتِحان وأَنا رَحْ أَفْسِد عَلَيْه .

나는 시험볼 때 라페드(Ra'fet)가 라이드(Ra'ed)의 시험지를 엿보는 것을 보았고 나는 그를 고발할 것이다.
I saw Ra'fet looking on Ra'ed's paper during the test and I'm gonna (I am going to) tell on him.

④ 의지하다, 의존하다;

looked to, depended upon, depended on [God or s/one] (for) [support, help, encouragement, etc.];

예문 الدَّرْس إِلِّي تْعَلَّمْتُه فِي الحَياة هو : إِزا بْتِتْطَلَّع على التَّانْيِين عَشان يلَبُّوا حاجاتَك ، رَح يِتْخَيَّب أَمَلَك . بَسْ ، إِزا بْتِتْطَلَّع على الله ، عُمْرَك ما رَحْ تِفْشَل .

내가 인생에서 배운 교훈은 이것이다: 만약 당신의 필요들을 채우기 위해 남에게 의존한다면, 당신은 실망할 것이다. 그러나, 만약 하나님께 의존한다면 평생 실패하지 않을 것이다.

The lesson that I've learned in life is this: If you depend upon others to meet your deepest needs, you will be disappointed. But, if you look to God, you will never be let down.

⑤ 엿보다, 숨어서 보다

watched, peeped at, spied on [s/one]

예문 انْطَرَد هالشَّبّ مِنِ النّادِي عَشان انْمَسِك بِتْطَلَّع على البَنات في غُرْفِةِ الغَيار (غُرْفة تَغْيِيرِ المَلابِس) .

이 녀석은 탈의실에서 여자들을 엿보다가 들켜서 (헬스)클럽에서 쫓겨 났다.

*직역: "…옷을 갈아입는 방…"

This guy was kicked out of the athletic club after he was caught peeping at the girls in the locker room.

21-4 V تطَلَّع على/في/ب –َ

[입말]

[누군가를 뻔히] 쳐다 보다

looked at [s/one]

*참고: 이 동사가 في 혹은 ب 전치사와 함께 올 경우, 의미가 약간 바뀌어서 얼굴을 뻔히 쳐다본다는 의미임.

예문 لَيْش بْتِتْطَلَّع علَيّ ، شِكْلِي مِش عاجْبَك ؟!

왜 나를 그렇게 쳐다보는거야? 내가 마음에 안들어?!

직역: "내 모습이 네게 인상적이지 못한가?!"

Why are you looking at me? I don't look right (or I don't look impressive) to you?!

21-5 V تَطَلَّع لـ –َ

바라다

eyed, had his eye on [s/thing], wanted, desired [s/thing or to do s/thing]

예문 عَمْ بَتْطَلَّع لِمَنصِبْ رَئِيسِ الوُزَراء – تْمَنّالِي النَّجاح !

저는 국무총리 자리에 출마하려고 해요. 당선을 빌어 주세요!

I am eyeing the position of prime minister – wish me success!

21-6 V تَطَلَّع من –َ

[입말]

[창문, 구멍을] 통해 보다

looked through [the window, the peephole, the sliding glass door, etc.]

예문 دايْماً بَقُول لَمَرْتِي وأَوْلادِي إِنُّه يِتْطَلَّعُوا مِن العَيْن السِّحْرِيّة قَبِلْما يِفْتَحُوا الباب لأَيّ حَدا .

나는 아내와 내 아이들에게 말하기를 누구에게든 문을 열어주기 전에 항상 문구멍을 통해 보라고 한다.

I always tell my wife and children to look through the peephole (*lit: "the magic eye"*) before they open the door for anyone.

22-1 I تِعِب –َ (من)

① 지치다, 피곤해지다;

got tired (of), became exhausted (from), was exhausted (from) [s/thing or doing s/thing];

예문 أَنا تِعِبْت مِن الحَكِي ، خُصُوصاً لإِنُّه وَلا واحَد كان يِسْمَع !

나는 말하기 지쳤다. 특히 아무도 들어 주지 않았기 때문이다!
I got tired of talking, especially because no one was listening!

② 질리다, 진절머리가 나다

got fed up (with), was fed up (with), got tired (of), was sick and tired (of), had enough (of) [s/one or s/thing]

예문 تِعِبت مِنُّه ومن كِزْبُه .

나는 그와 그의 거짓말에 진절머리가 났다.
I got fed up with him and his lies (*or* his lying).

22-2 I تِعِب في/ب حَياتُه –

[입말]

[삶 속에] 고생하다, 역경을 겪다

had a hard life, had a terrible life, had an awful life

예문 هي عَنْ جَدّ تِعْبَتْ في حَياتْها . وِالشّي العاطِل إنّها تْجَوَّزَتْ هَيْك زَلَمة بِسَيْطِر عَلَيْها وبِهِينْها .

그 여자는 정말 산전수전 다 겪었다. 더 안된 것은 그 여자가 강압적이고 그녀를 학대하는 저 남자와 결혼했다는 사실이다.
She really has had a hard life. It's too bad that she married such a controlling and abusive husband.

22-3 I تِعِب في/ب شُغْلُه –

[입말]

[직장에서] 고생하다

had a hard job, had a terrible job, had an awful job

예문 أنا تْعِبت كْتِير في شُغْلِي . اشْتَغَلْت ساعات طَوِيلة ودايْماً كُنْت مَضْغُوط .

나는 내 직장에서 많이 고생했다. 장시간 일했고 항상 스트레스를 받았다.

I used to have a hard job. I worked long hours and was always stressed out.

22-4 I تِعِب كْتِير – َ (ل){حتّى/عَشان}

[입말]

필사적으로 애쓰다

went over backwards, leaned over backwards, tired himself out (for) [s/one], went over backwards, leaned over backwards, tired himself out (to) [do s/thing] {for} [s/one]

예문 تِعِبْت كْتِير حَتّى أَدَبِّرْلُه هالشُّغُل وهَلاّ جايْ يِسْتَقِيل ؟!

나는 이 직장을 그에게 마련하기 위해 그렇게 고생했는데 이제 와서 그만두겠다고?!

I went over backwards to help him get that job and now he's quitting?!

23-1 V تَعَلَّم – َ (من)

① 배우다;

learned [s/thing or how to do s/thing] (from) [s/one, the lesson, the course, etc.];

예문 أَنا تَعَلَّمْت كْتِير أَشْياء من طُلاّبِي .

나는 내 학생들로부터 많은 것들을 배웠다.

I've learned a lot of things from my students.

② 주워 듣다, [나쁜 습관을] 배우다

learned, *picked up* [a new word, a bad habit, a new phrase, etc.]

예문 تْعَلَّمِت عِبارة جْدِيدة (مُصْطَلَح جْدِيد) قَبِل يَوْمَيْن من شُوفَيْر تَكْسي (سَوّاق تَكْسِي) .

나는 2일전 택시 운전사로부터 새로운 말(표현)을 주어 들었다.

I learned a new phrase two days ago from a taxi driver.

23-2 V تَعَلَّم على –

[입말]

다루는 법을 알게 되다, 요령을 터득하다

got the hang of, caught the hang of, had the hang of, had the knack of, had the feel of [s/thing]

**직역: "그가 어떤 것으로 배웠다."*

예문 لَمّا كانَتْ فِي بِداية شُغُلْها ، ما كانَتْ تِعْرَف تِشْتَغِل عالكَمْبْيُوتَر ، بَسْ هَلاّ مْبَيِّن إِنْها تْعَلَّمَتْ عَلَيْه .

그 여자가 처음 일할 때에는 컴퓨터를 사용할 줄 몰랐었지만 지금은 요령을 터득한 것이 분명하다.

When she first started out in her job, she didn't know how to work the computer, but now it looks like she's got the hang of it.

[lit: "When she was in the beginning of her job, she was not knowing to work on the computer, but now it's clear that she learned on it."]

23-3 V تَعَلَّم عن –

[어떤 것에 대해] 배우다

learned about [s/thing or s/one]

예문 اليَوْم ، رَحْ نِتْعَلَّم عن أَيْش إِلِّي بِخَلِّي السَّما زَرْقا وكِيف الدِّنيا بْتِشْتِي .

오늘, 우리는 어떻게 하늘이 파랗고 비가 어떻게 오는지 배울 것이다.

**직역: "... 그리고 어떻게 세상에 비가 오는지..."*

Today, we're going to learn about what makes the sky blue and how we get rain.

24-1 V تَفَرَّج –

[입말]

둘러보다, 이것저것 구경하다

looked around, took a look around, browsed around, browsed

예문 عارْضِين بَيْتْنا (بِدّنا نْبيع بَيْتْنا) لِلبَيْع بِسعِر مَعْقُول . إزا بِدَّك مُمْكِن تيجِي وتِتْفَرَّج عَلَيْه ، وشُوف إزا عَجَبَك .

우리는 우리집을 적당한 가격에 팔려고 내놓았어요. 원하신다면 오셔서 둘러보시고 마음에 드는지 보세요.

We're selling our house for a fair price. If you want, you can come and take a look around to see if you like it.

24-2 v تَفَرَّج على –

[입말]

① [TV, 영화를] 보다, 관람하다;

watched [television, the news, the show, the game, etc.];

예문 تْفَرَّجْت على الفِلِم مْبارِح وبَفَكِّر إنُّه ماشِي حالُه .

나는 어제 그 영화를 보았고 그 영화가 무난했다고 생각한다.

**직역: "... 그리고 나는 그 상황이 걷는다고 생각한다."*

I watched the movie yesterday and I thought it was ok.

② [상황이 벌어지는 것을] 바라보다;

watched [s/thing happen];

예문 أنا وصاحْبِي كُنّا نِتْفَرَّج على الوَلَد لَمّا رَكَض لِلشّارِع وتَقْريباً انْدَعَس .

나와 내 친구는 그 소년이 거리쪽으로 달려가서 거의 차에 치일 뻔하는 것을 바라보고 있었다.

My friend and I were watching the child (or boy) as he ran out into the street and nearly got run over (or nearly got hit).

③ **지켜보다**

watched [s/one]

예문 أنا كُنْت بَتْفَرَّج على جارِي وهو بِمْشِي في جْنَيْنْتِي وما كُنْت عارِف شُو عَمْ بِسَوِّي هُناك !

나는 내 이웃이 우리 마당에서 거니는 것을 지켜보고 있었는데 그가 거기서 무슨 일을 하고 있었는지는 알 수 없었다.
I was watching my neighbor walk around in my garden and I didn't know what he was doing!

24-3 v تَفَرَّج من –

[입말]

[창문을 통해] 지켜보다

watched through [the window, the peep-hole, the sliding glass door, etc.]

예문 كُلْنا تْفَرَّجْنا مِن الباب القَزاز بِدُونْما نِقْدَر نِعْمَل شِي لَمّا الوَلَد وِقِع وضَرَب راسُه على الدَّرَجة .

우리 모두는 그 소년이 넘어지면서 계단에 머리를 부딪칠 때 유리문을 통해 바라볼 뿐, 달리 할 수 있는 일이 없었다.
We all watched helplessly from the sliding glass door (*lit: "the glass door"*) as the little boy fell and hit his head on the step.

25-1 v تَمَنّى –

바라다, 기대하다

hoped, it was his hope [that…]

예문 بَتْمَنّى إِنَّه كُلّ الطُّلاب إِلّي بَعَلِّمْهُم يِحْكوا عَرَبِي بِشَكِلْ مُمْتاز .

나는 내가 가르치는 모든 학생들이 아랍어를 유창하게 말하길 바란다.
I hope that all the students I teach speak Arabic excellently.

25-2 V تَمَنّى لـ َ –

[누구를 위해] 소망하다, 빌다

hoped [s/thing] for [s/one], wished [s/one] [s/thing] wished [s/thing] for [s/one]

예문 بَتْمَنَّالْكُم انْتُوا التّنَيْن أَحْسَن شِي بِقَدْمُه الزَّواج ، وبَصَلّي إِنُّه الله يبارِك زَواجْكُم وبَيْتْكُم .

저는 당신들 두 사람이 결혼이 주는 최선을 누리고, 하나님께서 당신들의 결혼과 가정(집)을 축복하기를 기도해요.

I wish you two all the best that marriage has to offer and I pray that God would bless your marriage and family.

26-1 I جاب ـِ – (ل){من}‹على›

[입말]

① **가져다 주다;**

brought, got [s/thing] (for) [s/one or s/thing] {from} [s/place];

예문 إِمّي جابَتْلِي هَدِيّة عَشان عِيد مِيلادِي .

내 어머니는 내 생일에 나에게 선물을 주었다.

My mother got me a present for my birthday.

② **[사람을] 데려오다;**

got, brought, fetched [s/one] (for) [s/one else];

예문 رُوح جِيبْلِي جُوْن !

가서 존(John)을 데려와!

Go and get John for me!

③ **도중에 태우다, 마중나가다;**

picked up, got [some flowers, the package, s/one, etc.] {from/at} [the store, the airport, the shop, the post office, etc.];

예문 مُمْكِن تْجِيب أَخُوِي مِنِ المكْتَبة السّاعة تَلاتة ؟ رَح يكُون لابِس قَمِيص أَصْفَر .

도서관에 가서 3 시에 내 동생을 데려올 수 있겠어요? 노란 셔츠를 입고 있을 거에요.
Would you mind picking up my brother from the library at three o'clock? He'll be wearing a yellow shirt.

④ 가져오다

brought [s/thing or s/one] ‹to› [the house, the office, etc.]

예문 إِسْمَعْ ! ما تِنْسى تْجِيب عِلْبةِ السِّي دِي مَعَك على المكْتَب .

어이! 사무실에서 CD 케이스를 가져오는 것을 잊지 말아줘.
Hey! Don't forget to bring the CD case with you to the office.

26-2 I جابَتْ ـِ

[입말]

낳다, [아이를] 생기게 하다

[she] had [a child], gave birth to [a child]

*참고: 여성형으로만 사용

예문 جارْتِي جابَتْ تَوْم أُولاد .

내 이웃(여성)은 남자 쌍둥이를 낳았다.
*직역: "내 이웃은 남자 쌍둥이를 데려왔다."
My neighbor (fem.) had twins and both were boys. (*or* My neighbor had twin boys)

26-3 I جاب دَعِم ـِ(عَشان/ل)

[입말]

[회사, 조직이] 모금하다

[s/one, the company, the organization, etc.] raised funds, raised money, raised support, did fund raising (for) [s/one or s/thing]

예문 لَمّا كُنْت صْغِير جِبت دَعِم لجَمْعِيّة خَيْرِيّة مَعْرُوفة عَشان بِدّهُم يِعْمِلُوا أَبْحاثِ عَن سَرَطانِ الدَّمّ (اللُّوكِيمْيا) .

나는 어렸을 때, 혈액암(백혈병) 연구를 위한 유명한 자선단체를 위해 모금했었다.

When I was younger, I helped raise money for leukemia research through a popular charity (*lit: "a known benevolent society"*).

26-4 I جاب رِبح ـِ

[입말]

이득을 내다

[the company, the organization, etc.] made a profit, brought in a profit

예문 عادَةً ، الشَّرِكات لِكْبِيرة (الكَبِيرة) بِدّها كَمِّن سَنة حَتّى تِبْدا تْجِيب رِبح .

보통 대기업들이 수익을 내기 시작하려면 몇 년 걸린다.

Typically, it takes a few years for large companies to begin to make a profit.

26-5 I جاب رِبح صافِي ـِ

[입말]

순이익을 내다

[the company, s/one, etc.] cleared, netted [a certain amount of money, a profit, etc.] made [a certain amount of money] net

예문 قَدَّيْش جابَتْ شِرِكِتْنا رِبح صافِي هاد الشَّهَر ؟... كان فِي عِنّا نَقْص (كان فِي خَسارة) أَلْف دِينار .

이번 달에 우리 회사는 얼마나 순이익을 냈을까요? 우리는 1000 디나르 적자를 보았어요.

How much did our company clear this past month?... We're in the red a thousand dinar.

26-6 ⓘ جاب سِيرة ـِ (ل)

[입말]

[주제를] 꺼내다, 언급하다

brought up, mentioned, made mention of [the subject, his name, etc.] (to) [s/one]

**직역: "그가 연대기를 가져왔다*

예문 بِكَفِّي ! ما تْجِيب سِيرة هَالمَوْضُوع قُدّامِي مَرّة تانْية أَوْ رَح تِنْدَم !

이제 그만! 다시는 그 주제를 내 앞에서 꺼내지 말아, 안그러면 후회하게 될거야!

Enough! Don't bring up the subject again or else you'll be sorry (*or* or else you'll regret it)!

26-7 ⓘ جاب عار على / جاب العار على ـِ

[입말]

[행위가] 수치를 불러오다, 망신시키다

[s/one or his actions] brought shame to/on, brought disgrace to/on [his family, his country, etc.]

예문 تَصَرُّفاتَك جابَتِ العار على أَهْلَك وانْتَ لازِم تِعْتَزِر لَلكُلّ !

당신의 행동이 당신 가족을 망신시켰으니 반드시 모든 사람에게 사과하세요!

Your actions have brought shame to your parents and you should apologize to everyone!

26-8 ⓘ جاب عَلامة /جاب مُعَدَّل ـِ (في/ب)

[입말]

[시험에서] 점수를 받다, 성적을 받다

made a, got a [good, bad, high, low, etc.] grade (on) [the test, the quiz, etc.]

예문 أَبُوي رَحْ يِدْبَحْنِي ! جِبْت عَلامة زَيِّ الزِّفْت (واطِي جِدّاً) في امْتِحان التّارِيخ .

아버지가 나를 가만두지 않을거야! 국사 시험 점수가 바닥을 쳤거든.
*직역: 내 아버지는 나를 해치울 거야...
My dad's gonna kill me (*lit: "My dad's gonna slaughter me"*)! I made a really bad grade on my history test.

26-9 I جاب لِ –

[입말]

[물건을 팔고 돈을] 받다
[s/thing] brought [a certain amount of money] to [s/one], brought [s/one] [a certain amount of money]

예문 جارْتِي الباب بِالباب باعَتْ طاوْلة المِطْبَخ تَبْعَتْها لَبَيّاعِ العُتَق وجابِتِلْها بَسْ عِشْرِين دِينار . مَع إِنّها لَوْ باعَتْها لَحَدا تانِي كان جابِتِلْها أَكْتَر .

나의 옆집 이웃은 부엌 테이블을 중고상에게 팔고 단지 20 디나르 밖에 받지 못했다. 만약 다른 사람에게 팔았다면 더 받았을 것이다.
My next door neighbor sold her kitchen table to a dealer (*lit: "a buyer of old things"*) and it only brought her twenty dinar. But if only she would have sold it to someone else she would have gotten a lot more for it.

27-1 II جَرَّب – (في)

① **[누구를] 유혹하다;**
tempted [s/one] (in) [s/thing];

예문 الشِّيطان (الشَّيْطان) دايْماً بِجَرِّبْنا في نِقاط ضُعَفْنا .

사탄은 항상 우리의 약점들로 우리를 유혹한다.
Satan always tempts us in our weakest points.
[lit: "The Satan always tempts us in the points of our weakness."]

② 시도하다, 시식하다

tried [s/thing], gave [s/thing] a try, *gave [s/thing] a shot*

*참고: 새로운 음식을 시식하는 의미로 많이 사용됨.

예문 هي ما بِتْحِبّ تْجَرِّب أيّ إشي جْدِيد .

그 여자는 새로운 것이면 어떤 것도 시도하길 좋아하지 않는다.

She doesn't like to try anything new.

27-2 II جَرَّب يصَلِّح –ِ

[입말]

고쳐보다, 고치려고 노력하다

tinkered with, fiddled with, tinkered around with, fiddled around with, tried to fix, *messed around with, messed with* [s/thing]

예문 المواسِرْجي (السَّمْكَرِي) قَعَد ساعة يجَرِّب يصَلِّح البُويْلَر وما قِدِر يصَلْحُه .

그 배관공은 한 시간동안 앉아서 보일러를 고치려고 노력했지만 고칠 수 없었다.

The plumber tinkered around with the boiler for one hour and still couldn't fix it.

[lit: "The plumber sat an hour trying to fix the boiler and was not able to fix it."]

28-1 III حاوَل –ِ

시도하다, 해보다

tried, attempted [s/thing or to do s/thing], *took a stab at [s/thing or doing s/thing]*, gave [s/thing] a try, gave *[s/thing]* a shot, worked to [save his life, to get supplies to s/one, etc.]

*참고: 이 동사 다음에 مَصْدَر 를 쓸 수 없음.

예문 لا تْحاوِل تِحْكِي مَعِي هَلاّ ، مِش فاضِيلَك (ما عِنْدِي وَقِت إِلَك) !

나와 말하려 하지 말아, 너와 보낼 시간이 없어!

**직역: "... 나는 너를 위해 비어있지 않아!"*

Don't try to talk to me now; I don't have time for you!

28-2 III حاوَل جُهْدُه / حاوَل كُلّ جُهْدُه – ـِ

노력하다, 애쓰다, 최선을 다하다, 고통을 감내하다

tried hard, did his best, tried very hard, tried his best, put forth a lot of effort, took pains, broke his neck trying [to do s/thing], gave it his best effort

예문 أَنا بَحاوِل جُهْدِي إِنِّي أَدِير بالِي على حالِي وآكُل أَكِل صِحِّي .

나는 올바르게 살고, 건강하게 먹으려고 노력한다.

I try very hard to live right and eat healthy.

28-3 III حاوَل يصَلِّح – ـِ

고쳐보다, 고치려고 노력하다

tinkered with, fiddled with, tried to fix, messed around with, messed with [s/thing]

예문 ما بَعْرَف إِزا رَح تُزْبُط مَعِي أَوْ لا ، بَسْ خَلِّينِي أَحاوِل أَصَلِّحْها ومِنْشُوف .

내가 고칠 수 있을지 없을지 모르겠지만, 한번 고칠 수 있는지 해보고 우리 지켜보자.

I don't know if it'll work or not, but let me tinker with it a little and we'll see.

29 I حَبّ – ـِ

좋아하다, 사랑하다

loved, liked [s/one, s/thing, or to do s/thing]

예문 مِشْ عارِف أَيش أَعْمَل لَبِنْتِي ، هي ما بِتْحِبّ مَدْرَسِتْها من مَرّة (بِالمرّة) .

내 딸을 어떻게 해야할지 모르겠어, 그녀는 전혀 자기 학교를 좋아하지 않아.

I don't know what to do about my daughter; she absolutely does not like her school.

30-1 I حَسّ ـِ

[입말]

느끼다

felt [s/thing or s/one];

*참고: 감정이나촉감을 다 의미함.

예문 حِسّ قَمِيصِي ! كْتِير مَبْلُول !

내 셔츠를 만져봐! 엄청 젖었어!

Feel my shirt! It's soaking wet (*or* really wet)!

30-2 I حَسّ إِنُّه ـِ

[입말]

① [피곤을, 안식을] 느끼다;

felt [relieved, tired, etc.];

예문 لازِم نْرَوِّح عالبَيْت لأَنُّه جَوْزِي بِحِسّ إِنُّه تَعْبان شْوَيّ .

내 남편이 좀 피곤하기 때문에 우리는 집에 가야겠어요.

We need to go home because my husband is feeling a little tired.

② 어떤 것을 느끼다, 어떠한 느낌이 있다

felt like…, felt that…

예문 بَعِدْما حَكَيْت مَعْها حَسَّيْت إِنْها ما بِتْحِبّنِي .

그 여자와 대화한 후 나는 그 여자가 나를 좋아하지 않음을 느꼈다.

After I spoke with her, I felt like she didn't like me.

30-3 I حَسّ إِنُّه لازِم ـِ

[입말]

① 생각이 들다, 느낌이 들다;

felt like [doing s/thing];

예문 المعَلْمة (المِسّ) حَسَّتْ إِنّها لازِم تُضْرُب الوَلَد بَعِدْما جاوَبْها قُدّامِ الطُّلاّبِ التّانْيين .

그 여선생님은 그 소년이 다른 학생들 앞에서 그녀에게 대꾸했을 때 때려주어야겠다고 생각했다.

The teacher (fem.) felt like slapping the boy after he talked back to her in front of the other students.

② 의무감을 느끼다, 해야할 것 같다

felt obligated to, felt like he had to, felt obliged to [do s/thing]

예문 مع إِنِّي مَشْغُول ، بَحِس إِنِّي لازِم أَساعِد أَخُوي في التَّرْحِيل .

비록 나는 바쁘지만, 내 동생이 이사하는 것을 도와야 할 것 같다.

Even though I'm busy, I feel like I have to help my brother move.

[lit: "... I feel that I have to help my brother in the moving."]

30-4 I حَسّ ب/في ـِ (ل)

[입말]

① [병, 피로 등을] 느끼다;

felt [sick, tired, relieved, etc.] (about) [s/thing]

*참고: 이 동사가 " ب/في " 와 함께 오면 동명사형(مَصْدَر)이 반드시 오며 형용사 (صِفة) 는 올 수 없음;

예문 بَحِسّ بِنَدَم إِنِّي ما دَفَعِت فاتُورةِ الكَهْرَبا وهَلاّ قاعِدِين عالعِتْمة !

전기요금을 지불하지 않아 지금 어두움 가운데 앉아 있게 되어 나는 뉘우치고 있다.

I'm regretting (*or* I'm feeling regret) that I didn't pay my electric bill because now we're sitting in the dark!

② [기쁨, 통증 등을] 느끼다

felt [joy, peace, pain, the presence of s/thing or s/one, etc.]

*참고: 감정적인 것이나 육체적인 것을 다 의미함.

예문 بَعْضِ النّاس بِدَّعُوا إِنْهُم بِقْدَرُوا يِحِسُّوا بِوُجُودِ الأَرْواح .

어떤 사람들은 영혼의 존재를 느낄 수 있다고 주장한다.
Some people claim that they can feel the presence of spirits.

30-5 I حَسّ مع/في ـِ

[입말]

동정하다, 동감하다

felt for, identified with [s/one]

*참고: 육체적 의미는 없음.

*note: in English, the verbal phrase "He had feelings for [someone]" takes on a different meaning and refers to having a romantic attraction for someone

예문 كُلّ واحَد هَوْن في الشِّرْكة بِحِسّ مَعَك وإِحْنا مْنِعْرَف إِنَّك بِتْمُرّ في أَوْقات صَعْبة (صِعْبة) .

이 회사 모든 직원이 당신을 동정하고 있고, 우리는 당신이 힘든 시간들을 보내고 있는 줄 알고 있어요.
Everyone here at the company feels for you and we know that you are going through tough times (*or* hard times).

31 I حَضَر ـَ ـِ

[입말]

① 참석하다, 출석하다;

attended [the meeting, the conference, etc.];

예문 أنا بَحِبّ أَحْضَر إِجْتِماعَيْن في الكَنِيسة المعمَدانِيّة كُل أُسْبُوع (أُسْبُوعِي) .

나는 매주 2번씩 침례교회 모임에 참석하길 좋아한다.
I like to attend two meetings a week (*or* weekly) at the Baptist Church.

② [공연을] 보다

saw, watched [the movie, the news, the play, the TV show, etc.]

예문 رَح تِحْضَر حَفْلة عَمْرو دْياب ؟

당신은 암므르 디야브(Amr Diab) 연주회를 볼 건가요?

*직역: "Amr Diab 의 파티에 참석할 건가요?"

Are you going to see Amr Diab in concert?

32-1 ● حَطّ – ُ (على) {في} ‹مع/في/ب›

[입말]

①[물건을] 두다;

put [s/thing or s/one] (on) [s/thing or s/one], put [s/thing or s/one] {in} [s/thing or s/one];

예문 حَطَّيْت مَفاتِيحَك على الطّاوْلة .

저는 당신의 열쇠들을 책상 위에 두었어요.

I put your keys on the table.

②[물건을] 맡기다

dropped off [s/thing] [for s/one or to be fixed];

예문 لَوْ حَطَّيْت السَّيّارة عِنْدَك العَصِر (بَعْدِ الضُهُر) ، أَيْمْتى بَقْدَر أَخُدْها ؟

제가 만약 오늘 오후에 당신께 차를 맡긴다면, 언제 가져갈 수 있나요?

*참조: " عَصِر" 는 석양 직전의 오후를 의미하는 반면, " (بَعْدِ الضُهُر) بَعْد الظُّهُر " 는 정오 이후를 의미함.

If I drop my car off this afternoon, when can I pick it back up (*or* when can I pick it up)?

③[다른 물건과 함께] 넣다

enclosed [s/thing] ‹with› [s/thing else], put [s/thing] ‹in with› [s/thing else], included [s/thing] ‹with› [s/thing else]

예문 رَحْ أَحُطّ صُورْتَك مَعِ الأَغْراض التّانْية وأَبْعَتْها في البَرِيد العادِي .

저는 당신 사진을 다른 물건들과 함께 넣어 일반우편으로 보낼거예요.
I'll put your picture in with the other stuff and send it regular mail.

32-2 I حَطّ إجْر على إِجْر – ُ

[입말]

다리를 꼬다

crossed his legs, sat with his legs crossed
*참고: 앉은 자세에서 다리를 꼬는 것을 의미.

예문 قَعَد ، وحَطّ إِجر على إِجر وارْتاح .

그는 앉아서 다리를 꼬고, 긴장을 풀었다.
He sat down, crossed his legs, and relaxed.

32-3 I حَطّ إِيدُه على طَرَفِ الخَيْط – ُ (بِخُصُوص)

[입말]

알아채다, 가로막다

caught on (to) [s/one, s/thing, or what he was doing], put his finger (on) [s/thing or what he was doing]

예문 هو فَكَّر إِنُّه شاطِر ، بَسْ أَنا حَطَّيْت إِيدِي على طَرَفِ الخَيْط بِخُصُوص أَيْش كان يِعْمِل بِنُصِّ الإِمْتِحان .

그는 자신이 영리하다고 생각했지만, 나는 시험 중간에 그가 하는 일(부정행위)을 알아챘다.
He thought he was slick (*or* crafty), but I caught on to what he was doing half-way through the test.

32-4 I حَطّ إِيدُه مع ـُ (في)

[입말]

도움을 주다, 손써주다

gave [s/one] a hand, lended [s/one] a hand, helped [s/one], helped [s/out] out, gave [s/one] help (with) [s/thing]

예문 مُمْكِن تْحُطّ إِيدَك مَعِي في هالصَّنادِيق ؟ بِدِّي أَطَلِّعْهُم فَوْق .

이 상자들을 옮기는데 손 좀 써주시겠어요? 그것들을 위로 올리고 싶거든요.

Would you mind giving me a hand with these boxes? I need to take them upstairs.

32-5 I حَطّ بِراسُه إِنُّه ... ـُ

[입말]

관심을 기울이다, 집중하다

put his mind to, was intent on [doing s/thing], was determined [to do s/thing]

예문 إِزا بِتْحُطّ بْراسَك إِنَّك تِعْمَل شِي ، في الآخِر رَح تِعْمَلُه ورَح تِعْمَلُه مْنِيح .

만약 당신이 하는 일에 집중한다면, 결국 그 일을 해낼 것이고 그것도 잘해낼 거예요.

If you put your mind to doing something, you will eventually do it and do it well.

32-6 I حَطّ حَطِطُه على / حَطّ خْطاطُه على ـُ

[입말]

방해하다, 어렵게 만들다

tried to make trouble for [s/one], went after, targeted [s/one] [in order to make trouble]

*참조: 직역하기 힘든 동사임

예문 سامِر حَطّ خْطاطُه على هالزَّلَمة عَشان هو غَيْران مِنُّه .

사미르(Samer)는 이 친구를 시기했기 때문에 그를 방해했어요.

Samer went after this guy because he's jealous of him.

32-7 I حَطّ الحَقّ على ـُ★

[입말]

탓하다, 나무라다, 비방하다

blamed*, put it on, passed the buck onto* [s/one else]

예문 لَيْش بِتْحُطّ الحَقّ عَلَيْها ؟ انْتِ بَدَيْتِ لَمّا صَرَّخْتِ عَلَيْها !

왜 당신(여)은 그녀를 탓하세요? 당신이 먼저 소리질러서 시작한 것이 잖아요!

Why are you (fem.) blaming her for this? The truth is, you started it by yelling at her!

32-8 I حَطَّتْ حُمْرة ـُ

[입말]

립스틱을 바르다

[she] put on lipstick

예문 اسْتَنّى شْوَيّ ، مَرْتِي بِدّها تْحُطّ حُمْرة قَبِلْما نُدْخُل .

잠깐 기다려 주세요, 우리가 들어가기 전에 제 아내가 립스틱 바르길 원해요.

Hold on a second, my wife needs to put on some lipstick before we go in.

32-9 I حَطّ الرِّيفَيْرْس ـُ

[입말]

[차가] 후진하다, 뒤로 가다

put it in reverse

*note: English speakers commonly specify the type of vehicle being used; e.g. "He put [the car, the bus, etc.] in reverse", but this is not done in Arabic

예문 كُنْت فِي الكَراج بَدَوِّر على مَحَلّ حَتّى أَصُفّ السَّيّارة وعِنْدْها شَبّ حَطّ الرِّيفَيْرْس وضَرَبْنِي .

나는 주차장에서 주차할 곳을 찾고 있었는데, 어떤 녀석이 후진해서 내 차를 받았다.
직역: "...어떤 녀석이 후진을 놓아서 나를 쳤다."
I was in the parking lot looking for a parking space when some guy put his car in reverse and backed up into me.

32-10 I حَطّ عِنْد عَيْنُه ـُ

[입말]

대놓고 말하다, 정면으로 맞서다
let him know the deal,confronted him about it, told him straight up, gave it to him like it is,told him what's up,put it to him, told him face to face,*got in his face about it*
직역: "그가 그의 눈 앞에 놓다"
*참고: 만약 어떤 사람이 누군가를 부당하게 대하고 제 3 자가 이것을 지적한다면;
" حَكى مَعُه وحَطّ عِنْد عَيْنُه "

예문 لاحَزِت إِنُّه هِشام صار كَسْلان (صار كُسُول) في شُغْلُه بَسْ أَنا حَطَّيْت عِنْد عَيْنُه وقُلْتِلُّه إِزا بِضَلّ هَيْك أَنا رَح أَطْرُدُه مِن الشُغُل .

나는 히샴(Hisham)이 일을 게을리 하는 것을 깨달았고, 만약 계속 그렇게 하면 내가 그를 직장에서 쫓아낼 것이라고 대놓고 말했다.
I noticed that Hisham had gotten lazy in his work, but I let him know the deal and told him that if it keeps going on like this, I was gonna (I was going to) give him the axe.

32-11 I حَطّ عَيْنُه على ـُ

[입말]

원하다, 바라다, 구하다
had eyes for, desired, wanted [s/one or s/thing]
직역: "그가 [어떤 것에] 눈을 두었다."

예문 أَنا بَقْدَر أَلاحِز إِنَّك حاطِط عَيْنَك عَلَيْها من الطَّرِيقة إِلّي بْتِتْصَرَّف فِيها لَمّا تْكُون مَوْجُودة .

그 여자가 있을 때 당신이 행동하는 태도를 보면 저는 당신이 그 여자를 바라고 있음을 알 수 있어요.
I can tell that you've got eyes for her by the way you act when she's around.

32-12 I حَطّ قِفِل على/ل ـُ★

[입말]

자물쇠를 걸다
put a lock on, put a padlock on, padlocked [the door,the gate, the bike, etc.]

예문 أنا بَكْرَه أَقُولَّك هَيْك ، بَسْ بَنْصَحَك تْحُطّ قِفِل على بَسْكَلَيْت إِبْنَك

أَوْ من هَوْن لَلصُّبِح بِكُون رايِح !

이렇게 말하기 싫지만, 당신 아들 자전거에 자물쇠를 걸어두길 권하는데 만약 안그러면 아침이 되기 전에 없어질 거예요.
It's a shame that I have to say this (*lit: "I hate to tell to you this"*), but you better put a lock on your son's bike or it will be gone by tomorrow morning!

32-13 I حَطِّلُّه ـُ

[입말]

푸다, 뜨다, 퍼올리다
scooped out, scooped [a certain amount of] [spices, candy, nuts, etc.] for him

예문 جِدِّي حَطِّلّي مَعْلَقْتَيْن قَهْوة في البْرِيق .

내 할아버지는 나를 위해 주전자에 두 스푼의 커피를 넣어 주셨다.
My grandpa (or granddad) scooped out two spoonfuls of coffee for me in the coffee pot.

32-14 I حَطّت ماناكِير ـُ

[입말]

매니큐어 칠하다

[she] painted her nails, put on nail polish

예문 على فِكْرة ... لَيْش بِدِّك تْحُطِّي مَاناكِير على أَضافِر إجْرَيْكي ؟

مع إنِّك ، رَحْ تِلْبِسِي كُنْدَرة مِشْ صَنْدَل .

생각 좀 해봐요… 왜 당신(여)은 발톱에 매니큐어 칠하려는 거예요? 어쨌든 샌달이 아닌 신발을 신을 거잖아요.

Come to think of it… Why do you need to paint your toenails anyway (*lit: "just on any situation"*)? You'll be wearing shoes not sandals.

32-15 ❶ حَطِّلّها ماناكِير – ُ

[입말]

손톱 단장하다

[she] had her nails done, had a manicure done

**직역: "그가 그녀를 위해 매니큐어를 놓다"*

예문 في يَوْم عُرْسْنا ، مَرْتِي دَفْعَتْ كْتِير عَشان تْحُطّ ماناكِير .

우리의 결혼 기념일에 아내는 손톱 단장하느라고 돈을 많이 썼다.

On our wedding day, my wife paid a lot to have her nails done.

32-16 ❶ حَطّ مَبْلَغ لِلّي بِسَلْمُه حَيّ أَوْ مَيِّت – ُ

[입말]

현상수배하다, 현상금을 걸다

[s/one] put out a contract on his life, took out a contract for him, put a price on his head, put a contract on him, marked him for death, [a government, etc.] put out a reward for him, put up a reward for him, offered a reward for him

예문 حُكُومةِ الوِلاياتِ المُتَّحِدة حَطَّتْ مَبْلَغ خَمْسِين مَلْيُون دُولار لَلّي (لإِلّي)

بِسَلِّم أُسامة بِنْ لادِن حَيّ أَوْ مَيِّت .

미합중국 정부는 오사마 빈라덴(Osama Bin Laden)를 넘기는 자에게 오천만 달러의 현상금을 걸었다.

The U.S. government put out a fifty-million dollar reward for Osama Bin Laden.

حَطُّه في بالُه – I 32-17

[입말]

① 마음에 담아두다, 잊지 않고 있다;

made a mental note, put it in his mind, [to do s/thing or say s/thing] made a mental note about [s/thing], kept [s/thing] in mind;

예문 لازِم أَحُط في بالِي إِنِّ ما أَنْسى أَشْتَرِيلَك البازِيْلاّ والجَزِر .

나는 완두콩과 당근 사는 것을 잊지 않도록 마음에 되새겨야겠다.

I had better make a mental note so that I don't forget to buy the peas and carrots for you.

② 그에게 보복하다

was out to get him, wanted to get revenge on him

예문 خَلِيل حَطّ مُدِيرُه في بالُه من يَوْم ما سَبّ عَلَيْه قُدّامِ المُوَظَّفِين .

칼릴(Khaleel)은 그의 상관이 직원들 앞에서 그를 모욕한 날부터 보복하려고 했다.

Khaleel has been out to get his boss ever since the day that he cussed him out in front of the other employees.

حَطُّه في دَوّامة – I 32-18

[입말]

심한 혼란에 빠지게 하다

[s/thing or s/one] threw him for a loop, turned his world upside down, [s/one] was completely taken back, was totally shocked

**직역: "소용돌이에 넣다";*

*참고: 벌어진 일에 심각하게 충격받은 것을 의미함

예문 بِصَراحة ، ما قِدِرْت أَصَدِّق حَكْيُه لأَنُّه حَطّنِي في دَوّامة إِلْها أَوَّل ما إِلْها آخِر !

솔직히 말해서, 그의 말을 믿을 수 없었다. 왜냐하면 나를 걷잡을 수 없는 혼란에 빠지게 했기 때문이다.

직역: "... 왜냐하면 그가 나를 끝없는 소용돌이에 집어 넣었다."

Honestly, hearing him say the things he said really threw me for a loop! I couldn't believe it.

32-19 I حَطُّه في النَّظارة –ُ(عَشان) [" ز "]

[입말]

독방(영창)에 넣다

put him in the holding cell, put him in jail

*note: in English, "He put him in jail" may also mean someone was put in prison and is serving a prison sentence

예문 لَمّا مِسْكُوه حَطُّوه فِي النَّزارة ، و حَقَّقُوا مَعُه بَعِد أَرْبَع تِيّام .

그들이 그를 체포했을 때, 그를 독방에 넣고 4 일간 심문했다.

When they caught him, they put him in the holding cell and interrogated him four days later.

32-20 I حَطُّه على جَنَب –ُ

[입말]

무시하다, 경시하다

marginalized him, discounted him

직역: "그가 누군가를 옆으로 놓다"

예문 لازِم نِنْتَبِه إِنّا ما نْحُطّ على جَنَب العُمّال الأَجانِب ، إِلِّي رَواتِبْهُم قَلِيلة
وِإِلِّي بِشْتَغْلُوا فِي هالبَلَد لِأَنُّه مَشاعِرْهُم مُهِمّة زَيّ مَشاعِرْنا .

우리는 이 나라에서 일하고 있는 저소득 외국인 근로자들의 입장을 무시해서는 안된다. 왜냐하면 그들의 감정도 우리 것만큼 중요하기 때문이다.

We need to be careful that we don't marginalize low-wage foreign workers working in this country because their feelings matter as much as ours.

32-21 ⓘ حَطُّه عِنْد حَدُّه ـُ

[입말]

제동을 걸다, 중지시키다

stopped him in his tracks, stopped him dead in his tracks, put a stop to him, put a stop to what he was doing

**직역:"그가 누군가를 한계에 놓다"*

예문 إحْنا مْنِعْرَف إِنُّه يَعْقُوب بِعْمَل مَشاكِل لِلكُلّ بَسْ أَنا بَأَكِّدْلَك إِنِّي رَح أَحُطُّه عِنْد حَدُّه !

우리는 야곱(Jacob)이 모든 사람에게 문젯거리임을 알아요. 하지만 장담하건데 제가 그를 제지하겠어요.

We know that Jacob's (*or* Jacob is) causing problems for everyone, but let me assure you that I'm going to stop him in his tracks!

33-1 ⓘ حَكى ـِ

[입말]

말하다

said [s/thing], spoke [a language]

예문 البَيّاع وَجَّعْلِي راسي قَدّما حَكى .

판매원이 말하면 할수록 내 머리를 아프게 했다.

**직역: "파는 자는 내 머리를 아프게 만들었다..."*

The shopkeeper (*lit: "the seller"*) gave me a headache as much as he talked.

33-2 ⓘ حَكى ارْتِجالِي ـِ

[입말]

즉흥적으로 말하다

spoke off the cuff, spoke impromptu, spoke ad lib, improvised

예문 الجُمْهُور كان كْتِير مِتْأَثِّر من كِلْمِة زَكِي وهم ما كانُوا عارْفِين إِنُّه كان يِحْكِي ارْتِجالِي .

청중은 자키(Zaki)의 말에 큰 감명을 받았고 그가 즉석에서 말한 것임을 알지 못했다.
The crowd was very impressed with Zaki's speech and didn't realize that he was speaking impromptu.

33-3 I حَكى إِنُّه ـِ

[입말]

언급하다, 지적하다, 진술하다, 말을 전하다
said that, indicated that, stated that, communicated that, pointed out that [...]

예문 الزَّلَمة إِلِّي بِوَصِّل الأَكِل حَكى إِنُّه ما رَحْ يُدْخُل على حَوْشْنا أَبَداً إِزا بِشُوف (شاف) كَلْبْنا هُناك .

배달원이 말하길, 만약 우리 개가 정원에 있으면 다시는 들어오지 않겠다고 했다.
The delivery guy (*lit: "the guy who delivers the food"*) said that he would never come in our yard if he sees our dog there.

33-4 I حَكى بِصَراحة ـِ(عن) {مع}

[입말]

진심으로 말하다, 솔직하게 말하다
spoke honestly, spoke frankly (about)

예문 لَمّا نِتْقابَل مَعِ المدِير ، بِدِّي إِيّاك تِحْكِي بْصَراحة عَنِ الإِشي إِلِّي بِدايْقَك عَشان نِقْدَر نْساعْدَك .

우리가 지배인을 만날 때(마주 앉을 때), 저는 당신이 어려워하는 것을 솔직하게 말했으면 좋겠어요. 그래야 우리가 당신을 도와줄 수 있어요.
When we meet with the manager, I need you to speak honestly about what's bothering you so that we can help you.

33-5 I حَكى العَكْس ـِ

[입말]

반대로 말하다

said the opposite [of s/one else or of what s/one else said]

예문 هاد بِضَحِّك (هاد غَرِيب) ، هي حَكَتْ بِالزَّبْط عَكْسْما انْتَ عَمْ بْتِحْكِي .

웃긴 것은(이상한 것은) 그 여자가 당신이 말하는 정반대를 말했다는 거예요.

That's funny (*or* that's strange), she said the exact opposite of what you're saying.

33-6 I حَكى على ـِ

[입말]

① **험담하다, 나쁘게 말하다;**

talked about, *talked trash about, talked bad about, talked smack about [s/one else]*

*note: "He talked smack about [someone]" is very slang and is not used by everyone;

예문 أَنا ما بَسْمَحْلَك تِحْكِي عَلَيّ !

더 이상 네가 나에 대해 험담하는 것을 용납하지 않을거야!

I'm not going to allow you to talk trash about me!

② **[전화를] 걸다, 부르다**

called, tried, tried to call [s/one's house, s/one's cell phone, etc.]

예문 حَكَيْت على بَيْتَك وبَعْدَيْن حاوَلْت أَحْكِي على مُوبايْلَك، بَسْ وَلا حَدا جاوَب .

وَيْن كُنْت ؟

제가 당신 집으로도 전화했고 다음에 휴대폰으로도 시도했는데 아무도 받지 않았어요. 어디에 있었어요?

I called your house and then tried your cell phone, but no one answered. Where were you?

33-7 I حَكى عن ـِ (ل)

[입말]

① 언급하다, 말하다;

spoke about, talked about [s/thing or s/one];

예문 حَكى الوَزِير عن تَخْفِيضِ الضَّرايِب بَسْ ما صار وَلا إِشي من إِلِّي حَكاه .

장관은 세금을 줄이는 것에 대해 언급했지만 아무 것도 이루어진 것이 없었다.

The minister talked about decreasing taxes but nothing became of it (*or* nothing came of it).

② 지적하다

spoke up about [s/thing or s/one] (to) [s/one]

예문 إزا في عِنْدَك مُشْكِلة بِطَرِيقة إِدارْتُه ، بِالتَّأْكِيد لازِم تِحْكِي عَنْها .

만약 그가 관리하는 방법에 문제가 있다면, 당신은 반드시 그것을 지적해야 해요.

If you have a problem with the way that he's leading (*or* with his leadership style), you should definitely speak up about it.

33-8 I حَكى في ـِ

[입말]

토의하다, 의논하다

talked about, discussed, spoke about [s/thing]

예문 لَمّا اجْتَمَعَتِ اللَّجْنة حَكَتْ في أُمُور كْتِير مُهِمّة .

위원회가 모였을 때, 많은 중요한 주제들을 토의했다.

When the committee met, they talked about many important matters.

33-9 I حَكى بِالمَوْضُوع / حَكى في المَوْضُوع / حَكى عَنِ المَوْضُوعِ ـ

[입말]

[어떤 주제에 대해] 토론하다

talked it over, talked about it, discussed it, gave it some discussion

예문 لَيْش ما نِعْمَل هَيْك ... خَلِّينا نْفَكِّر بِالمَوْضُوع ونَحْكِي بَعْدَيْن فِيه ومِنْقَرِّر

لَمّا مِنْشُوف بَعَض الجُمْعة بِاللَّيل . شُو رأيَك ؟

우리 이렇게 하는 것이 어떻겠어요... 그 주제를 토론해서 금요일 저녁에 결정하는 거예요. 어떻게 생각하세요?

Why don't we do this... Let's think it over, and we'll talk about it and make a decision when we see each other Friday night. What do you think?

33-10 I حَكى لِ ـ

[입말]

[누구에게] 말하다

told [s/one] [s/thing], said [s/thing] to [s/one]

예문 حَكَالِي إِنُّه زَعْلان مِنِّي بَسْ أنا لِسّا مِشْ عارِف لَيْش .

그는 나로 인해 화가 났다고 말했지만 나는 아직도 왜 그런지 모르겠다.

He told me that he was mad at me but I still don't know why.

33-11 I حَكالُه... ـِ

[입말]

[바보라고] 부르다

called him [stupid, a thief, etc.]

*note: in addition to the above definition, English speakers also say, "He called him names (or '*a name*')" without specifying the name(s)

예문 ماما ! مَحْمُود حَكالِي حْمار !

엄마! 마하뭇(Mahmoud)이 나를 당나귀라고 불렀어!

Mom! Mahmoud called me a donkey!

حَكالُه سِرُّه ـِ ⓘ 33-12

[입말]

고백하다, 털어 놓다

confided in him

**직역:"그가 누군가에게 그의 비밀을 말하다"*

예문 لَمّا تْحِسّ إِنَّك مِتْضايِق أَوْ مُحْبَط من شِي ، لَمين بْتِحْكِي سِرَّك ؟

당신이 어떤 일로 인해 좌절되거나 화가나면 누구에게 가서 털어 놓나요?

When you feel upset or frustrated, who do you confide in?

حَكى مع ـِ (عن) ⓘ 33-13

[입말]

① [누구와] 말하다;

talked to, spoke to, talked with, spoke with [s/one];

예문 حَكَيْت مَع المشْرِف (المتْعَهِّد) على المشْرُوع الإِعْمارِي وهو حَكالِي إِنُّه اللَّوازِم ما رَحْ تِتْسَلَّم إِلاّ لأَوَّلِ الشَّهرِ الجايّ .

건설 관리자와 말했는데, 다음달 초까지 건축자재를 받지 못한다고 제게 말했어요.

I talked with the construction project supervisor and he told me that the fixtures would not be delivered until early next month.

② 전화하다, 전화로 연락하다

called [s/one], gave [s/one] a call, *dropped [s/one] a line*, got in contact with [s/one], phoned [s/one]

예문 رَحْ أَحْكِي مَعَك بُكْرة الصُّبح ومِنْرَتِّب وَقت حَتّى نِتْقابَل ... ماشِي حالُه (بِمْشِي مَعَك) ؟

제가 내일 아침에 전화하면 우리가 만날 시간을 정해 봐요. 이렇게 하면 되죠?

I'll called you tomorrow morning and we'll settle on a time to meet… sound good to you?

33-14 I حَكى مِنِ الآخِر – ِ

[입말]

한마디로 줄여 말하다, 결론적으로 말하다

made a long story short, *cut to the chase*, got to the point

**직역: "그가 마지막으로 말하다"*

예문 عَشان نِحْكِي مِنِ الآخِر ... عاوَدْنا (رِجعْنا) نُوْخُد باص صْغِير لَلحْدُود .

결론적으로 말해서… 우리는 미니버스를 타고 국경으로 되돌아 갔다.

To make a long story short… we ended up taking a minibus to the border.

33-15 I حَكى من وَراء ضَهْرُه – ِ

[입말]

뒤에서 험담하다

talked about him behind his back

예문 مِش حِلُو تِحْكِي عَنِ النّاس من وَرا ضَهِرْهُم !

뒤에서 사람들을 험담하는 것은 좋지 못하다.

It's not nice to talk about people behind their back!

34-1 I خاف – َ (من) {على}

① **두려워 하다;**

was scared, was fearful (of) [s/thing or s/one], feared [s/one or s/thing], feared, got scared;

예문 لا تْخاف مِنِ العِتْمة .

어두움을 두려워하지 마세요.

Don't be scared of the dark.

② 걱정하다;

was scared, feared, worried, was frightened {for} [s/one], worried {about} [s/one];

예문 أنا بَخاف عَلَيْكِ عَشانِك عايْشة في بَلَد غَرِيب لَحالِك .

저는 당신(여)이 자신과 낯선 나라에 혼자 살고 있기 때문에 걱정이 되어요.
I fear for your (fem.) safety, living in a strange country all by yourself.

③ 위협을 느끼다

felt intimidated (by) [s/one]

예문 كْتِير من صْحابُه بِالفَرِيق بِخافُوا مِنُّه عَشانُه كْتِير مَوْهُوب .

그가 타고난 재능이 많아 그의 팀동료들이 위협을 느끼고 있다.
A lot of his teammates feel intimidated by him because he's so talented.

34-2 Ⅰ خاف من خَيالُه –َ

[입말]

① 소심한 사람이 되다, 비겁하다;

was a wimp, was a coward;

예문 لَيْش ما جاوَبْتُه ؟ هَلاّ ، كُلّ واحَد رَح يفَكِّر إِنَّك بِتْخاف من خَيالَك !

왜 그에게 대답하지 않았어요? 모든 사람이 당신은 소심한 사람이라고 생각하게 될 거예요!
Why didn't you stand up to him? Now, everybody's gonna think that you're a wimp!

② 겁에 질리다, 겁쟁이가 되다

was really scared, was terrified, *was a scaredy-cat, was scared of his own shadow*

**직역: "그는 본인의 그림자에 겁먹었다"*

예문 كُنْت مِتْوَقِّع (كُنْت عارِف) إِنُّه وَلِيد ما رَح يُدْخُل هالبَيْت لأَنُّه بِخاف من خَيالُه (بِخاف مِن البِسّة) !

저는 왈리드(Waleed)가 이 집에 안 들어갈 줄 알았어요. 왜냐하면 그는 겁쟁이거든요!
I know why Waleed won't go in this house… because he's a scaredy-cat!

35-1 II خَبَّر – ـِ (عن)

[입말]

① 알리다;

informed [s/one], let [s/one] know, told [s/one] (about) [s/thing or s/one], filled [s/one] in (on) [s/thing];

예문 ما رَح تْخَبِّرْنِي أَيْش صار مَعَك ؟

당신에게 일어난 일을 말 안해 줄거예요?
You're not going to tell me about what happened with you (*or* to you)?

② 사정을 알리다, 요약하여 설명하다

briefed, debriefed [s/one] (on) [s/thing]

예문 المِسْتَشارِين دايْماً بِخَبْرُوا الرَّئِيس عِن الوَضِع في نَيْجِيرْيا .

대통령의 고문들은 항상 대통령에게 나이제리아의 상황에 대해 요약 보고한다.
The president's top aides are always briefing him on the situation in Nigeria.

35-2 II خَبَّرُه أَوَّل بِأَوَّل – ـِ (عن/ب)

[입말]

최근 소식을 알리다, 뒤지지 않고 파악하다

kept him informed (about) [s/thing], kept him up-to-date (on) [s/thing], kept him updated (on/about) [s/thing], kept him posted (on) [s/thing], let him know (about) [s/thing], kept him abreast (on) [s/thing]

예문 يا رَيْت تْخَبّرْنِي أَوَّل بِأَوَّل عن وَضِع أَبُوك في المِسْتَشْفى .

أَنا عَنْ جَدّ حابِبْ أَتابِع حالْتُه .

병원에 계신 당신의 아버지 상태에 대해 바로바로 저에게 알려 주세요. 저는 정말 그 분의 상태를 파악하길 원해요.

*직역: *"병원에 계신 아버지의 상태에 대해 처음에서 처음으로 당신이 나에게 알려주길 원해요..."*

I hope you will keep me up-to-date on your father's status in the hospital. I really would like to keep up with what's happening.

35-3 II خَبَّرُه غَلَطْ – ِ (عن)

[입말]

잘못 알리다

misinformed him (about) [s/thing], *told him wrong*

예문 شِكْلُه واحَد خَبَّرَك غَلَطْ عن أَيْش لازِم تِعْمَل . كان المَفْرُوض إِنَّك تْرُوح لَوَزارِة الصِّحّة أَوَّل وبَعْدَيْن تِيجِي هَوْن .

누군가 당신이 어떻게 해야 하는지 잘못 알렸군요. 당신이 해야했던 것은 먼저 보건부로 갔다가 여기로 오는 것이었어요.

It seems that someone misinformed you about the proper procedure (*lit: "about what you should do"*). You were supposed to go to the Ministry of Health first and then come here.

36-1 II خَرَّب – ِ

[입말]

① 타락시키다;

[s/one or s/thing] corrupted, *messed up* [s/one or s/one's morals];

예문 اِنْتَبِه يا زَلْمة ! هَدَوْلِ الشَّباب مِش مْرَبَّيِين . إِزا بْتِمْشِي مَعْهُم رَح يخَرّبُوك .

이봐, 조심하라구! 저 친구들은 제대로 자란 녀석들이 아니라네. 만약 네가 저들과 같이 다니면 그들이 자네도 타락시킬거야.

Be careful man! Those guys have not been brought up right. If you spend time with them they will corrupt you.

② [공공시설을] 파괴하다;

vandalized [s/thing];

예문 العِصابات في لُوس آنْجِيلُوْس دايْماً بِخَرّبُوا المِمْتَلَكات العامّة (المرافِق العامّة) .

미국 LA 의 갱들은 항상 공공 시설을 파괴한다.

The gangs in Los Angeles are constantly vandalizing public property (*lit: "the public properties"*).

③ [관계를] 손상시키다

marred, scarred [the elections, the relationship, etc.]

예문 المظاهَرات في الشَّوارِع والشَّغَب خَرَّبَتْ إِلِّي كان مَفْرُوض إِنُّه يكُون تَسْلِيم هادِي لَلسُّلْطة .

거리 시위와 폭동은 평화로울 수 있었던 정권 이양을 손상시켰다.

**직역: "...정권이 조용히 이전되어야 할 것을 ...."*

Street demonstrations and riots marred what should have been a peaceful transfer of power.

36-2 II خَرَّب / خَرَّبْلُه ـِ

[입말]

엉망으로 만들다, 파산시키다

[s/one or s/thing] messed up, ruined [the car, the radio, his life, the economy, the situation, etc.], *did a number on [s/thing]*

예문 الميكانِيكِي خَرَّبْلِي سَيّارْتِي وبَعْدَيْن دَفَّعْنِي أَكْتَر مِنِ اللاّزِم .

수리공은 내 차를 망가뜨리고 나서 필요 이상의 돈을 청구했다.

The mechanic messed up my car and then charged me more than he should have (*or* should have charged).

36-3 ⓘ خَرَّب أَخْلاق ــِ★

[입말]

탈선시키다, 풍기를 문란하게 하다

[s/one or s/thing] perverted, perverted [s/one else's] mind, demoralized [s/one else]

**직역:"그가 양심을 타락시켰다*

예문 سَهَر إِبْنْهُم عالسَّتَلايْت كُلّ لَيْلة بَعِدْما ينامُوا أَهْلَه ، خَرَّب أَخْلاقُه .

그들의 아들은 매일 밤 식구들이 잠든 뒤 위성 TV를 보면서 늦게까지 자지 않고 탈선했다.

Their son's staying-up late watching satellite television after his parents go to bed has perverted his mind.

36-4 ⓘ خَرَّب بَيْتُه ــِ

[입말]

인생을 파멸시키다

[s/one] ruined his life, *messed up his life*, destroyed his life, *wrecked his life*

**직역:"그가 그의 집을 파괴했다"*

예문 شُو يا زَلَمة !؟ ... شِكْلَك ناوِي تْخَرِّب بَيْتِي !

뭘하려는 거야!?... 내 삶을 파괴하려는 거냐!

**직역: "뭐야 이 사람아!?... 네 모습이 내 집을 파괴하려고 한다!"*

What are doing man!?... trying to ruin my life!

36-5 ⓘ خَرَّب الدِّنِيا ــ

[입말]

모든 것을 망치다

[s/one or s/thing s/one said] *ruined everything, messed up everything, wrecked everything*

예문 كان لازِم نْفُوز في المباراة ، بَسْ صُونْيا خَرَّبَتِ الدِّنْيا عَشانْها ما رِضْيَت (رَفْضَتْ) تْمَرِّر الطّابة !

우리는 그 시합에서 분명 이길 수 있었는데 소냐(Sonya)가 공을 패스하지 않아서 다 망쳐버렸어!

We should have won the game, but Sonya messed up everything because she wouldn't pass the ball!

36-6 II خَرَّب مَزاجُه –ِ

[입말]

기분을 망치다

[s/one or s/thing] put him in a bad mood, put him in a foul mood, ruined his mood

*참고: 간혹 옆의 예문처럼 전치사 " ل "가 사용되긴 하나 반드시는 아님

예문 من أَوَّلِ الرِّحْلة ، خَدِيجة خَرَّبَتْلِي مَزاجِي لأَنّْها ضَلَّتْ تِتْزَمَّر (تِتْشَكْوَن)

여행 처음부터 하디자(Khadeeja)가 불평을 계속 털어 놓아서 내 기분을 다 망쳤다.

Right from the start of trip, Khadeeja put me in a bad mood because she kept complaining. *[lit: "… she messed up for me my mood…"]*

37-1 II خفَّف –ِ

① **완화하다, 덜다, 편케 하다;**

relieved, eased, alleviated, lessened, decreased [the pain or the pressure], dulled, deadened [the pain];

예문 هدا الدَّواكْتِير مْنِيح ! خَفَّف الوَجَع كْتِير .

이 약은 정말 좋군요! 통증을 많이 완화했어요!

This medicine is really good! It relieved the pain a lot.

② 느슨해지다, 줄다

[s/one or s/thing] made [s/one] lose [his enthusiasm, his excitement, his motivation, etc.], caused [s/one] to lose [his enthusiasm, his excitement, his motivation, etc.]

예문 بِتْمَنّي إِنُّه عُطْلِةِ الصَّيْف ما خَفَّفَتْ حَماسْكُم لِلدِّراسة .

여름방학으로 인해 당신들의 학업에 대한 열심이 느슨해지지 않길 바래요.

I hope that the summer break has not caused you (pl.) to lose your excitement for learning.

37-2 II خفّف –

[입말]

① 희석하다, 물을 타다;

lightened up, lightened, watered down [the coffee, the tea, the juice, etc.] watered down, diluted [the drink], made [the drink] less strong, diluted [the chemical, the drug, etc.];

예문 الشّايْ غامِق كْتير . شِكْلُه بِدُّه تَخْفِيف شْوَيّ .

그 차는 너무 진하군요. 좀 희석할 필요가 있겠어요.

The tea is really dark. It looks like it needs to be watered down some.

② [소리를] 낮추다;

lowered, brought down [his voice, the noise, etc.], turned down, *cut down* [the noise, the radio, etc.];

예문 عَمْ مِنْحاوِل نْكَمِّل بَحْثْنا ، فَمُمْكِن تْخَفِّفُوا أَصْواتْكُم (صَوْتْكُم) ؟

우리는 우리 보고서를 마무리하려고 해요. 그러니 당신들 목소리를 좀 낮추어 주겠어요?

We are trying to finish our report, so can you guys bring down your voices?

③ 줄이다, 최소화하다

cut down on, minimized [the talking, the damage, the problems, etc.], kept [the talking, the damage, the problems, etc.] to a minimal

예문 يا رَيْتنا جِبْنا خَبِير حَتّى يرَكِّب الشَّبَكة . كان خَفَّف عَلَيْنا كْتِير مَشاكِل عانَيْنا مِنْها .

우리는 네트워을 설치하기 위해 전문가를 데려왔어야 했다. 그랬다면 우리가 그것 때문에 고생했던 문제들을 최소화했을 것이다.

I wish we had hired a professional to set up the network. That would have cut down on the amount of problems we have had with it (*lit: "we suffered from them"*).

37-3 II خفَّف دَمُّه –

[입말]

웃기려 하다, 유머있게 변하다

lightened up, became light-hearted, became fun-loving

**직역: "그가 그의 피를 희석했다"*

예문 بْتَعْرَف ، عادَتاً عادِل شَخْص تَقِيل دَمّ بَس ، بِحَفْلةِ الشِّرْكة خَفَّف دَمُّه كْتِير !

당신도 알다시피, 아델(Adil)은 대개 유머가 없는 사람이예요. 하지만 회사 파티에서 그는 정말 웃겼어요!

You know, usually, Adil is no fun to be around at all. But, at the company party, he really lightened up.

37-4 II خَفَّف شَهِيتُه –

식욕을 억제하다, 식욕을 줄이다

curbed his appetite, decreased his appetite

예문 سْمِعِت إِنُّه أَكْلِ الفَراوْلة وشُرْب عَصِيرِ الجْرَيْفُوت بِخَفِّف شَهِيتَك (بِضْعَف شَهِيتَك) .

딸기를 먹고 자몽쥬스를 마시면 식욕이 억제된다고 저는 들었어요.

I've heard that eating strawberries and drinking grapefruit juice curbs your appetite.

37-5 II خَفَّف الضَّرْبة ـِ

[입말]

충격을 완화하다

[s/thing] cushioned the fall, softened the hit

예문 وُقُوعِي على شَنْتةِ الأَواعِي تَبْعَتِي خَفَّف الضَّرْبة .

내가 내 옷가방 위에 떨어져서 충격이 완화되었다.

**직역: 내 옷가방 위에 내가 떨어짐이 충격을 줄였다*

Falling on top of my bag of clothes cushioned my fall.

37-6 II خَفَّف المَزَحْ ـِ

[입말]

농담을 그만하다, 장난치기를 그치다

lightened up on the joking, lightened up on the jokes, lightened up on the joking around, lightened up on the kidding around, cut down on the jokes

예문 يا شَباب ، بِصيِر نْخَفِّف مَزِحْنا شْوَيّ ؟ عِنّا مادّة كْبِيرة بِدّنا نْغطِّيها (نْخَلِّصْها) اليَوْم .

학생들아(청년들아), 이제 그만 장난치는 것이 어때? 우리는 오늘 다루어야 할 큰 주제가 있단다.

Students (*lit: "Oh group"*), can we lighten up on the joking? We have (*or* we've got) a lot of material to cover today.

37-7 II خَفَّف من ـِ

[입말]

억제하다, 절제하다 [담배, 술을]

cut down on, *lightened up on*, curbed [the use of tobacco, alcohol, drugs, etc.]

예문 دَكْتُورْها حَكالْها تْخَفِّف مِنِ التَّدْخِين إِزا بِدّها تْعِيش مُدّة أَطْوَل .

그 여자가 오래살기 위해서는 금연해야한다고 그녀의 의사가 그녀에게 말했다.
**직역: "만약 그녀가 더 긴 기간을 살기 원한다면..."*
Her doctor told her to cut down on the smoking if she wanted to live longer.

خَفَّف وَزْنُه – ـِ II 37-8

[입말]

체중감량하다
lost weight, *took off the pounds, cut weight, shed the pounds*

예문 مَرْحَبا يا سَمِير ! من زَمان ما شُفْتَك ! مْبَيِّن إِنَّك خَفَّفْت وَزْنَك كْتِير . هَيْك شِكْلَك كْتِير رَوْعة !

잘 있었어, 사미르(Sameer)! 오랜 만이야! 정말 네 체중이 많이 줄었구나. 지금 네 모습이 아주 보기 좋아!
Hi Sameer! I haven't seen you in a long time! It looks like you lost a lot of weight. You look great! *[lit: "It appears that you lightened your weighta lot! Like this your shape (or look) is very wonderful!"]*

خَلّى – ـِ II 38-1

[입말]

① **어떤 장소에 있다, 머물다;**
stayed [s/where];

예문 خَلِّيك فِي البَيْت !

집에 머물거라!
Stay in the house!

② **어떤 상태로 있게 하다, [어디에] 두다;**
let [s/thing] stay [where it was], left [s/thing] [where it was], kept [s/thing] [s/where];

예문 مْنيح ... خَلِّيه هَوْن .

좋아요... 그것을 여기에 두세요.

It's ok... Leave it here.

③ 어떻게 되게 만들다;

made, tended to make [s/one] [angrier, do s/thing, etc.], made, tended to make [s/thing] [better, worse, etc.];

예문 خَلَّيْتْها تِقْرَف لإِنِّ حَكَيْت وتُمِّي مَلْيان (والأَكِل في تُمِّي) .

내가 입에 음식을 가득 넣고 말해서 그 여자로 하여금 혐오감을 느끼게 만들었다.

I made her disgusted, because I talked with food in my mouth.

④ 허락하다;

let, had [s/one] [do s/thing], allowed [s/one] [to do s/thing];

예문 بَتْرَجّاك... خَلِّينِي أَرُوح مَعَك !

제발... 당신과 같이 가게 해주세요!

Please... Let me go with you! *[lit: "I beg you..."]*

⑤ 강요하다, 강제로 시키다;

forced, compelled, impelled [s/one] [to do s/thing], made [s/one] [do s/thing], forced [s/one's] hand [to do s/thing];

예문 إِزا ما بِدِّي أَعْمَل واجْبِي (واجِباتِي) ، هو ما بِقْدَر يخَلِّينِي أَعْمِلْها .

만약 내가 내 숙제하기를 원하지 않으면, 그가 나로 하여금 강제로 그것을 하게 할 수는 없다.

If I don't want to do my homework, he can't make me do it.

⑥ 인도하다, 이끌다

[s/thing] led [s/one] [to do s/thing], [s/thing] led up to, led to [s/one] [doing s/thing], [s/thing] led up to, led to [s/thing happening]

예문 إهْتِمامِي بِاللُّغة العَرَبِيّة خَلاّنِي أَكْتُب هالِكْتاب (هادَ الكِتاب) .

아랍어 대한 나의 관심이 이 책을 쓰게 하였다.
My interest in the Arabic language led me to write this book.

38-2 II خَلاّه بِحالُه ـِ

[입말]

혼자있게 두다
left him alone, let him be

예문 خَلِّيه بِحالُه ! هو مِش حاكِي مَعَك ، فَلَيْش انْتَ عَمْ بِتْدايْقُه ؟!

그를 혼자 있게 두세요! 그가 당신에게 말도 안 거는데 왜 당신은 그를 계속 귀찮게 하세요?!
Leave him alone! He's not bothering you (*lit: "talking to you"*), so why are you bothering him?!

38-3 II خَلاّه بَرّا ـِ

[입말]

소외시키다, 제외시키다
made him/it stay out of, kept him/it out of [s/one's] [room, office, house, etc.]

예문 إِزا مُمْكِن ، حاوِل تْخَلِّي لُولاد (الأَوْلاد) بَرّا مَكْتَبِي . هاد مِشْ مَحَلّ لَلصْغار عَشان يِلْعَبُوا فِيه.

가능하면, 아이들이 제 사무실 밖에 있게 해주세요. 이 곳은 어린 애들이 놀 곳이 아니에요.
If possible, try to keep the children out of my office. It's no place for kids to play.

38-4 II خَلاّه شَغّال ـِ

[입말]

[기계를] 켜둔 채로 놔두다

left it (the car, the engine, the heater, the television, etc.) running, left it (the car, the engine, the heater, the television, etc.) on, left it (the car, the engine, the heater, the television, etc.) going, left it (the car, the truck, the engine, or the motor) idling

*참고: 본래 이 동사는 실수가 아닌 의도적으로 켜둔 것을 의미함

예문 بِالغَلَط خَلَّيْت الصَّوْبّة شَغّالة بَس الله سَتَر إِنُّه البَيْت ما انْحَرَق !

실수로 나는 가스난로를 켜둔 채 놔두었는데 감사하게도 집에 불나지는 않았다!

*직역: "실수로, 나는 이동식 가스난로를 일하게 두었는데 하나님이 보호하셔서 집이 태워지지 않았다!"

I accidentally left the gas heater going. Thank God the house didn't burn down!

38-5 Π خَلّاه صاحِي _ِ

[입말]

깨어 있게 하다, 잠못자게 하다

he/it kept him awake, he/it kept him up

예문 طَوْشة جِيرانّا قَبِل لَيْلْتَيْن خَلَّتْنا صاحْيِين لَبَعِد نُصّ اللَّيْل !

우리 이웃이 이틀 전에 싸움을 해서 자정이 넘도록 잘 수 없었다.

직역: "두 밤전에 있었던 우리 이웃의 싸움이 우리로 하여금 밤의 절반을 깨어있게 했다!"

The fight our neighbors had two nights ago kept us up past midnight!

38-6 Π خَلّاه ضَرُورِي / خَلّاه ضَرُورِي إِنُّه _ِ

[입말]

[어떤 것을] 하게 만들다, 필요하게 만들다

[s/thing or s/one] made it necessary for him to, made it necessary

예문 الرّصاصات إِلِّي جَرْحَتْلُه إِيْدُه وفَخِدْتُه خَلَّتْنا ضَرُورِي نْغَيِّرْلُه دَمُّه .

그의 팔과 장딴지를 부상시킨 총상으로 인해 우리는 그로 수혈을 받게 해야 했다.

*직역: "그의 손과 장딴지를 부상시킨 총알들로 인해 우리는 그를 위해 그의 피를 바꾸게 했다."

The gunshot wounds to his arm and thigh made it necessary for us to give him a blood-transfusion.

38-7 II خَلاّه عالشْمال / خَلاّه عاليَسار / خَلاّه شْمال / خَلاّه يَسار –ِ [입말]

왼쪽편으로 가다, 길의 왼쪽으로 가다

kept to the left, stayed to the left, kept left, stayed left

예문 وَيْن إنْتَ هَلاّ ؟ طَيِّب ، خَلِّيك ماشِي عالشْمال ولَمّا تُوْصَل الإشارة الضَّوْئِيّة إلِّي بَعِد قِيادةِ الشُّرْطة ، لِفّ شْمال .

지금 어디 있는거예요? 어쨌든 좋아요, 왼쪽 편에 붙어서 오다가 경찰서를 지나서 신호등을 만나면 좌회전하세요.

Where are you now? Ok, just stay to the left and when you get to the light which is right after the police headquarters, turn left .

38-8 II خَلاّه عاليَمِين / خَلاّه يَمِين –ِ [입말]

오른편으로 가다, 길의 오른쪽으로 가다

kept to the right, stayed to the right, kept right, stayed right

예문 بَعِدْما تِطْلَع مِن النَّفَقْ ، خَلِّيك عاليَمِين ورَح تُدْخُل بِالشّارِع إلِّي بِوَصّلَك على الفُنْدُق إلِّي إنْتَ قاعِد فِيه .

터널에서 나온 다음에, 오른 편으로 붙어서 가면 당신이 머물고 있는 호텔로 가는 길을 만날 거예요.

After you come out of the tunnel, keep to the right and you will merge onto the street that will take you to your hotel.

38-9 ㅍ خَلّى عَيْنُه على ـِ

[입말]

눈여겨 보다, 주의하다

kept an eye on, watched [s/one, s/thing, or on what s/one was doing]

예문 لَمّا يكُون عِنْدَك طِفِل صْغِير حَوالَيْك ، لازِم دايْماً تْخَلِّي عَيْنَك عَلَيْه أَوْ مُمْكِن يِئْزِي حالُه .

당신 주변에 아기가 있으면, 항상 주의해야지 그렇지 않으면 그를 다치게 할 수 있어요.

When you have a toddler around, you always have to keep an eye on him or else he might hurt himself.

38-10 ㅍ خَلاّه في بالُه ـِ

[입말]

① **명심하다;**

kept it in mind;

예문 خَلِّي في بالَك إِنِّ بِدِّي أُسْبُوعَيْن على الأَقَلّ (على القَلِيلة) حَتّى أَجِيبْلَك البْضاعة .

적어도 2주는 더 있어야 상품을 당신께 전해 줄 수 있다는 것을 명심하세요.

Keep in mind that I need at least two weeks to get you the product.

② **그를 생각하다, 기억해주다**

kept him in mind

예문 خَلِّينِي في بالَك إِزا في إِلي أَيّ شُغَل مَعْكُم .

만약 당신들에게 어떤 일자리라도 있으면 저를 기억해 주세요.

**직역: "만약 당신들에게 어떤 일이라도 저의 것이 있으면 당신의 마음에 나를 생각해 주세요."*

Keep me in mind if there are any vacancies at your work.

38-11 Ⅱ خَلّاه في النَّظارة –ِ[" ز "] (عَشان)

[입말]

구치소에 넣다

put him in the holding cell, put him in jail

예문 سَعِيد دَعَس واحَد في السَّيّارة والزّابِط خَلّاه في النَّزارة .

싸이드(Saeed)가 차로 사람을 쳐서 경찰이 그를 구치소에 수감했다.

Saeed ran over a boy with his car and the policeman put him in the holding cell.

38-12 Ⅱ خَلّاه لَحالُه –ِ

[입말]

혼자 두다

left him by himself, let him be by himself

예문 عُمْرَك ما تْخَلِّي وَلَد صْغِير لَحالُه عَشان مُمْكِن يِنْأَزِي .

어린 아이가 다칠 수 있으니 절대로 혼자 두지 마세요.

**직역: "당신 평생동안 어린 아이를..."*

You should never leave a small child by himself because he may get hurt.

38-13 Ⅱ خَلّاه مَعُه –ِ

[입말]

그가 갖고 있게 두다

left it with him, let him hold on to it, let it stay with him

예문 خَلَّيْت المفاتِيح مَعُه وحَكَيْتْلُه (حَكَيْتِلُّه) يَعْطِيك إِيّاهُم لَمّا يشُوفَك المرَّة الجاي .

저는 열쇠들을 그에게 맡기면서 말했기를 다음번에 그가 당신을 보면 그것들을 주라고 말했어요.

I left the keys with him and told him to give them to you the next time hesaw you (*or* when he sees you next).

38-14 II خَلّى [...] نَظِيف ـِ ["ض"]

[입말]

깨끗하게 유지하다

kept [his car, his house, his boat, etc.] looking nice, kept [a nice house, a clean house, etc.]

예문 أَنا بَسْتَغْرِب إِنُّه كِيف باسِمة بْتِقْدَر تْخَلِّي بَيْتْها نْضِيف (نَظِيف) مَع إِنُّه لِسّا بْتِشْتَغِل وبِتْدِير بالْها عالصْغار (على الصْغار) .

나는 바씨마(Basima)가 직장에서 일하고 아이들을 돌보면서도 여전히 집을 깨끗하게 유지하는 것이 놀랍기만 하다.

**직역: "... 바씨마가 여전히 일하고 어린이들에게 마음을 쓰면서 집을 깨끗하게 유지..."*

I am amazed how Basima can keep such a clean house and still work and take care of children (*or* the little ones).

38-15 II خَلّاه يِخَشِّب ـِ

[입말]

격노케 하다, 몹시 화나게 만들다

[s/one or s/thing] infuriated him, *made him go ballistic, made him go berserk, made him go bananas, made him blow up,* made him go into a rage, sent him into a rage, made him really mad, *made him hit the roof, made him flip out,made him fly off the handle*

예문 خَلّاها تْخَشِّب لأَنُّه ما حَكالْها إِنُّه طَيَّر المِصارِي على شِرا ماتَوْر (دَرّاجة) .

그가 오토바이를 사느라고 돈을 다 날려 버린 것을 그 여자에게 말하지 않아서 그녀를 격노케 했다.

The fact that he did not tell her before he blew their money on a motorcycle, infuriated her. *[lit: "It made her go ballistic because he did not tell her that he made the money fly on a motorcycle."]*

38-16 II خَلاّه يِسْتَنّا ـِ

[입말]

기다리게 만들다

kept him waiting, made him wait, had him waiting (for) [a certain amount of time, s/thing or s/one]

예문 كان عِنّا مَوْعِد مَعِ الدَّكْتُورة ، بَسْ خَلَّتْنا نِسْتَنّى قَرِيبِ السّاعة (حَوالِي ساعة) .

우리는 그 여의사와 약속했음에도 불구하고 거의 한 시간을 기다리게 되었다.

We had an appointment with the doctor (fem.), but she kept us waiting for almost an hour.

38-17 II خَلاّه يِسْكَر ـِ

[입말]

취하게 만들다, 중독되게 하다

[s/one or the alcohol] got him drunk, *got him wasted, got him trashed, got him loaded,* got him intoxicated

예문 في الفِلِم ، المجْرِمة خَلَّتْ ضَحاياها يِسْكَرُوا وبَعْدَيْن رَبْطَتْهُم .

영화 속에서, 여자 악당은 피해자들을 취하게 만든 뒤 그들을 결박했다.

In the movie, the villain (fem.) would get her victims drunk and then tie them up.

38-18 II خَلاّه يصِير... ـِ

[입말]

① [다른 종교로] 개종시키다

converted him [to Islam, Buddhism, etc.], made him become, made him, made him into [a Muslim, a Buddhist, etc.];

예문 في الواقِع , ما في حَدا بِقْدَر يخَلِّي واحَد تانِي يصِير مَسِيحِي أَوْ مُسْلِم أَوْ هِنْدُوسِي ؛ كُلّ شَخْص بِقَرِّر عن حالُه ، بِغَضِّ النَّزر (بِغَضِّ النَّظَر) عَنِ الضَّغِط (الضُّغُوط) إِلِّي عَلَيْه .

사실상, 아무도 다른 사람을 기독교인이나 무슬림이나 힌두교인이 되게 만들 수 없다; 압박을 가한다고 해도 각 사람이 스스로 자기 일을 결정하는 것이다.

In reality, no one can make someone else become a Christian, Muslim, or Hindu; each person decides for himself, regardless of how much pressure is put on him.

② 어떻게 되게 만들다

made it become [worse, better, etc.], made it [dirty, worse, better, etc.]

*note: the English construction here will usually differ as English speakers tend to express their ideas from a different angle… see sample sentence

예문 عَشانِ الكَلام إِلِّي حَكاه ، خَلّى المشْكِلة بَيْنِي وبَيْن صاحْبِي تْصِير أَكْبَر .

그가 한 말 때문에, 나와 내 친구 사이의 문제는 더 커졌다.

Because of what he said, the problem between my friend and I got worse.

[lit: "... it made the problem between my friend and me become bigger."]

38-19 ㅠ خَلاّه يغَيِّب –ِ

[입말]

때려눕히다, 때려 기절시키다

[s/one or s/thing] knocked him out, *knocked him out cold,* [s/thing] made him pass out

예문 اليَوْم شُفِت طَوْشة بَيْن شَوْفَيْرِيّة تَكاسِي . واحَد سَلَخ (ضَرَب) التّانِي بُكْس خَلاّه يغَيِّب .

오늘 나는 두명의 택시 운전사 사이의 싸움을 보았다. 하나가 다른 사람을 쳐서 기절시켰다.

Today I saw a fight between two taxi drivers. One of them hit the other one and knocked him out cold.

خَلَّص ـِ (ل) — II — 39-1

[입말]

① 끝내다;

finished, completed, finished up [s/thing] (for) [s/one];

예문 بِدِّي هُدُوء تامّ (هُدُوء كامِل) حَتّى أَخَلِّص إِلّي عَلَيّ (مُهِمّتِي) .

제가 제게 맡겨진 과제를 마칠 수 있도록 완전히 정숙해 주길 원해요.

I want complete silence so that I can finish my assignment.

② 먹기를 마무리하다;

finished off, finished up, [the milk, the bread, etc.];

예문 تْأَكّد إِنَّك تْخَلِّص المَوْز عَشان ما مْنِقْدَر نْطَلّعُه مَعْنا عالطَّيّارة (ناخْدُه مَعْنا عالطَّيّارة) .

우리가 바나나를 비행기에 갖고 탈 수 없으니까 (그전에) 다 먹도록 하세요.

Make sure that you finish off the bananas because we can't take them withus on the plane.

③ 소진하다, 소비하여 다 없애다

depleted, used up, consumed [the natural resources, the oil reserves, etc.]

예문 قَدّيْش بِتْفَكِّر إِنُّه رُوسْيا بِدّها وَقِت حَتّى تْخَلِّص كُلّ مَصادِرْها الطَّبيعِيّة ؟

러시아가 천연자원을 다 소진하는데 시간이 얼마나 걸릴 것이라고 생각하세요?

How long do you think it will take for Russia to deplete all of its natural resources? *[lit: "How much do you think that Russia wants time until..."]*

خَلَّص ـِ (من) — II — 39-2

[입말]

구원하다 [죄, 죽음에서]

saved [s/one] (from) [death, hell, his sins, etc.]

예문 المسيحيّين بِآمْنُوا إِنُّه يَسُوعِ المسِيح إجى عَشان يخَلِّص النّاس من خَطاياهُم .

기독교인들은 예수 그리스도께서 사람들을 그들의 죄로부터 구원하시기 위해 오셨다고 믿는다.

Christians believe that Jesus came to save people from their sins.

39-3 II خَلَّص من ـِ

[입말]

① [일이] 끝나다;

is finished with, was finished with, is done with, was done with, finished with [s/thing];

예문 خَلَّصِت من مُكْنِسِةِ الكَهْرَبا ؟ بِدّي أَضُبّها .

진공청소기로는 다 끝났어요? 제가 치울께요.

Are you finished with the vacuum cleaner? I'd like to put it up.

② [관계가] 끝나다, 정리되다

is finished with, was finished with, is done with, was done with [s/one]

*참고:두번째 의미는 좋지 않게 관계가 정리되는 것을 말함.

예문 بْتِقْدَر تْرُوح هَلاّ ، هو خَلَّص مِنَّك .

이제 당신 가도 좋아요, 그는 당신과 (관계가) 끝났어요.

You can go now, he's finished with you.

39-4 II خَلَّص على ـِ

[입말]

죽이다

[s/one or s/thing] took [s/one's] life, ended [s/one's] life, killed [s/one]

예문 الرَّجُل المسَلَّح طَخّ سِتّ أَشْخاص وبَعْدَيْن خَلَّص على خَمْس رَهائِن (رَهايِن) .

그 무장괴한은 6명을 쏜 뒤 5명의 인질을 죽였다.

The gunman (*lit: "the armed man"*) shot and killed six people and then took the lives of five hostages.

40-1 I دَخَل /دَخَل على ـُ

들어가다, 입장하다

went into, went in, entered [the house, the building, etc.]

예문 دَخَلْت على البَيْت وكان في مُفاجَأة بْتِسْتَنّانِي .

나는 집에 들어갔고, 놀라운 일이 나를 기다리고 있었다.

I went in the house and there was a surprise waiting for me.

40-2 I دَخَل بِالدَّوْر ـُ

[입말]

차례로 들어가다, 줄서서 들어가다

filed into, filed in, [the class, the building, etc.], went into [the class, the building, etc.] single file

예문 طَيِّبْ ، بِدِّي كُلّ واحَد يصُفّ بِالطّابُور ويُدْخُل عالبِناية (على البِناية) بِالدَّوْر .

좋아, 모두 줄서서 차례로 건물에 들어가도록 하자.

O.K., I want everyone to line up and go into the building single file.

40-3 I دَخَل بَيْن ـُ

[두 사람] 사이를 가르다

[s/thing or s/one] came between [two people]

*note: literally means, "It/He entered between"

예문 أَنا عن جَدّ بَكْرَه إِنُّه حُبِّي لِلمَصارِي دَخَل بَيْنِي وبَيْن مَرْتِي .

나의 재욕 때문에 내 아내와 사이가 벌어진 것이 나는 정말 유감이다(후회한다).

I really hate that my pursuit of money (*lit: "my love for the money"*) became between me and my wife.

40-4 I دَخَل على ـُ

① [컴퓨터에] 침입하다

hacked into, overrided [the computer, the program, the mainframe computer, the system, the FBI's database, etc.];

예문 هادا إِشِي عاطِل إِنُّه المراهِقِين ما عِنْدْهُم إِشي تانِي يِعْمِلُوه أَحْسَن من إِنُّه يُدْخُلُوا على الكُمْبْيُوتَراتِ المرْكَزِيّة ويِعْمَلُوا مَشاكِل .

십대들이 중앙 컴퓨터에 침입해서 문제들을 만드는 것 밖에 다른 할 일이 없다는 것은 정말 한심하다.

It's stupid (*or* it's idiotic) that some teenagers have nothing else better to do than to hack into mainframes and cause problems. *[lit: "This is something bad that…"]*

② [누군가를] 맞닥치다, 우연히 마주치다

walked in on [s/one]

예문 اضْطَرَّيْنا نُطْرُد الخَدّامة إِلِّي كانَتْ عِنّا عَشان مَرْتِي دَخْلَتْ عَلَيْها وهي بْتُسْرُق مُجَوْهَرات من غُرّفة النَّوْم (غُرْفِة نَوْمْنا) .

가정부가 침실에서 보석을 훔칠 때 아내와 맞닥쳤기 때문에 우리는 가정부를 내쫓을 수 밖에 없었다.

We had to fire our maid because my wife walked in on her while she was stealing jewelry from our bedroom.

40-5 I دَخَل في/ب ـُ

간섭하다, 관여하다

interfered in, got involved in, *stuck his nose in* [his business, the problem, etc.]

*참고: 이 표현은 극히 제한적으로 사용되므로 외국인의 경우 " تَدَخَّل " 을 사용하는 것이 바람직함.

예문 بْتِقْدَر تِحْكي مَعْها ، بَسْ انْتَبِه إِنَّك ما تُدْخُل كْتِير في مَشاكِلْها .

그 여자와 말할 수는 있겠지만, 그녀의 문제들에 너무 깊숙히 관여하지 마세요.
You can talk to her, but be careful that you don't interfere too much in her problems.

40-6 Ⅰ دَخَل في/ب/على – ُ

입학하다

entered, started [school, university, college, etc.]

예문 لَمّا بِيجِي وَقِت دُخُول إِبْنِي على الجامْعة ، لازِم أَكُون مِلْيُونَيْر عَشان أَقْدَر أَصْرِف عَلَيْه !

내 아들이 대학들어갈 때쯤 되면, 등록금내기 위해 나는 백만장자가 되어 있어야 할 것이다.
By the time my son enters college, I'll have to be a millionaire to pay for it! *[lit: "When the time of my son's entering the university comes, I'll have to be a millionaire to be able to pay for him!"]*

40-7 Ⅰ دَخَلُه – ُ

① 수익을 내다;

made, was paid, received, *took home*, earned, got, *brought home* [a certain amount of money];

예문 عَمِّي زَلَمة غَنِي . بْدْخُلُه على القَلِيلة (على الأَقَلّ) نُصّ مَلْيُوْن دُولار بِالسَّنة !

내 삼촌은 부자다. 한해 적어도 50 만달러의 수익을 얻는다.
My uncle (my dad's brother) is a rich man. He makes at least a half million dollars a year!

② 참견하다, 간섭하다

[s/thing] mattered to him, meant something to him, was important to him, concerned him

*참고: 과거형으로만 사용됨.

*참고: 두 가지 경우 모두 동사보다는 동명사형 (المَصْدَر) 이 더 많이 사용됨.

예문 شُو دَخَلُه (ما إِلُه دَخَلْ) ! لَيْش بِتْدَخَّل بِحَكِينا ؟!

그와는 무슨 상관인가요! 왜 그는 우리 대화에 끼어드는거지요?!

This doesn't concern him! Why's he butting into our conversation?!

40-8 I دَخَلُه ب/في / [إِلُه دَخَلْ ب/في] ـُـ

연관이 있다, 관계가 있다

[s/one or s/thing] had something to do with [s/thing]

*참조: 상기된 의미의 경우 과거형으로만 사용됨.

*직역: "그가 그것에 들어갔다"

예문 مُشْكِلْتَك مَعِ الميّ ما دَخَلْها بِالمواسِير . كُلّ الّي بِدَّك إِيّاه مَضَخّة مَيّ جْدِيدة (طُرُمْبة جْدِيدة) .

수도물과 관계된 당신의 문제는 파이프와는 상관이 없었어요. 당신에게 필요한 것은 새 펌프뿐이에요.

The problem you have with the water has nothing to do with the pipes. You need a new water pump, that's all. *[lit: "All of which you want it a new water pump."]*

41-1 I دَرَس ـُـ

① 공부하다;

studied [chemistry, the lesson, etc.], *hit the books;*

예문 إِزا بْتُدْرُس ، أَكِيد رَح تِنْجَح في المساق .

당신이 공부한다면, 반드시 그 과정을 통과할거예요.
If you study, you will definitely pass the course (college course).

② 신중히 검토하다;

gave [the idea, the suggestion, the plan, the project, etc.] a lot of thought, put a lot of thought into [the idea, the suggestion, the plan, the project, etc.], looked into [the idea, the suggestion, etc.], went back and forth on [the idea];

예문 أنا دَرَسْت فِكْرِتَك وبَزُنّ إنّها مُمْكِن تِنْجَح .

저는 당신의 생각을 신중히 검토했는데 성공할 수 있겠다고 생각해요.
I gave your idea a lot of thought and I think that it would work (*or* I think that it'll work).

③ [학위를] 이수하다, 코스를 밟다

studied for, went for [his master's degree, his doctorate, etc.]

*참고: 이 의미로 사용될 때, 꼭 필요하지 않지만 동사 뒤에 전치사 " ل " 을 쓸 수 있다

예문 بِدَّك تُدْرُس دُكْتُوراة بَعِدْما تْخَلِّص البَكالُورْيُوس ؟

학사 과정을 졸업한 뒤 박사과정을 밟을 건가요?
Are you gonna go for (*or* are going to go for) your PhD after you finish your bachelor's degree (*or* your undergrad)?

41-2 I دَرَس عن ـُ

연구하다, 조사하다

studied about [s/thing]

예문 تْعِبت مِن الدِّراسة عَنِ النَّباتات لأَنّها كْتِير مُمِلّة (بِتْزَهِّق) !

식물에 대해 연구하다가 지쳤어요! 정말 지루해요!
I'm tired of studying about plants! It's too boring for me!
[lit: "... because it's very boring!"]

41-3 I دَرَس في/ب ـُ

[학교에] 다니다

studied at, attended, studied in, went to [the university, the government school, etc.] studied in [the U.S.A., etc.]

예문 مَرْتِي دَرْسَتْ في كُلِّيّة مُجْتَمَع لَسَنْتَيْن قَبِلْما تْرُوح لْجامْعة خاصّة .

아내는 사립대학에 가기 전에 2년 동안 전문대학(지역 초급대학)에 다녔다.

My wife studied at a community college for two years before she went to a private college (*or* university).

*참고:" قَبِلْما " 다음에 항상 현재형 동사가 오며 과거와 현재를 동시에 의미함 ; " قَبِلْما " 다음에 과거 동사는 절대 오지 않는다.

42-1 I دَفَع ـَ

① 지불하다

paid [the rent, his taxes, etc.];

예문 كُلِّ المواطِنِين لازِم يِدْفَعُوا الضَّرايِب إِلِّي عَلَيْهُم وِإلِّي ما بِدْفَع بِرُوح عالسِّجِن .

모든 국민은 그들에게 부과된 세금을 내야 하며, 지불하지 않을 경우 감옥에 가게 된다.

All citizens should pay their taxes and those who don't go to jail.

[lit: "All the citizens must pay the taxes which are on them and the one who does not pay goes to the jail."]

② 밀다, 밀고 나가다

pushed, shoved [s/one]

*참고: 여기서는 밀어서 넘어지지 않은 정도를 의미함.

예문 كان يِحْكِي مع صاحْبُه وفَجْأَة زِعِل مِنُّه ودَفَعُه .

그는 그의 친구와 말하다가 갑자기 화가 나서 그를 밀었다.

He was talking to his friend and all of the sudden (*or* suddenly) he got upset and pushed him.

42-2 I دَفَع حَقّ ... ـَ★

[입말]

대금을 지불하다, 빚을 갚다

paid for [the sandwich, the drink, the car, the house, etc.]

**직역: "그가 (물건)값을 지불했다*

예문 أنا دَفَعِت حَقّ هادِ السَّيّارة ! لَيْش ما بَقْدَر أَسُوقْها ؟!

저는 이 자동차 값을 지불했어요! 왜 운전 못하나요?!

I paid for this car! Why don't I get to drive it?!

[lit: "Why can't I drive it?!"]

42-3 I دَفَع على ـَ

[입말]

[수리를 위해] 지불하다, 치르다

paid [a certain amount of money] to fix [s/thing], spent [a certain amount of money] on [s/thing]

예문 قَدَّيْش دَفَعْتِ على سَيّارتِك (صَرَفْتِ على سَيّارتِك)

بَعْدِ الحادِس عَشان تْصَلّحِيها ؟

사고나고 당신(여)의 자동차를 고치기 위해 얼마나 들었나요?

How much did you (fem.) pay to fix your car after the accident?

42-4 I دَفَع عن ـَ

[누구를 위해] 지불하다

paid [s/thing] for [s/one], paid for [s/thing] for [s/one]

예문 دَفَعِت حَقّ تَزاكِرِ السِّينَما عن صْحابِي .

나는 내 친구들을 위해 영화표값을 지불했다.

I paid for my friends' movie tickets. *[lit: "I paid the price of the cinema tickets for my friends."]*

42-5 I دَفَع الفاتُورة – (عن)

청구서를 지불하다

paid the bill, *footed the bill, got the tab, picked up the tab* (for) [s/one]

예문 مِين رَح يِدْفَع فاتُورةِ الغَدا ؟

누가 점심값을 낼 건가요?

Who's footing the lunch bill (*or* the bill for lunch)?

42-6 I دَفَع في/ب –

[일정 금액을] 지불하다

paid [a certain amount of money] for [s/thing]

예문 دَفَعِتِلُّه فِيها أَلْفَيْن وَخَمَس مِية دِينار ؟! حَرام عَلَيْك !!!

당신이 그에게 2,500 디나르를 줬다고요?! 말도 안돼요!!!

You paid him two-thousand five-hundred dinar for that? Are you crazy?! (*or* Are you insane). *[lit: "Shame on you!"]*

42-7 I دَفَع ل –

[누구에게] 지불하다

paid [s/one]

예문 لَهَلاّء هو مِسْتأْجِر مُمْتاز وبِدْفَعْلِي الأَجار (الإِيجار) بْوَقْتُه (على الوَقِت) .

그는 지금까지 좋은 입주자로 제 때 나에게 월세를 지불한다.

He's always been an excellent tenant and pays (*or* pays me) the rent on time. *[lit: "... in it's time."]*

42-8 I دَفَعْلُه بَخْشِيش / دَفَعْلُه بَقْشِيش – ـَ*

① 팁을 주다;

gave him a tip, left him a tip;

예문 في أَغْلَب المطاعِم في الشَّرْقِ الأَوْسَط ، مِش ضَرُورِي إِنَّك تِدْفع لَلغَرْسُون بَخْشِيش. وبِالواقِع (وبِالحَقِيقة) هذا شِي مِش عادِي .

중동의 대부분 식당에서, 당신은 종업원(웨이터)에게 팁을 줄 필요가 없다. 사실, 이것은 보편적이지 않다.

In most restaurants in the Middle East, it is not required that you give thewaiter a tip. In fact, it's unusual.

② 뇌물을 건네다

paid him off, bribed him, *greased his palm*

예문 صاحْبِي بِقُول إِنُّه إِزا بِدَّك تْطَلِّع إِقامة (إِزا بِدَّك تاخُد إِقامة) ، رَحْ تِضْطَرّ تِدْفَع بَخْشِيش لَلشَّخْصِ المسْؤُول .

내 친구가 말하기를, 만약 당신이 거주증(이까마)을 원한다면, 책임자에게 뇌물을 줄 수 밖에 없을 것이라고 했다.

My friend says that if you want to get a residence card, you're gonna (*or* going to) have to pay off the guy in charge.

43 II دَوَّر على – ـِ

[입말]

찾아다니다, 찾아 헤매다

looked for, searched for, *hunted for* [s/thing, s/place, or s/one]

예문 دَوَّرْت على جْراباتِي في كُلّ مَحَلّ وأَخِيراً لَقَيْتْهُم بَعْد أُسْبُوع تَحْت شَرْشَفِ التَّخْت .

나는 내 양말을 찾기 위해 모든 곳을 뒤졌는데 결국 일주일 후 침대시트 아래에서 그것들을 찾아냈다.

I looked for my socks everywhere and finally found them a week later underneath the bed sheet.

44-1 I راح – ـُ (على/ل)

[입말]

① 가다;

went (to) [the store, the gas station, the office, etc.];

예문 سامِر وتامِر راحُوا على الكازِيّة (مَحَطِّةِ البِنْزِين) بَسْ رَح يِرْجَعُوا كَمان شْوَيّ (بَعِد شْوَيّ) .

사미르(Samer)와 타미르(Tamer)는 주유소에 갔어요, 하지만 조금 있으면 돌아올거에요.

Samer and Tamer went to the gas station, but they'll be back in a little bit.

② [어떤 것을] 하러 가다

went [and did s/thing]

*note: in English, the present tense does not always use the conjunction "and" (e.g. "Go study!")

예문 رُوح إِسْأَل إِمَّك ! إِزا بْتِسْمَحْلَك تْرُوح ، أَنا ما عِنْدِي مُشْكِلة .

가서 네 어머니께 물어보거라! 만약 가는 것을 허락하시면, 나는 괜찮단다.

직역: ...문제가 없단다

Go ask your mom! If she says you can go, then it's ok with me (*lit: "... then I have no problem"*).

44-2 I راح إجازة – ـُ (على)

[입말]

휴가가다

went on vacation, took a vacation (to) [s/place]

*참고: 아랍어에서 이 동사의 능동분사 (اسْمِ الفاعِل) 가 많이 쓰임

예문 أَيْمْتى رايِح إجازة على اليُونان ؟

당신은 언제 그리스로 휴가갈 건가요?

When are you going on vacation to Greece?

44-3 I راح بِسَيّارْتُه —

[입말]

차에 태우고 가다, 차를 타고 가다

drove off, drove away, drove off in his car, drove away in his car, *took off in his car*

예문 إحْنا وَدَّعْنا جَمِيل قَبِلْما يرُوح بِسَيّارْتُه لَلمَطار .

우리는 자밀(Jameel)이 자기 차를 타고 공항에 가기 전에 작별인사를 했다.

We said goodbye to Jameel before he drove off to the airport.

44-4 I راح بَعِيد — ُ (عن)

[입말]

멀리 가다

[s/thing] went far, went a long way, [s/one] went far away, went a long way (from) [home, his country, etc.]

예문 جُوْن لاعِب كُرة قَدَم مُمْتاز . لَمّا يشُوط الطّابة بِتْرُوح بْعِيد بْعِيد .

존(John)은 축구를 매우 잘한다. 그가 공을 차면 멀리 멀리 나간다.

John's an excellent soccer player. When he kicks the ball, it goes a long way.

44-5 I راح الخَطّ — ُ

[입말]

전화가 끊어지다, 소리가 안들리다

there was no sound on the line, he could not hear his/her voice, he was unable to hear his/her voice

예문 راحَ الخَطّ وأنا بَحْكِي مَعَك عَشان كُنْت في الأَصانْصَيْر .

당신과 통화하던 중 전화가 끊어졌어요, 왜냐하면 제가 승강기 안에 있었거든요.

I couldn't hear your voice on the line because I was in the elevator.

44-6 I راح دُغْرِي على ـُ

[입말]

직행하다, 곧바로 가다

went straight for, *made a beeline for,* went straight to [the door, the car, the food, etc.]

예문 أَوَّل ما وِصِلْنا ويا دَوْب قَعَدْنا بَسْ راح زُهَيْر دُغْرِي عالبُوفَيْه !

우리가 막 도착해서 앉자마자 주헤르(Zuhayr)는 부페로 직행했다.

We had just arrived and barely sat down before Zuhayr made a beeline for the buffet!

44-7 I راح على ـُ

[입말]

[차가] 떠나서 놓치다

[the bus, the plane, the train, etc.] left [s/one], [the bus, the plane, the train, etc.] left before [s/one] could catch it

*note: in English, people more commonly say, "He missed [something]"

예문 راح عَلَيّ الباص كَمان مَرّة !

또 버스를 놓쳤네!

**직역: "그 버스가 또 내 위로 가버렸네!"*

I missed the bus again!

44-8 I راح على المَحْكَمة / راح لِلمَحْكَمة – ُ (عَشان)

[입말]

법원에 가다

went to court (for) [a traffic ticket, a parking violation, etc.]

예문 أنا مِتْأَكّد إِنُّه الشُّرْطِي ما كان لازِم يخالِفْنِي عالسُّرْعة ، عَشان هَيْك رَحْ أَرُوح عالمِحْكَمة وأَدافِع عن حالِي (عن نَفْسِي) .

정말 그 경찰은 내 말을 무시하고 속도위반 딱지를 끊는 것이 아니었어. 이것 때문에 나는 법원에 가서 내 입장을 변호할거야.

**직역:* "...경찰은 속도에 대해 나를 반박해서..."*

There's no question in my mind (*lit: "I'm sure"*) that that policeman should not have given me a speeding ticket, so I'm going to go to court and fight it.

44-9 I راح عَلَيْه – ُ

[입말]

[어떤 것을] 놓치다, 못하다

he missed out on, he missed [the party, the food, doing s/thing, etc.]

예문 خَلِّيني أَقُلّك إِشي .. راح عَلَيْك أَحْسَن أَكِل بَحْرِي أَكَلْتُه بِحَياتِي (بِعُمْرِي) !

내가 한마디 하자구... 내 일생 최고의 해산물을 너는 놓쳤단 말일세!

**직역:* "...내 일생 먹어본 해산물 중에서 최고의 음식이 자네를 지나갔어!"*

Let me tell you something... You missed out on the best seafood I've ever had (*lit: "in my age I ate it"*)!

44-10 I راحَتْ عَلَيْه نَوْمة – ُ

[입말]

늦잠자다

overslept, slept-in too late

*직역: "잠이 그의 위를 지나갔다"

예문 السّاعة عَشَرة ... وَيْن يَعْقُوب ؟ بَراهْنَك (بَتْحَدّاك) إِنُّه راحَتْ عَلَيْه نَوْمة !

지금 열시에요. 야곱(Jacob)은 어디에 있는 거에요? 제가 내기하는데 늦잠잤을 거에요.
It's ten o'clock… Where's Jacob? I bet you anything he overslept!

44-11 I راح عن بالُه –

[입말]

잊어버리다, 까먹다
[it] skipped his mind, escaped his mind, [he] forgot, forgot about it
*note: literally means, "It left his mind"

예문 راح عن بالِي كُلِيّاً !

나는 완전히 잊고 있었네!
**직역: "그것이 내 생각을 완전히 떠났어!"*
It totally skipped my mind!

44-12 I راح ل –

[입말]

누구에게 가다
went to, went up to, went over to, walked over to, walked up to [s/one]

예문 رُحْتِلُّه وطَلَبْت مِنُّه يسامِحْنِي عَشان لَمّا كُنّا نِتْناقِش بِالمَوْضُوع ، أَنا كُنْت سَلْبِي .

나는 그에게 가서 우리가 그 주제를 갖고 논쟁할 때 내가 부정적이었던 것을 용서해 달라고 했다.
I went to him and asked him to forgive me for being a pessimist (*or* for being negative) about the issue.

44-13 I راح لَوْنُه –

[입말]

변색하다, 탈색되다

[the shirt, the pants, the picture, the curtains, etc.] faded, lost its color

예문 لازِم تْعَلِّق هايِ الصُّورة في غُرفة تانْية عَشان ما يرُوح لَوْنْها مِن الشَّمْس .

햇볕에 이 그림이 변색되지 않게 하려면 다른 방에 걸어야 하겠어요.

You should hang this picture in the other room so that it won't fade due to the sunlight.

44-14 I راح مِنُّه ـُ

[입말]

기억을 잃다, 집중하지 못하다

he lost his [his concentration, his memory, etc.], [his concentration, his memory, his sadness, his happiness, etc.] left him, fled from him, flew away, went away

*note: in English, it is common to say, "He lost his common sense", but in Arabic, there's no one word that translates as "common sense"

예문 خالِد تْوَتَّر وهو بِقَدِّم الإِمْتِحان وراح مِنُّه تَرْكِيزُه (فَقَد تَرْكِيزُه) .

칼리드(Khalid)는 중압감에 시험을 보던 중 집중력을 잃고 말았다.

Khalid got stressed out while taking the test and lost his concentration.

44-15 I راح من وِجْهُه ـُ

[입말]

면전에서 사라지다

got out of his face

예문 رُوح مِنْ وِجْهِي ! ما بِدِّي أَحْكِي بِالمَوْضُوع أَكْتَر من هَيْك . القَرار نِهائِي .

내 앞에서 사라져! 더 이상 이 주제로 말하고 싶지 않아. 다 결정된거야.

Get out of my face!　I don't want to discuss it anymore. The decision is final.

44-16 I راح ينام – ُ

[입말]

잠자러 가다

went to bed, went to sleep, *hit the sack, hit the hay, zonked out, got some Z's, caught some shut-eye, caught some Z's*

예문 إِجى وَقْتِ النَّوْم يا أُولاد . قُولُوا تِصْبَحُوا على خَيْر ورُوحُوا نامُوا .

애들아, 잠잘 시간이야. '안녕히 주무세요'라고 말하고 가서 자거라.

It's time to go to sleep kids. Say goodnight and go to bed.

45-1 II رَتَّب – ِ (ل)

① **정돈하다, 가지런히 하다;**

straightened up, tidied up [the room, the office, the desk, the books, the chairs, etc.], put [a room, an office, a desk, the books, etc.] in order, set [a room, an office, a desk, the books, etc.] in order;

예문 بِنْتِي رَتَّبَتْ غُرْفِتْها قَبِلْما تْرُوح عَالنّادِي .

내 딸은 (헬스)클럽에 가기 전에 자기 방을 정리했다.

My daughter straightened up her room before she went to the fitness club.

② **배열하다, 체계화하다;**

arranged, organized [his books, the CDs, etc.], put [his books, the CDs, etc.] in order, set [his books, the CDs, etc.] in order;

예문 رَتَّبِت الكُتُبْ في المكْتَبة .

나는 도서관에서(서가에) 책을 정리했다.

I put the books in order in the library. – or – I organized the books on the bookshelf.

③ **청소하다;**

cleaned out, cleaned up [his room, the car, his drawer, etc.], sorted out [his drawer, the glove compartment, etc.];

예문 لَمّا رَتَّبْت (لَمّا نَظَفَّيْت) جَيْبِةِ السَّيّارة ، لَقَيْت خَمْسِين دُولار .

내가 차를 청소할 때 앞좌석 사물함에서 50 달러를 발견했다.

When I cleaned out my glove compartment, I found a fifty dollar bill.

④ [조직을] 구성하다, 마련하다

organized [the party, the meeting, the get-together, etc.] (for) [s/one], set up, arranged [the meeting, the party, the appointment, etc.] (for) [s/one]

*참고: 이 동사는 누구를 위해 구직 혹은 모금의 의미는 없음.

예문 اللَّجْنة الإِجْتِماعِيّة هي إِلِّي رَتَّبَتِ الحَفْلة .

친교위원회에서 이번 파티를 주선했다.

The social committee are the ones who organized the party.

45-2 II رَتَّب أَغْراضُه ـِ

[입말]

① 소지품을(짐을) 챙기다;

packed up his things, packed up his stuff, got his stuff together;

예문 كُلّما رَتَّبْنا أَغْراضْنا أَسْرَع ، كُلّما طْلِعْنا أَسْرَع .

우리가 빨리 짐을 챙길수록 빨리 떠날 수 있다.

The sooner we pack up our stuff, the sooner we can leave.

② 소지품을 정돈하다

straightened up his stuff, straightened up his things

예문 تَوّنا رْجِعْنا (هَلاَّء رْجِعْنا) مِنِ الرِّحْلة وأَغْراضْنا مِنْعُوفة في كُلّ مَحَلّ (مَرْمِيّة في كُلّ مَحَلّ) . مِحْتاجِين نْرَتِّب أَغْراضْنا قَبِلْما تِيجُوا عِنّا .

우리는 이제 막 여행에서 돌아왔고 집안이 엉망이에요. 당신이 오기 전에 우리는 정돈해야 돼요.

We just got back from the trip and our stuff is all over the house. We need to straighten it up first before you come over.

رتّب أُمُوره ـ ◉ 45-3

[입말]

일정을 조정하다

got himself organized, got organized, straightened out his schedule

예문 طَيِّب إِسْمَعْ ... خَلِّينِي أَرَتِّب أُمُورِي وأَرْجَع أَحْكِي مَعَك وأَقُلَّك أَيْمْتى بَقْدَر آجِي . ماشِي ؟

좋았어요... 우선 제가 일정을 조정하고 언제 올 수 있는지 당신에게 전화해서 알려줄께요. 됐나요?

**직역:* *"좋아요, 들어보세요... 우선 제 일을 정리하고 돌아와서 언제 제가 올 수 있는지 당신에게 전하도록 돌아와 말할께요. 걸어갑니까?"*

O.K., I tell you what… Let me get myself organized and I'll call you back and let you know when I can come over. Will that work?

رتّب شَنْتِتْه ـ ◉ 45-4

[입말]

짐을 꾸리다, 가방을 싸다

packed his bags, got his bags packed, packed up his suitcases, packed his suitcases

예문 خِلال نُصّ ساعة ، لازِم نِبْدا نْرَتِّب شَنْتِتْنا .

앞으로 30분 안에 ,우리는 우리 가방을 싸기 시작해야 한다.

We need to start packing our bags within the next half-hour.

[lit: "During a half hour, we need to start putting our bags in order."]

رتّب وَقْت ـ ◉ 45-5

[입말]

일정을 짜다

set up a time, arranged for a time, arranged a time, scheduled a time [to meet]

예문 شو رَأْيِكُم يا شَباب ؟ مُمْكِن نْرَتِّب وَقِتِ الأُسْبُوع الجّايّ عَشان نْناقِش التَّقْرِير

(نِتْناقَش في التَّقْرِير) ؟

너희들 생각이 어떠니? 우리가 과제에 대해 논의할 수 있도록 다음 주 일정을 짜는 것이 어떨까?
What do you guys think? Can we set up a time to meet next week to discuss the class assignment?

46-1 I رِجِع – (من)

돌아오다

returned, got back, came back, returned back (from) [s/where or (from) doing s/thing] got in, got back in, went back

예문 أَيْمْتى رْجِعِت مِن السَّفَر ؟

당신은 언제 여행에서 돌아오셨나요?
When did you get back from traveling (*or* from the trip)?

46-2 I رِجِع بِالعَكْس –

[입말]

뒤로 물러서다, 뒷걸음치다

walked backwards, went backwards

예문 بْتِعْرَف إِنُّه في الأَيَّام القَدِيمة ، النَّاس كانَتْ تَرْجَع بِالعَكْس بَعِدْما تْسَلِّم على المِلك

حَتَّى تِتْجَنَّب إِزْهار (إِظْهار) أَيّ عَدَم احْتِرام ؟

옛날에는 백성들이 왕을 만나고 나오면서 불경스럽게 보이지 않기 위해 뒷걸음질하면서
물러났다는 사실을 아나요?

*참고: " ناس "은 의미가 3 인칭 복수이나 흔히 3 인칭 여성처럼 쓰여 동사가 여성형으로 변형되기도 함

Did you know that in the old days, after meeting the king, people would walk backwards in order to avoid showing any disrespect?

[lit: "… in order to avoid that they show any lack of respect?"]

46-3 رِجِع تْكَرْكَب / رِجِع تْبَرْبَش – َ

[입말]

다시 어지럽게 되다

[s/thing] got messed up again, was messed up again

예문 رَتَّبْت مَكْتَبِي وهَلاّ رِجِع تْكَرْكَب !

내 사무실을 정리했는데 다시 어지럽게 되었다.

I cleaned off my desk and now it's messed up again!

46-4 رِجِع على – َ

[입말]

[어디로] 돌아가다

got back to, went back to, came back to, returned to, returned back to [the house, the office, etc.]

예문 لَمّا رْجِعِت على البَيْت ، انْتَبَهِت إِنُّه (لاحَزِت إِنُّه) الباب ما كان مَقْفُول .

내가 집으로 돌아갔을 때 문이 잠겨있지 않은 것을 깨달았다.

When I got back to the house, I noticed that the door wasn't locked.

46-5 رِجِع عن قَرارُه – َ

결정을 취소하다

went back on his decision

예문 إزا بْتِرْجَع عن قَراراتَك (إزا بْتِتراجَع عن قَراراتَك) هذا ما بِزْهِر (بِظْهِر) قِيادة كْوَيّسة . بَعْدَيْن النّاس بْتُوْخُد فِكْرة عَنَّك إِنَّك ما بْتِفَكِّر بِالأَشْياء قَبْلما تِعْمَلْها .

만약 당신이 결정을 취소한다면 좋은 리더십(지도력)을 보여 주는 것이 못되요. 그러면 사람들이 당신을 미리 생각하지 않고 일을 진행하는 사람으로 여길 거예요.

It doesn't show good leadership when you go back on your decisions. Then people get the idea that you don't think through things before you do them.

46-6 I رِجِع لَ – (ب/عَشان)

[입말]

① [누구에게로] 돌아가다;

got back to, got back with [s/one] (about) [s/thing];

예문 بَسْ دَقِيقة ... أَخَلِّص مع هالزّبُون وبَعْدَيْن بَرْجَعْلَك .

잠깐만요... 이 손님을 마치고 당신께 돌아갈께요.

Just a minute... I'm finishing with this customer and then I'll get back to you.

② 조회하다, 문의하다;

referred to, referred back to [s/thing];

예문 إزا بِدَّك تَعْرِف كِيف تْشَغِّل آلةِ التَّصْوِير ، إرْجَع لَلدَّلِيل .

만약 당신이 복사기의 작동법을 알고 싶으면, 설명서를 보세요.

If you wanna know (*or* want to know) how to work the copy machine (*or* the Xerox machine), refer back to the manual.

③ [가족에게] 돌아가다, (가출했다가) 귀가하다

went back to, went back to live with [his wife, his kids, his house, or his family]

*참고: 가정불화로 가출했다가 귀가할 때 쓰는 표현임.

예문 جِيرانّا تْهاوَشُوا هَوْشة كْبِيرة الشَّهْر الماضِي بَسْ الأُمُور تْحَسَّنَتْ هَلاّء .
والمرة رِجْعَت لَبَيْتْها الأُسْبُوع الماضِي .

우리 이웃은 지난달 큰 (부부)싸움을 했지만 이제는 문제가 호전되었다. 그 아내는 지난 주에 귀가했다.

Our neighbors had a huge fight last month but things are better now. The lady (*or* the woman) went back to her house last week.

46-7 I رِجِع لَوَرا – َ

[입말]

되돌아가다

walked back, went back

예문 حاوَلْنا نُقْعُد قُدّام بَسْ لَمّا وْصِلْنا هُناك ، لَقَيْنا إِنُّه (شُفْنا إِنُّه) ما كان في كَراسِي فاضِية ، عَشان هَيْك رْجِعْنا لَوَرا وقَعَدْنا قَرِيب مِنِ المدْخَل .

우리는 앞쪽에 앉으려고 했지만 그곳에 도착했을 때, 이미 빈 자리가 없는 것을 발견했다. 그래서 우리는 되돌아가서 입구 근처에 앉았다.

We tried to sit upfront but when we got there, we saw there were no seats, so we went back and sat down near the entrance.

46-8 I رِجِع لَوَرا – َ (ب)

[입말]

뒤로 가다, 후진하다

backed up, went in reverse went backwards (in) [his car], drove backwards

*참고:아랍어식 표현에서 전치사 " ب " 는 이 경우 잘 쓰이지 않음.

예문 طَيِّب ، هَلاّء حُطّ الرِّيفَيْرْس وإِرْجَع لَوَرا شْوَيّ .

좋아요, 후진기어를 넣고 뒤로 조금만 가세요.

O.K., now put the car in reverse and back up a little.

46-9 I رِجع يِحْكِي مع – (عن)

[입말]

다시 말하다, 다시 전화하다

got back with [s/one], called [s/one] back, *got back to [s/one]* (about) [s/thing]

예문 الرُّزْنامة مِش قُدّامِي هَلاّ ، بَسْ خَلِّينِي أَرْجَع أَحْكِي مَعَك اللَّيْلة إِنْ شاءَ الله (إِزا الله راد) .

달력이 지금 제게 없어요, 그러니 되도록이면 오늘 밤에 다시 전화하도록 할께요.

*직역: *"달력이 지금 제 앞에 없어요, 하지만 하나님께서 원하시면 오늘 밤에 당신에게 돌아가서 말하도록 할께요."*

I don't have my calendar in front of me right now, but let me get back with you about that. I'll call you tonight, God willing (*or* Lord willing).

46-10 I رِجع يِشْرَب –

[입말]

다시 음주(폭음)하다

started drinking again, went back to drinking again, returned to drinking again

예문 جَوْزْها كان مْنِيح لَفَتْرة ، وبَعْدَيْن رِجع يِشْرَب مَرّة تانْية ويِلْعَب قْمار .

وَهادَ الإِشِي دَمَّرْها (دَمَّر حَياتْها) .

그 여자의 남편은 한동안 괜찮았다. 그러다가 다시 음주하면서 놀음하고 있다. 이것이 그녀의 삶을 망가뜨리고 있다.

Her husband was doing fine (*or* was fine) for a while and then he started drinking again and gambling. She's devastated about it.

[lit: "and then he went back to drinking a second time and playing gambling. And this thing destroyed her."]

47-1 I رَفَع –

올리다

lifted, raised [s/thing or s/one], lifted [s/thing] up, raised [s/thing] up

예문 إِلِّي بِدُّه يرُوح على الرِّحْلة ، يِرْفَعْ إِيدُه .

여행을 가고 싶은 사람은 손을 드세요.

If you want to go on the trip, raise your hand.

[lit: "The one who wants to go on the trip, raises his hand."]

47-2 I رَفَع أُصْبَعُه –َ

손을 들다

raised his hand

**직역:"그가 그의 손가락을 올렸다"*

예문 ضَلَّيْت رافِع أُصْبَعِي ، بَسْ المعَلْمة (المعَلِّمة) ما شافَتْنِي بِالمرّة (أَبَداً) .

나는 계속해서 손을 들었지만, 여선생님은 한번도 나를 보지 못했다.

I kept raising my hand, but the teacher never saw me.

47-3 I رَفَع إِيدُه –َ

손을 들다

raised his hand

예문 إِزا عِنْدَك أَيّ سُؤَال ، إِرْفَع إِيْدَك .

어떤 질문이라도 있다면, 당신 손을 드세요.

If you have any questions (*lit: "question"*), raise your hand.

47-4 I رَفَع دَعْوى على –َ (عَشان)

고소하다, 고발하다

[s/one] pressed charges against, filed charges against [s/one else] (for) [abuse, assault and battery, etc.]

예문 أَخِيراً مَرْتُه قَرَّرَتْ إِنّها تِرْفَع دَعْوى عَلَيْه عَشان الإِساءَة الزَّوْجِيّة ، بَسْ المحْكَمة حاكَمَتُه إِنُّه يِدْفَعِلْها غَرامة بَسِيطة وهَلاّء هي عَمْ بْتِنْضَرِب أَكْتَر من أَيّ وَقِت تانِي .

결국 그의 아내는 남편을 배우자 학대로 고소하기로 결심했다. 그러나 법정은 그에게 약간의 벌금만 선고해서 지금 그 여자는 다른 어떤 때보다도 더 많이 얻어 맞고 있다.

His wife finally decided to press charges against him for spousal abuse, butthe court only sentenced him to pay a small fine and now she's being abused more than ever. *[lit: "... and now she's being hit more than any other time."]*

47-5 I رَفَع راسُه ـَ

① 기운을 내다;

put his chin up, cheered up;

예문 يا جَمال ! إِرْفَعْ راسَك ... الأُمُور مِش سَيِّئة هالقَدّ ، وِلاّ لأ ؟

야, 자말(Jamaal)! 기운을 내라구... 상황이 그렇게 나쁜 것은 아니잖아?

Hey Jamaal! Chin up... things aren't (*or* things are not) that bad are they?

[lit: "... the things are not bad this much..."]

② 뽐내다

held his head up high, put his chin up, held his head up

*참고: 두가지 표현 모두 주로 명령형으로 사용됨;후자의 경우, 본인과 가족에 대해 자긍심이 있고 더 이상 부끄러움 없이 자신감있음을 의미함

예문 أَحْمَد كان شَحّاد ، بَسْ هَلاّ رافِع راسُه عَشان لَقَى شُغُل مْنِيح .

아흐맏(Ahmad)은 한때 거지였는데 지금은 좋은 직장을 구해서 뽐낸다.

Ahmad used to be a beggar, but now he holds his head up high because he found a good job.

47-6 I رَفَع السَّيّارة – َ

차를 들어올리다

jacked up the car, lifted up the car

예문 كُلّما تِرْفَع سَيّارة ، دايْماً تْزَكَّر إِنَّك عُمْرَك ما تِرْفَعْها على طَلْعة (تَلّة) أَوْ على نَزْلة قَوِّيّة (مُنْحَدَر حادّ) .

차를 들어올릴 때마다, 오르막이나 급한 내리막에서는 절대 해서는 안된다는 것을 항상 기억해야 한다.

Whenever you jack up a car, always remember to never jack it up on a hill or sharp incline!

47-7 I رَفَع السِّعِر – َ (على)

가격을 올리다, 인상하다

raised the price, increased the price, marked-up the price, *jacked up the price, upped the price* [of s/thing] (on) [s/one]

예문 بَطَّلْنا نِقْدَر نِشْتَرِي سُولار لَلتَّدْفِئة عَشان البَيّاعِين بِضَلُّوا يِرْفَعُوا السِّعِر عَلَيْنا (يغَلُّوا السِّعِر عَلَيْنا) .

유류 판매상들이 계속 가격을 인상하기 때문에 우리는 더 이상 보일러에 쓸 기름을 살 수 없다.

We're no longer able to buy diesel fuel for our heating system because the vendors (*or* sellers) keep jacking up the price on us.

47-8 I رَفَع صَوْتُه – َ (على)

목소리를 높이다

raised his voice (to/at) [s/one]

예문 أُوْعَك (لا تِتْجَرّأ) تِرْفَع صَوْتَك على إِمَّك ! هي إِمَّك وأَحْسَنْلَك تِحْتَرِمْها !

네 어머니에게 소리지르지 말거라! 그분은 네 어머니이면서 네가 존경해야 분이시다!
Don't you dare raise your voice at your mother! She is your mother and you had better respect her!

رَفَع الضَّرايِب – (على) I 47-9

세금을 인상하다
raised taxes, increased taxes levied taxes (on) [s/thing or s/one]

예문 بَعِدْما اكْتَشْفُوا إِنُّه التَّدْخين بِسَبِّب سَرَطانِ الرِّئة (بِيْعْمِل سَرَطانِ الرِّئة) ، حُكومةِ الوِلاياتِ المُتَّحِدة رَفْعَتِ الضَّرايِب عالدُّخّان (على السَّجايِر) .

흡연이 폐암을 일으킨다는 사실을 미국정부가 발견한 뒤, 담배에 대한 세금을 인상했다.
After it was discovered that smoking causes lung cancer, the U.S. government raised taxes on cigarettes. *[lit: "After they discovered…"]*

رَفَع عَلَيْه سِكِّينة – I 47-10

[입말]

칼을 들이대다
pulled a knife on him
**직역: "그가 그에게 칼을 올렸다"*

예문 ابْنِي وصاحْبُه كانُوا بِيْتْسَلُّوا في الشَّارِع لَمّا إجى شَبّ ورَفَع عَلَيْهُم سِكِّينة .

내 아들과 그의 친구가 거리에서 즐겁게 놀고 있을 때 어떤 녀석이 와서 그들에게 칼을 들이댔다.
My son and his friend were just hanging out in the street when a guy comes up and pulls a knife on them. *[lit: "… when a guy came and lifted on him a knife."]*

47-11 ⓘ رَفع عَلَيْه قَضِيّة –

소송하다, 고소하다

prosecuted him, had him prosecuted, brought a case against him

예문 إِزا بْتِنْمَسِك وِانْتَ بْتُسْرُق مِن السُّوق ، رَحْ يِرْفَعُوا عَلَيْك قَضِيّة ويعاقْبُوك أَقْسى عُقُوبة .

만약 당신이 시장에서 도둑질하다가 잡히면, 당신을 고소하고 가장 엄한 벌로 징계할 거예요.

If you get caught shoplifting in a department store, they will have you prosecuted to the fullest extent of the law. *[lit: "... and they punish you the hardest punishment."]*

47-12 ⓘ رَفَع مَناخِيرُه على –

[입말]

으스대다, 우쭐대다, 깔보다

stuck his nose up at, looked down his nose at, turned up his nose at [s/one]

*note: even though Arabs may use the plural form of "nose", the meaning is singular

예문 لَيْش النّاس بْيِرْفَع مَناخِيرْها على الغُرُب (الأَجانِب) إِلِّي من دُوِلِ العالَم التّالِت ؟

왜 사람들은 제 3 세계에서 온 외국인에 대해 거만하게 굴지요?

Why is it that people stick up their noses at foreigners from third-world countries?

48-1 ⓘ رَمى –ِ(ل) {على}

① [공을] 던지다;

threw, pitched [the ball, etc.] (to) [s/one]

*참고: 이 경우 야구 같은 운동에 해당함;

예문 هادَ اللاّعِب بِرْمِي الطّابة بْسُرْعة !

이 선수는 공을 빠르게 던져요!

This player throws the ball fast!

② 던지다, 튀겨 날리다;

threw, flicked [s/thing] {on/at} [s/one or s/thing]

*참고: 튀겨 날리다의 의미는 엄지와 검지로 잡아 다른 사람에게 던지는 것을 의미함;

예문 لَيْش لُولاد (الأَوْلاد) في أَمِيْرْكا دايْماً بِرْمُوا أَشْياء زَيّ السَّحالِي والضَّفادِع على البَنات ؟

왜 미국애들은 항상 여자애들에게 도마뱀이나 개구리 같은 것들을 던질까?

Why do boys in America always throw things like lizards and frogs on the girls?

③ 집어 던지다

hurled, threw, launched [s/thing] (at) [s/one else]

*참고: 허리에서 위쪽으로 던지거나 어깨로부터 던지는 것을 의미함.

예문 واحَد مِن الطُّلاّب رَمى صَحِن أَكِل على صاحْبِي وبَلَّشَتْ هَوْشَة (طَوْشة) بِالأَكِل في الكَفْتِيرْيا .

학생들 중 하나가 음식 접시를 내 친구에게 집어 던져서 카페테리아에서 음식싸움이 시작되었다.

One of the students hurled a plate of food at my friend and a food fight started in the cafeteria.

48-2 رَمى الحَقّ على / رَمى المُشْكِلة على ـ

[입말]

책망하다, 나무라다

blamed, *put it on,* put the blame on, *passed the buck onto* [s/one else]

예문 لَيْش بْتِرْمِي الحَقّ عَلَيْها ؟ انْتِ الِّي بَدَيْتِي المشْكِلة لَمّا صَرَّخْتِي عَلَيْها !

왜 그 여자를 책망하는 거예요? 사실 당신(여)이 그녀에게 소리를 질러서 문제가 시작된 거잖아요!

Why are you (fem.) blaming her for this? The truth is, you started it by yelling at her!

48-3 رَمى الحِمِل على كْتافُه ـ

[입말]

짐을 지우다, 부담시키다, 부담을 주다

put the burden on him, put the burden on him to do it all, put the burden on his shoulders [to do s/thing], put the work on him

예문 أَنا فِعِلاً مَضْغُوت في شُغْلِي هَلاّء . ومِنِ الأَصِل كان عِنّا حاجة لَلمُساعَدة وهَلاّء في ثْنَيْن مِنِ الشَّغِيلة (رَفِيقَيْن) أَخَدُوا إِجازة وهاد رَمى الحِمِل على كْتافِي !

지금 저는 정말 제 일에 스트레스를 받고 있어요. 본래 일손이 모자랐던 데다가 지금 동료들 중 2 명이 휴가가서 이렇게 제 어깨가 무거워졌어요.

I'm really stressed-out at work right now. We were already short-handed and now two other co-workers are off on vacation – that put the burden on me to do it all!

48-4 ● رَمى عَلَيْها يَمِينِ الطَّلاق – ـِ ★

[입말]

그 여자와 이혼하다

divorced her

**직역: "그가 그녀의 오른편에 이혼을 던졌다"*

*참고: 이 표현은 무슬림들이 주로 사용함; 이슬람교에서 이혼과정은 남자가 여자에게 3 번 이혼하겠다고 하면 끝임.

예문 هَلاّء هايْ تانِي مَرَّة بِرْمِي عَلَيْها يَمِين الطَّلاق . شِكْلُه الوَضِع خَرْبان (مِشْ مْنِيح) !

지금 그는 그 여자와 두번째 이혼하는 것에요. 분명 잘못되어 가고 있어요.

**직역: "지금 그가 그녀의 오른편에 이혼을 던지는 것이 두번째이에요. 이 상황이 망가진 것이 분명해요."*

This is now the second time that he's divorced her. It's not looking good!

48-5 ● رَماه بَرّا – ـِ

[입말]

밖으로 던져 버리다

threw it/him outside, threw it/him out, tossed it/him outside, tossed it/him out

*참고: 건물 밖으로 던지는 의미임.

예문 إِرْمِي هَدِيكِ البِسّة بَرّا !

저 고양이를 밖으로 던져 버리세요!

Throw that cat outside!

48-6 I رَماه في السِّجْن –ِ

[입말]

감옥에 넣다, 감금하다, 투옥하다

threw him in jail, put him in jail, jailed him, incarcerated him, locked him up, imprisoned him, *threw him in the slammer, put him in the slammer* (for) [doing s/thing wrong]

*참고: 현장에서 잡혀서 감방에 들어가 재판 받거나 혹은 보석금으로 풀려날 때까지 있는 상태를 의미함.

예문 الشُّرْطة رَمتُه بِالسِّجِن عَشان كان يسُوق وهو سَكْران .

경찰은 그가 음주 운전했기 때문에 감방에 넣었다.

The police threw him in jail for drunk driving. *[lit: "The police threw him in the jail because he was driving while he was drunk."]*

49 II رَوَّح / رَوَّح عالبَيْت –ِ(من)

[입말]

① 집에 가다, 귀가하다;

went home, left to go home, left for the house;

예문 أَسْرِعْ ! بِدِّي أَرَوِّح هَلاّء !

빨리해요! 나는 바로 지금 집에 가고 싶어요!

Hurry up! I want to go home right now!

② 집에 돌려 보내다, 귀가시키다;

sent [s/one] home, made [s/one] go home;

예문 الوَقت مِتْأَخّر . مُمْكِن تْرَوّح هَدَوْل لُولاد عَشان بِدّنا نْنام ؟

시간이 늦었어요. 우리가 잘 수 있도록 당신이 저 아이들을 집에 돌려 보내주시겠어요?

It's late. Would you make these kids go home so that we can go to bed?

[lit: "… because we want to sleep."]

③ 집에 데려다 주다;

took [s/one] home, gave [s/one] a ride home

*참고: 전치사 " على " 를 사용할 수도 있고 안할 수도 있음;

예문 مُمْكِن تْرَوّحْنِي (في مانِع تْرَوّحْنِي) ؟ بَيْتِي مِش بْعِيد .

혹시 저를 집에 데려다 주실 수 있나요? 저희 집이 멀지 않아요.

Would you mind taking me home? I don't live far from here.

[lit: "My house is not far away."]

④ 해고하다

fired, dismissed [s/one] (from) [his job], let [s/one] *go, canned [s/one], sent [s/one] home,gave [s/one] the axe*

예문 عَشان عُمَر ما كان أَمِين في شُغْلُه ، المدِير رَوَّحُه على بَيْتُه !

오마르(Omar)가 직장에서 신뢰감이 없어, 지배인이 그를 해고시켰다.

Because Omar was not trustworthy at his job, the manager sent him home.

50-1 I زاد ـِ

① 증가하다, 올리다, 높이다;

increased, raised, boosted [s/thing];

예문 اليَوْم إِمِّي زادَتْ كَمِّيّةِ الأَكِل لَلبَيْبِي .

내 어머니는 오늘 아기에게 먹이는 음식의 양을 늘렸다.
My mom increased the amount of food today for the baby.

② [싸움이] 고조되다, 악화되다;

[the fighting, the violence, etc.] escalated, got worse, increased, became worse, worsened, intensified [the screaming, the problems, etc.] got worse, increased, became worse, worsened;

예문 القِتال بَيْنِ الجَيْش والمِتْمَرْدِين زاد لَدَرَجة إِنُّه النّاس عَمْ بُهْجُرُوا قُراهُمْ (بِهْرِبُوا من قُراهُمْ) .

정규군과 반군 사이의 전투가 고조되어 사람들이 그들의 마을들을 떠나야 할 단계가 되었다.
The fighting between the army and the rebels has escalated to the point that people are fleeing (*lit: "abandoning"*) their villages.

③ [비명, 바람, 비 등이] 강하게 되다;

[the screaming, the wind, the rain, the work, etc.] increased, *[the wind, the rain, the business, etc.] picked up;*

예문 لَمّا بَلَّش يقَرِّب الإِعْصار ، صار الهَوا (الرِّيح) وِالشِّتا يزِيدُوا أَكْتَر وأَكْتَر .

폭풍이 가까이 다가옴에 따라, 바람과 비가 더욱 더 강해졌다.
As the hurricane began to draw closer, the wind and rain started to pick up more and more.

④ [음식, 돈이] 남다

[food, money, etc.] was left over, was extra, remained

예문 مْبَيِّن إِنُّه رَحْ يكُون مَعْنا (رَح يكُون عِنّا) حَوالِي أَرْبَعِين دِينار زِيادة بَعِدْما نِدْفَع لَلفُنْدُق (نْحاسِب الفُنْدُق) .

우리가 호텔비를 지불하고도 대략 40 디나르의 돈이 남게 될 것이 분명해요.
It looks like we will have about forty dinar left over after we pay for the hotel room.

*참고: 전치사 " ل " 가 " دفَع " 동사와 같이 오지 않지만,문맥 상 대신 지불한 것이기 때문에 문제되지 않음.

50-2 I زاد السِّعر – ِ

가격을 올리다, 인상하다

increased the price, raised the price, marked-up the price, *jacked up the price, upped the price [of s/thing]*

예문 لَيْش بِضَلُّوا يزِيدُوا سِعِرِ الغازِ ؟ ما إِحْنا أَصْلاً مْنِدْفَع كْتِير !

왜 그들은 가스 가격을 계속 인상하는 건가요? 우리는 이미 오래전부터 많이 내고 있었다구요!

Why do they keep raising the price of natural gas? We're already paying too much!

50-3 I زاد الضَّرايِب – ِ (على)

세금을 인상하다

increased taxes, raised taxes, levied taxes (on) [s/thing or s/one]

예문 الحُكُومة بِدّها تْزِيد الضَّرايِب عَلَيْنا كمان مَرّة هايِ السَّنة .

مَتى (أَيْمْتى) رَحْ يوَقّفُوا ؟!

정부는 또다시 금년에 우리의 세금을 올리려 하고 있어요. 이것이 언제나 끝나려나?!

The government's increasing taxes on us again this year. When will it end?!

50-4 I زاد على حِسابُه – ِ

[은행, 회사가] 계좌에 되돌려 주다, 계좌이체하다

credited [a certain amount of money] to his account, credited his account

*직역: "그가 그의 계좌에 (일정 금액을) 올렸다."

*참고: 본인이 스스로 계좌입금할 때는 " أخذ " 동사를 사용함.

예문 أنا مَبْسُوط عَشانِ البَنْك زاد العَشَر دَنانِير على حْسابِي .

나는 은행이 내 계좌에 10 디나르를 되돌려 주어서 기뻤다.

I was glad (*or* happy) to see that the bank credited that ten dinar back to my account.

[lit: "I am happy because the bank increased the ten dinar on my account."]

50-5 I زاد عن ـِ (ب)

① [무게, 가격, 사람수가] 넘어서다;

[the weight, the price, the number of people, the temperature, his age, etc.] went above, was over, was above, exceeded [a certain number] (by) [a certain number];

예문 عَدَدِ النّاس في هايِ القاعة مِش لازِم يزِيد عن مِيتَيْن وخَمْسِين شَخْص أَوْ مُمْكِن نِتْخالَف (والاّ مْنِتْخالَف) .

이 강당에 사람이 250명을 넘어서는 안돼요, 안 그러면 벌금을 물게 돼요.

The number of people in this social hall cannot (*or* must not) exceed two-hundred and fifty people or we could be fined.

② [체중이] 초과하다

[s/one or s/thing] was above, was over, exceeded [a certain weight] (by) [so much]

예문 وَزِنِ المرة زاد عَنِ الطَّبِيعِي بَعْدِ الوِلادة .

그 여자의 체중은 출산 후 정상을 초과했다.

The woman exceeded her normal weight after having a baby (*or* the birth).

50-6 I زادْها ـِ

[입말]

① 지나치다, 극단으로 가다;

went too far, took it too far, carried it too far, went over the line;

예문 أَعْطَيْت ابْنِكْ فُرْصة تانْية بَسْ هو زادْها لَمّا خَلَق مُشْكِلة (عِمِل مُشْكِلة) مع واحَد مِنِ الطُّلاّبِ التّانْيين بِالحِصّة .

저는 당신(여) 아들에게 기회를 한번 더 주었는데 그는 수업시간에 다른 학생들 중 하나와 문제를 만들어 도를 지나쳤어요.

I gave your (fem.) son a second chance but he went too far when he started a fight with one of the other students during class.

② 반복하다, 길게 늘어뜨리다;

dragged it out, went on and on about it, made it (the meeting, etc.) go long;

예문 طَلَبْت مِنُّه يِحْكِي أَكَمّ كِلْمة عن رِحْلِتُه وبَعْدَيْن زادْها حَوالِي عِشْرِين دَقِيقة !

저는 그에게 그의 여행에 대해 몇 마디를 부탁했는데 그는 거의 20 분동안이나 계속 말했어요!

I asked him to say a few words about his trip and then he went on and on about it for twenty minutes!

③ 되풀이하다, 쉬지 않고 하다

went on and on about it, *would not let it rest,* wouldn't be quiet about it

예문 أَنا بَتَّفِق مَعَك (بَوافْقَك) بَسْ مِش لازِم تْزِيدْها أَكْتَر من هَيْك .

저는 당신과 동의해요, 이제 더 이상 되풀이하지 않아도 돼요.

**직역: "... 그러나 이것보다 더 증가시키는 것은 필요하지 않아요."*

I agree with you! You don't have to go on and on about it.

50-7 زاد الوَضِع سُوء –ِ

상황이 나빠지다

the situation got worse, the situation worsened, the situation intensified, *the situation went down hill*

예문 خالِي في العِنايّة المُرَكَّزة وزاد وَضْعُه سُوء يَوْم بَعْد يَوْم (يَوْم عن يَوْم) .

나의 외삼촌은 지금 중환자실에 있고 매일 매일 상태가 나빠졌다.
My uncle's (from my mother's side) in intensive care and his situation is getting worse by the day (*or* day by day).

50-8 I زاد وَزْنُه ـِ

체중이 늘다, 살찌다

gained weight, *put on weight*

*note: literally means, "He increased his weight"

예문 زادْ وَزْنُه كْتِير عن آخِر مَرّة شُفْتُه فِيها .

그는 내가 마지막 본 이후로 살이 많이 쪘다.
He gained a lot of weight since I last saw him (*or* since I saw him last).

51 I زار ـُ (في/ب)

방문하다

visited [s/one or a place], paid [s/one] a visit (during/in) [a certain month or during a certain period of time]

예문 أنا بَحِبّ أَزُور النّاس بِالعِيد .

나는 명절에 사람들을 방문하길 좋아한다.
I like to visit people during the holidays.

52-1 I زِعِل ـَ (من)

[입말]

화가 나다

got upset, got mad, was upset, was mad, *got ticked off, was ticked off (at) [s/one]*

예문 صاحْبِي زِعِل مِنّي عَشان حَكَيْت عن إِبْن عَمُّه إِنُّه مْقَمِّل .

내 친구는 내가 그의 사촌을 지저분하다고 말해서 나에게 화가 났었다.

My friend got mad at me because I called his cousin (his father's brother's son) a flea-bag. *[lit: "My friend got upset from me because I talked about his cousin that he is flea-ridden."]*

زِعِل على – 　I　52-2

[입말]

딱하게 느끼다, 미안하게 느끼다

felt sorry for, felt bad for [s/one]

*참고: 이 표현을 쓸 때 동사보다도 형용사인 " زَعْلان " 을 더 많이 사용함.

예문 أنا زَعْلان على بَنات جِيرانّا . أَبُوهُم شَدِيد كْتِير لَدَرَجة إِنُّه ما بِسْمَحِلْهُم يِطْلَعُوا مِنِ البَيْت .

나는 우리 이웃의 딸들을 딱하게 생각한다. 그들의 아버지는 그들이 집 밖에도 나가지 못하게 할 정도로 매우 엄격하다.

I feel sorry for my neighbor's daughters (*lit: "my neighbors' daughters"*). Their dad is so strict that he won't let them leave the house.

سَأَل – 　I　53-1

묻다

asked [s/one or s/thing]

예문 سَأَلْنِي الشُّرْطِي " أَيْش إِسْمَك " فاعْطَيْتُه (فَأَعْطَيْتُه) إِيّاه .

경찰이 나에게 "이름이 무엇인가요?' 물어와서 그에게 알려 주었다.

The policeman asked me my name so I gave it to him. *[lit: "The policeman asked me, "What's your name?" so I gave him it."]*

سأل عن ـِ 　I　53-2

[어떤 것에 대해] 문의하다, 안부를 묻다

asked about, inquired about [s/one or s/thing], asked [s/one] about[s/one or s/thing]

예문 نْسِيت أَحْكِيلِك من قَبِل إِنُّه غادة سَأْلَتْ عَنِّك وسَأَلَتْ كِيف حالِك ؟

가다(Gada)가 전에 당신(여)에 대해 물어보면서 어떻게 지내는지 문의해 왔는데 내가 당신에게 전하는 것을 잊었어요.

I forgot to tell you (fem.) earlier that Gada asked about you and asked how you were doing?

53-3 I سأَل سُؤَال ـِ (عن)

질문하다,

asked a question (about) [s/thing]

예문 سَأَلْنِي سُؤَال مُحْرِج قُدّامِ الكُلّ !

그는 모두 앞에서 나에게 난처한 질문을 했어요!

He asked me an embarrassing question in front of everybody (*lit: "the all"*)!

54-1 I سَرَق ـُـِ (من)★

훔치다

stole [s/thing] (from) [s/one else or s/thing]

예문 الحَرامِيّة سَرَقُوا الدَّهَبْ من خَزْنةِ المِلْيَوْنَيْر .

그 도둑들은 백만장자의 금고에서 금을 훔쳤다.

The thieves stole the gold from the millionaire's safe.

54-2 I سَرَق بَنْك ـُـِ★

은행을 털다

robbed a bank, held up a bank, did a hold-up in a bank

예문 شُفت على التِّلْفِزْيَوْن قَبِل مُدّة بَسِيطة إِنُّه تْنَيْن زْلام سَرَقُوا بُنُوك كْتِير وما عُمُرْهُم انْمَسَكُوا .

وبَعِد فَتْرة طَوِيلة ، واحَد مِنْهُم اشْتَرَى بَيْت كْبِير ودَفَع حَقُّه كاش .

وبَعِد هَيْك الشُّرْطة صارَتْ تْلاحِقْهُم .

나는 조금 전 TV 에서 두 남자가 많은 은행들을 털고도 한번도 잡히지 않는 것을 보았다. 한참 후에 그들 중 한명이 큰 집을 사면서 현찰로 지불했다. 그 이후에 경찰이 그들을 추적하게 되었다.

I saw on TV not too long ago where (*lit: "that"*) two men had robbed a number of banks and were never caught. Then, one of them bought a huge house and paid for it in cash. After that, the police were onto them.

54-3 I سَرَق بَيْتُه ـُـِ ★

집을 털다

[a thief, etc.] broke into his house, robbed his house, burglarized his house

예문 لَمّا كُنّا فِي إِجازة ، فِي واحَد سَرَق بَيْتْنا وأَخَد كُمْبْيُوتَرِي المِحْمُول (اللاّبْتَوْب تَبَعِي) وكُلّ مُجَوْهَرات مَرْتِي (كُلّ دَهَب مَرْتِي) .

우리가 휴가갔을 때, 도둑 하나가 우리집에서 내 노트북과 아내의 보석들을 털어갔다.

While we were on vacation, someone broke into our house and stole my laptop and all my wife's jewelry.

54-4 I سَرَق من سَيارْتُه ـُـِ ★

차를 털다

[a thief, etc.] broke into his car, burglarized his car

**직역: "그가 차에서 훔치다"*

*note: When wanting to specify what was stolen, English speakers will typically add "... and stole [something]" with the above definitions

예문 أَنا كْتِير مِتْدايِق ! اللَّيْلة الماضْية ، فِي واحَد سَرَق المِسَجِّل من سَيّارْتِي .

저는 정말 화가 나요! 지난 밤에 누군가가 내 차에서 카스테레오를 훔쳐 갔어요.

I'm so upset! Last night, somebody broke into my car and stole my stereo.

*참고: " مُسَجِّل "의 본래 의미는 녹음기임.

54-5 I سَرَقُه /سَرَق مِنُّه – ـِ ـُ★

[누구를] 털다, 강탈하다

robbed him

예문 نصيحة إِلَك ... ما تِمْشِي في زُقَق مْعَتّمة (زَوارِيب مْعَتّمة) ! لأَنّهُم بْسْرْقُوا النّاس هُناك .

충고 하나 할께요... 어두운 골목길을 걸어가지 마세요! 왜냐하면 그곳에서 그들이 사람들을 털어요.

A piece of advice for you... Don't walk down any dark alleys! They love to rob people where you're going. *[lit: "An advice for you... don't walk in dark alleys! Because they rob the people there."]*

55-1 II سَكَّر – ـِ (على){عِنْد}‹في/ب›

[입말]

① 닫다;

closed, shut [the door, the window, etc.] (on) [his hand, etc.];

예문 لَوْ سَمَحْت ، سَكِّر الباب وِانْتَ طالِع .

괜찮으시다면, 가실 때 문을 닫아 주세요.

If you will, close the door when you leave.

[lit: "... close the door when you are going up."]

② [가게를] 폐업하다;

closed down, shut down, closed up [the store, the business, etc.]

*참고: 밤에 문닫는 것과 폐업하는 것을 다 의미하나 후자가 많다;

예문 بَعِد تَمَنْطَعْشَر سَنة في الشُّغُل ، رَأْفَت قَرَّر يسَكِّر كازِيتُه (كَزِيتُه) .

사업한 지 18년 만에, 라페드(Ra'fat)는 주유소를 폐업하기로 결정했다.

After eighteen years in business, Ra'fat decided to close up his gas station.

③ [은행구좌를] 정지하다;

closed, closed out [the account] {with} [s/one], closed, closed out [the account] ‹with› [the bank, etc.];

예문 بِدِّي أَسَكِّر حْسابِي عِنْدْكُم . (فِي بَنْكْكُم) .

당신들의 은행에서 제 구좌를 정지하고 싶어요.

I would like to close my account with your bank.

④ 막다, 막히게 하다;

[s/thing or s/one] clogged up, stopped up, blocked, closed up [the pipe, the drain, his artery, etc.];

예문 أَكِل كْتِير مِنِ المأْكُولاتِ الدُّهْنِيّة أَكِيد رَح يسَكِّر (رَح يسَكِّرْلَك) شَرايِينَك .

기름진 음식을 많이 먹는 것은 정말 당신의 동맥들을 막히게 할거예요.

Eating too much greasy food will clog up your arteries for sure.

⑤ 취하게 하다, 중독시키다;

[s/one] got [s/one else] drunk, *got [s/one else] wasted, got [s/one else] trashed, got [s/one] loaded*, got [s/one] intoxicated;

예문 لَمّا حَسَنْ راح على الحَفْلة صاحْبُه شَرَّبُه كْتِير مَشْرُوب وسَكّرُه .

하산(Hasan)이 파티에 갔을 때, 그의 친구가 술을 많이 마시게 해서 취하게 만들었다.

When Hasan went to the party, his friend gave him a lot of drinks and got him drunk.

⑥ [술에] 취하다

[the alcohol, the beer, etc.] *got [s/one] drunk, got [s/one] wasted,* made [s/one else] drunk, intoxicated [s/one]

예문 اللِّيكَيْر (الكُحُول) كْتِير خَطِير لأَنُّه قَوِي وبِسَكِّر الواحَد (وبِسْكَر الواحَد) بْسُرْعة .

독주는 강하면서 사람을 빨리 취하게 하기 때문에 매우 위험하다.

Liquor is very dangerous because it's strong and can get someone wasted fast.

55-2 ㅠ سَكَّر الخطّ بِوِجْهُه ـِ

[입말]

전화를 (도중에) 끊다

hung up on him, hung up the phone on him, hung the phone up on him

**직역: "그가 그의 면전에서 선을 닫았다."*

예문 أَيْش هاد ؟! حَكَيتْ على بَيْتَك وحَدا سَكَّر الخَطّ بْوِجْهِي !

이게 뭔가요?! 당신 집에 전화했는데 어떤 사람이 전화를 도중에 끊어버렸어요!

What is this?! I call your house and somebody (someone) hangs up on me!

55-3 ㅠ سَكَّر الباب بِوِجْهُه ـِ

[입말]

면전에서 문을 닫다

slammed the door in his face, shut the door in his face, closed the door in his face

예문 ما بِصِير تْسَكِّر (عُمْرَك ما تْسَكِّر) الباب في وِجْهِ النّاس .

절대로 사람 면전에서 문을 닫아서는 안된다.

**직역: "당신이 사람들의 얼굴에 문을 닫는 것은 절대로 해서는 안된다."*

It's never proper to slam the door in someone's face.

55-4 ㅠ سَكَّرَتْ بِوِجْهُه ـِ

[입말]

[모든 것이] 그에게 잘못되어 가다, 모든 일이 잘못되다

everything went wrong for him, nothing went right for him, [the doors] slammed in his face, shut in his face

*참고: 아랍인들이 말하는 의미는: "온 세계가 그의 얼굴을 외면했다" 혹은 "문들이 그의 얼굴에 닫았다"

예문 مَسْكِين ! دَوَّر على شُغُل في كُلّ مَكان بَسْ وَيْنْما راح كُلّ الأَبْواب سَكَّرَتْ بْوِجْهُه .

불쌍한 사람 같은이라구! 일거리를 찾으러 온 사방을 찾아 다녔지만 그가 찾아 갔던 곳마다 그를 외면해 버렸다네.

Poor guy! He looked for work everywhere but no matter where he went, the doors slammed in his face.

55-5 ㅠ سَكَّر تُمُّه –ِ

[입말]

입 다물다, 조용히 하다

shut his mouth, *put a lid on it,* shut up, stopped talking

예문 بَعِدْما اسْتَوْعَب إِنُّه كان غَلْطان ، سَكَّر تُمُّه .

그가 잘못되었다는 것을 깨달은 후, 그는 조용해졌다.

After he realized that he was in the wrong, he shut up.

55-6 ㅠ سَكَّر عَلَيْه ب/في –ِ

[입말]

[문을] 안으로 잠그다, [방에] 가두다

locked it in, locked it up in, locked him in, locked him up in [the house, the car, the room, etc.]

직역: "그가 그것을 넣고 닫았다"

예문 كُنْت كْتير مُحْبَط مْبارِح . رُحِت على المَوْل وبِالصُّدْفة سَكَّرْت على مَفاتِيحِي بِالسَّيّارة !

나는 어제 정말 좌절되었다. 쇼핑몰에 갔다가 우연히 내 열쇠들을 차에 넣고 잠그고 말았다.

I was so frustrated last night. I went to the mall and accidentally locked my keys in the car!

55-7 II سَكَّرْتْ مَعُه –ِ

[입말]

① [생각, 말이] 떨어지다, 생각나지 않다

ran out of, could not think of [new ideas, new words, etc.]

*직역: "그것이 그에게 닫혔다"

예문 بَزُنّ إِنّها سَكَّرَتْ مَعْنا بِخْصُوصِ الأَفْكار لِجْدِيدة عَشان حَفْلة عِيدِ الميلاد

(عَشان حَفْلة لِكْرِسْمَس) .

제가 생각하기에 우리는 성탄절 파티에 대한 새로운 아이디어들이 다 떨어진 것 같아요.

I think that we've run out of new ideas for the Christmas party.

② 매우 화나게 되다

shut someone out, got really angry

*참고: 어떤 것에 대해 여러 번 설명하다가 지쳐서 화 나게 만들어 더 이상 듣지 않게 되는 의미임.

예문 مَرْتُه ضَلّتْ تْنُقّ عَلَيْه لَمّا سَكَّرَتْ مَعُه .

그의 아내는 계속 그에게 투덜거렸고 그는 매우 화나게 되었다.

His wife kept nagging him until he got really angry.

56-1 I سِمِعْ –َ

듣다

heard [s/one or s/thing]

*참고: 이 동사의 명령형의 의미는, "내 말을 들으시오!"로 많이 사용됨.

예문 سْمِعت هالأُغْنية (هالغُنِيّة) أَلْف مَرّة ! جَنَّنُوني فِيها ! (خَفّ عَقْلِي مِنّها !)

إِبْصَر (أَبْصَر) لَيْش بِضَلُّوا يعيدُوها ؟

이 노래를 천번이나 들었어! 그것 때문에 돌겠어! 왜 그것을 계속 되풀이하는거야?

**직역:* "...그것들이 나를 미치게 만들고 있어! 왜 그들이 그것을 계속 되돌아가는지 나는 알 수 없어!"*

I've heard this song a thousand times! I'm so tired of it, I could scream!!! Why do they keep playing it?!

56-2 I سِمِع ل –َ

귀를 기울이다, 경청하다

listened to [s/one]

예문 إِسْمَعْلِي يا زَلَمة ! بِدِّي أَحْكِيلَك إِشِي مُهِمّ .

여보세요, 내 말 잘 들으세요! 제가 당신에게 중요한 것을 말하려 해요.

**직역:* "아저씨, 제 말에 귀를 기울이세요! 제가 무언가 중요한 것을 말하고 싶어요."*

Will you listen to me man! I'm trying to tell you something important!

56-3 I سِمِع بِالصُّدْفة –َ

귓결에 듣다, 우연히 엿듣다

overheard, accidentally overheard, accidentally heard [s/one or s/thing]

**직역:* "그가 우연히 들었다"*

예문 بِالصُّدْفة سْمِعِت المدِير بِقُول إِنُّه رَحْ يفَنِّش يُوسِف إِزا بِيجِي مِتْأَخِّر كَمان مَرّة .

요셉(Yousef)이 한번 더 늦으면 해고할 것이라고 지배인이 말하는 것을 나는 우연히 들었다.

I overheard the manager saying (*or* say) that he's gonna (*or* he's going to) fire Yousef if he shows up late one more time. *[lit: "By the coincidence I heard the manager say that he will fire Yousef if he comes late another time."]*

سِمِع دَعْسةِ النِّمْلة – َ I 56-4

[입말]

모든 것을 다 듣다, 귀가 매우 밝다

could hear everything, heard everything, heard well

*note: the idea is that someone has very good hearing

**직역:"그가 개미의 발구르는 소리를 들었다"*

예문 ما مْنِقْدَر نِحْكِي في غُرْفِةِ القَعْدة . أُمِّي بْتِسْمَع دَعْسِةِ النَّمْلة !

우리는 응접실에서 말할 수 없어요. 제 어머니는 귀가 매우 밝아요!

We can't talk in the living room. My mom can hear everything!

سِمِع عن – َ (من) I 56-5

[어떤 것에 관해] 듣다, 소문을 듣다

heard about [s/one or s/thing], caught wind of, got wind of [s/thing] (from) [s/one]

예문 سْمِعِت عن وَفاة عَمّتَك . يِسْلَم راسَكْ . بِدِّي إِيّاك تِعْرَف إِنّا عَمْ مِنْصَلِّي لَعَيْلْتَك .

당신의 고모님(혹은 숙모)이 돌아가셨다는 말을 들었어요. 너무 안되셨네요. 우리가 당신 가족을 위해 기도하고 있다는 사실을 알아 주세요.

**직역: ... 하나님이 당신의 머리를 구해주시길...*

I heard about your aunt (father's sister) passing away. I'm truly sorry (*lit: "God save your head."*). Please know (*lit: "I want you to know"*) that we are praying for your family.

سَوّى – ِ II 57-1

[입말]

① [어떤 일을] 하다

did [s/thing];

예문 يا فَرَحْ ، أَيْش رَحِ تْسَوِّي بَعْدِ الغَدا بُكْرة ؟

파라(Farah) 야, 내일 점심 뒤에 무엇을 할거야?
Hey Farah, what are you doing after lunch tomorrow?

② [집안일을] 하다

did [the dishes, the laundry, the windows, the floor, the housework, etc.];

예문 لَيْش هَيْك إِمَّك بِتْسَوِّي الِصّحُون ، والغَسِيل ، والأَرْض ، وكُلّ شُغُلِ البَيْت

وما بْتِسْمَع حَتّى كِلْمة شُكُر ؟!

너희 어머니는 설거지며, 빨래며, 청소며, 집안 모든 일을 도맡아 하는데 왜 한마디 감사의 말도 못듣는 거니?!
Why is that your mom does the dishes, the laundry, the floors, and all the housework and still doesn't get any thanks?!
[lit: "… and she doesn't hear a word of thanks even?!"]

③ [음식을] 만들다

made [a cake, lunch, dinner, a pizza, cookies, coffee, etc.];

예문 أُولادَك رَحْ يحِبُّوك إِزا بِتْسَوِّيلْهُم بِيتْزا وبَسْكَوْت (حِلْو) كُلّ يَوْم !

당신이 매일 아이들에게 피자와 과자를 만들어 주면 당신을 좋아할거예요!
Your kids will love you if you make them pizza and cookies everyday!

④ [어떤 인물로] 만들다

made [s/one] [a movie star, a top student, etc.], made [s/one] into [a movie star, a top student, etc.]

예문 إِزا بْتَعْطِينا فُرْصة ، رَحِ نْسَوِّيك نَجِم سِنِمائِي !

만약 우리에게 기회를 준다면, 당신을 영화 배우로 만들어 주겠어요!
If you give us the chance, we will make you a movie star!

57-2 П سَوّى إِشِي فِيه ـِ

[입말]

어떤 것에 대해 일하다, (대책을 세우다)

did something about it

예문 أَيْش مْنِقْدَر نْسَوِّي فِيه ؟ هو مُدِيْرنا ولازِم نِعْمِل الإِشِي إِلِّي بِقُولُه إِزا بِدّنا نْحافِز على شُغُلْنا (إِزا بِدّنا نْضَلّ في أَشْغالْنا) !

우리가 그것에 대해 무엇을 할 수 있겠어요? 그는 우리 지배인이고 우리 자리를 유지하려면 그가 말하는 것을 할 수 밖에 없잖아요!

What can we do about it? He's our boss and we have to do what he says if we want to keep our jobs (*lit: "our job"*)!

57-3 II سَوّى حَفْلة ـِ (عَشان)

[입말]

파티를 베풀다

threw a party (for) [s/one or s/thing]

예문 سَوَّيْت حَفْلة عَشان عِيد زَواج أَبُوي وأُمِّي الخَمْسة وعِشْرِين (الخامِس وعِشْرِين) .

나는 우리 부모님의 25주년 결혼 기념으로 파티를 열었다.

I threw a party in honor of my parents' twenty-fifth wedding anniversary.

57-4 II سَوّى حَلّ وَسَطْ ـِ (بَيْن)

[입말]

중재하다, 화해하다

worked out a compromise, made a compromise, made up a compromise (between) [two people], compromised

직역: "그가 중간 해결을 하다"

*note: in English, it is also proper to say, "He compromised with the landlord for the rent"

예문 كان في جِدال بَيْني وبَيْن صاحِبِ البَيْت على الإيجار بَسْ سَوَّيْنا حَلّ وَسَط بِرْضِيني وبِرْضِيه .

나와 집주인 사이에 집세에 관해 언쟁이 있었지만, 우리는 서로가 만족할 수 있도록 화해했다.

**직역: "나와 집의 친구 사이에 집세에 관해 언쟁이 있었지만 우리는 나의 만족과 그의 만족이 되는 중간 해결을 하였다."*

The landlord and I got in an argument over the rent, but we worked out a compromise which was good for me and was good for him.

57-5 II سَوّى مُشْكِلة – ـِ (ل)

[입말]

문제를 만들다, 문제를 야기하다

caused a problem, made a problem, created a problem (for) [s/one else]

예문 وَيْنْما سَمِيرة وبِنْت حْماها بِرُوحُوا ، بِسَوُّوا مَشاكِل لَلِّي حَوَلَيْهُم .

لازِم حَدا يِحْكِيلْهُم عن هادَ الإِشِي !

사미라(Sameera)와 그녀의 시누이가 가는 곳마다 그들 주위에 문제들을 일으켜요. 누군가 이것에 대해 그들에게 말해야 하겠어요!

Everywhere Sameera and her sister-in-law go, they cause problems for those around them. Somebody needs to speak up about it! *[lit: Someone must tell them about this the thing!"]*

58-1 I شاف – ـُ

[입말]

① 보다;

saw [s/one or s/thing];

예문 شُفْت المِلك مْبارِح بَسْ ما قْدِرت أَحْكِي مَعُه .

나는 어제 왕을 보았지만 그와 말할 수는 없었다.

I saw the king yesterday but didn't get to speak to him.

② 잘되어 있는지 확인하다, 점검하다

checked out, took a look at, looked at [s/one or s/thing]

예문 مْحَمَّد ! شُوف سَيّارة تامِر لجْدِيدة (الجْدِيدة) !

야, 무함맏! 타미르(Tamer)의 새 자동차를 점검해줘!

Hey Muhammad! Check out Tamer's new car!

58-2 I شاف الإِشِي الإِيجابِي في ـُ

[입말]

긍정적인 면을 보다

saw the positive in [s/thing or s/one]

예문 دايْماً بِشُوف الأَشْياءِ الإِيجابِيّة في كُلّ مَوْقِف ... أَنا بَحِبّ هالإِشِي فِيه !

그는 항상 모든 상황 속에서 긍정적인 면을 본다. 그의 이런 면을 나는 좋아한다.

He always sees the positive in every situation… I love this about him!

58-3 I شاف الإِشِي السَّلْبِي في ـُ

[입말]

부정적인 면을 보다

saw the negative in [s/thing or s/one]

예문 إِزا مِنْرَكِّز على الإِشِي السَّلْبِي ، رَح نْشُوف السَّلْبِي بَسْ .

만약 우리가 부정적인 것에 초점을 맞추면, 우리는 부정적인 것만 보게 된다.

If we focus on the negative, we will only see the negative.

58-4 I شافُه ـُ

[입말]

그를 [어떤 상태로] 보다

he looked to him [to be…], he seemed to him [to be…], he seemed [to be…]

**직역: "그가 그 사람을 [어떻게] 보았다*

예문 ما بَعْرَف عَنَّك ، بَسْ أَنا شايِفْها (شُفْتْها) مُحْبَطة من إِشي .

당신은 잘 모르겠지만, 제가 보기에 그 여자는 어떤 것 때문에 우울해 보여요.

I don't know about you, but she seems to me to be depressed about something.

58-5 I شاف حالُه –

[입말]

우쭐하다, 자기만 생각하다

*thought he was a big deal,*was conceited*, was stuck-up, was stuck on himself, was into himself, thought he was the bomb, thought he was all that, thought he was the man*

**직역: "그가 그 자신을 보았다"*

*참고: 이 경우 동사보다도 능동분사 " اسْم الفاعِل " 가 더 많이 사용됨.

예문 إِزا بِتْشُوف حالَك ، ما رَحْ يكُون عِنْدَك صْحاب كْتِير .

만약 당신이 본인에게만 집착하면, 당신에게 친구가 많지 않게 될거예요.

If you think you're a big deal, you won't have a lot of friends.

58-6 I شاف غَلَط في / شاف أَغْلاط في –

[입말]

허물을 발견하다, 약점을 보다

found fault in, saw the bad in [s/one or s/thing], saw a mistake in [s/thing]

예문 شَخْصِيّاً ، أَنا ما بَحِبّ أَضَلّ حَوالَيْنِ النّاس إِلّي دايْماً بِشُوفُوا أَغْلاط التّانْيين وبِشُوفُوا بَسْ الأَشْياءِ الغَلَط في الحَياة .

개인적으로, 나는 항상 다른 사람들의 허물들을 찾고 삶을 부정적으로만 보는 사람들 가운데 섞여 있기를 좋아하지 않는다.

Personally, I don't like to be around (*lit: "to remain around"*) people who always find fault in others and see only the bad in life.

شافْلُه ـُ   I   58-7

[입말]

그를 위해 찾다, 그를 위해 점검하다

took a look at [s/thing] for him, looked into [s/thing] for him, looked for him, checked [s/thing] out for him

예문 مُمْكِن تْشُوفِيلِي وَيْن شِهادة مِيلادِي ؟ مُوَظَّفة في الحَكُومة طَلَبْتْها مِنِّي اليَوْم .

저의 출생증명서가 어디에 있는지 찾아보아 주겠어요? 공무원이 오늘 저에게 요구했어요.

Can you look into where my birth certificate is for me? An employee in the government office asked me for it today.

شاف من ـُ   I   58-8

[입말]

[창문 등을] 통해 보다

looked through, peeped through, saw through, took a look through [the window, the peep-hole, the sliding glass door, etc.]

예문 إِسْتَنّى ! ما تِفْتَح الباب ! شُوف مِنِ العَيْنِ السِّحْرِيّة أَوَّل وإِحْكِيلِي مِين .

잠깐만요! 문을 열지 마세요! 먼저 문구멍으로 보고 누군지 저에게 말해 주세요.

**직역: "기다려요! 문을 열지 마세요! 먼저 신비한 눈으로 보고 누구인지 저에게 말하세요."*

Don't open the door yet! Take a look through the peephole (*lit: the magical eye*) first and tell me who it is.

شافُه زَيّ عُزْرايِيل / شافُه زَيّ عُزْرايِين ـُ   I   58-9

[입말]

그를 거절하다, 퇴박 놓다

was repulsed by him, *totally hated him*, completely hated him, hated him a lot

**직역: "그가 그를 죽음의 천사와 같이 보았다."*

*참고: 죽고 삶을 정도로 싫은 사람이 옆에 있을 때의 표현임.

예문 لَيْش بِتْشُوفِيها زَيّ عُزْرايِين ؟ أَنا شايِف (أَنا بَشُوف) إِنّها بِنْت كْوَيّسة .

왜 당신(여)는 그 여자를 거절하세요? 제가 보기에 좋은 여자 같은데요.

Why do you (fem.) hate her so much? She seems to me to be a nice girl.

59-1 I شِرِب –

① 마시다;

drank [s/thing];

예문 كُنْت عَطْشان فَشْرِبت شْوَيّة عَصِير .

나는 목이 말라서 주스를 약간 마셨다.

I was thirsty, so I drank some juice.

② [동물이 물을] 핥다

[the dog, the cat, etc.] lapped up [the water, the milk, etc.]

예문 شُوف كِيف هَداكِ البِسّ بِشْرَب الحَلِيب وعَيْنُه عَلَيْنا (ودايْماً بِتْراقِبْنا) !

저 고양이가 우유를 핥으면서도 우리에게 눈을 떼지 않는 것을 보세요.

Look at how that cat laps up the milk! He's always got at least one eye on us!

[lit: "… and his eye is on us!"]

59-2 I شِرِب شَفّة – (من)

[입말]

① 한 모금 마시다, 홀짝이다;

took a sip, had a sip, drank a sip, got a sip (of) [water, etc.];

예문 خُدْ ، إِشْرَب شَفّة من كاسْتِي وشُوف إِزا بِعْجِبَك (إِزا عَجَبَك) .

여기요(받으세요), 제 컵에서 한 모금 마시고, 마음에 드는지 보세요.
Here (*lit: "take"*), take a sip of mine (*lit: "from my glass"*) and see if you like it (*lit: "if it pleases you"*).

② [담배를] 한 모금 빨다

took a drag (from) [a cigarette, a cigar, etc.]

예문 التَّدْخِين مِش طَبِيعِي . إِزا الواحَد عُمْرُه ما دَخَّن ، أَوَّلْما يِشْرَب شَفّة (ياخُد شَفّة) من سِيجارة رَح يقُحّ .

흡연은 자연스러운 것이 아니다. 만약 한번도 흡연해 보지 않은 사람이 처음으로 담배를 한 모금 빨면 기침하게 된다.
**직역:* *"만약 누군가 그의 나이에 흡연하지 않았다면, 그가 처음으로 한 모금의 담배를 마실 때 그는 기침하게 될 것이다."*
Smoking is not natural. The first time someone new to smoking takes a drag from a cigarette, he almost always coughs.

59-3 I شِرْبُه مَرّة واحْدة –َ

[입말]

한 숨에 다 마시다

Chugged it down, downed it, chugged it, gulped it down, drank it up
**직역:* *"그가 그것을 한 모금에 마셨다."*

예문 هي كانَتْ كْتِير عَطْشانة بَعْدِ المباراة لَدَرَجة إِنّها شِرْبَتْ لِتر مَيّ مَرّة وَحْدة !

그 여자는 1리터의 물을 단 숨에 마실 정도로 시합 후에 매우 목이 말랐다.
She was so thirsty after the game that she chugged down almost a liter of water!

59-4 I شِرِب المَقْلَب / شِرِب مَقْلَب –َ (من)★

[입말]

농낙당하다, 놀림당하다

fell for it, fell for the prank, fell for the joke

예문 كان لازِم تْشُوفُه ! هو شِرِب مَقْلَب مْرَتَّب وإحْنا مُتْنا مِن الضِّحِك (مِن الضُّحُك) !

정말 그걸 봤어야 하는데! 그는 우리에게 놀림당했는데, 우리는 웃겨서 거의 죽는줄 알았어!

You should have seen it! He fell for it big-time and we died laughing!

60 I شَكَر – ُ (ل/على)

감사하다

thanked [s/one] (for) [s/thing], said thank you to [s/one] (for) [s/thing]

예문 أَنا ساعَدْتُه بَسْ هو ما شَكَرْني .

나는 그를 도와주었는데 그는 나에게 감사하지 않았다.

I helped him but he didn't thank me for it.

[lit: "... but he didn't thank me."]

61-1 I صار – ِ

① [어떻게] 되다;

became, got [happy, angry, sad, etc.];

예문 هو ما كان هَيْك من قَبِل . صار عَصَبِي بَعِدْما صارَت مَعُه مَشاكِل كْتِير .

그는 이전에 이렇지 않았다. 그가 많은 문제들을 겪게 되면서 신경질적이 되었다.

He was not like this before. He started to get on edge after having a lot of problems.

② [일이] 일어나다, 벌어지다;

[s/thing] happened, was going on, *was going down, was up*, went on, came to pass;

예문 أَيْش عَمْ بِصِير ؟! مِشْ مَعْقُول ! هالكُمْبْيُوتر بِخَرِّبْلي حياتِي (جَنَّنِّي) !

어떻게 된거야?! 이건 말도 안돼! 이 컴퓨터 때문에 못 살겠어!
**직역: "... 이 컴퓨터가 내 삶을 파멸시키고 있어!."*
What's going on?! This is unbelievable! This computer is ruining my life!

③ [어떻게 되기] 시작하다;
[s/one or s/thing] started, began [doing s/thing], started, began [to do s/thing], it happened that he started [doing s/thing];

예문 صِرْت أَتْعَلَّم عَرَبِي لَمّا جِيت على الأُرْدُن .

내가 요르단에 왔을 때 나는 아랍어를 배우기 시작하였다.
I started learning Arabic when I came to Jordan.

④ 합산되다
[the total price, the bill, the fees, etc.] came out to, came to, came up to, totaled, totaled up to [a certain amount]

예문 ضِفِت كُلّ شِي والمجْمُوع صار أَرْبَعِين أَلْف دِينار وتَلاتِين قِرْش .

모든 것을 다 더했더니, 합계가 4 만 디나르, 30 끼르쉬가 되었다.
I added it all up and the total comes to forty-two thousand dinar and thirty qirsh.

61-2 I صار بارِد –

추워지다
[the weather, the temperature, etc.] got cold, became cold

예문 يا بايِّيْ ! الجَوّ صار كْتِير بارِد (الجَوّ بَرَّد) بَعِدْما غَرَّبَتِ الشَّمْس (غَرْبَتِ الشَّمْس) !

야아! 해가 지니까 날씨가 정말 추워졌네!
Wow! It's really gotten cold since the sun went down!
[lit: "The weather has become very cold..."]

61-3 I صار بَعِد –

초래되다, 결과로 일어나다

[s/thing] came about from, materialized from, resulted from, ensued from, emerged from, followed from [s/thing], came of [it]

예문 هي ومُدِيرةِ المدْرَسة تْهاوَشُوا . وِالِّي صار بَعِدْها (بَعْدَيْن) إِنْها سَحْبَتْ أُوْلادْها مِن المدْرَسة .

그 여자와 교장 선생님(여)은 싸웠다. 그 결과로, 그 여자는 자기 아이들을 학교에서 데리고 나왔다.

She and the school principal (fem.) had a nasty fight. What came about from that was that she pulled her children out of the school.

61-4 1 صار بَعِيد عن ـِ

① 멀어지다, 서먹서먹해지다, 소원해지다;

grew apart from, drifted apart from, grew far apart from, drifted far apart from, was far apart from [s/one or his faith]

예문 بَكْرَه إِنُّه الأُمُور انْتَهَتْ بِهالطَّرِيقة ، بَسْ أَيْش بَقْدَر أَعْمَل ؟

أَنا وأَعَزّ صاحِب إِلِي صِرْنا بْعاد عن بَعَض في آخِر أَكَمّن سَنة .

일이 이렇게 끝나서 슬프지만 내가 할 수 있는 일이 무엇이겠는가? 나와 내 가장 친한 친구는 최근 몇 년동안 서먹서먹해졌다.

I hate that things turned out this way, but what can I do? My best friend and I just drifted apart from each other over the last few years.

② 뿔뿔이 흩어지다, 멀리있다

drifted apart from, drifted away from, was far away from, went far away from [s/one else]

*참고: 가까이에 있다가 멀어진 의미를 내포하고 있음.

예문 كِيف بِدَّك إِيّانِي أَنادِي عَلَيْه وهو صار بْعِيد عَنِّي ؟ ما رَح يِسْمَعْنِي .

그가 저렇게 멀리 있는데 당신은 제가 어떻게 그를 부르라는 것인가요? 그가 저를 듣지 못할거에요.

How is that you want me to call for him when he's so far away from me? He's not going to hear me.

61-5 ⬢ صار جَدِّي ـِ (ب/في)

[입말]

진지해지다, 열심히 하다

got serious, *knuckled down* (in) [his studies his work, etc.]

예문 هايِ السَّنة ، لازِم نْصِير جَدِّيِّين أَكْتَر في دْراسِتْنا .

금년, 우리는 우리 공부에 대해 더 진지해져야 한다.

This year, we need to get more serious in our studies.

61-6 ⬢ صار زَحْمة ـِ

[입말]

붐비다

[the market, the bus, the street, etc.] got crowded, became crowded

예문 الباص صار زَحْمة وَقْتِ الضُّهر لإِنُّه كُلّ النّاس كانَتْ مْرَوّحة من شُغُلْها .

모든 사람들이 직장에서 집으로 돌아왔기 때문에 정오에 버스는 사람들로 붐볐다.

It got crowded on the bus about mid-day when the people were coming back from work.

61-7 ⬢ صار عُمْرُه ـِ

[어떤 나이에] 이르다, 도달하다

turned [a certain age]

예문 إِبْنِي رَح يصِير عُمْرُه سَنْتَيْن في شَهِر عَشَرة هايِ السَّنة .

내 아들은 금년 10월에 두 살이 된다.

My son will turn two in October of this year.

61-8 I صارْلُه ـِ

① [어떤 장소에] 산지 얼마가 되다;

[he] has been [s/where for a certain period of time];

예문 صارْلِي (صَلِّي) سَنْتَيْن ونُصّ في دِمَشْق ، وإِنْت قَدَّيْش صارْلَك (صَلَّك) في القُدْس ؟

제가 다마스커스에 산 지 2년반이 되었는데, 당신은 예루살렘에 산 지 얼마나 되었죠?

I've lived in Damascus now for two-and-a-half years. How about you… How long have you lived in Jerusalem?

② [시간이] 얼마 지나다,

[it] has been [an hour]

예문 صارِلْها (صَلّها) ساعة وما بَيَّنَتْ . خَلِّينا نِطْلَع (خَلِّينا نْرِوح) .

한 시간이 지났는데 그 여자는 나타나지 않았어요. 우리 이제 그만 가요.

It's been an hour and she still hasn't showed up. Let's go ahead and go.

[lit: "It has been for her an hour…"]

61-9 I صار مع ـِ

[입말]

① [누구에게 어떤 일이] 일어나다;

happened to, happened with [s/one]

예문 أَنا بَسْ بَتْسائَل ... أَيْش صار مَعَك في المؤْتَمَر ؟ ما شُفْتَك لا عالغَدا وَلا عالعَشا .

그냥 궁금해서 묻는데요... 컨퍼런스에서 당신에게 무슨 일이 있었나요? 점심 때도 저녁 때도 당신을 보지 못했어요.

I'm just curious… What happened to you (or with you) at the conference?

I didn't see you at lunch or dinner. *[lit: I'm just wondering…"]*

② [어떤 것을] 갖게 되다;

got a hold of [some money];

예문 أنا أَوَّلْما يصِير مَعِي مَصارِي رَح أغَيِّر دِيكُوْرِ البَيْت وأَشْتَرِي عَفِش جْدِيد لَغُرْفةِ الجُلُوس (لَغُرْفةِ القَعْدة).

내게 돈이 생기는대로 집내부를 바꾸고, 응접실에 새로운 가구를 살 것이다.

As soon as I get a hold of some money, I'm going to redecorate this house and buy new living room furniture.

③ [시간을] 갖다

got [some time or time]

예문 مُمْكِن تْطَلِّعِي فاتُورة المَيْ لَجَمال لَمّا بِصِير مَعِك وَقِت ؟

시간 되실 때 수도요금 청구서를 자말(Jamaal)에게 갖다 주실 수 있나요?

*직역: *"당신(여)에게 시간이 될 때, 수도요금 청구서를 자말에게 올려다 줄 수 있나요?"*

When you (fem.) get time, will you take this water bill upstairs and give it to Jamaal?

61-10 I صار مُغْرَم في/بِ ـ

열중하다, 매료되다

was crazy for, became infatuated with [s/one or s/thing], was caught up in, *got wrapped up in, got into* [s/thing]

예문 أنا خايِف إنُّه نادِية صايْرة مُغْرَمة بِهالشَّبّ لأَنّها ما بْتِحْكِي إلاّ عَنُّه (ما بْتِحْكِي إلاّ بِسِيرْتُه) !

나는 나디아(Nadia)가 저 청년에게 푹 빠져 있어 걱정이다. 왜냐하면 나디아가 그에 대한 것 이외에는 다른 말을 하지 않기 때문이다.

I'm afraid that Nadia is becoming infatuated with this guy because all she ever does is talk about him! *[lit: "...because she stays talking about him and only!"]*

61-11 صار مَلْيان –ِ(ب)

[입말]

가득차게 되다, 만연하게 되다, 꾀다

[s/thing or s/one] became infested, was infested, *was eaten up* (with) [fleas, lice, roaches, etc.], [the house, the room, etc.] was full (of) [mosquitoes, bugs, etc.]

*참고: 간혹 전치사 " ب "와 같이 오기도 하나 필수적이지는 않음.

예문 مِشْ قادِر أَنام عَشان غُرْفِتي صارَتْ مَلْيانة ناموس ! النّامُوس في كُلّ مَكان !

내 방에 모기가 들끓어서 잘 수가 없네! 온 사방에 모기 뿐이야!

I can't sleep because my room is full of mosquitoes! They're everywhere!

61-12 صار الوَضِع أَسْوأ –ِ

상황이 악화되다

the situation got worse, the situation worsened, the situation intensified, *the situation went down hill*

예문 بَعِدْما خَسِرْت شُغْلي ، صار وَضِعْنا أَسْوأ.

내가 실직한 후, 우리의 상황은 더 나빠졌다.

After I lost my job, our situation got worse.

61-13 صار وَقْتِ النَّوْم –ِ*

[입말]

잘 시간이 되다

it's time for bed, it's time to go to sleep

*참고: 동사가 과거형이나 의미는 현재임.

예문 فَرْشي سْنانَك وإِغْسِل وِجْهَك ... صار وَقْتِ النَّوْم .

양치질하고 세수하거라... 잠잘 시간이다.

Brush your teeth and wash your face… It's time for bed.

61-14 ⓘ صار يِغْفى ـِ(في/ب)

[입말]

졸기 시작하다, 잠들기 시작하다

started dozing off, started to fall asleep, started falling asleep, went to sleep, started napping (in/during) [class, the meeting, etc.], dozed off, fell asleep, went to sleep (on) [the couch, the floor, etc.]

예문 وأنا بَحْكِي مع صاحْبِي صار يِغْفى ، بَسْ أنا صَرَّخْت عَلَيْه عَشان يِصْحى .

내가 친구에게 말하고 있는 동안 그는 졸기 시작했다. 그래서 나는 그에게 소리쳤고 그는 깨어났다.

While I was talking to my buddy (*or* friend), he started to fall asleep, but I yelled at him for him to wake up (*or* to get him to wake up).

62-1 ⓘ ضَرَب ـُ (ب)

①때리다, 치다;

hit [s/one or s/thing];

예문 الوَلَد ضَرَب البِنْت وبَكّاها .

그 소년은 소녀를 때렸고 울게 만들었다.

The boy hit the girl and made her cry.

② 매질하다;

spanked [the child], gave [the child] a spanking, gave [the child] a whipping, whipped, paddled [the child], gave [the child] a belt;

예문 لَمّا كُنْت أعانِد أبُوي ، كان يُضْرُبْني ، بَسْ هو دايْماً كان يقُلّي إنُّه بِحِبّني وإنُّه هالطَّرِيقة بِتْدايْقُه .

만약 내가 아버지를 거역하면, 나를 매질하시곤 하셨다. 그러나 그는 항상 나를 사랑하신다고 말씀하셨고 이런 방법이 그를 괴롭게 한다고 하셨다.

If I ever got (*or* when I got) stubborn with my dad, he would give me a spanking, but he always told me that he loved me and that it hurt him to have to do it. *[lit: "... and that this way bothers him."]*

③ 곱하다

multiplied [a number] (times) [another number]

*note: in the present tense, English speakers may also drop the verb "multiply" and instead use the word "times" as a verb; i.e. "What is three times six?"

예문 أُضْرُبْ تَلاتة بِسِتّة ، قَدَّيْش بِطْلَع ؟

3 곱하기 6 하면 얼마가 되죠?

*직역: "3 을 6 으로 치면, 얼마가 올라오나요?"

Multiply three times six and what do you get?

62-2 I ضَرَب بْرَيْك ـُ

[입말]

휴식하다

hit the brake, pressed down on the brake, put his foot on the brake

예문 أَيْشِ المِشْكلة ؟ كُلّ مَرّة بَضْرُب بْرَيْك ، بَسْمَع صَوْت عالِي كَإِنُّه حَدِيد .

왜들 이래? 내가 휴식을 주기만 하면 난리가 난 것처럼 큰 소리가 들려.

*직역: "무엇인 문제인가? 매번 휴식을 때리면 나는 쇠와 같은 높은 소리를 듣는다."

What's wrong? Every time I hit the brake, I hear a loud scraping noise.

62-3 I ضَرَب صارُوخ ـُ (على)

[입말]

미사일을 쏘다

shot a missile, launched a missile (at) [s/one or s/place]

예문 المِتَمَرِّدِين ضَرَبُوا خَمِس صَوارِيخ على مَواقِع عَسْكَرِيّة في اللَّيْل .

반군은 밤에 군부대를 향해 5개의 미사일을 발사했다.
The rebels shot five missiles at military positions during the night.

ضَرَب على – ُ I 62-4

[입말]

전화를 걸다

called, telephoned [s/one], gave [s/one] a call, dialed [s/one's] number, called [s/one's] phone

예문 آسِف ، بَس أَنا مَشْغُول هَلاّء . بَقْدَر أَضْرُب عَلَيْك (مُمْكِن أَحْكِي مَعَك) بَعِد حَوالِي خَمْس دَقايِق ؟

미안해요, 하지만 저는 지금 바빠요. 약 5분 후에 제가 전화를 드려도 될까요?
I'm sorry but I'm right in the middle of something (*lit: "... I'm busy."*).
Can I call you in about five minutes or so?

ضَرْبَتْ فْيُوزاتُه – ُ I 62-5

[입말]

와락 흥분하다, 머리가 돌다, 분별을 잃다

had a short in his fuse, was not all there, lost his marbles

*note: in the present tense, English speakers also say, "His elevator doesn't reach the top floor"
**직역: "그의 도화선들을 쳤다*

예문 بَزُنّ إِنُّه فْيُوزات أَخُوك ضَرْبَتْ !

제 생각에 당신의 형(동생)은 몹시 흥분했군요!
**직역:제 생각에 당신형의 퓨즈들을 때렸군요!"*
I think your brother has a short in his fuse!

ضَرَبْلُه تَلِفُوْن – ُ I 62-6

[입말]

누구에게 전화하다

gave him a call, called him, *dropped him a line,* phoned him, got in contact with him

예문 أُضْرُبْلِي تَلِفُوْن إِزا بِدَّك نِطْلَع نِشْرَب قَهْوة مع بَعَضْ .

함께 나가서 커피 한잔 하시고 싶으시면 전화 주세요.

**직역 "만약 우리가 함께 나가서 커피 마시기를 원한다면 저에게 전화를 때려 주세요"*

Give me a call sometime and we'll go out and have coffee together.

62-7 I ضَرَبُه إِسْفِين – ُ (عِنْد)

[입말]

험담하다, 악담하다

talked bad about him, talked smack about him, talked trash about him (to) [s/one]

*참고: " إِسْفِين " 는 외벽의 타일을 붙일 때 사용되는 작은 나무조각임.

*참고: 이 동사는 젊은 남자가 주로 사용하는 심한 속어임.

예문 بْتِعْرَف ، أَنا بَحْزَن على عُدَيّ لأَنُّه مِش مِنْتَبِه إِنُّه المسْؤُول عَنُّه بِضَلُّه يُضْرُبُه أَسافِين عِنْدِ المدِير . هادَ هو السَّبَب إِلِّي عَشانُه المدِير بِعامْلُه بِطَرِيقة مِش كْوَيّسة بِالمرّة .

있잖아요, 우다이(Uday)가 안됐어요. 그가 신경쓰지 않으면 그의 상관(주임)이 지배인에게 가서 계속 험담해요. 이것이 지배인이 항상 우다이를 안좋게 대우하는 이유에요.

**직역 "... 왜냐하면 그가 모르는 사이에 책임있는 자가 계속 지배인에게 가서 나무조각을 때리기 때문이에요. 이것이 지배인이 그를 절대로 좋지 않은 길로 대우하는 이유에요."*

You know, I feel sorry for Uday. Whenever he's not looking, his supervisor goes and talks bad about him to their boss. This is why his boss treats him so badly.

62-8 I ضَرَبُه بِالحَيْط – ُ

[입말]

늘씬하게 패다

jacked him up against the wall, slammed him against the wall, *jacked him up*

*note: "jacked him up" can be used more generally and instead of "the wall", one may substitute "the car", etc.

예문 بَعِدْما سِمِع إنُّه إبْنُه رَسَب في الرِّياضِيَّات والعُلُوم ، عَصَّب وضَرَبُه بِالحَيْط .

그의 아들이 수학과 과학에서 낙제한 사실을 듣고, 그는 성질을 부리며 아들을 늘씬하게 팼다.

After he heard that his son failed math and science, he had a temper tantrum and jacked him up against the wall.

62-9 I ضَرَبُه بِرُكْبِتُه ـُ (على)

[입말]

무릎으로 차다

kneed him, *gave him a knee* (in) [the stomach, etc.]

예문 لُولاد (الأَوْلاد) كانُوا بِدايْقُوها كْتِير لَدَرَجة إنّها ضَرَبَتْ واحَد مِنْهُم بِرُكْبِتْها عالمِنْطِقة الحَسّاسة .

소년들이 그 여자를 너무 괴롭혀서 그 여자는 그들 중 한 명의 급소를 무릎으로 걷어찼다.

The boys were harassing her so much that she kneed one of them in his private part (*lit: "the sensitive area"*).

62-10 I ضَرَبُه بِقَفا يدُه ـُ ★

[입말]

손등으로 치다

backhanded him

**직역: "그가 누구를 손의 뒤로 쳤다."*

예문 في رْجال شَدِيدِين كْتِير (رْجال صارْمِين كْتِير) مع نِسْوانْهُم وأُوْلادْهُم لَدَرَجة إنُّه بَعْضِ الأَوْقات بُضْرُبُوهُم بِقَفا إيدْهُم إزا بِجاوْبُوهُم .

어떤 남자들은 아내와 아이들에게 너무 사나와서 이따금 대꾸하면 손등으로 그들을 친다.

Some men are really harsh and will sometimes backhand their wives and children if they talk back to them. *[lit: "There are very harsh men with their women and children to a point that some of the times they hit them with the back of their hand if they answer them."]*

62-11 ⓘ ضَرَبُه بُكْس – (على)

[입말]

주먹으로 치다

punched him, boxed him, slugged him, *clubbed him, clocked him, whacked him* (in) [the arm, the chest, the stomach, the face, etc.]

예문 أَنا شُفْت كُلّ إِشي ! هادِ الشَّبّ تْحَرْكَش بِمَرْةِ الزَّلَمة التّانِي ولَمّا شافُه الزَّلَمة ،

لِحْقُه في الشّارِع وضَرَبُه بُكْس على وِجْهُه .

저는 다 봤어요! 이 청년이 다른 아저씨의 아내에게 집적거렸고 아저씨가 그를 보고는, 그를 거리까지 좇아가 얼굴을 주먹으로 쳤어요.

I saw the whole thing! This guy made a pass at the other guy's wife and when he saw it, he chased him down the street and punched him in the face.

62-12 ⓘ ضَرَبُه سِكِّينة – (في/ب)

[입말]

칼로 찌르다

stabbed him, stabbed him with a knife, knifed him (in) [the arm, the chest, the stomach, the leg, etc.]

예문 المهاجِم ضَرَب ضَحِيتُه (ضَحِيَّتُه) سِكِّينة في رَقْبِتُه وبَعْدَيْن هَرَب .

وإِحْنا هَلاّء مِنْفَتِّش المنْطِقة حَتّى نْلاقِيه .

가해자는 피해자의 목을 칼로 찌르고 도망갔다. 우리는 지금 그를 찾을 때까지 그 지역을 수색하고 있다.

The assailant (*or* attacker) stabbed his victim in the neck and then took off by foot. We are now conducting a search of the neighborhood to find him.
[lit: "And we are searching the area until we find him."]

62-13 ضَرَبُه شَلُّوت – ُ (على)

[입말]

발로 차다

kicked him (in) [the stomach, the leg, the head, etc.]

예문 الوَلَد كان يِلْعَب بِدَفاشة مع أَخُوه الصْغِير وضَرَبُه شَلُّوت .

그 소년은 동생과 함께 거칠게 놀고 있다가 동생을 발로 걷어찼다.
The boy was playing rough with his little brother and kicked him.

62-14 ضَرَبُه قَتْلة – ُ

[입말]

① 마구 때리다, 괴롭히다;
beat him up, *kicked his butt;*

예문 باسِم زِعِل لأَنُّه أَخُوه ضَرَبُه قَتْلة .

바심(Basem)은 형이 마구 때렸기 때문에 화가 났다.
Basem got mad because his brother beat him up.

② 심하게 매질하다
gave him a spanking, gave him a beating, gave him a whipping, *gave him the belt*, spanked him, whipped him
**직역: "그가 누구를 매로 때렸다*

예문 لَمّا سِمِع عَلِيّ إِنُّه إِبْنُه بِدَخِّن ، ضَرَبُه قَتْلة نْضِيفة .

알리(Ali)는 아들이 흡연한다는 것을 듣고, 그를 한바탕 매질했다.
**직역: "...그는 아들을 깨끗하게 매질했다."*
When Ali heard that his son smokes, he gave him a good spanking.

62-15 I ضَرَبُه مُوس – ُ (على)

[입말]

칼로 베다

slashed him with a knife, cut him with a knife

예문 تْنَيْن تْهاوَشُوا في مَدْرَسِة إِبْنِي وواحَد سَحَب مُوس على التّاني وضَرَبُه بِوِجْهُه .

두 사람이 내 아들의 학교에서 싸웠고, 하나가 면도칼을 꺼내 다른 하나의 얼굴을 베었다.

Two guys got in a fight at my son's school and one of them took out a knife and slashed the other one in the face with it.

62-16 I ضَرَبُه كَفّ – ُ (على)

[입말]

[뺨을] 손바닥으로 치다

slapped him, *gave him a slap* (in) [the face], slapped him (on) [the arm, the face, etc.]

예문 المرّة الوَحِيدة إلِّي شُفْت فِيها إمّها بْتُضْرُبْها كَفّ ، هي لَمّا سَبَّتْ عَلَيْها !

내가 그 여자의 어머니가 딸의 뺨을 때리는 것을 본 것은 오직 딸이 어머니를 저주했을 때 뿐이다!

**직역:* *내가 그 여자의 어머니가 그 여자를 손바닥으로 치는 것을 본 한번의 때는, 그 여자가 그 어머니를 저주했을 때이다*

The only time I ever saw her mother slap her was when she cussed at her.

63-1 I طَلَب – ُ (من)

요구하다, 신청하다

requested, ask for, made a request for, put in a request for [s/thing] (from) [s/one]

예문 طَلَبْنا مِنِ الْغَرْسَوْن مِينْيُو قَبِل أَكْتَر من تُلْت ساعة ، بَسْ هو فِعْلاً مَشْغُول كْتِير .

우리는 종업원에게 적어도 20분 전에 메뉴를 요구했지만, 그는 정말 매우 바빴다.
We requested a menu from the waiter over twenty minutes ago, but he's been really busy.

63-2 I طَلَب إيد ـُ (ل)

청혼하다

[s/one] asked for [s/one's] hand in marriage, [his father or uncle] asked for [s/one's] hand in marriage (for) [his son or nephew]

*직역: "그가 손을 요구했다"

예문 فِي الدُّوَلِ العَرَبِيّة مِشْ مَسْمُوح لَشَبّ إِنُّه يرُوح لَحالُه ويُطْلُب إيد بِنت . عَيْلْتُه لازِم تْرُوح مَعاه (مَعُه) .

아랍 국가에서, 남자가 혼자 여자의 집에 가서 청혼하는 것은 허락되지 않는다. 그의 가족이 반드시 그와 함께 가야 한다.
In Arab countries, it's not allowed for a guy to go by himself and ask for a girl's hand in marriage. His family must go with him.

63-3 I طَلَب تَوْصِيلة ـُ(من) {ل}

[입말]

태워주기를 부탁하다, 데려다 주길 부탁하다

asked for a ride, *asked for a lift,* hitch-hiked a ride (from) [s/one] hitched a ride (with) [s/one], asked for a ride, asked for a lift, hitch-hiked a ride (from) [s/where] {to} [s/where else]

예문 الخَمِيسِ الماضِي لَمّا كُنْت نازِل على وَسْطِ البَلَد ، تَلات شَّباب طَلَبُوا مِنِّي تَوْصِيلة لَهُناك .

지난 목요일 내가 중심가로 가고 있을 때, 3명의 젊은이가 나에게 그 곳까지 태워주기를 부탁했다.

*직역: "지난 목요일 내가 도시 중심으로 내려가고 있을 때, 3 명의 청년이 그 곳까지 승차를 요구했었다."

Last Thursday, when I was going downtown, three guys asked me for a ride.

طَلَب الرَّقَم – ـُ ⬬ 63-4

전화하다, 번호를 돌리다

dialed the number, dialed the phone

예문 بَفَكِّر إِنِّي طَلَبْت رَقَم غَلَط عَشان رَدّ عَلَيّ واحَد صِينِي .

중국인이 내 전화를 받은 것으로 보아 내가 잘못된 번호를 돌린 것 같다.

I think that I might have dialed the wrong number because a Chinese guy answered the phone. *[lit: "… because a Chinese one (male) answered on me."]*

طَلَب السَّماح – ـُ (من) {على/عَشان} ⬬ 63-5

용서를 구하다, 사과하다

asked forgiveness (from) [s/one] {for} [s/thing he did or s/thing he said], apologized (to) [s/one] {for} [s/thing he did or s/thing he said]

*note: English speakers more commonly say, "He asked for his forgiveness for [something he did, etc.]

예문 أَنا بِدِّي أَطْلُب مِنَّك السَّماح عَلِّي (على إِلِّي) قُلْتُه قَبْلِ شْوَيّ …

ما كان لازِم أَحْكِي هَيْك (غِلِطِت لَمّا حَكَيْت هَيْك) .

저는 조금 전에 제가 말했던 것에 대해 당신께 용서를 구해요… 제가 그렇게 말하는 것이 아니었어요.

I want to ask for your forgiveness for what I said earlier… it was wrong of me (*or* for me) to say that.

طَلَب الطَّلاق – ـُ (من) ★ ⬬ 63-6

이혼을 원하다

filed for divorce, filed for a divorce (from) [his wife]

예문 فِعْلاً هالشّي بِزَعِّل . إِلْهُم مِتْزَوّجِين سِتّ تُشْهُر بَسْ ، ومن هَلاّ طَلَبُوا الطَّلاق .

정말 이것은 통탄할 일이다. 그들은 결혼한지 겨우 6 개월인데, 이제 그들은 이혼을 원하고 있다.

The whole thing is really sad (*or* is really upsetting). They've only been married for six months and already (*or* and now) they've filed for divorce.

[lit: "... and from now they have requested the divorce."]

64-1 I طِلِع – (ل/على)

[입말]

① **떠나다, 달아나다;**

went out, *took off*, went up (to) [the store, the office, etc.], left [the place], *bolted*

*참고: 이 경우 능동분사 (اسْم الفاعِل) 가 매우 자주 사용됨;

예문 وَيْن سامِي ؟ طالِع على مَحَلّ تَأْجِير الدِّي في دِي (DVD) بَس رَح يِرْجَع بْسُرْعة (كَمان شْوَيّ) .

사미(Sammy)는 어디 있어요? 그는 DVD 대여점에 갔는데 곧 돌아올 거예요.

Where's Sammy?... He went out to the DVD rental place but should be back real (*or* really) soon.

② **합산되다;**

[the total price, the bill, the fees, etc.] came out to, came to, came up to, totaled, totaled up to [a certain amount];

예문 بَعِدْما جَمَعْنا المبْلَغ كُلُّه ، المجْمُوع طِلِع أَكْتَر من تَلَتْ تالاف دُولار قِيمةِ المجَوْهَراتِ المسْرُوقة (الملْطُوشة) .

우리가 모든 것을 다 합하니, 잃어버린 보석의 가치 총액이 3 천 달러 이상으로 나왔다.

*직역: *"우리가 그 모든 것의 양을 다 모으니, 합계가 3 천 달러 이상의 도둑맞은 보석으로 합산되었다."*

After adding it all up, the total came to over three-thousand dollars worth of jewelry that was stolen.

③ 밝혀지다

[s/thing or s/one] was actually, turned out to be [s/thing or s/one else]

예문 أنا مَصْدُوم ! مِشْ قادِر أَصَدِّق ! جارْنا الباب بِالبَاب إِلِّي كُنّا نْفَكّرُه مْنِيح ، طِلِع بِتْحَرَّش بِالصْغار .

나는 충격받았어요! 도저히 믿을 수 없어요! 좋은 사람으로 생각했던 우리 옆집 이웃이 치한인 것으로 밝혀졌어요.

직역: "… 우리가 좋게 생각한 바로 옆 대문 이웃이 어린이들에게 치근거리는 것이 밝혀졌다."

I'm in shock! I can't believe it! Our nice next door neighbor turned out to be a child molester.

64-2 (I) طِلِع إِجازة – (ل/على)

[입말]

휴가를 떠나다

went on vacation, took a vacation (to) [the Bahamas, Italy, the U.S., etc.]

*참고: 어떤 관광지를 방문했던 사실을 알리고 싶을 때 주로 사용됨.

예문 بِدّنا نِطْلَع (حابّين نِطْلَع) إجازة على النَّمْسا ، بَسْ ما مَعْنا . رَح نُوْخُد إجازْتِنا في البَيْت ونِسْتَرْخِي .

우리는 오스트리아로 휴가를 가기 원하지만 안될 것 같다. 우리는 집에서 휴가를 보내면서 쉴 것이다.

직역: "우리는 오스트리아로 휴가 떠나길 원하지만, 우리 것이 아니다(우리와 함께 있지 않다)…"

We would like to go on vacation to Austria but we can't afford it. We're just gonna take a vacation and relax at home.

64-3 I طِلْعَتْ رُوحُه – (من) َ

[입말]

① 지루해지다;

was bored stiff, got bored, was bored (by/with) [s/one or s/thing];

예문 كُلّ مَرّة بَسْمَعُه بَعْطِي المحاضَرة ، بْتِطْلَع رُوحِي !

그가 강의하는 것을 들을 때마다, 나는 지루해진다.

Every time I listen to him give a lecture, I'm bored stiff!

② 죽다, 숨을 거두다

gave up the ghost, died, *kicked the bucket, bought the farm,* breathed his last, *met his maker*

**직역: "그의 영혼이 올라갔다"*

예문 مَسْكِين ! بَعِد أَرْبَعِين سَنة مِن النَّقّ من مَرْتُه وبَناتُه ، طِلْعَتْ رُوحُه .

불쌍한 사람 같은 이! 지난 40년동안 아내와 딸들의 잔소리에 시달리더니, 결국은 죽었다.

Poor guy! After forty years of being nagged by his wife and daughters, he finally gave up the ghost.

64-4 I طِلِع على – َ

[입말]

올라가다, 기어오르다

[s/one] went up, climbed up, climbed, ascended, hiked up [the mountain, the hill, etc.]

예문 أَخُوي طِلِع على الجَبَل ووَقَّف على القِمّة .

내 동생(형)은 그 산을 올라 정상에 섰다.

My brother climbed up the mountain and stood on the summit.

64-5 I طِلِع فَوْق –َ★

[입말]

① [차가] 위로 지나다, 올라오다;

[the car, the truck, etc.] ran over [s/thing];

예문 السِّيّارة طِلْعَتْ فَوْقِ الرَّصِيف ودَعْسَتْ سِتّ كْبِيرة (خِتْيارة) .

그 차는 인도로 올라와서 6 명의 할머니를 쳤다.

**직역: 그 자동차는 보도 위로 올라왔고 6 명의 늙은 여자들을 밟았다.*

The car ran over the curb and ran over an old lady.

② 넘어가다

went over [the wall, the fence, the building, etc.]

예문 فادِي شات الطّابة وطِلْعَتْ فَوْقِ الشِّيك وضَرْبَتْ سِيّارة جارْنا .

파디(Fadi)가 공을 찼는데 담을 넘어 우리 이웃의 차에 맞았다.

Fadi kicked the ball and it went over the fence and hit our neighbor's car.

64-6 I طِلِع في –َ

[입말]

[차에] 승차하다, 타다

got in, got into [the car, the truck, or the helicopter], got on, got onto [the bus, the plane, the train, the ship, the boat, the bike, the horse, etc.]

*note: in English, two different prepositions are used for different means of transportation

예문 أَسْرِعْ ! إِطْلَعْ فِي السِّيّارة وخَلِّينا نْرُوح !

빨리, 빨리! 차에 타, 우리 가자구!

Hurry up! Get in the car and let's go!

64-7 Ⅰ طِلِعْلُه –َ

[입말]

① 권리가 있다;

had a right, had the right, had the authority, had authority [to do s/thing or to say s/thing];

예문 ما بِطْلَعْلَك تِحْكِي مَعُه هَيْك !

그에게 이렇게 말할 권리가 당신에게 없어요!
You don't have the right to talk to him like that!

② 확정되다, 확보되다;

was confirmed [a spot, a place, etc.] [at the university, in the play, on the team, etc.], was given [a spot, a place, etc.] [at the university, in the play, on the team, etc.];

예문 طِلِعْلِي مَقْعَد في الجامْعة الرَّبيع الماضِي .

지난 봄에 그 대학에서 내 입학이 확정되었다.
직역: 지난 봄에 나를 위해 대학에 좌석이 마련되었다
I was guaranteed a spot at the university this spring.

③ 밖에 나가 보다, 밖에 나가 말하다

went outside to see him, went outside to talk to him

예문 بْتِقْدَر تِطْلَع لَهالزَّلَمة ؟ بِضَلُّه يدُقّ عالباب ويرِنّ الجَرَس .

밖에 나가 이 아저씨에게 말해보겠어요? 그가 계속해서 문을 두드리고 초인종을 누르고 있어요.
Will you go outside and talk to this man? He keeps knocking on the door and ringing the doorbell.

64-8 Ⅰ طِلِع مع –َ

[입말]

① 같이 지내다, 친하게 지내다;

hung out with, hung around, went out with [s/one]

*직역: "그가 함께 올라갔다.";

예문 لازِم أَعْرَف ابْني بِطْلَع مع مِين !

나는 내 아들이 누구와 가까이 지내는 지 알아야겠어!

I should know who my son is hanging out with!

② 데이트하다, 교제하다

went on a date with [s/one], went out with [s/one], went out on a date with [s/one], took [s/one] on a date, took [s/one] out

*참고: 두번째의 의미는 단순 친구가 아니라 연애 관계를 의미함

예문 طَلَبْت مِنْها مَرّات كْتِير ، بَسْ ما رِضْيَتْ تِطْلَع مَعِي .

وأنا مِش عارِف لَيْش !

저는 그 여자에게 여러 번 부탁했지만, 그 여자는 저와 함께 데이트를 하려 하지 않았어요. 저는 왜 그러는지 모르겠어요!

*직역: "... 하지만 그 여자는 나와 함께 나가는 것에 동의하지 않았다."

I keep asking her, but she won't go out with me. And I don't know why!

64-9 I طِلِع من – (من)

[입말]

① [어디에서] 떠나다;

left [the house, work, etc.];

예문 إزا بْتِطْلَعي مِن البَيْت قَبِل السَّاعة عَشَرة ، رَحْ تِقْدَري تُوْصَلي هَوْن عالوَقت .

만약 당신(여)이 10시 전에 집을 나서면, 여기에 제 시간에 도착할 수 있을 거예요.

If you leave (fem.) the house before ten, you should be able to get here on time.

② 나가 있다, 떠나 있다;

has been out of, has been gone from, has been away from [the house, the office, etc.] (since) [a certain time];

예문 سامِر طِلِع مِنِ البَيْت مِن الصُّبح .

사미르(Samer)는 오늘 아침부터 나가 있었다.

Samer has been out of the house since this morning.

③ [문제에서] 빠져 나가다

got away with [the crime or the problem (he caused)]

*참고: 마지막 예에서는 문제나 범죄에서 빠져 나가는 것을 의미함.

예문 لَمّا إِمُّه كانَتْ مَشْغُولة بِالحَكِي ، مَأْمُون ضَرَب أُخْتُه وطِلِع مِنِ المشْكِلة بِسُهُولة .

그의 어머니가 말하느라고 정신이 없을 때, 마으문(Ma'moun)은 그의 여동생을 때리고 쉽게 빠져 나갔다.

직역: "... 마아문은 그의 여자 형제를 때리고 문제로부터 쉽게 밖으로 나갔다."

While his mother was busy talking, Ma'moun hit his sister and got away with it.

64-10 I طِلِع مِنِ السِّجن بِشُرُوط –َ

[입말]

가석방되다, 집행유예되다

got out on parole, went out on parole, was let out on parole, was paroled

예문 بِقُولُوا إِنُّه كْتِير مِنِ المساجِين لَمّا بِطْلَعُوا مِنِ السِّجِن بِشُرُوط بِعْمِلُوا جَرايِم خِلال سَنْتْهُم الأُولى وآخرْتْهُم بِرْجَعُوا عالسِّجِن مَرّة تانْية .

가석방으로 출소한 죄수들 가운데 많은 수가 출소 1년 내에 범죄를 저질러서 다시 감옥으로 돌아간다고 말한다.

직역: "... 그래서 그들의 상황은 그들이 2번째로 감옥에 가는 것으로 끝난다고 말한다."

They say that a lot of the convicts who get out on parole commit a crime within their first year out and end up back in prison.

65-1 ① ظَلّ - َ (مع) {في} ["ض"]

① 머무르다, 체재하다;

stayed, remained, stayed put [s/where] (with) [s/one];

예문 ضَلّ الخِتْيار في بَلَدُه حَتّى مات (ومات فِيه) .

그 노인은 죽을 때까지 그의 나라에 머물렀다.

The old man remained in his country until he died.

[lit: "The old man remained in his country and died in it."]

② 시간을 보내다, 방황하다;

hung around, hung out, stuck around (with) [s/one];

예문 لَمّا أَكُون فاضِي ، بَحِبّ أَضَلّ مع صْحابِي في المَوْل .

자유 시간이 생기면, 나는 친구들과 함께 쇼핑몰에서 시간을 보낸다.

When I get a free night (*or* when I have a free night), I like to hang around with my friends at the mall.

[lit: "When I am free/empty, I love to stay with my friends in the mall."]

③ 오래 가다, 견디다;

[the car, the refrigerator, etc.] lasted, kept on working, kept on running, kept running;

예문 هادِ السَّيّارة ضَلَّتْ مَعِي عَشَر سْنِين وبَتْمَنّى إِنّها تْضَلّ مَعِي كَمان عَشَر سْنِين .

이 자동차는 나와 함께 10년을 지냈고, 바라기는 앞으로 또 10년 간 견디기를 기대한다.

This car has lasted me ten years and I hope that it lasts for another ten.

④ 오래 머무르다, 사라지지 않다

[the smell, etc.] lingered, stayed, stuck around {in} [the room, the house, etc.] [the taste] lingered, stayed {in} [s/one's mouth], [the taste] lingered, stayed {on} [s/one's breath]

예문 أَنا شايِف إِنَّك بِتْدَخِّن كْتِير ، عَشان رِيحْتَك بِتْضَلّ دُخّان .

저는 당신이 골초인 것을 알아요, 왜냐하면 당신에게서 담배냄새가 사라지지 않으니까요.

*직역: *"저는 당신이 흡연을 많이한다는 것을 보아요, 왜냐하면 당신의 냄새가 담배를 오래 머물게 해요."*

I can tell that you smoke a lot, because the smell lingers on your breath.

65-2 ظَلّ بِدُون – ["ض"] َ

[입말]

없이 지내다

did without, went without, was without [s/thing or s/one]

예문 البُويْلَر خِرِب ، عَشان هَيْك كان لازِم نْضَلّ بِدُونِ الميّ السُّخْنة لَكَمِّن يَوْم (لَيَوْمَيْن) .

보일러가 망가졌다, 그래서 우리는 온수 없이 며칠간 지내야만 했다.

The boiler broke down, so we had to do without hot water for a couple of days.

65-3 ظَلّ بَرّا – ["ض"] َ

[입말]

멀리하다

stayed out of, stayed away from, kept out of, kept away from [s/one's] [room, office, house, etc.]

예문 كُلّ الموَزَّفِين بِعْرَفُوا إِنّهُم لازِم يضَلُّوا بَرّا مَكْتَبِ المدِير لَمّا يكُون مِشْ مَوْجُود هُناك .

모든 직원들은 지배인이 공석일 때 그의 사무실에 들어가면 안된다는 사실을 알고 있다.

All of the employees know that they should to stay out of the manager's office when he's not there.

65-4 ظَلّ على مَوْقِفُه – ["ض"] َ

[입말]

타협하지 않다, 계속 주장하다

didn't give an inch, didn't give in, didn't budge, kept his position

예문 إسْمَعِي ! حاوْلِي إنِّك ما تِزْعَلِي ولاّ تْعَصّبِي إزا هو بِقُول إنُّه بِدُّه كَمان مَصارِي عَشان الشُّغُل . ضَلِّي على مَوْقِفك وما تَعْطِيه أَيّ زِيادة .

잘 들으세요! 그가 일 때문에 돈을 더 달라고 해도 화내거나 흥분하지 않도록 노력하세요. 타협하지 말고 한 푼도 더 주지 마세요.

Listen (fem.)! Try not to get upset or blow up if he says he wants more money for the job. Just don't give in and give him any more.

65-5 ظَلّ في/ب – ["ض"]

[입말]

빈둥거리다, 어슬렁거리다

hung around, lounged around [the house], stayed in [the house, etc.]

예문 بِطَبِيعَتِي (بِطَبْعِي) ، ما بَحِبّ أَضَلّ في البَيْت طُول اليَوْم .

저는 본래 그래요, 하루 종일 집안에 있는 것을 좋아하지 않아요.

직역: "저의 속성에서, 저는 하루의 길이 동안 집안에 머무는 것을 좋아하지 않아요."

That's just not me. I never like to hang around the house all day (or all day long).

65-6 ظَلّ نايِم – ["ض"]

[입말]

늦잠 자다

slept-in, stayed in bed

예문 عَشان بُكْرة عُطْلة ، أنا رَح أَضَلّ نايِم .

내일은 휴일이니까, 저는 늦잠을 자겠어요.

Since tomorrow is a holiday, I'll be sleeping-in.

65-7 ⓘ ظَلّ يِحْكِي / ظَلُّه يِحْكِي – ["ض"]َ

[입말]

계속 말하다

kept on talking, kept talking, went on, kept on (for) [a certain amount of time]

예문 المحاضَرة كان لازِم تِخْلَص عالتَّلاتة ، بَسْ أُسْتازْنا ضَلُّه يِحْكِي رُبع ساعة زِيادة .

강의는 본래 3 시에 끝났어야 하는데, 우리 교수님은 15 분을 더 강의했다.

**직역: "…우리 교수님은 추가로 1/4 시간 더 말하는 것을 계속했다."*

The lecture was supposed to end at three, but our professor kept on talking for another fifteen minutes!

65-8 ⓘ ظَلّ يِسْمَع –["ض"]َ

[입말]

계속 귀를 기울이다, 경청하다

listened to [music, the radio, etc.]

*참고:일정한 시간동안 집중해서 듣는 것을 의미함.

예문 ضَلَّيْت أَسْمَع مُوسِيقى طُولِ اللَّيْل .

나는 밤새도록 음악을 들었다.

I listened to music all night long.

65-9 ⓘ ظَلّ يَعِيد نَفْسِ الكَلام – ["ض"]َ

[입말]

반복해서 같은 말하다

sounded like a broken record, kept saying the same thing over and over, kept going on and on, repeated himself over and over

**직역: "그가 같은 말로 돌아가기를 반복했다"*

예문 جُزْء مِن السَّبَب إِنُّه أُوْلادْها ما بِسْمَعُولْها هو لإِنْها دايْماً بِتْضَلّ تْعِيد كَلامْها .

그 여자의 자녀들이 말을 듣지 않는 이유 중에 일부는, 그 여자가 항상 같은 말을 반복해서이다.
Part of the reason why her children don't listen to her is because she always sounds like a broken record.

65-10 ⬤ ظَلّ يِغْفى – (في/ب) ["ض"]

[입말]

계속 졸다, 계속 자다

kept falling asleep, kept going to sleep, kept dozing off (in/during) [class, the meeting, etc.], kept falling asleep, kept going to sleep, kept dozing off (on) [the couch, the floor, etc.]

예문 كان بِالمرّة إشي مِش كْوَيِّس ! ضَلّيت أَغْفى وصاحْبي يصَحّيني . مع إِنّي رُحت وشْرِبت فِنْجانَيْن قَهْوة ، بَسْ لِسّا مِش قادِر أَصَحْصِح !

그렇게 끔찍한 적이 없었어요! 저는 계속 졸았고 제 친구는 계속 저를 깨우려 했어요. 결국 저는 가서 두 잔의 커피를 마셨지만, 아직도 잠을 깰 수 없어요!
It was terrible! I kept falling asleep and my friend would wake me up. Even though I went and drank two cups of coffee, I still couldn't stay awake!
[lit: "It was never (not ever) something not good!"]

65-11 ⬤ ظَلّ يِمْشي / ظَلُّه يِمْشي – ["ض"]

[입말]

계속 가다

kept going [straight], kept walking
*note: this verbal phrase is used frequently when giving directions to someone in a car

예문 ضَلّك ماشِي (ضَلّك إِمْشي) دُغْري حَتّى تُوصَل على مُجَمَّع الباصات وبَعْدْما تمُرّ عَنّه ، لِفّ وإِرْجَع .

버스 정류장에 다다를 때까지 계속 직진하신 후, 그것을 지난 다음에 U 턴해서 돌아 주세요.
Keep going straight until you come to the bus station and after you pass it, make a u-turn.

66 I ظَنّ – ُ ["ز"]

생각하다

thought, suspected [that…]

예문 بَزُنّ إِنَّك رَح تِنْجَح إِزا بِتْرَكِّز .

제 생각에 만약 당신이 집중하면 성공할 거예요.
I think that you'll succeed if you put your mind to it.
[lit: "… if you focus."]

67 I عَجَب – ِ

① 감명을 주다, 놀라게 하다, 기쁘게 하다;

[s/one or s/thing] impressed, amazed, made a good impression on, astounded, excited, thrilled [s/one], made [s/one] impressed, pleased [s/one else]

*참고: 의미가 로맨틱한 것을 포함하기 때문에 대상을 분명히 해야함.

예문 سْمِعِت وَفاء بِتْغَنِّي فِي الحَفْلة ؟ صَوْتْها عَنْ جَدّ عَجَبْنِي .

와파(Wafa)가 파티에서 노래를 불렀다는 말을 들었어요? 그 여자의 목소리는 정말 감동적이었어요.
Did you hear Wafa sing at the party? Her voice absolutely amazed me!

② 마음이 끌리다, 흥분시키다, 들뜨게 하다

[s/thing] appealed to, excited, thrilled, pleased [s/one], struck [s/one] as wonderful

예문 فِكْرِة التَّعْطِيل يَوْمَيْن عَنِ المَدْرَسة بِتْعْجِبْنِي كْتِير .

학교를 이틀 빠진다는 생각이 내 마음을 많이 들뜨게 해요.
**직역: "학교에서 이틀 일안하는 생각은 나를 많이 흥분시켜요."*
The thought of missing two days of school (*or* The thought that we will be off two days from school) really appeals to me.

68-1 ① عِرِف – َ (عن)

① 알다;

knew [s/thing or s/one];

예문 ما بَعْرَف وَلا طَخّة (وَلا نِتْفة) مِن اللُّغة الصِّينيّة !

저는 중국어에 대해서 한 글자도 몰라요!

I don't know one iota (*or* I don't know a bit) about the Chinese language!

② 알게 되다, 깨닫게 되다

found out [s/thing]

(about) [s/one or s/thing]

예문 سَأَلْت وعِرِفت كُلّ شِي عَنُّه . هو إِبن حَلال ومُحْتَرَم .

나는 물어서 그에 대해 모든 것을 알게 되었다. 그는 믿음직하고 훌륭한 사람이다.

**직역: "...그는 모든 좋은 것의 아들이며..."*

I asked and found out everything about him. He's trustworthy and respectable.

*참고: 단어 " حَلال "는 이슬람의 율법을 잘 준수하는 것을 의미함.

68-2 ① عِرِف أَيْش جُوّاته – َ

[입말]

속생각을 알다, 마음을 읽다

saw through him, saw right through him, knew what he was up to, knew what he was thinking

*참고: 항상 부정적인 의미로 좋지 못한 의도를 나타냄.

**직역: "그가 누구의 속을 알았다"*

예문 ما تْحاوِل تْكَزِّب عَلَيّ ! أَنا بَعْرَف أَيْش جُوّاك !

나를 속이려 하지 마세요! 저는 당신 마음 속에 뭐가 있는지 다 알아요!

Don't try to lie to me! I can see right through you!

[lit: "Don't try to lie at/on me."]

69-1 ∏ عَلَّم – ِ (ل)

① 가르치다;

taught [s/one] [s/thing];

예문 الأُسْتاذ عَلَّم طُلاَّبُه أَشْياء كْتِير مُفِيدة .

교수는 그의 학생들에게 아주 유익한 것들을 가르쳤다.
The professor taught his students very beneficial (*or* useful) things.

② [어디에] 표를 하다

marked [the page, the way, the tree, etc.] (for) [s/one]

예문 رُحِت وعَلَّمِت (عَلَّمْتِلّك) الطَّرِيق إِلِّي لازِم تِمْشِي فِيها على الخَرِيطة (على الخارْطة) .

ما رَح يكُون عِنْدَك مُشْكِلة تُوْصَل لِهُناك (تُوْصَل هُناك) .

제가 가서 지도에 당신이 가야할 길을 표시했어요. 당신이 그곳까지 도착하는데 문제가 없을 거예요.
I went ahead and marked the way you should go on your map. You should have no problem getting there now.

69-2 ∏ عَلَّم على –ِ(عن) {ل}

[입말]

체크하다, 표시로 구분하다

checked off, put a check by, put a mark by, marked off a check by, marked, made a mark on [s/thing] {for} [s/one]

예문 إِزا بِتْشُوف أَيّ أَغْلاط ، عَلِّمْلِي عَلَيْهُم .

만약 당신이 어떠한 실수라도 보면, 나를 위해 그것들을 표시해주세요.
If you see any mistakes, put a check by them for me.

70-1 I عِمِل - َ (ل)

① 만들다;

did, made [s/thing] (for) [s/one];

예문 النَّجّار عِمِل طاوْلة حِلْوة .

그 목수는 아름다운 탁자를 만들었다.
The carpenter made a beautiful table.

② [어떤 행위를] 하다;

did [s/thing] (to) [s/one];

예문 شُوفْ أَيْش جَوْرْج عِمِلِّي ! صِرْت كُلِّي طِين !

조지(George)가 내게 무슨 짓을 했는지 보세요! 나를 진흙 투성이로 만들었어요!
직역: "... 내 모두를 진흙이 되게 했어요!"
Look what George did to me! Now I've got mud all over me!

③ [어떤 일이] 일어나게 하다, 가능하게 하다

[s/one or s/thing] made [s/thing] happen, did [it], [s/one] brought [s/thing] to pass

예문 إزا شِرْكِتْنا ناجْحة ، بَقْدَر أَقُول بِصَراحة إِنُّه الفَضِل بِرْجَع لَلمُوَزَّفِين .

هم عِمْلُوا هالشِّي !

만약 우리 회사가 성공한다면, 나는 솔직히 말해 그 공이 직원들에게 돌아가야 한다고 말할 수 있다. 그들이 이것을 일어나게(가능하게) 했다.
If our company is successful, I can honestly say that the credit goes to our employees. They made it happen!

70-2 I عَمِل – َ ِ (ل)

[입말]

① [집안 일을] 하다;

did [the dishes, the laundry, the windows, the floor, the housework, etc.];

예문 أَنا ما بَعْرَف عَنَّك ، بَسْ أَنا أَكِيد بَكْرَه أَعْمِل الجَلِي !

당신은 어떨지 모르겠지만, 저는 설거지하기 정말 싫어요!

I don't know about you, but I absolutely hate to do dishes (or hate doing dishes)!

② [음식을] 만들다;

made [a cake, lunch, dinner, a pizza, cookies, coffee, etc.] (for) [s/one];

예문 بَعْمِلِلْكُم الغَدا يا شَبَاب إِزا بْتُوعِدُونِي إِنّكُم تِعْمِلُوا الصّحُون (إِنّكُم تِجْلُوا) .

بَسْ ما تِعْمَلُوها على الماشِي !

얘들아, 만약 너희들이 설거지를 해준다면 내가 점심을 차려주지. 하지만 적당히 설거지하면 안돼!

I'll make lunch for you guys if you promise me you'll do the dishes. But don't do a half-behind job (*or* Don't do a mediocre job)!

③ [어떤 인물로] 만들다

made [s/one] [a movie star, a top student, etc.], made [s/one] into [a movie star, a top student, etc.]

예문 شُغُلْنا هَوْن في الجامْعة إِنّا نِعْمِلْكُم رِجال ونِساء ناجِحِين في شُغُلْكُم .

우리의 일은 여기 대학에서 너희들을 너희 분야에서 성공한 남자들, 여자들로 만드는 것이다.

**직역:* *"여기의 대학에서 우리의 일은 우리가 너희들을 너희의 일에서 성공한 남자들, 여자들로 만드는 것이다."*

Our job here at the university is to make you all into successful men and women in the business world.

70-3 I عِمِل أَبُو عَلِيّ على ـَ

[입말]

쥐고 흔들다, 좌지우지하다

bossed [s/one] around, pushed [s/one] around, told [s/one] what to do

**직역: "그가 알리 아버지 역할을 했다"*

예문 ما تِعْمِل عَلَيْهُم أَبُو عَلِيّ عَشان انْتَ واحَد مِنْهُم كمان !

그들에게 이래라, 저래라 하지 마세요. 당신도 똑같이 그들 중 하나잖아요!

Don't boss them around, because your one of them too!

*참고: 쉬아(Shi'ite) 무슬림에게 불쾌한 표현이 될 수 있음.

70-4 I عِمِل إِشِي في ـِ

[입말]

어떤 짓(행위)을 하다

did something to [s/thing or s/one], did something with [s/thing]

예문 مَرْتِي (زَوْجتِي) راحَتْ على الصّالُوْن وَالكْوافَيْر عِمِل (عِمِلّها) إِشِي في شَعَرْها .

وهَلاّء لَوْنُه صار أَخْضَر !

내 아내는 미용실에 갔고, 미용사는 아내 머리에 무슨 짓을 했다. 그리고는 녹색 머리로 만들어 놓았다!

**직역: "내 여자는 미용실에 갔다...그리고 지금 그 색깔이 녹색이 되었다!"*

My wife went to the beauty salon and the hairdresser did something to her hair. It's now green!

70-5 I عِمِل إِشِي من تَحت لَتَحت ـَ

[입말]

은밀히 일하다

did things secretively, *did things under the table*

예문 فِي الحَرْبِ البارْدة إِلّي كانَتْ بَيْن الإِتِّحادِ السُّوفِيَيْتِي وأَمَيْرِكا ، الطَّرَفَيْن عِمْلُوا أَشْياء من تَحِت لَتَحِت .

소련과 미국 간의 냉전 시대에는, 양쪽 모두가 일들을 비밀리에 진행했다.
In the Cold War, which was between the Soviet Union and the United States (*lit: "America"*), both sides did things secretively.

70-6 I عِمِل بَحْث – (فِي/عن)

[입말]

① **보고서를 쓰다;**

wrote a paper, wrote a research paper, wrote a term paper, wrote a report (on) [a certain subject];

예문 لَمّا كُنْت فِي الجّامْعة ، عْمِلْت بَحِث من سِتِّين صَفْحة عن تأْثِيراتِ الإِجْهاضِ النَّفْسِيّة على المَرْأة .

내가 대학에 있을 때, 나는 유산이 여성에게 미치는 정신적인 영향에 대해 60 페이지의 보고서를 썼다.
While I was at the university, I wrote a sixty-page term paper on the psychological effects of abortion on women.

② **연구하다, 조사하다**

did research (on) [a certain subject], carried out research (on) [a certain subject or a certain area], researched [a certain subject]

*note: in English, one can say "He researched [something]" without having to use the preposition with it

예문 هَلأْء ، أَنا عَمْ بَعْمَل بَحِث عن أَسْباب زِيادةِ الإِرْهاب حَوْلِ العالَم .

지금, 나는 전세계적인 테러 증가의 원인에 대해 연구하고 있는 중이다.
Right now, I'm doing research on the reason (lit: "the reasons") for the surge of terrorism around the world.

70-7 I عِمِل تَقْرِير – ِ (في/عن)

[입말]

(작은) 보고서를 쓰다

did a report, wrote a report, wrote a paper (on) [a certain subject]

예문 الطُّلاّب عادَةً بِبْدُوا يِعْمَلُوا تَقارِير (يُكْتُبُوا تَقارِير) في مَرْحَلة الإِبْتِدائي .

학생들은 보통 초등학교 때부터 보고서를 쓰기 시작한다.

Students usually start writing reports in elementary school (*lit: "in the phase of the beginning"*).

70-8 I عِمِل بِرَأْي – ِ

충고를 받아들이다

took [s/one's] advice, went with [s/one's] advice

예문 رُدّ عَلَيّ (إِعْمَل بْرَأْيِي) واشْتَرِي هالعُقْد (هِالسِّنْسال) والإِسْوارة لَمَرْتَك ... رَح تْحِبُّه !

저의 조언대로 이 목걸이와 팔찌를 부인께 사주세요... 부인이 좋아할 거예요!

Take my advice and buy this necklace and bracelet for your wife... she'll love it!

70-9 I عِمِل بَلْبَلة – ِ (بَيْن)

[입말]

격발하다, 깨우다, 일으키다, 소동케 하다

created a stir (among) [the people], roused [s/one] up, stirred [s/one] up

예문 الإِشاعة عن رَفْعِ الأَسْعار في البَلَد عِمْلَتْ بَلْبَلة كْبِيرة بَيْن النّاس .

정부가 물가를 인상한다는 소문이 사람들 사이에 큰 혼란을 야기시켰다.

The rumor about the government raising prices created a big stir among the people. *[lit: "The rumor about the raising of prices in the country..."]*

70-10 Ⅰ عِمِل ثَرْوة ـِ (من/ب)

[입말]

돈을 벌다, 부를 축적하다

made a fortune, *made a killing, made a ton of money,* made millions (off of/in) [stocks, selling s/thing, etc.], made a fortune, *made a killing, made a ton of money,* made millions (off of/by) [doing s/thing]

예문 بَعْضِ المحامْيين بِعْمِلُوا ثَرْوة بإِنّهُم يقاضُوا مُؤَسَّسات كْبيرة بِمَلايِين مِنِ الدُّولارات .

어떤 변호사들은 큰 주식회사를 상대로 수백만 달러의 소송을 걸어서 부를 축적한다.

Some lawyers make a fortune off of suing large corporations for millions of dollars.

70-11 Ⅰ عِمِل جَرِيمة ـِ

[입말]

죄를 범하다

committed a crime, carried out a crime, perpetrated a crime

예문 إِحْنا ، فِي هايِ اللَّحْزة ، مْنِعْمَل جُهُدْنا حَتّى نِمْسِك الشَّخْص إِلّي عِمِل هايِ الجَرِيمة الفَظِيعة ورَحِ نْخَبِّرْكُم أَوَّل بِأَوَّل أَيْش بِصِير .

우리는 지금 이 순간, 이 끔찍한 범죄를 저지른 사람을 잡기 위해 노력하고 있어요. 그리고 당신들에게 어떻게 진행되고 있는지 바로바로 알려줄께요.

We are, at this moment, doing our best to catch the one who committed this awful crime and will keep you updated on our progress.

[lit: "… and we will inform you all first by first what happens."]

70-12 Ⅰ عِمِل جُهْدُه ـِ

[입말]

최선을 다하다

did his best, tried very hard, tried hard, tried his best, put forth a lot of effort, took pains, *broke his neck trying* [to do s/thing], gave it his best effort

**직역"그가 그의 노력을 하다."*

예문 أنا عْمِلْت جُهْدِي ، بَسْ ما بَزُنّ إِنُّه كان كْفاية .

나는 나의 노력을 다했지만, 충분하지는 못했던 것 같다.

I did my best, but I don't think it was good enough.

70-13 I عِمِل حالُه مُعَلِّم على ـِ

[입말]

잔소리하다, 나무라다

made himse lf out to be [s/one's] teacher, made himself out to be a teacher over [s/one else], proceeded to lecture [s/one], lectured [s/one else]

예문 هالزَّلَمة عَمْ بِعْمِل حالُه مْعَلِّم عَلَيّ وهو ما بْيِعْرَف يَمينُه من شْمالُه !

이 아저씨는 저에게 일장 훈계를 하고 있는데, 실상 아무 것도 모르고 있어요!

**직역: 이 아저씨는 나의 선생의 입장이 되어 일하고 있고 그는 그의 왼쪽에서 오른쪽을 모르고 있다*

This man is making himself out to be my teacher, when he doesn't know his right hand from his left (*or* his right from his left)!

70-14 I عِمِل خِدْمة ل ـِ

[입말]

호의를 베풀다

did a favor for [s/one], did [s/one] a favor

예문 عادةً ، لَمّا واحَد بِعْمِلّك خِدْمة ، بِكُون مِتْوَقَّع إِنَّك تْرُدِّلُه إِيّاها بَعِد فَتْرة .

대개, 어떤 이가 당신에게 호의를 베푼다면, 나중에 당신이 그것을 되갚기를 기대한다.

Usually, when someone does you a favor, you're expected to (lit: *"it is expected that you"*) return the favor later on (*or* at a later date).

70-15 I عِمِل فاوْل على / عِمِل خَطَأ ضِدّ ـَ

[입말]

반칙을 범하다

fouled [s/one]

*참고:운동 경기에만 사용됨.

예문 أَيْش يا حَكَمْ ! هو عِمِل فاوْل عَلَيْه واضِح زَيّ الشَّمْس !

이봐요, 심판! 누가봐도 명백하게 그가 반칙을 그에게 범했단 말이에요!

What's up ref (or referee)! That was a foul! He fouled him plain as day!

70-16 I عِمِل خِطّة ـَ

[입말]

계획을 세우다

made up a plan, made a plan, devised a plan, worked up a plan, thought up a plan, thought of a plan, got a plan together, designed a plan

예문 فَرِيقي عِمِل خِطّة عَشان نِغْلِب الفَرِيقِ التّاني .

우리팀은 다른 팀을 물리치기 위해 계획을 세웠다.

My team made up a plan of how we're going to beat the other team (*or* the opposing team). *[lit: "My team did a plan for us to beat the second team."]*

70-17 I عِمِل رُجِيم ـَ

[입말]

식이조절하다, 다이어트하다

went on a diet, got on a diet, dieted, got on a diet program

예문 ابْن أَعَزّ صاحْبة لَمَرْتي ناصِح (مَلْيان كْتِير) ، عَشان هَيْك عِمِل رُجِيم

وهَلاّء نِزِل أَرْبْعِين باوْنْد تَقْرِيباً !

내 아내의 가장 친한 친구의 아들이 비만이라서 다이어트를 했는데, 지금 대략 40 파운드가 빠졌다.

My wife's best friend's son is overweight, so he went on a diet and has now lost almost forty pounds!

70-18 I عِمِل سَرَطان ـِ (ل/عِنْد)

[입말]

암을 유발하다

caused cancer (in) [s/one]

예문 ما في شَكّ إِنُّه أَكْلِ اللَّحْمة الحَمْرا كْتِير بِعْمَل سَرَطان في البْرُوسْتات عِنْدِ الرِّجال .

빨간 고기를 많이 먹으면 남자에게 전립선암이 유발된다는 것은 의심의 여지가 없다.

There's no doubt that eating too much red meat can cause prostate cancer in men.

70-19 I عِمِل سَلام ـِ (مع)

[입말]

화해하다, 강화하다

made peace (with) [s/one]

예문 التّارِيخ بِوَرْجي إِنُّه وَلا يُمْكِن يِيجِي وَقِت تِعْمَل فِيه الشُّعُوب سَلام مع بَعَضْها إلاّ إِزا الله بِنَفْسُه بِتْدَخَّل .

하나님께서 친히 중재하시지 않는 한 모든 나라가 서로 평화롭게 사는 때가 올 수 없다는 것을 역사가 보여준다.

History has shown that there will never come a time when all nations will make peace with one another unless God Himself intervenes.

70-20 I عِمِل شُغُل كْوَيِّس ـِ

[입말]

일을 뛰어나게 하다

did a good job, did a great job, did an outstanding job, did a wonderful job, did great, did well

예문 هايِ السَّنة ، بِدّنا نُشْكُر السَّيِّدة نَفّاع شُكُر خاصّ ، إلّي عِمْلَتْ شُغُل كْوَيِّس بِتَرْتِيب (بِتَنْظِيم) مَسْرَحِيَّةِ المِدْرَسة لَهايِ السَّنة .

금년, 우리는 나파(Naffah) 부인께 특별한 감사를 드려요, 그 분은 금년의 공연을 준비하기 위해 훌륭하게 일을 해냈어요.

This year, we want to give special thanks to Mrs. Naffah, who did a great job organizing (*or* putting together) this year's school play.

70-21 I عِمِل صَفْقة – َ (مع) {على}

[입말]

계약을 약정하다, 거래를 이루다

made a deal, struck a deal (with) [s/one] {on} [the car, the table, etc.]

예문 بِدّي أَعْمِل صَفْقة مَعَك على السَّيّارة . رَح أَدْفَعْلَك إلّي بِدّك إيّاه (إلّي طَلَبْتُه) بَسْ إنت لازِم تْحُطِّلّي أَرْبَع عْجال جْدِيدة أَوَّل .

저는 자동차에 대해 계약하고 싶어요. 제가 당신이 원하는 만큼을 지불하는 대신 당신은 반드시 4 개의 새로운 타이어를 먼저 달아 놓으세요.

I'll make a deal with you on the car. I'll pay what you're asking but you have to put four new tires on it first. *[lit: "... you have to put for me four new tires first."]*

70-22 I عِمِل صِيانة – َ (ل/في/ب) {ل}

[입말]

유지 보수하다

did maintenance (on) [the school, the house, etc.] did maintenance {on} [the water heater, the car, etc.]

예문 كُلّ سَنة ، الآزِن بِعْمِل صِيانة فِي المِدْرَسة .

매년, 문지기는 학교의 유지보수를 한다.
Every year, the janitor does maintenance on the school.

70-23 I عِمِل العَكْس – َ ِ

[입말]

반대로 하다

did the opposite (of) [s/one or (of) what s/one said]

예문 أَيْش بَقْدَر أَعْمِل ؟ كُلّ مَرّة بَقُلّه فِيها يِعْمِل إِشِي ، بِعْمِل العَكْس بِالزَّبْط !!

저보고 어떻게 하라는 거예요? 매번 제가 그에게 어떤 것을 하라고 말하면, 그는 정확히 반대로 해요!!

**직역: 제가 무엇을 할 수 있나요?...*

What can I do? Every single time I tell him to do something, he does the exact opposite!!

70-24 I عِمِل عَمَلِيّة – َ ِ (في/ب)

[입말]

① 수술을 받다;

[the patient] had surgery done (on) [his leg, his heart, etc.], had surgery, went into surgery, went under the knife;

예문 حَمايْ اضطَرّ يَعْمَل عَمَلِيّة فِي قَلْبه والدُّكْتَوْر حَطّلّه أَرْبَع شَبْكات .

저의 장인께서는 심장수술을 받아야만 했고 의사는 (심장에) 4 개의 스텐트를 넣었어요.
My father-in-law had to have surgery done on his heart and the doctor put in four stints.

② 수술을 하다

[the doctor] did surgery, performed an operation (on) [his leg, his hand, his heart, s/one, etc.]

예문 الأَطِبّا (الدَّكاتْرة) عِمْلُوا العَمَلِيّة قَبِل حَوالِي تَلَتْ ساعات وهَلاّء حالةِ المرِيض مِسْتَقِرّة (وَضِع المرِيض مِسْتَقِرّ) .

의사들은 약 3 시간에 걸친 수술을 했고 지금 환자의 상태는 안정되었다.

The doctors performed the operation about three hours ago and the patient is in stable condition.

70-25 I عِمِل غَلَط –ِ(في/ب)

[입말]

실수하다, 망치다

made a mistake, *messed up,* made an error (on) [the test, etc.], made a mistake, *messed up* (at) [work, etc.], made a mistake, *messed up* (in) [class, the play, etc.]

예문 لِسُوءِ الحَزّ (لِسُوءِ الحَظّ) ، عْمِلْت كْتِير أَغْلاط في الإِمْتِحان ويا دَوْب نْجِحِت .

불행하게도, 나는 시험에서 많은 실수를 했고 통과하기는 거의 틀렸다.

Unfortunately, I made a lot of mistakes on the test and barely passed.

70-26 I عِمِل فَنّة –ِ (عَشان)

[입말]

동전던지기하다, 제비뽑다

flipped a coin, did a coin toss, tossed a coin (for) [s/thing]

예문 طَيِّب ، خَلِّينا نِعْمِل فَنّة ، صُورة وِلاّ كِتابة ؟ (عَرَب وِلاّ إِنْجْلِيز ؟)

좋아, 동전 던지기 하자, 앞면할래, 뒷면할래?

**직역: "… 그림 아니면 글자?"*

O.K., let's flip a coin for it – heads or tails?

70-27 I عِمِل فَوْضى ـِـ َ (في/ب)

[입말]

어지럽히다, 혼란을 만들다

made a mess (in) [the kitchen, the class, etc.]

예문 سَمَحِت لَلِصْغار يِعْمِلُوا بَسْكَوْت بَسْ عِمْلُوا فَوْضى كْبيرة في المِطْبَخ !

어린이들이 과자를 만들도록 허락했더니 부엌을 난장판으로 만들어 놓았어!

I let the kids make cookies but they made a huge mess in the kitchen!

70-28 I عِمِل قائِمة ب/ل ـِـ َ (ل)

목록을 만들다

made up a list of [s/thing], made a list of [s/thing], listed [s/thing] out, listed [s/thing], put [s/thing] down on a list (for) [s/one or s/thing]

예문 مُمْكِن تِعْمِلِي قائِمة بِالِّي بِدّنا إِيّاه مِن السُّوبَرْمارْكِت ؟

가게에서 우리가 필요한 것들을 목록으로 제게 만들어 주실래요?

Will you (fem.) make up a list of what we need from the corner store (*or* convenience store)?

70-29 I عِمِل قُصّة ـِـ َ (من)★

[입말]

크게 싸우다, 크게 다투다

made a big deal (out of) [s/thing or s/one],

**직역: "그가 이야기를 만들었다."*

*note: English speakers also say, "He made [s/thing or s/one] out to be a big deal"

예문 بَلاش نِعْمِل قُصّة من هالشِّي ، بِدّنا نِمْشِي ونِنْجز إِشِي اليَوْم .

이것을 크게 다루지 말아요. 우리는 움직여서 오늘 뭔가 해내야 돼요.

Let's don't (*or* not) make a big deal out of this, we need to move on and get something done today (*or* we need to move on and accomplish something today).

70-30 I عِمِل لـِ ـَ

[입말]

① 어떤 짓을 하다;

did [s/thing] to [s/one or s/thing]

*note: usually means that someone broke s/thing, messed something up, or did something wrong to somebody;

예문 شُوف أَيْش عِمِلْت لَسَيّارْتِي ! مِش راضْية تِشْتَغِل !

내 차에 무슨 짓을 했는지 보세요! 이젠 시동도 안걸려요!

직역: "... 그것은 기꺼이 일도 안해요!"

Look what you did to my car! Now, it won't even start!

② 일을 해주다

did [s/thing] for [s/one]

*참고: 좋은 의미임

예문 لَمّا بْتِعْمِل إشي مْنِيح لَحَدا ، هاد بِخَلِّيك تْحِسّ بِشْعُور كْوَيِّس في جُوّاك

(في جُوّاتَك) .

당신이 남을 위해 좋은 일을 할 때, 그것은 당신 안에 좋은 기분을 느끼게 해준다.

When you do something nice for someone, it makes you feel good inside.

[lit: "... this makes you to feel in a good feeling in your inside."]

70-31 I عِمِلُّه إِمْساك ـِ ـَ

[입말]

변비를 일으키게 하다

made him constipated

예문 سْمِعت بِالصُّدْفة زَلَمة على الطَّيّارة بْحْكِي لَلمُضِيفة إِنّه الأَكِل عِمِلّه إِمْساك وإِنُّه بِحاجة لَدَوا (مِحْتاج دَوا) .

비행기 안에서 어떤 남자가 여승무원에게 음식으로 인해 변비가 생겨 약이 필요하다고 말하는 것을 우연히 들었다.

I overheard a man on the plane tell the stewardess that the food made him constipated and that he needed some medicine.

70-32 I عِمِلّه صُداع / عِمِلّه وَجَع راس / عِمِلّه مَغِص – ـَ ـِ

[입말]

두통을 느끼게 하다

gave him a headache, made him have a headache

예문 القَعْدة قُدّام شاشةِ الكُمْبْيُوتَر أَوْ التِّلْفِزْيَوْن لأَكْتَر من تَلات ساعات بْتِعْمِلّي صُداع قَوِي .

컴퓨터 모니터나 TV 앞에 3 시간 이상 앉아 있으면 심한 두통을 느끼게 된다.

Sitting in front of a computer screen or television for more than three hours is enough to give me a throbbing headache (*or* a big headache). *[lit: "The sitting in front of the computer screen or the television for more than three hours makes for me a powerful headache."]*

70-33 I عِمِل عِبْرة من – ـَ ـِ (ل)

[입말]

[누구에게] 본때를 보이다, 엄히 훈계하다

made an example out of him, made him an example (for) [the rest, the class, etc.]

*참고: " عِبْرة " 는 실례, 교훈의 뜻이나, 여기서는 다른 사람들에 대한 본보기로 누구를 징계하는 의미임.

예문 الحُكُومة السُّعُودِيّة عِنْدْها نِظام صارِم (نِظام مُتَشَدِّد) لَلحُكُم عَشان هم بِعْتَقْدُوا إِنّهُم إِزا بِعْمِلُوا مِنِ المجْرِمِين عِبْرة فَهَدا بِقَلِّل الجَّرِيمة .

사우디 아라비아 정부는 엄한 법체계를 갖고 있는데, 그 이유는 만약 범인들에게 본때를 보이면 범죄를 줄일 수 있다고 믿고 있기 때문이다.

The Saudi government has a harsh judicial system (*lit: "...a harsh system for the judging..."*) because they believe that if they make an example out of criminals then that will discourage crime (*lit: "lesson the crime"*).

70-34 I عِمِل مَعْرُوف ل/مع ـِ

[입말]

호의를 베풀다

did a favor for [s/one], did [s/one] a favor

예문 مُمْكِن تِعْمِلِّي مَعْرُوف وِتْرُوح تْجِيبْلِي جَكَيْتِي مِنِ السِّيّارة ؟

저에게 호의를 베푸셔서 차에 가서 제 외투를 가져다 주실 수 있으세요?

Would you do me a favor and go get my coat out of the car?

[lit: "... and bring for me my jacket from the car."]

70-35 I عِمِل مَشاكِل ـِ (ل)

[입말]

문제를 일으키다

caused problems, made problems, created problems (for) [s/one]

예문 يا زَلَمة ، صَدِّقْنِي إِنّها عِمْلَتِلْنا كْتِير مَشاكِل لَمّا كانَتْ عُضْوة بِالنّادِي !

이봐요, 내 말을 믿어요, 그 여자가 클럽 회원이었을 때 우리에게 많은 문제를 일으켰어요!

Man, believe me when I tell you… she caused a lot of problems for us while she was a member at the club. *[lit: "Oh man, believe me that she made for us a lot of problems when she was a member in the club!"]*

70-36 I عِمِل مَقْلَب ـِ (ب/في) ★

[입말]

농담하다

played a prank, played a joke, pulled a prank, did a prank (on) [s/one]

예문 إزا بِدَّك ، رَحْ نِعْمِل مَقْلَب بِعَمّتَك عَشان اليَوْم كِزْبة نيسان .

괜찮다면, 오늘은 만우절이니까 우리가 당신에게 당신 고모(숙모)님에 관한 농담 하나 해드리죠.
If you want, we'll play a prank on your aunt (from the dad's side of the family) since today is April Fools' Day (*or* since it's April Fools' Day).

70-37 I عِمِل يُو تَرْن – َ ِ

[입말]

[차를] 유턴하다

made a u-turn, did a u-turn, took a u-turn

예문 مَمْنوع نِعْمَل يُو تَرْن عِنْد هالإشارة الضَّوْئِيّة . لازِم نْرُوح عالإشارة إلِّي بَعِدْها .

이 신호등에서 유턴하는 것은 불법이에요. 우리는 다음 신호등까지 가야해요.
It's illegal to make a u-turn at this light. We'll have to go to the next one.

71 II غَلَّب – ِ (ب) {عَشان}

[입말]

① **불편하게 만들다, 귀찮게 하다;**

inconvenienced, troubled, bothered [s/one] (by) [doing s/thing] troubled, bothered [s/one] {for} [s/thing];

예문 مَرّات جيراني بِغَلّبُوني بِصَفّة سَيّارِتْهُم قُدّام كَراج سَيّارْتِي .

때때로, 내 이웃들은 그들의 차를 내차고 앞에 세워서 나를 불편하게 만든다.
Sometimes, my neighbors inconvenience me by parking their cars in front of my carport (*or* garage).

② 괴롭히다, 어렵게 만들다

gave [s/one] a hard time, made [s/thing] difficult for [s/one else]

예문 رُحت لَمَكْتَبِ الحُكُومة مْبارِح عَشان أَجَدِّد إِقامْتِي وواحَد مِنِ الموَزَّفِين هُناك غَلَّبْنِي كْتِير .

내 거주증(이까마)을 갱신하기 위해 어제 관공서에 갔는데, 공무원 중에 한 사람이 나를 못살게 굴었다.

I went to the government office yesterday to renew my green card (*or* residency card) and an employee there gave me a real hard time.

72 I فات ـُـ (على)

[입말]

가다, 들어가다

went, entered, came (in/into) [a place]

예문 مْبارِح فُتِتْ على المكْتَبة أَشْتَرِي كْتاب بَسْ ما لَقَيْتُه .

어제 나는 책방에 책사러 들어갔지만 그것을 찾을 수 없었다.

Yesterday, I went into the book shop to buy a book but I couldn't find it (*lit: "but I didn't find it"*).

73-1 I فاز ب ـُـ

이기다

won [the game, the match, the battle, the war, a new car, etc.]

예문 إِزا ما بَفُوز بِهايِ المسابَقة عُمْرِي ما رَح أَلْعَب كَمان مَرّة .

이번 경기에서 이기지 못하면, 나는 다시는 안 놀 거야.

If I don't win this competition, I will never play again.

73-2 ● فاز على –ُ (في) {ب}

[시합에서 점수차로] 이기다

beat, won against [s/one] (in) [the game, the match, etc.] {by} [a certain number of points], *sent [s/one] packing, whipped up on* [s/one]

예문 الفَرِيقِ الأَمْرِيكِيّ فاز على الفَرِيقِ الدّانْمَرْكِيّ بِنُقْطِتَيْن بَسْ .

미국팀이 덴마크팀을 겨우 2점차로 이겼다.

The American team beat the Danish team by only two points.

74-1 ● فَتَح –َ

① **[책을] 펼치다, 홱 열다;**

[s/one or s/thing] opened [s/thing], [s/one] flung open, swung open [the door];

예문 فَتَحْتِ الجَرِيدة عَشان أَقْراها بَس أَدْرَكت (لاحَزِت) بَعْدَيْن إِنُّه ما كان عِنْدِي وَقْت .

신문을 읽으려고 펼쳤는데, 그만 내게 시간이 없다는 사실을 나중에 깨달았다.

I opened the newspaper to read it, but then I realized that I had no time.

② **[문을] 열다**

[the door] opened, flung open, swung open, [s/thing] opened

예문 أَنا ما فَتَحْت الباب . هو فَتَح لَحالُه .

나는 문을 열지 않았다. 그것이 저절로 열렸다.

I didn't open the door. It opened by itself.

74-2 ● فَتَح الباب على –َ

[입말]

[누구에게] 문을 열다

opened the door on [s/one]

예문 ماما ! كُلّنا (البَنات) كُنّا شالْحِين (مِشْ لابْسِين) وسَعِيد فَتَح عَلَيْنا الباب !

어머니! 우리 모두 옷을 안 입었는데 사이드(Saeed)가 우리 문을 열었어요!
Mom! All of us girls were not dressed (or were naked) and Saeed opened the door on us!

74-3 ❶ فَتَح ذِهْنُه – (على/ل) [" ز "]

마음을 열다
[s/one or s/thing] opened his mind, enlightened him (to) [s/thing]

예문 إزا بِدّنا نِفْهَم تَعالِيم الأَنْبِياء ، لازِم نِفْتَح أَذْهانّا ونِتْخَلّص مِن التَّمْيِيز بَيْن الثَّقافات والدِّيّانات .

만약 우리가 선지자들의 가르침들을 이해하고자 한다면, 우리는 반드시 마음을 열고 문화와 종교의 편견으로부터 나와야 한다.
If we want to understand the teachings of the prophets, we have to open our minds and forget about our cultural and religious prejudices.
[lit: "… and get rid of the prejudice among the cultures and the religions ."]

74-4 ❶ فَتَح شَهِيتُه –

식욕을 증진시키다, 입맛을 돋게 하다
[s/thing] gave him an appetite, increased his appetite, made his appetite increase
**직역: "그것이 그의 식욕을 열었다.*

예문 بَعِدْما بَلَّشِت أَتْمَرَّن وأَرْكُض بِشَكِل مُنْتَظَم ، لَقَيْت إِنُّه هادَ الإِشي كْتِير بِفْتَح شَهِيتي .

내가 규칙적으로 운동하고 달리기를 시작한 이후로 내 식욕이 많이 증진된 것을 발견했다.
After I started exercising (*or* working out) and running regularly, I found that it really increased my appetite.

74-5 I فَتَح عْيُونُه – َ (على)

눈을 뜨게 하다, 계몽하다, 깨닫게 하다

[s/one or s/thing] opened his eyes, enlightened him (to) [s/thing]

예문 لَمّا كُنْت صْغِير ، كُنْت رَح أَغْرَق في المَيّ وهاد فَتَح عْيُونِي عالحَقِيقة إِنُّه الحَياة عَطِيّة غالِية (هَدِيّة غالِية) من الله ومِش لازِم نِسْتَخِفّ فِيها .

내가 어렸을 때, 거의 익사할 뻔했는데, 이 일로 생명은 하나님께 받은 값진 선물이며 절대로 과소 평가해서는 안된다는 진리를 깨달았다.

When I was young, I almost drowned and that opened my eyes to the fact that life is a precious gift from God and that we should not take it for granted. *[lit: "... and we should not underestimate it."]*

75-1 II فَرْجى – ِ

[입말]

보이다, 보여주다

showed [s/one] [s/thing],

*note: in English, one may also say, "He showed [something] to [someone]"

예문 صاحْبِي فَرْجانِي (وَرْجانِي) صُورْتُه وهو صْغِير .

내 친구는 그가 어렸을 때의 사진을 내게 보여 주었다.

My friend showed me his picture (*or* a picture of him) when he was young.

75-2 II فَرْجى عَضَلاتُه – ِ

[입말]

힘을 과시하다, 근육을 자랑하다

showed off his muscles to, showed his muscles to [s/one], flexed his muscles

예문 مِش فاهِم لَيْش كُلّما بَشُوف سامِر ماشِي في الشّارِع بِكُون لابِس شَبّاح ، شِكْلُه بِدُّه يفَرْجِي عَضَلاتُه ؟

왜 사미르(Samir)는 제가 볼 때마다 민소매 차림에 거리를 돌아다니는지 모르겠어요, 아마 힘을 과시하고 싶은 모양이지요?

*직역: "저는 왜 사미르가 제가 볼 때마다 민소매 차림으로 거리에서 걸어다니는지 이해할 수 없어요, 그의 모습이 그의 근육을 보이고 싶은가 보죠?"

Why is that every time I see Samir walking down the street he's wearing a tank-top so that he can show off his muscles?

75-3 II فَرْجاه عَرْض كْتافُه – ِ

[입말]

가버리다, 떠나다

went away, left, *split, got out of his face*, went

*직역: "그가 그의 어깨 폭을 보여주었다."

*note: in English, it is also common to say, "Get lost!" in the command form, but it is not listed in the above definitions because the past tense of the verb relays a different meaning

예문 إِحْنا عَمْ مِنْحاوِل نِشْتَغِل هَوْن ! فَرْجِينا عَرْض كْتافَك ! (إِغْلِب وِجْهَك !)

우리는 여기서 일을 해 내려고 계속 노력하고 있어요! 우리를 방해하지 마세요!

*직역: ...당신의 어깨등(폭)을 우리에게 보이세요!

We're trying to get some work done here! Go away!

76-1 II فَكَّر – ِ (في/ب)

생각하다

thought (about) [s/thing or s/one], mulled (over) [s/thing]

*note: English speakers also say, "He chewed on it for a while" or "He thought on it for a while"

예문 بَعْضِ النّاس دائِماً بِفَكْروا بِالمِشْكِلة وَمِشْ بِالحَل .

어떤 사람들은 항상 문제에 대해서만 생각하고 해결 방법에 대해 생각하지 않는다.

Some people are always thinking about the problem and not the solution.

76-2 II فَكَّر إِنُّه – ِ

[입말]

① **고려하다, 잘 생각하다, 심사숙고하다;**

thought about, considered, contemplated [doing s/thing];

예문 بَفَكِّر إِنِّي أَطْلُب من كِيث إِنُّه يِحْكِي في اجْتِماعْنا الأُسْبُوع الجايّ ...

شُو رَأْيَك (أَيْش رَأْيَك) ؟

저는 케이트(Keith)에게 다음주 우리 모임에서 이야기 해 달라고 부탁할까 고려하고 있어요. 당신 의견은 어때요?

I'm thinking about asking Keith to speak at our meeting next week… What do you think?

② **[어떠하다고] 생각하다**

thought that…

예문 فَكَّرْت إِنُّه مَفْرُوض يكُون هَوْن هَلاّء . وَيْنُه ما إِجى ؟!

저는 그가 지금 여기 있을 것이라고 생각했어요. 그는 어디에 있길래 안오는 거예요?

I thought that he was supposed to be here by now. Where is he? (*or* where in the world is he?)… he hasn't come yet?! *[lit: "I thought that he is supposed to be here now. Where is he, he did not come?!"]*

76-3 II فَكَّر بِ/في ـِ

① **생각해내다;**

thought of, thought up [s/thing];

예문 خَلِّينِي أَسْأَلْكُم سُؤَال . مِين أَوَّل واحَد فَكَّر بِهادِ الفِكْرة ؟

제가 당신들에게 질문합시다. 누가 처음으로 이 생각을 해낸 것이죠?

Let me ask you guys a question. Who was the first one to think of this idea?

② **제안하다, 숙고하다;**

gave [the idea, the suggestion, the plan, the project, etc.] some thought, put some thought into [the idea, the suggestion, the plan, the project, etc.], looked into [the idea, the suggestion, etc.], *kicked around, tossed around [the idea]*

예문 فَكِّر في المَوْضُوع وَإرْجَعْلِي . وأيّ شِي بِدَّك تِعْمِلُه ، أنا ما عِنْدِي مُشْكِلة .

그 주제에 대해 숙고하고 저에게 다시 오세요. 그리고 당신이 하고 싶은 어떤 일이라도 저는 상관없어요.
Give it some thought and get back with me. Whatever you want to do is ok with me.

77-1 I فِهِم – َ

① 알아듣다;

got it, understood;

예문 فْهِمت . بِدَّك تَلاتة بُرْغَر مع جِبْنة وتْنَيْن كَوْلا .

알아들었어요. 치즈버거 3 개와 콜라 2 개를 원하죠?
I got it. You want three cheeseburgers and two cokes.

② 이해하다;

understood [s/one (his person), his personality, English, the book, etc.];

예문 مِش سِهِل إنَّك تِفْهَم النِّسْوان .

(당신이) 여자들을 이해하기란 쉬운 일이 아니에요.
It's not easy to understand women.
[lit: "Not easy that you understand the women."]

③ 힌트를 얻다, 암시를 얻다

got the hint, took the hint*, took* a hint*, caught a clue, got the clue, got a clue*

예문 بَعِد ساعة مِن التَّلْمِيح ، أَخِيراً فِهْمَتْ وطِلْعَتْ .

암시를 준지 한 시간만에, 그 여자는 결국 힌트를 얻어 떠났다.
After an hour of dropping hints, she finally got a clue and left.

77-2 I فِهِم على ـَ

파악하다, 완전히 이해하다

understood, comprehended [what s/one said], understood, comprehended [it (what was said)]

예문 لَمّا قابَلْتُه أَوَّل مَرّة ، ما فِهِمْت عَلَيْه لأَنُّه بِحْكِي بْسُرْعة .

بَس مَع الأَيّام (مَعِ الوَقِت) صِرْت أَفْهَمُه أَحْسَن .

내가 그를 처음 만났을 때, 그가 빨리 말하기 때문에 그를 온전히 이해할 수 없었다. 하지만 세월이 지나면서 그를 더 잘 이해하게 되었다.

When I met him the first time, I didn't understand what he was saying because he spoke so fast. But with time, I came (*or* I started) to understand him better.

77-3 I فِهِم في/ب ـَ

많은 것을 알다, 박식하다

knew a lot about, *knew a ton about,* understood [s/thing or how to do s/thing]

예문 بَفْهَم كْتير في بِناءِ الجُسُور ، عِنْدي (مَعي) شَهادة ماجَسْتَيْر في هادَ المَجال .

나는 다리건설에 대해 박식하다, 나는 이 영역에 석사학위를 갖고 있다.

I know a lot about building bridges, I have a Master's in it (*or* I have a Master's degree in it).

77-4 I فِهِم غَلَط ـَ

[입말]

오해하다, 잘못 이해하다

misunderstood [s/thing or s/one], understood [s/thing] wrong, misread [s/thing or s/one], misunderstood, misread [what he said, what he was trying to do] understood wrong

예문 بَفَكِّر إِنِّك فْهِمْتِ غَلَط إِلِّي قالَتُه . عَشانْها كانَتْ ناوْية تِعْتَزِرْلِك ، مِش تْزَعْلِك .

저는 당신(여)이 그 여자가 했던 말을 잘못 이해한 것 같아요. 왜냐하면 그 여자는 사과하려고 했지, 화나게 하려하지 않았거든요.

I think you (fem.) misunderstood what she was trying to say. She was trying (*lit: "she was intending"*) to apologize to you, not make you upset.

77-5 ① فِهِم من ـَ

알게 되다, 이해하게 되다

understood from [s/one] [what was the problem, etc.]

예문 فْهِمِت من سَمَر إِنَّك رَحْ تْرُوح على الجّامْعة في شِيكاغَوْ في الخَرِيف .

مَزْبُوط هالحَكِي ؟

저는 사마르(Samar)로부터 당신이 가을에 시카고에 있는 대학으로 갈 것이라고 들었어요. 그 말이 맞아요?

I understand from Samar that you are going to be attending the University of Chicago in the Fall. Is that right?

78-1 ① قال ـُ★

말하다

said [s/thing]

예문 آسِف ... أَيْش قُلِت ؟

미안해요... 무엇이라고 말씀하셨죠?

I'm sorry... What did you say?

78-2 ① قال إِنُّه ـُ★

[무엇이라고] 말하다

said that, indicated that, stated that, communicated that, pointed out that [...]

예문 خَلِّيني أَقُولِّك شِي ، أَنا عُمْرِي ما سْمِعْتُه بِقُول إِنُّه كان مَعُه مُخَدِّرات في سَيّارْتُه ،

بَسْ صاحْبُه حَكالِي هَيْك .

나도 한마디 합시다, 저는 그가 그의 자동차에 마약을 갖고 있다고 말하는 것을 한번도 들은 적이 없어요, 단지 그의 친구가 저에게 이렇게 말했어요.

*직역: "당신(여)께 한 가지 말합시다, 내 평생을 통해 그가 그의 차 속에 마약을 갖고 있었다고 말하는 것을 듣지 못했어요, 그러나 그의 친구가 저에게 이렇게 말했어요."

Let me state, for the record, that I never heard him say that he had drugs in his car, but his friend told me that he did.

78-3 I قال ل ـُ★

[누구에게] 말하다

told [s/one] s/thing,said [s/thing] to [s/one]

예문 قُلْتِلِّك ما تْرُوحِي لَهُناك وهَلاّء شُوفِي أَيْش صار ... كَسَرْتِي لَمْبِتْها !

내가 당신(여)에게 그곳에 가지 말라고 말했건만, 지금 무슨 일이 벌어졌는지 보세요... 당신이 그 여자의 램프를 깼잖아요!

I told you (fem.) not to go in there and now look what happened... You broke her lamp!

79 I قَتَل ـُ★

① 죽이다;

killed [s/one], murdered [s/one], took [s/one's] life, ended [s/one's] life;

예문 الْمُجْرِم قَتَل بِنْت عَمُّه .

그 범인은 그의 사촌(삼촌의 딸)을 죽였다.

The criminal killed his cousin (his uncle's daughter from his father's side of the family).

② [벌레를] 근절하다, 몰살시키다, 박멸하다

killed, exterminated [the roaches, the mosquitoes, the bugs, etc.]

예문 اللَّيْلة الماضِية ، قَتَلت مِشْ أَقَلّ من خَمْسِين نامُوسة في غُرْفِتي . شُو إِلِّي صايِر !

أَكِيد المناخِل مْمَزَّعة (مَمْزُوعة) .

어제밤에, 제 방에서 적어도 50 마리 모기를 박멸했어요. 대체 무슨 일이 벌어진 건지! 모기장이 찢어진 것이 분명해요.

Last night, I killed no less than fifty mosquitoes in my room. What's going on! Obviously, the screens are torn (*or* The screens must be torn).

80-1 I قِدِر –َ★

① 할 수 있다, 가능하다;

was able [to do s/thing], could [do s/thing], was capable [of doing s/thing];

예문 ما بَقْدَر أَحْكِي أَلْماني . انْتَ بْتِقْدَر ؟

저는 독일어를 할 수 없어요. 당신은 할 수 있나요?

I can't speak German. Can you?

② [금전적] 여유가 있다, 살 돈이 있다

could afford, had the money, had the cash [to do s/thing]

예문 قَلِيل مِنِ النّاس بِقْدَرُوا (قَلِيل ناس مَعْهُم) يِطْلَعُوا إِجازات

كُلّ أَكَمِّن شَهَر وأَنا مِش واحَد مِنْهُم !

극히 적은 수의 사람들이 몇 개월마다 휴가를 갈 수 있는데 나는 그들 중에 들지 않는다.

There are very few people who can afford to take vacations every few months, and I'm not one of them! *[lit: Few people are able to go out vacations every few month and I am not one from them!"]*

80-2 I قِدِر على –َ★

해내다, 이기다

licked, got the best of, took, *beat, beat up* [s/one]

*참고: 이 표현은 물리적, 비물리적 싸움을 의미하며 스포츠는 해당하지 않음.

예문 حاوَل يِنْطَحُه (يِتْغَلَّب عَلَيْه) بَسْ ما قِدِر عَلَيْه .

그는 그 사람을 이기려고 했지만, 그렇게 해낼 수 없었다.

*직역: "그는 그를 넘어뜨리려고 시도했지만 그렇게 할 수 없었다."

He tried to beat him up, but he couldn't take him.

80-3 I قِدِر يِحْكِي –َ★

[입말]

말할 수 있다, 여길 수 있다

could say [that s/one was mad, that s/thing was true, etc.]

예문 بْتِقْدَر تِحْكِي هَيْك . هادَ إِلِّي صار تَقْرِيباً .

그렇게 말할 수 있겠네요. 대충 그렇게 된 것 같아요.

You could say that. That's more or less what happened.

[lit: "This is that which happened almost."]

80-4 I قِدِر يِلاحِظ –َ ["ز"] ★

[입말]

알아챌 수 있다, 여길 수 있다

could tell, could see [that s/one was mad, that s/thing was wrong, etc.]

**직역: "그가 알아챌 수 있었다."*

예문 ما تِهْتِمِّي ! ما حَدا بِقْدَر يلاحِز إِنُّه بَنْطَلَوْنِك مَبْلُول .

신경쓰지 마세요! 아무도 당신(여)의 바지가 젖은 것을 알아챌 수 없어요.

Don't worry (fem.) about it! You can't tell that your pants are wet.

[lit: "No one is able to notice that…"]

81-1 I قَرا – (ل)★

읽다

read [the book, the article, etc.] (to) [s/one]

*참고: 문어체로는 " قَرَأَ "로 씀.

*참고: 만약 " ق "를 발음하면 함자 (" ء ") 도 발음하며 아니면 둘다 안해야 한다.

예문 لازِم تِقْرِي (تِقْرَئِي) قُصّة أُلِيفر تْوِسْت . عن جَدّ بَتْوَقَّع إِنِّك رَح تْحِبِّيها .

당신(여)는 올리버 트위스트의 이야기를 읽어야 해요. 정말 제가 예상컨대 당신(여)은 그것을 좋아할 거예요.

You (fem.) should read the story of Oliver Twist. Seriously (*or* really), I think you (*lit: "I expect that you"*) would like it.

81-2 I قَرا أَفْكارُه –★

마음을 읽다, 생각을 간파하다

read his mind, read his thoughts

예문 هايْ فِكْرة بِتْخَوِّف إِنُّه الله بْيِقْدَر يِقْرا (يِقْرأ) أَفْكارْنا .

하나님께서 우리의 생각을 간파하신다는 생각은 (우리를) 두렵게 만든다.

It's a frightening thought that God can read our minds.

81-3 I قَرا شَفايْفُه – (ل)★

입술을 읽다, 순독하다

read his lips

예문 بْتِقْدَر تِقْرا (تِقْرأ) الشَّفايِف ؟! أَنا ... حَكَيْت ... لا !

입술을 읽을 수 있어요?! 저는 … 말했어요… 아니라고!

Can you read lips?! I… said… no!

82-1 ㅣ قَطَعَ – َ (ب) ★

① **자르다;**

cut [s/thing] (with) [s/thing] cut down, chopped down [a tree];

예문 بْتَعْرِف إِنُّه مَمْنُوع تِقْطَع أَيّ شَجَرة في سِينا ؟

시나이(사막)에서는 어떤 나무도 자르면 안된다는 사실을 아세요?

Did you know that it's illegal to cut down trees in the Sinai desert (*lit: "in Sinai"*)?

② **베다, 깎다;**

cut, mowed [the grass, the lawn, etc.];

예문 عُشُب جِيرانّا (حَشِيش جِيرانّا) شِكْلُه حِلُو . هم بِسْقُوه كُلّ يَوْم والتّانِي وبِقْطَعُوه (وبِقُصُّوه) مَرّة كُلّ عَشَر تِيّام (أَيّام) .

내 이웃의 잔디는 상태가 좋다. 그들은 이틀에 한번 씩 물을 주고 열흘마다 깎아 준다.

My neighbors' lawn (*or* grass) looks great. They water it every other day and mows it once every ten days.

③ **가로지르다;**

crossed, cut across [a road, intersection, etc.];

예문 الوَلَد الِصْغِير قطَع الشّارِع لَحالُه وأَنا كُنْت خايِف عَلَيْه كْتِير .

그 소년은 혼자서(스스로) 길을 가로질러 갔고 나는 그로 인해 몹시 걱정했다.

The boy crossed the street by himself and I was seriously worried about him.

④ **[전기, 전화를] 끊다;**

[the electric company, s/one, etc.] cut-off, shut off, cut [the electricity, the phone, the water, etc.]

*참고: 특별한 이유가 있는 경우임;

예문 شِرْكةِ الإِتِّصالات قَطْعَتْ تَلِفُونّا عَشانِّي نْسِيتْ أَدْفَع الفاتُورة الشَّهِر الماضِي .

통신회사는 우리 전화를 끊었는데, 내가 지난 달 청구서 지불하는 것을 잊었기 때문이다.

The phone company cut our phone off because I forgot to pay the bill last month.

⑤ 절단하다

amputated, cut off [an arm, his leg, etc.]

*참고: 어떤 이유든 다 해당함

예문 الطَّبِيب اضْطَرّ إنُّه يِقْطَع إجْرِ المرِيض .

그 의사는 환자의 다리를 절단할 수 밖에 없었다.

The doctor had to amputate the patient's leg.

82-2 I قَطَع الإشارة –َ★

적신호에 달리다, 신호위반하다

ran the light, ran the red light, ran a red light, went through a red light, cut through the light

예문 شايْفُه ؟ هو هَلاّء قَطَع الإشارة !!

봤어요? 그는 지금 신호위반을 했어요!!

Did you see him? He just ran the light!!

82-3 I قَطَع جِسْم –َ★

손발을 자르다, 몸을 토막내다

dismembered [s/one or s/one's body], cut up [s/one's] body

예문 بَعِدْما القاتِل قَتَل ضَحِيتُه ، قَطَع جِسِمْها وحاوَل إنُّه يِخْفِي الجَّرِيمة (يخَبِّي الجَرِيمة) .

살인자가 피해자를 죽인 다음에, 몸을 토막내서 범죄를 숨기려고 노력했다.

After the serial killer (*lit: "killer"*) murdered his victim, he dismembered her body in an effort to conceal the crime.

82-4 I قَطَع راسُه ـَـ★

목을 베다, 참수하다

beheaded him, cut his head off, cut off his head, chopped his head off, chopped off his head

예문 أَرْبَع مُتطَرِّفِين قطَعُوا راس مَدَنِي بَرِيء بِدَمّ بارِد (بِكُلّ بُرُودة أَعْصاب) .

4 명의 극단주의자들은 선량한 민간인의 목을 냉혹하게 베었다.

Four extremists beheaded an innocent civilian in cold blood.

82-5 I قَطَع مَسافة ـَـ★

먼 거리를 오다

came a long distance, came a long way, went a long way, traveled a long way, came a good distance

*직역: "그가 거리를 잘랐다."

예문 مع إِنُّه قَطَعْنا مَسافة طَوِيلة عَشان نْشُوف قَرايْبْنا وِالرِّحْلة كانَتْ مُتْعِبة (كانَتْ صَعْبة) ،

بَسْ إِحْنا انْبَسَطْنا بِكُلّ دَقِيقة قَضَّيْناها مَعْهُم !

우리의 친척들을 보기 위한 장거리 여행이 비록 힘들었지만, 우리는그들과 함께 보낸 모든 순간을 즐겼다.

*직역: "비록 우리의 가까운 이들을 만나기 위해 우리가 먼 거리를 잘랐고 여정은피곤했지만..."

Even though we went a long way to see our relatives and the trip was hard, we enjoyed every minute of our time with them (or our visit)!

82-6 I قَطَع وَعَد على حالُه ـَـ★

스스로 다짐하다, 스스로 약속하다

made a promise to himself, promised himself, swore to himself [that he would do s/thing], took a promise upon himself [to do s/thing]

예문 قَطَعِت وَعَد على حالِي (قَطَعِت عَهِد على حالِي) إِنِّي عُمْرِي ما رَح أَقاطِع واحَد تانِي وهو بِحْكِي .

나는 다른 사람이 말하는 것을 절대 가로막지 않겠다고 스스로 다짐했다.
I made a promise to myself that I would try to never cut someone else off (or never interrupt someone else) while he was trying to talk.
[lit: "...and he is talking."]

83-1 I قَعَد ـُـ★

[입말]

① **앉다;**

sat, sat down, took a seat, took a chair, had a seat;

예문 ما قِدِرْت أَشُوف إِشِي لأَنِّي قَعَدْت آخِر صَفّ .

나는 맨 끝 줄에 앉았기 때문에 아무 것도 볼 수 없었다.
I couldn't see anything because I was sitting in the last row.

② **남아 있다, 머무르다;**

stayed, remained [s/where] [for a period of time];

예문 عِنْدَك مانِع إِنَّك تُقْعُد هَوْن وِتْخَلِّي عَيْنَك على العُمّال عَبَيْنْما أَرُوح أَجِيب إِلْنا غَدا ؟

제가 가서 우리 점심을 가져올 동안 여기 머물면서 일꾼들을 보고 계실 수 있겠어요?
직역: "...당신이 여기 머물면서 당신의 눈을 일꾼들에게 두는데 장애물이 있나요?"
Would you mind staying here and keeping an eye on the workers while I go get us some lunch?

③ **살다, 주재하다**

lived, resided [s/where];

예문 قَدَّيْش إِلَك قاعِد هَوْن (قَدَّيْش صارْلَك هَوْن) ؟ كَمْ سَنة ؟

당신은 여기에서 얼마나 사셨나요? 몇 년째죠?
How long have you lived here? How many years?

83-2 I قَعَد على –ُ★

[입말]

[전화, 인터넷을] 지속하다, 계속하다
stayed on [the internet, the phone, the computer, etc.], sat in front of [the TV, the computer, etc.]

예문 المراهِقِين بِحِبُّوا يُقْعُدُوا (بِمِيلُوا إِنّهُم يُقْعُدُوا) على التِّلِفُون أَكْتَر مِن اللاّزِم .

십대들은 필요 이상 전화통화를 길게 하길 좋아한다.
Teenagers tend to stay on the phone more than they should (*or* stay on the phone too much).

83-3 I قَعَدْلُه على غَلْطة –ُ (في/ب)★

[입말]

실수하길 기다리다
waited for him to make a mistake (in) [s/thing], *just waited for him to mess-up, waited for him to mess-up (on) [s/thing]*
*참고: 능동분사 " اسْم الفاعِل " 가 동사보다 더 자주 사용됨.

예문 كُنْت زَعْلان عالمِغَنِّية لَمّا خَرْبَشَتْ بِالنَّوْتَه لأَنُّه عْرِفت إِنُّه في ناس قاعْدِينِلْها على غَلْطة .

나는 그 여가수가 음정이 틀렸을 때 안타까웠다, 왜냐하면 사람들 중 일부가 그 여자가 실수하길 기다리고 있었다는 사실을 내가 알았기 때문이다.
*직역: "나는 그 여가수의 실수를 위해 앉아 있는 사람이 있었다는 사실을 알았었기 때문에 그 여자가 음정이 틀렸을 때 나는 화가 났다."
I felt sorry for the singer when she missed a note because I knew that a lot of folks (or people) in the audience were just waiting for her to mess-up.

83-4 I قَعَد على الغَلْطة – ُ (في/ب) ★

[입말]

계속 흠을 잡다, 계속 비난하다

kept finding fault (in) [s/thing or s/one], kept criticizing, *nit-picked*

*note: In English, the verb "He nit-picked" does not take an object

예문 طَيِّبْ ، ما تُقْعُدِيلِّي على الغَلْطة ! خَلِّينا نِتْسَلّى بِوَقِتْنا هَوْن (نِسْتَمْتِع بِوَقِتْنا هَوْن) !

알았어요, 제 흠 잡는 것은 이제 그만하세요! 그냥 여기서 우리 시간을 즐겨요!

All right, stop nit-picking (fem.)! Let's enjoy our time here!

83-5 I قَعَد في/ب – ُ ★

[입말]

[집안에서] 빈둥거리다

sat around, *lounged around, hung around* [the house, etc.]

예문 بَضَلّ أَحْكِي لَسِتِّي إِنّها إِزا بِتْضَلّ قاعْدة في البَيْت ، مَفاصِلْها رَح يوَجّعُوها أَكْتَر .

나는 할머니에게 집안에만 계시면 관절이 더 많이 아플 것이라고 계속 말하고 있다.

**직역: "... 그 분의 관절이 그 분을 더 아프게 할 것이라고..."*

I keep telling my grandma that if she continues to sit (or if she keeps sitting) around the house all day, her joints will bother her more.

83-6 I قَعَد مع – ُ (عَشان) ★

[입말]

함께 시간을 보내다, 함께 대화하다

spent time with, talked with, sat and talked with, sat down and talked with [s/one] (about) [s/thing or s/one]

예문 أَكِيد بَتْمَنّى لَوْ عِنْدي وَقِت أَكْتَر من هَيْك عَشان أَقْدَر أَقْعُد مَعِ الزَّباين .

정말 나는 고객들과 함께 이보다 더 많은 시간을 가질 수 있으면 좋겠다.

I sure wish I had more time than I do to spend with the customers.

83-7 I قَعَد وحَكى مع – ُ (عَشان) ★

[입말]

앉아서 함께 대화하다

had a talk with, sat down and had a talk with, sat down and talked with [s/one] (about) [s/thing]

*note: in English the above definition more often refers to someone who wants to talk with another person because they are either doing something wrong or causing problems; this is not the case in Arabic and as it carries a wider meaning

예문 في وَقِت مُعَيَّن ، رَحْ نِضْطَرّ نُقْعُد ونَحْكِي مع ناشِد وكَرِيم عَشان تَصَرُّفاتْهُم اللِّي مِش مْنِيحة في الصَّفّ .

적당한 시간에, 우리는 나쉬드(Nashid)와 카림(Kareem)를 불러다 앉혀 놓고 교실에서 그들의 잘못된 행동에 대해 말할 것이다.

At some point (*lit: "in a specific time"*), we're going to have to sit and have a talk with Nashid and Kareem about their bad behavior in class.

83-8 I قَعَد مْنِيح – ُ (على) ★

[입말]

똑바로 앉다, 바른 자세로 앉다

sat up straight (in) [his seat or the chair] sat up straight (at) [the table, etc.]

예문 دايْماً بَعَلِّم أُوْلادِي إِنّهُم يُقْعُدُوا مْنِيح على طاوْلةِ السُّفْرة ويُوْكْلُوا بِأَدَب .

나는 항상 내 자녀들에게 식탁에서 바른 자세로 앉을 것과 예의 바르게 식사할 것을 가르친다.

I always teach my kids to sit up straight at the dinner table and to use their manners (*or* and to use proper etiquette). *[lit: "I always teach my children that they sit nice on the table of dining and they eat with politeness."]*

84-1 ⓘ كان ـُ

있다, 존재하다, 이다, 발생하다, 어떠 하다, 어떤 상태로 있다
[s/one or s/thing] was…

예문 المزارِع كان قاعِد تَحْتِ الشَّمْس لَمُدّة طَوِيلة لَمّا بَلَّش يحِسّ بِالدَّوْخة .

그 농부는 태양 아래 오래 동안 앉아 있었다가 현기증을 느끼기 시작했다.
The farmer had been sitting in the sun for a long time and began to feel dizzy.
[lit: "… when he began to feel in the dizziness."]

84-2 ⓘ كان إِجْبارِي عَلَيْه ـُ

[입말]

반드시 요구되다, 꼭 필요로 하다
he was required, was required for him, was required of him, he had to, he was forced to

예문 إِجْبارِي عَلَيْك إِنَّك تاخُد إِمْتِحانِ المِسْتَوى هاد أَوْ ما بْتُدْخُل في البَرْنامِج .

당신에게는 이 배치고사가 반드시 필요해요, 그렇지 않으면 이 프로그램에 들어올 수 없어요.
You are required to take this placement exam or else you cannot (*or* you can't) enter the program.

84-3 ⓘ كان أَذْكى من ـُ ["ز"]

[입말]

더 재치있다
was smarter than, outsmarted, outwitted [s/one else]
*참고: 비교급 표현인 " أذكى " 은 의미가 " أشطر " 와 달리 기술이 아닌 지능에 국한됨.

예문 حَتّى وَلَوْ عِنْدْهم فَرِيق أَحْسَن من فَرِيقْنا ، رَح نِرْبَح إِزا مِنْكُون أَزْكى مِنْهُم .

비록 그들의 팀이 우리팀보다 낫지만, 만약 우리가 더 재치있게 하면 우리가 그들을 이길 수 있다.

Even though they may have a better team than we do, we will win if we outsmart them.

84-4 كان أَشْطَرْ من –ُ

[입말]

① **더 민첩하다, 더 똑똑하다;**

was smarter than [s/one];

예문 مع إِنُّه عَلاماتْها أَعْلى من عَلاماتِك ، بَسْ هادَ ما بِعْنِي إِنّها أَشْطَرَ مِنِّك .

비록 그 여자의 성적이 당신(여)보다 높지만, 이것이 그 여자가 더 똑똑하다는 의미는 아니에요.

Even though her grades are better than yours (fem.), that doesn't mean that she's smarter than you.

② **더 재치있다**

outsmarted, outwitted [s/one else]

예문 هادَ عَيْب كْبِير لَمّا وَلَدْ عُمْرُه خَمْس سْنِين يكُون أَشْطَرْ مِنَّك !

5 살짜리 소년이 당신보다 더 재치가 있다는 것은 참으로 수치스러운 일이다!

That's pretty bad when a five year-old outsmarts you! *[lit: "Shame a boy his age five years he is smarter than you!"]*

84-5 كان أَصْلُه –ُ (من)

[입말]

기원하다, 유래되다

[s/thing or s/one] originated, came (from) [England, Russia, etc.]

**직역: "그것의 기원은 … 이었다."*

예문 بْتِعْرَف إِنُّه الوَرَق كان أَصْلُه مِن الصِّين ؟

종이가 중국에서 유래되었다는 사실을 알았어요?
Did you know that paper originated from China?

84-6 كان أَقَلّ مِنِ المُسْتَوى / كان أَقَلّ مِنِ العادِي – ُ★

[입말]

수준에 못미치다

[the service, the hotel, the product, s/thing, etc.] was not up to par, was not up to standard, was below par, was substandard

예문 بِقُولُوا إِنُّه هالفُنْدُق أَرْبَع نْجُوم ، بَسْ بِالتَأَكِيد الخِدْمة كانَتْ أَقَلّ مِنِ المِسْتَوى المطْلُوب .

이 호텔이 4 성급이라고 하지만, 서비스는 정말 기대했던 수준에 미치지 못했다.
**직역: "... 그러나 확실히 그 서비스는 요구되어진 수준보다 적었다."*
They say that that hotel is a four-star hotel, but we thought that the service was definitely not up to par.

84-7 كان عِنْدُه خِيار / كان إِلُه الإِخْتِيار – ُ (حَتّى/ل)

선택권이 있다

had the option, had the choice (to) [do s/thing]

예문 رَح يكُون إِلَك الخَيار في المِسْتَقْبَل إِنَّك تِشْتَرِي باقِي الأَرْض بِخَصِم إِزا كُنْت بِحاجة إِلْها .

만약 필요하다면, 나중에 나머지 땅을 싸게 살 수 있는 기회(선택권)가 당신에게 있을 거예요.
You will have the option in the future of buying the rest of the land for a discounted price (*or* at a discount) if you have a need for it.

84-8 كان عِنْدُه مَصْلَحة / كان إِلُه مَصْلَحة – ُ (مع)

숨은 동기가 있다

had a hidden motive, had an ulterior motive, had an underlying motive (with) [s/one]

예문 النّاس ضَلُّوا يقُولُولِي إِنُّه مُهَنَّد مَصْلَحْجِي (إِسْتِغْلالِي) بَسْ أَنا ما صَدَّقْتْهُم

لَحَتّى عْرِفْت لَحَالِي إِنُّه كان يصاحِبْنِي عَشان كان إِلُه مَصْلَحة مَعِي .

사람들이 나에게 무한낟(Muhannad)이 나를 이용해 먹고 있는 사람이라고 말했지만 나는 스스로 알게 될 때까지 그 말을 믿지 않았다. 그는 숨은 동기가 있어 나를 사귀었던 것이다.

**직역: "... 그는 나에게 이익이 있었기 때문에 나의 친구가 되었던 것이다."*

People kept telling me that Muhannad was a user but I didn't believe them until I found out for myself that he really was a user. He was just being my friend in order to get something from me.

84-9 ❶ كان أَمِين ـُ (مع)

신실하다

was faithful (to) [s/one, the company, etc.]

예문 جَوْن مُوَظَّف مُمْتاز ! هو صادِق وكَمان أَمِين مَعِ الشِّرْكة .

존(John)은 훌륭한 직원이다! 그는 회사에서 믿을만 하고 또한 신실하다.

John's a great employee! He's both trustworthy and faithful to the company.

84-10 ❶ كان بِحالُه ـُ

[입말]

혼자 있다, 관여하지 않다

kept to himself, stayed out of it, minded his own business, kept out of it

예문 سامِي وسُعاد كانُوا دايْماً يِتْهاوَشُوا مع بَعَض ، بَسْ سَوْسَن كانَتْ دايْماً بِحالْها .

사미(Sammy)와 수아드(Suad)는 항상 서로 싸웠지만, 수잔(Susan)은 항상 관여하지 않았다.

Sammy and Suad were always fighting with each other, but Susan always stayed out of it.

84-11 ⓘ كان بِدُّه ـُ

[입말]

원하다

wanted [to do s/thing]

예문 كان بِدّي (كُنْت بِدّي) أَخَبّرَك إِنُّه تَدْرِيبِ الفَرِيق الْتَغى (انْلَغى) وِتْأَجّل لَخَمْسة وعِشْرِين سِتّة .

저는 팀연습이 취소된 것과 6 월 25 일로 변경된 것을 당신께 알려주고 싶었어요.

I wanted to let you know that the team practice has been cancelled. It has been moved to June twenty-fifth. (*or* the twenty-fifth of June). *[lit: "I wanted to inform you that the team practice was cancelled and was postponed to twenty-five six."]*

84-12 ⓘ كان بِعُمْرُه / كان بِنَفْس عُمْرُه ـُ

[입말]

[누구와] 같은 나이이다

was the same age as him, was his age

예문 قابَلْت اليَوْم شَبّ في المخفر (مَرْكَزِ الشُّرْطة) بِنَفْس عُمْرِي . بَسْ عَشان لِحْيْتُه الطَّوِيلة ، ما بَيّن عَلَيْه إِنُّه بِعُمْرِي ... كَإِنُّه شِكْلُه خَمْسِين سَنة !

오늘 나는 경찰서에서 나와 같은 나이 청년을 만났다. 하지만 그의 수염이 길어서 그는 내 나이로 보이지 않았다… 그는 50 살쯤 되어 보였다!

I met a guy in the police station today who's the same age as me. But with his long beard, he definitely didn't look his age… he looked at least fifty!

[lit: "I met today a guy in the police station in my age. But with the long beard, it does not show on him that he is in my age… it appears his age is fifty year!"]

84-13 كانَتْ رُتْبِتُه أَعْلى من ـُ

[입말]

계급이 더 높다

outranked, had a higher rank than [s/one else]

*참고: 군대 계급을 의미함.

예문 كُلّما تْشُوف زابِط رُتْبِتُه أَعْلى من رُتْبِتَك ، لازِم تْحَيِّيه .

당신 계급보다 높은 장교를 보면, 당신은 반드시 경례해야 해요.

Whenever you see an officer with a higher rank than you, you should salute him.

84-14 كانَتْ رُتْبِتُه أَقَلّ ـُ (من)

[입말]

계급이 더 낮다

had a lower rank (than) [s/one else], was subordinate (to) [s/one else]

*참고: 군대 계급을 의미함

예문 العَسْكَرِي مَحْمُود ما كان مَبْسُوط في الجَيْش عَشان كانَتْ رُتبِتُه أَقَلّ مِنِ الكُلّ تَقْرِيباً

(أَقَلّ من مُعْظَم باقِي الرُّتَب) .

사병 마하묻(Mahmoud)는 거의 모든 사람보다 계급이 낮았기 때문에 군대에서 즐겁지 못했었다.

Private Mahmoud was not happy the army because he had a lower rank than almost everyone.

84-15 كان زَيِّ العَمى ـُ

[입말]

매우 나쁘다, 형편없다

[s/thing] was terrible, was awful, stunk, was really bad

*직역: "그것은 마치 어둠같았다."

예문 وَقْتِنا عالشَّطّ كان زَيّ العَمى ! كانَتْ بِنْتِي رَح تِغْرَق وإِحْنا كُلّنا انْحَرَقْنا مِن الشَّمْس .

해변에서의 우리 시간은 끔찍했다! 내 딸이 익사할 뻔했고 우리 모두가 햇빛에 화상을 입었다.
*직역: "...내 딸은 가라앉으려고 했고 우리 모두는 태양으로부터 화상을 입었다."
Our time at the beach was terrible! My daughter almost drowned and we all got sunburned.

84-16 I كان شِكْلُه زَيّ / كان شِكْلُه كَإِنُّه ـُ

[입말]

[어떤 것으로] 여기다, [어떤 것처럼] 보여지다

could have passed for, passed for, passed as, looked like [s/one else]

예문 مَرْيَم كْتِير حِلْوة ! بْتِعْرَف ، شِكِلْها زَيّ نَجْمةِ الأَفْلام .

미리암(Miriam)은 너무 아름다워요! 알다시피, 그 여자를 영화배우라고 해도 돼요.
Miriam is so good looking! You know, she could pass for a movie star.

84-17 I كان صَحّ ـُ

[입말]

옳다, 사실이다 [어떤 것이]

[his story, what he said, etc.] was true, held water, was right, was correct, held true, held up

예문 حَكْيُه مِش صَحّ وحَتّى إِنُّه مِشْ مَنْطِقِي !

그의 말은 옳지도 않고 또한 이치에 맞지도 않다!
What he's saying doesn't hold water and isn't (*or* it's not) even logical!

84-18 I كان صَرِيح ـُ (مع) {ب} ‹عن/بِخُصُوص›

솔직하다, 숨김없다

was frank, was honest, was upfront and honest, was upfront, *was straight-up* (with) [s/one] {about} [s/thing], was frank, was honest, was upfront and honest, was upfront, *was straight-up* (with) [s/one] ‹about› [s/one]

예문 كُون صَرِيح مَعِي وقُلِّي بِالزَّبْط أَيْش رَأْيَك بِفِكْرِتِي ، وبَوْعِدَك إِنِّي ما رَح أَزْعَل .

솔직하게 내 생각에 대한 당신의 의견이 어떤 것인지 정확하게 말해주세요, 제가 화내지 않을 것을 약속해요.

Be frank with me and tell me exactly what you think about my idea. I promise I won't get upset (*or* I won't get my feelings hurt).

84-19 I كان صَعْب عَلَيْه ـُ

어려운 시간을 갖다

he had a hard time [doing something], [s/thing] was hard on him, he had a difficult time [doing s/thing]

예문 صَدِّقْنِي لَمّا أَقُلَّك إِنُّه تَلاتِتْنا كان صَعِب عَلَيْنا نِحْمِل تَلاّجِتْها العِمْلاقة

(تَلاّجِتْها الضَّخْمة) لَلطّابِقِ الخامِس !

제 말 믿어주세요, 우리 셋이 그 여자의 거대한 냉장고를 5층까지 지고 올라가느라고 정말 힘들었어요!

Believe me when I tell you that the three of us had a hard time carrying her huge refrigerator five flights up the stairs! *[lit: "... to the fifth floor!"]*

84-20 I كان ضَرُورِي ـُ

[입말]

할 수 밖에 없다, 의무가 있다

[he] had to, was obligated, was obliged [to do s/thing], it was necessary [that s/one do s/thing]

예문 النّاس إِلِّي في القَرْية كان ضَرُورِي إِنّهُم يِدْفَعُوا ضَرايِب خَمْسِين بِالمِيّة من دَخِلْهُم .

그 마을 사람들은 수입의 50%를 세금으로 낼 수 밖에 없었다.
The people of the village were obligated to pay taxes which were fifty percent of their income.

84-21 I كان طارِئ –ُ

응급상황이다
[it] was an emergency, was a matter of life and death

예문 أنا آسِف عَشان بَحْكِي مِتْأَخِّر كْتِير في اللَّيْل ، بَسْ في إِشِي طارِئ !

제가 너무 밤늦게 전화해서 미안합니다만, 너무 급한 일이 있어요!
I'm sorry to call this late at night, but it's an emergency!

84-22 I كان عَدَدْهُم أَكْثَر من –ُ

수가 더 많다
they outnumbered, had a larger number of people than [the others]

예문 في العِراق ، الشِّيعة عَدَدْهم أَكْتَر مِن السُّنّة بِكْتِير .

이라크에는 시아(Shi'ite)의 수가 순니(Sunni)의 수보다 훨씬 많다.
In Iraq, the Shi'ites outnumber the Sunnis by a significant amount.

84-23 I كان العَقِل المُدَبِّر وَرا –ُ

배후에서 지휘하다
was the mastermind behind, was the one behind, was the brains behind [the attack, the crime, the plan, etc.]

예문 إِحْنا مْنِعْرَف مِين إِلِّي عِمِل التَّفْجِير بَسْ ما مْنِعْرَف العَقِل المدَبِّر وَراه .

우리는 누가 폭발시켰는지는 알지만 배후에서 누가 지휘했는지는 모른다.
We know who carried out the bombing but we still haven't found out who was the mastermind behind it.

84-24 ① كان عِنْدُه ـُ

가지고 있다, 소유하다

had [s/thing]

예문 كان عِنْدِي مُوْبايْل أَهْدَتْنِي إِيّاه مَرَتِي ، واليَوْم قَبْلما أَدْخُل على المَتْحَف ما لَقَيْتُه ! شِكْلِي ضَيَّعْتُه .

나는 아내가 선물해준 휴대폰이 있었는데, 오늘 박물관에 들어가기 직전에 그것을 찾을 수 없었다! 아무래도 그것을 잃어버린 것 같다.

I had a cell phone that my wife gave me as a gift and today, before I wentinto the museum, I couldn't find it! It looks like I lost it. *[lit: "I had mobilemy woman gave it to me as a gift, and today before I enter the museumI didn't find it! My look I lost it."]*

84-25 ① كان عِنْدُه سُوء إِدارة في/ل/ب ـُ

잘못 운영하다, 부실 경영하다

mismanaged [the company, the business, the account, etc.], mishandled [the account, the money, etc.]

*참고: 횡령하거나 착복하는 개념은 아니며 순전히 운영 상의 문제로 잘못된 경우를 의미함.

예문 في عِدّة حالات كان المِدَرا عِنْدْهُم سُوء إِدارة لَشِرْكاتْهُم وخِسْرُوا أَمْوال كْتِير عَشان هَيْك كَزَّبُوا على المِسْتَثْمِرِين بِخُصُوص مُسْتَوى أَرْباحْهُم .

간혹, 회사 사장들이 운영을 잘못하여 회사에 손해를 입히는 경우가 있었는데 그래서 투자자들에게 그들의 이윤을 속이곤 했다.

직역: "... 이것 때문에, 사장들은 투자자들의 이윤에 대해 거짓말을 했다."

There have been several cases (*lit: "several situations"*) where CEO's have mismanaged their companies and lost a lot of money and then later they lied to investors about their profits.

84-26 I كان غَرِيب ـُ (ل)

낯설다, 이상하다

[s/thing] was strange (to) [s/one]

예문 الثَّقافات والعاداتِ العَرَبِيّة غَرِيبة لَكْتِير مِنِ الغَرْبِيّين وهم عادةً بِسْتَصْعِبُوها (بِسْتَصْعِبُوا يِتْأَقْلَمُوا مَعْها) .

아랍의 문화와 관습이 서양인들에게는 매우 낯설으며 대개 그들은 그것에 적응하는데 힘들어 한다.

Arabic culture and customs are strange to most Westerners and they usually havea hard time adapting to them. *[lit: "… and they usually find them difficult."]*

84-27 I كان في زَحْمة في/ب ـُ

[입말]

붐비다, 꽉 차다

it was really crowded on [the bus, the plane, etc.], it was really crowded in [the store, the market, the streets, the office, etc.]

**직역: "혼잡이 있었다."*

*note: English speakers also say, "[The bus, The plane, The store, The office, The street, etc.] was packed, was packed-out, or was jam-packed"

예문 مِشْ مَعْقُول ! كان في زَحْمة في الباص !

말도 안돼요! 버스가 초만원이에요!

**직역: "버스 안에 군중이 있었어요!."*

Unbelievable! The bus was packed!

84-28 I كان قَلْقان ـُ (على) ★

걱정하다

was worried (about) [s/thing or s/one]

예문 شُو فِي ؟ شِكْلَك قَلْقان على إِشِي .

괜찮아요? 당신이 뭔가 걱정하고 있는 것 같아요.
Are you alright? (*lit: "What is it?"*) You look worried about something.

84-29 I كان لازِم –ُ

해야 하다, 의무를 지우다
had, was obligated, was obliged, needed [to do s/thing]

예문 لازِم تْحِلُّوا (لازِم تِعْمَلُوا) هادَ الواجِب وتْرَجّعُولِي إِيّاه قَبْلِ يَوْمِ الخَمِيس الجّاي .

당신들은 이 숙제를 다해서 다음 목요일까지 그것을 저에게 돌려줘야 해요.
You (pl.) have to complete this assignment and have it turned in to me (or and turn it in to me) before next Thursday.

84-30 I كان لازْمُه / كان لازِمْلُه –ُ

[무엇을] 필요로 하다
he needed [s/thing]
**직역: "그것이 그에게 필요했다."*

예문 لازِمْنِي سَيّارة ! التَّكاسِي عَمْ بِتْكَلِّفْنِي كْتِير !

저는 차가 필요해요! 택시 타느라고 부담이 너무 커요!
**직역: "...택시들이 내게 청구를 많이 해요!"*
I need a car bad! Taking taxis is starting to add up! (*or* taking taxis is getting expensive!)

84-31 I كان مِثال ل –ُ["س"]

① **보기가 되다;**
[s/thing] was a good example of, was an example of [s/thing else];

예문 هاد مِثال مُمْتاز عَنِ الإِشي إِلّي بَحْكِي عَنُّه ! أَوَّلْما يِضْوِي التِّلْفِزْيَوْن ، بِصِير مِش حاسِس بِالعالَم حَوالَيْه .

이것이 바로 제가 말했던 바로 그것이에요. 그는 TV를 켜는 순간부터, 주위가 어떻게 돌아가는지 전혀 몰라요.

This is a perfect example of what I'm talking about! As soon as he turns on the TV, he becomes completely oblivious to the world around him.

② [사람들에게] 본보기가 되다

[s/one] was a model of, was an example of, modeled, exemplified [kindness, patience, good behavior, etc.]

예문 بِدُون شَكّ ، كُلّنا مْنِقْدَر نِتْعَلَّم من رَوْجَر . هو مِثال رائِع لَلُّطُف .

의심할 여지없이, 우리 모두 로저(Rodger)에게서 많이 배웠다. 그의 친절은 아주 좋은 본보기이다.

Without question, we can all learn a lot from Rodger. He's a good model of kindness.

84-32 كان مَدْيُون ل/ب ـُ

빚지다

owed [s/one] [money or s/thing], was in debt to, was indebted to [s/one]

예문 ما تِنْسى إِنَّك لِسّا مَدْيُونْلي (مَدْيُون إِلي) بِعِشْرِين دِينار من لَمّا اسْتَأْجَرْتِلّك السَّيّارة .

제가 당신을 위해 차를 렌트해주었을 때, 저에게 아직도 20 디나르 빚진 것을 잊지 마세요.

Don't forget that you still owe me twenty dinar from when I rented the car for you.

84-33 كانَتْ مَرْتِبْتُه أَعْلى ـُ (من)

지위가 더 높다

had a higher position, (than) [s/one else], his position was higher (than) [s/one else's]

*참고: 군대가 아닌 상황임.

*참고: 경우에 따라 " مَرْتِبة " 대신 " رُتْبة "을 사용할 수 있음.

예문 مِش مُهِمّ إزا مَرْتِبْتَك أَعْلى مِنّه ، بِضَلّ لازِم إنَّك تْعامْلُه بِإحْتِرام .

당신의 지위가 그보다 높더라도, 당신은 그를 계속 공손하게 대우해야 해요.

It doesn't matter if you have a higher position than him, you should still treat him with respect.

84-34 I كانَتْ مَرْتِبْتُه أَقَلّ – ُ (من)

지위가 더 낮다

had a lower position (than) [s/one else]

*참고: 군대가 아닌 상황임.

*참고: 경우에 따라 " مَرْتِبة " 대신 " رُتْبة "을 사용할 수 있음.

예문 لَمّا عَمّي بَدا يِشْتَغِل ، كانَتْ مَرْتِبْتُه أَقَلّ مِن كُلّ التُّجّارالتّانْيين .

بَسْ عَشان هو كان مَوْهُوب وشَغّيل ، صار عَلَيْهُم مُدير .

내 삼촌(고모부)이 일하기 시작했을 때, 다른 판매원들보다 지위가 낮았다. 하지만 그는 재능이 있고 노력가였기 때문에 그들의 지배인이 되었다.

When my uncle (father's brother) first started out, he had a lower position than all the other salesmen. But, because he was talented and hard-working, he is now their boss.

84-35 I كان مَزاجُه عِكْر – ُ

기분이 나쁘다

was in bad mood, was in a rotten mood, was in a foul mood

직역: "그의 기분이 진흙투성이었다."

예문 بَسْ لَمُعْلُوماتَك ... طارِق مَزاجُه عِكِر اليَوْم .

알고 계세요... 따리크(Taariq)는 오늘 기분이 안좋아요.

직역: "단지 당신의 정보를 위해서요..."

Just to give you a heads-up... Taariq is in a bad mood today.

84-36 I كان مَعُه ـُ

[경제적] 여유가 있다, 돈이 있다

could afford, had the money, was able to [to do s/thing]

예문 مَزْبُوط إِنُّه إجانِي زِيادة في الرّاتِب هاي السَّنة ، بَسْ لِسّا ما مَعِي أَرُوح في إِجازة .

금년에 내 월급이 인상된 것은 맞지만, 아직도 휴가갈 (경제적) 여유는 없어요.

Yeah, it's true that I got a raise this year, but I still can't afford to go on vacation.

84-37 I كان مَفْرُوض / كان مَفْرُوض إِنُّه ـُ

가정되다, 예상되다

was supposed to [do s/thing]

예문 ما عْرِفت إِنُّه كان مَفْرُوض إِنّا نْكُون هُناك عالتَّمَنْية ونُصّ ! ما حَدا حَكالِي إِشي !

저는 우리가 그 곳에 8 시반까지 있어야 하는 것인줄 몰랐어요! 아무도 저에게 말해주지 않았어요!

I didn't know we were supposed to be there at 8:30! Nobody told me anything!

[lit: "No one told to me a thing!"]

84-38 I كان مَلْيان ـُ (ب)

만원이다, 가득차다

[the store, the bus, the office, etc.] was full of [people], was packed, was jam-packed, [the house, the classroom, etc.] was full (of) [bugs, animals, etc.], was overrun (with) [bugs, animals, etc.] [s/thing or s/one] was infested, *was eaten up* (with) [fleas, lice, roaches, etc.]

예문 السُّوق كان مَلْيان ناس ! عُمْرِي ما شُفْت ناس هالقَدّ في مَحَلّ واحَد (في مَكان واحَد) !

그 시장은 사람으로 넘쳤어요! 제 평생 그렇게 많은 사람이 한 곳에 있는 것을 본 일이 없어요!
*직역: "... 내 나이 동안 나는 한 곳에 이만큼 많은 사람들이 있는 것을 ..."
The market was jam-packed with people! I've never seen so many people in one place in my life!

84-39 I كانَتْ مَنافْسُه بْتِلْعِي / كانَتْ مَنافْسُه مَقْلُوبة ـُـ★

구역질나다, 멀미하다
felt nauseous, felt sick, felt queasy
*직역: "그의 호흡이 구역질할 것 같았다." / "그의 호흡이 뒤집혔다."

예문 عْرِفِت إِنِّي ما كانْش لازِم (ما كان لازِم) آكُل حِلُو زِيادة (هالحِلُو الزِّيادة) . هَلأّ مَنافْسِي بْتِلْعِي .

나는 추가로 간식을 먹지 말아야 했다는 사실을 알았다. 지금 나는 토할 것 같다.
I knew I shouldn't have eaten that extra dessert. Now I feel nauseous.

84-40 I كان مَهْوُوس ـُـ (في/ب)

[입말]

집착하다, 강박적으로 생각하다
was obsessed, had an obsession (with) [s/one or s/thing]

예문 مِشْ غَلَط إِنَّك تْحِبّ حَدا ، بَسْ مِش صِحِّي إِنَّك تْكُون مَهْوُوس فِيه .

당신이 누군가를 좋아할 수 있지만 그 사람에게 강박관념을 갖고 있는 것은 옳지 못하다.
It's ok to like someone (*lit: "It's not wrong that you love someone"*), but it's not healthy to be obsessed with them.

84-41 I كان مَوْجُود –ُ

① [어떤 장소에] 있다

he was here, he was there

**직역: "그가 존재했었다.";*

예문 آلُوْ ، مَسا الخَيْر ... رِيم مَوْجُودة ؟ (رِيم هَوْن ؟) أَنا غَسان . بَقْدَر أَحْكِي معْها ؟

여보세요, 안녕하세요(좋은 저녁입니다)... 리임(Reem)이 있나요? 저는 갓산(Ghassan) 이예요. 그 여자와 통할 수 있을까요?

Hello, good afternoon (*lit: "good evening"*)... is Reem there? This is Ghassan.Can I speak to her? (*or* May I speak with her?)

② 위치하다

[s/thing] was located [s/where]

예문 فِرِعْنا في دِيتْرَويْت مَوْجُود في شارِع واشِنْطُنْ بِالزَّبْط جَنْبِ المحْكَمة الفِدْرالِيّة .

우리의 디트로이트 사무소는 워싱턴 거리의 연방법원 바로 옆에 있다.

Our Detroit branch is located on Washington Street right next to the federal courthouse.

*note: in English, the word "branch" is used more for colleges, banks, largecompanies, etc., while the word "location" is used for stores, restaurants, and other service-oriented companies

84-42 I كان وَزْنُه أَكْتَرْ من –ُ

체중이 더 많이 나가다

[s/one] outweighed, weighed more than [s/one else], [s/thing] weighed more than [s/thing else]

예문 اِبِن أُخْتِي عُمْرُه تَلَتَّعْشَر سَنة بَس ، ووَزْنُه أَكْتَر من وَزْنِي بِعِشْرِين باونْد .

내 외조카의 나이는 13 세 밖에 안되는데 그의 체중은 나보다 20 파운드가 더 나간다.

My nephew (sister's son) is only thirteen and already outweighs me by twenty pounds (*or* nine kilograms).

*참고: 미국 이외의 지역에서는 파운드보다 Kg 을 사용함.

85-1 I كَتَب – ُ (على)

쓰다

wrote [a book, a paper, a song, a poem, a report, etc.], wrote (on) [the notebook, the piece of paper, the board, etc.]

예문 بْتِعْرَف إِنُّه فادْية وأَكَمّن واحَد ساعَدُونِي في كِتابة وتَحْرِير هادَ الكِتاب ؟

파디아(Fadia)와 몇몇 사람들이 내가 이 책을 쓰는 것과 편집하는 것을 도와주었다는 사실을 당신은 아시나요?

Did you know that Fadia and a number of other individuals helped me write and edit this book?

[lit: "Do you know that Fadia and several one helped me in the writing and editing of this book?"]

85-2 I كَتَب ل – ُ

[누구에게] (편지를) 쓰다

wrote (to) [s/one], wrote [s/one] [a song, a poem, a report, etc.], wrote [a song, a poem, etc.] for [s/one]

예문 كَتَبْت رِسالة لأُخْتِي بَسْ ما وِصْلَتْ .

나는 내 누이에게 편지를 썼는데 도착하지 않았다.

I wrote a letter to my sister but it never got there (*or* it never arrived).

[lit: "... but it didn't arrive."]

86 II كَذَّب – ِ (على) {عن} ["ز"]

[입말]

거짓말하다, 속이다

lied, told a lie, told a fib (to) [s/one] {about} [s/one else or s/thing], told a lie, told a fib {on} [s/one]

*참고: 전치사 " ل " 를 이용한 표현도 가능하나 실제에서 별로 쓰이지 않음.

예문 ما بَقْدَر أَصَدِّق إِنُّه رِياض كَزَّب على مَدام نَبِر عَنّا .

나는 리야드(Riyadh)가 우리에 관해 나비르(Naber) 부인에게 거짓말했다는 사실을 믿을 수 없다.

I can't believe that Riyadh would lie to Mrs. Naber about us.

87-1 I كَسَر - ِ

① **깨뜨리다, 부수다;**

broke [the glass, the mirror, the vase, a plastic item, etc.];

예문 لَمّا أَوْلاد جِيرانّا كانُوا يِلْعَبُوا بِالسّاحة كَسَرُولِي قَزاز شُبّاكِي .

우리 이웃의 아이들이 광장(공터)에서 놀고 있었다가 내 창문의 유리를 깼다.

직역: "... 그들은 나를 위해 내 창문 유리를 깼다."

When our neighbors' kids were playing in the yard, they broke my window.

② **침입하다, [문을] 부수고 들어가다**

kicked in, beat down, *busted down*, broke down [the door, etc.], broke out, *busted out* [the window, etc.]

예문 في لَيْلة مِن اللَّيالِي لَمّا صاحْبِي كان نايِم ، إِجاه حَرامِي وحاوَل يِكْسِر باب بَيْتُه .

어느 날 밤에 내 친구가 자고 있었을 때, 도둑이 와서 그의 집문을 통해 침입하려고 했다.

One night, when my friend was sleeping, a thief tried to kick in his door.

87-2 I كَسَر - ِ

[입말]

위반하다

broke [the law, the rule, the contract, etc.], disobeyed [the law or the rule]

예문 هالمَدْرَسة إِلْها قَوانِين وإِزا بْتِكْسِر القَوانِين ، بْتُوقَع في مُشْكِلة .

이 학교는 규칙들이 있고 만약 당신이 규칙을 어기면, 문제가 될 거예요.

**직역: ... 문제로 떨어질 거예요.*

This school has rules and if you break the rules, you get in trouble.

87-3 I كَسَر إِجْرُه – ـِ

[입말]

다리가 부러지다

broke his leg

*참고: 이 표현은 다른 사람을 협박하는 의미로도 사용됨.

예문 إِزا بَسْمَع إِنَّك كُنْت تْرُوح على النَّوادِي اللَّيْلِيّة ، بَكْسِر إِجْرَك !

만약 네가 나이트 클럽에 갔었다는 소리를 듣는 날에는, 내가 네 다리를 부러뜨릴 거야!

If I hear that you've been going to night clubs, I'll break your leg!

87-4 I كَسَر خاطْرُه – ـِ

[입말]

실망시키다

disappointed him, let him down

예문 بَعْرِف إِنَّك بَدَّك تِسْتَعْمِل سَيّارْتِي وما بِدِّي أَكْسِر خاطْرَك ، بَسْ في نَفْسِ الوَقِت

ما بَقْدَر أَخَلِّيك تِسْتَعْمِلْها لأَنّها مِش إِلِي ... هادِ سَيّارة الشِّرْكة .

당신이 내 차를 쓰고 싶어하는 것을 알고, 나도 당신을 실망시키고 싶지 않아요, 하지만 동시에 그것이 제 것이 아니기 때문에 그 차를 쓰게 할 수 없군요... 이 차는 회사차예요.

I know that you would like to use my car and I don't want to disappoint you, but at the same time, I really can't let you use it because it doesn't belong to me… it's a company car. *[lit: "… this is the company's car."]*

87-5 I كَسَر إِيدُه – ـِ

[입말]

팔이 부러지다

broke his arm

*참고: 이 표현은 다른 사람을 협박하는 의미로도 사용됨.

예문 وْقِعِت عَنِ البَسْكَلَيْت وكَسَرْت إِيدِي .

나는 내 자전거에서 떨어져 팔이 부러졌다.

I fell off my bike and broke my arm.

87-6 I كَسَر قَلْبْها – ـِ*

[입말]

(그 여자의) 마음을 아프게 하다, 비탄에 잠기게 하다

broke her heart, gave her a broken heart

예문 إِلْياس خان مَرْتُه وكَسَر قَلْبْها .

엘리아스(Elias)는 그의 아내를 배신했고 그 여자의 마음을 아프게 했다.

Elias cheated on his wife and broke her heart.

87-7 I كَسَر راسُه – ـِ

[입말]

혼내주다, 팔(다리)를 부러뜨리다

broke his legs, broke his arm

직역: "그가 그의 머리를 다치다."

*참고: 이 표현은 현재형으로만 사용되며 실제 행동이 아닌 위협의 의미만 있음.

예문 كُنْت مِتْوَقِّع (كُنْت عارِف) إِنَّك رَح تِرْمِي لِزْبالة (الزَّبالة) مِنِ الشُّبّاك . بَس صَدِّقْنِي ، إِزا بِتْعِيدْها مَرّة تانية بَكْسِر راسَك !

나는 네가 창문으로 쓰레기를 던지려고 하는 것을 미리 알고 있었어. 분명히 말하는데, 만약 한번이라도 다시 시도한다면, 혼날줄 알아!

I saw it coming (*lit: I was expecting...*) that you would throw trash out of the window but believe me, if you do it again I'll break your arm!

88-1 II كَلَّف – ـِ

① **비용이 들다, 요하다;**

[s/thing] cost [a certain amount of money];

예문 لَوْ سَمَحْت . قَدَّيْش هاي الطّاقِيّة بِتْكَلِّف ؟

실례합니다. 이 모자가 얼마죠?

Excuse me. How much does this hat cost?

② **임명하다, 위촉하다**

commissioned [s/one]

*참고: 두번째 표현 의 의미는 군대나 특별한 일에서 리더가 되도록 권한을 주는 것을 의미함.

예문 القُوّاتِ المِسَلَّحة بِتْكَلِّف عَدَدْ كْبِير مِنِ الزُّبّاط (الضُّبّاب) كُلّ سَنة لَلجَيْش .

해마다 군은 수많은 장교를 군부대에 임명한다.

The armed forces commission a large number of officers every year for the army.

88-2 II كَلَّفه / كَلَّفه إِنُّه – ـِ

위임하다, 책임지게 하다

left him responsible, [to do s/thing or for doing s/thing], left him in charge, assigned him the responsibility [of doing s/thing]

예문 المهَنْدِس كَلَّفْنِي أَتْأَكَّد (وَصَّانِي أَتْأَكَّد) إِنُّه الشُّغُل ماشِي مْنِيح وأَنا بِدِّي إِيّاه يكُون صَحّ .

그 기술자는 일이 잘 진행되도록 확실히 내가 책임지도록 했고, 나도 그것이 잘되길 바란다.
**직역: "...그 일이 잘 걸어가고, 나는 그것이 잘 되길 바란다."*
The engineer left me responsible to make sure that this job is done right and I want it done right.

88-3 II كَلَّفُه بـ ـِ

일을 맡기다
left [s/thing] to him, left him responsible [to do s/thing or for doing s/thing], left him in charge [of doing s/thing]

예문 أَنا بَكَلّفَك بِالحَكِي مع هادَ الشَّبّ عَشان انْتَ بْتِعْرَف كِيف تِتْعامَل مَعُه أَحْسَن مِنِّي .

저는 당신이 이 청년과 말하도록 맡길께요, 왜냐하면 당신이 그를 어떻게 다루어야 하는지 나보다 잘 알기 때문이에요.
I'm leaving all of the talking to you (*lit: "I'm leaving you responsible with the talking with him"*) because you know how to deal with this guy better than I do.

89-1 I لِعِب ـَ (ب)

① [게임하며] 놀다;
played [a game];

예문 لَيْش ما نِلْعَب لُعْبة أَوْ إشي ؟

우리 게임이나 다른 어떤 것으로 놀면 어떨까요?
**직역: 왜 우리는 놀이나 어떤 것으로 놀지 않는 거죠?*
Why don't we play a game or something?

② [장난감으로] 놀다

played (with) [the toy, etc.]

예문 شُو مالُه هالوَلَد ؟! عِنْدُه أَلْف لُعْبة وما بِدُّه يِلْعَب بِأَيّ وَحْدة مِنْهُم !

이 꼬마는 뭐가 문제예요?! 장난감이 천 개가 되는데 그 중 어느 것 하나라도 갖고 놀려 하지 않아요!

What's wrong with this boy?! He has a thousand toys and won't play with any of them!

89-2 1 لِعِب حَدِيد – (في/ب)

[입말]

역기를 들다

lifted weights, *pumped iron,* did weight training

**직역:"그가 쇠로 놀았다."*

예문 كان نَحِيف (كان مْعَضِّم) ، بَسْ بَعِدْما صار يِلْعَب حَدِيد جِسْمُه صار أَحْسَن بِكْتِير .

그는 말랐었지만, 역기를 들기 시작하고 나서 그의 체격이 매우 좋아졌다.

He was very skinny, but after he started lifting weights his body (his physique) got a lot better.

89-3 1 لِعِب دَوْر – (في/ب)

역할을 하다

played a role, had a role (in) [the play, the movie, society, the company, The government, etc.]

예문 كُلّ واحَد في شِرْكِتْنا بِلْعَب دَوْر مُهِمّ .

우리 회사에 있는 모든 사람이 중요한 역할을 한다.

Everyone in our company has a valuable role to play.

89-4 I لِعِب كُرَة القَدَم – (مع)

축구하다

played soccer (with) [s/one]

예문 كُرَةِ القَدَم (الفُوت بُوْل) هي الرِّياضة رَقَم واحَد في العالَم ، بَسْ ما في ناس كْتِير في أَمَيْرْكا بِحِبُّوا يِلْعَبُوها .

축구는 세계에서 가장 인기있는 운동이지만, 미국에서는 그 운동을 좋아하는 사람이 많지 않다.

Soccer is the number one sport in the world, but not many people in America like to play it (*or* but there's not many people in America who like to play it).

90-1 I لَغى ـِ (مع)

[입말]

① **취소하다;**

cancelled [the meeting, the order, the party, etc.] (with) [s/one];

예문 لَغَيْنا مَوْعِدْنا مَعِ الدَّكْتُور وعِمِلْناه الأُسْبُوع الجاي .

우리는 의사와의 예약을 취소하고 다음 주로 (예약을) 잡았다.

**직역: "... 그리고 다음주로 만들었다."*

We cancelled our appointment with the doctor and rescheduled it for next week.

② **무효로 하다;**

[s/thing or s/one] invalidated [s/thing or what s/one said], made [s/thing or what s/one said] invalid, made [s/thing] no good, cancelled out [s/thing];

예문 إِزا بْتِغْشّ في الامْتِحان ، رَح نِلْغِي نَتِيجِة امْتِحانَك تِلْقائِيّاً .

만약 당신이 시험에서 부정행위를 하면, 우리는 자동적으로 당신의 시험 결과를 무효화할 거예요.

If you cheat on the test, we will invalidate your test score (*or* test results) automatically.

③ [일정에서] 빼다;

cut [s/thing] out, took [s/thing] out {of} [his schedule, his plans, etc.];

예문 وَلا يُمْكِن إنّا نِقْدَر نْخَلِّص كُلّ هايِ النَّشاطات إلّي في الجَّدْوَل ... لازِم نِلْغِي (لازِم نْقِيم) إشي مِنْها .

우리는 일정에 있는 이 모든 활동들을 다 소화해낼 수 없어요... 우리는 반드시 뭔가 빼야 해요.

There's no way that we're gonna (going to) be able to fit all of these activities in the schedule... we're gonna have to cut something out of it.

④ 판결을 뒤집다;

[the court or the judge] overturned [the decision, the case, the ruling, or the judgment] overruled [the decision or the judgment];

예문 البَلَدْ مَقْسُومة نُصَّيْن ، نُص بِفَكّرُوا إنُّه المِحْكَمة العُلْيا لازِم تِلْغِي الحُكُم إلّي عَلَيْه جَدَل بِالنِّسْبة لِلإجْهاض والنُّصّ التّانِي ما بِفَكّرُوا هَيْك .

그 나라는 둘로 나뉘어져 있다, 절반은 대법원이 임신중절에 대한 판결을 뒤집어야 한다고 생각하고, 나머지 절반은 그렇게 생각하지 않는다.

직역: "그 나라는 2 개의 절반으로 나누어져 있다, 절반은 고등법원이 임신중절 논쟁에 대한 판결을 취소해야 한다고 생각하고, 다른 절반은 이렇게 생각하지 않는다."

The country is split (*or* divided) on whether or not they believe the Supreme Court should overturn the controversial ruling on abortion.

⑤ [결정을] 뒤엎다

overrided, went against [s/one else or s/one else's decision]

예문 أنا كَصاحِب الشِّرْكة ، سِياسْتِي إنِّي ما ألْغِي أبَداً قَرارات مُدِيرِ المُوَظَّفِين إلاّ في الضَّرُورة القُصْوى .

회사의 주인으로서 말하건데, 절대적으로 필요한 것이 아닌 이상 나는 직원들의 지배인이 내린 결정을 결코 뒤엎는 일을 하지 않는 것이 나의 정책이다.

직역: "회사의 친구로서, 나의 정책은 나는 절대적인 필요가 있는 경우가 아니면, 직원들의 지배인의 결정을 절대로 뒤엎지 않는 것이다."

As the owner of the company, I make it my policy to never override my manager's decisions unless absolutely necessary.

90-2 I لَغى الفِكْرة / لَغى المَشْروع – ـِ

[입말]

생각을 버리다, 들어내다, 폐기하다

threw out the idea*, scratched the idea, chucked the idea, scrapped the idea*

예문 إلْغِي هالمِشْرُوع (كَنْسِل على هالمِشْرُوع) ! وَلَوْ إِنّها (مع إِنّها) خُطّة مْنيحة ، بَسْ رَح تْكَلِّف كْتِير كْتِير .

이 생각을 버리세요! 그것이 비록 좋은 계획이지만, 너무 너무 많은 지출이 있어요.

Throw out that idea! Even though it's a good plan, it would cost way too much.

91-1 I لَقى – ـِ (في)★

[입말]

찾다, 발견하다

found, located [s/thing] (in/at) [a place]

*참고: 현재형으로 사용할 때 첫자음과 둘째자음 사이에 alif가 추가됨. – i.e. 내가 찾다; بلاقي

예문 لَقَيْت الْمَصارِي إِلّي ضَيَّعِتْهُم في المخَيَّم ؟

난민촌에서 잃어버렸던 돈을 찾았어요?

Did you find the money that you lost at the camp?

91-2 I لَقى إِنُّه – ـِ★

[입말]

발견하게 되다, 깨닫게 되다

found that, found out that [something is true, people like to do certain things, etc.]

*참고: 현재형으로 사용할 때 첫자음과 둘째자음 사이에 alif가 추가됨. – i.e. 내가 찾다; بلاقي

예문 من خِبْرِتي ، لَقَيْت إِنُّه دايْماً أَحْسَن إِنِّي أَكُون صادِق مِن البِداية من إِنِّي أَضْحَك على النّاس (إِنِّي أَرُشّ على الموْت سُكَّر) .

내 경험으로 볼 때, 나는 사람들을 속이는 것보다 처음부터 솔직하게 나가는 것이 좋다는 사실을 깨달았다.

In my experience, I have found that it is always better to be honest upfront (*or* to be honest from the beginning) than to sugar-coat the truth (*or* to paint a pretty picture).

91-3 I لَقى طَرِيقة – ِ★

[입말]

길을 발견하다

found a way [to do s/thing]

*참고: 현재형으로 사용할 때 첫자음과 둘째자음 사이에 alif가 추가됨. i.e. 내가 찾다; بَلاقي

예문 لازِم نْلاقِي طَرِيقة عَشان نْكَمِّل هالشُّغُل أَوْ رَح نُوْقَع في مُشْكِلة !

우리는 반드시 이 일을 마무리할 방법을 찾아야 해요, 안그러면 우리는 문제에 봉착할거예요!

**직역 : "... 아니면 우리는 문제로 떨어질거예요!"*

We have to find a way to do this (*lit: "to complete this work"*) or else we're in trouble!

92-1 I مات – ُ (من)

죽다

died (of) [cancer, a heart attack, fever, etc.], died (from) [a drug overdose, doing s/thing, etc.], passed away, passed on, *kicked the bucket, bought the farm, gave up the ghost,* breathed his last, *met his maker*

예문 مُمْكِن إِنُّه مُغَنِّي مْنِيح يمُوت من مَرَضِ السَّرَطان بَسْ الموسِيقى تَبْعَتُه رَح تْضَلّها عايْشة .

좋은 가수가 암으로 죽을 수 있지만 그의 음악은 계속 살아남는다.

**직역:* "*좋은 가수가 암질환으로 죽을 수 있지만, 그의 음악은 살아있는 채로 남는다.*"

A good singer may die of cancer but his music will live on.

92-2 I مات على/في –ُ

[입말]

갈급하다, 절실히 필요하다

was dying for, craved, wanted, desired [a certain type of food, cigarettes, drugs, etc.]

예문 ما بَعْرَف لَيْش ، بَسْ أَنا بمُوت على الأَكِل الصِّينِي . خَلِّينا نْرُوح نِشْتَرِي

أَكَمِّن وَجْبة .

왜 그런지 나도 모르겠지만, 중국음식을 먹고 싶어 죽겠어. 우리 가서 몇 가지 음식을 사자.

I don't know why, but I'm dying for Chinese food. Can we go get some?

[lit: "Let's buy a few meals."]

92-3 I مات مِنِ الخَوْف –ُ (على)

[입말]

당황하다, 공황을 일으키다

panicked, *freaked out, spazzed out* (on) [s/one]

**직역:* "*그가 공포로 인해 죽었다.*"

예문 إِزا في مَرّة جَرْفَتَك التَّيّارات لجُوّة البَحِر ومُتِت مِنِ الخَوْف ، أَكِيد رَح تِغْرَق .

هَدِّي أَعْصابَك (مِش لازِم تْخاف) .

만약 조류가 바다 속으로 당신을 쓸고 가면서 당신이 공황을 일으켰다면, 분명 당신은 익사하게 돼요. (이때) 당신의 마음을 진정시키세요.

**직역: "만약 어떤 때 조류가 당신을 바다 속으로 쓸고 갔고 당신이 두려움으로 죽었다면, 반드시 당신은 익사할 것이다. 당신의 신경들을 진정시켜라."*

If you ever get swept out to sea by the current and you panic, you will drown for sure. You have to stay calm.

92-4 I مات مِنَ الضُّحُك / مات مِنَ الضِّحِك – ـُ

[입말]

웃겨서 죽을 뻔하다, 포복 절도하다

died laughing, died from laughing

**직역: "그가 웃다가 죽었다."*

예문 لَمّا فاتَتْ عالبَيْت وتْزَحْلَقَتْ بِقِشْرة مُوْز ، كُلّنا مُتْنا مِنِ الضُّحُك .

그 여자가 집에 와서 바나나 껍질 위에 미끄러질 때, 우리는 웃겨서 죽는 줄 알았다.

When she came in the house and slipped on a banana peel, we all died laughing.

93-1 I مَسَك – ـِ (ب)

① 움켜 잡다, 붙잡다, 단단히 쥐다;

grabbed, held [s/one or s/thing], took, clutched [s/thing] (in) [his hand], got [s/thing], gripped, got a grip on [s/thing] (with) [his hand];

예문 مَسَكْت الكاسة وَبَعْدَيْن انْكَسْرَتْ .

나는 컵을 움켜 잡았는데 그 다음에 깨졌다.

I grabbed the glass and then it broke.

② [공을] 받다;

caught [the ball, the rope, etc.];

예문 جاهِز ؟ إِمْسِك الطّابة .

준비됐어요? 공을 받아 봐요.

Ready? Catch the ball.

③ **쫓아가서 잡다, 체포하다**

caught, captured, got, *nabbed, nailed [s/one]*

예문 الشُّرْطة مَسْكَتِ الحَرامِي . [الشُّرْطة مَسْكُوا الحَرامِي .]

경찰은 그 도둑을 붙잡았다.

The police caught the thief (*or* the robber).

93-2 I مَسَكُوا إِدِيْن بَعْض –ِ

[입말]

서로 손잡다

[two or more people] held hands, joined hands, joined hands together

예문 فِي كُلّ عِيد مِيلاد (كُلّ كْرِسْمَس) ، عَيْلِتْنا بْتاكُل وَجْبة خاصّة وبَعْدَيْن مْنِمْسِك إِدِيْن بَعَض ومِنْرَنِّم تَرانِيم لَلعِيد .

매번 성탄절마다, 우리 가족은 특별한 식사를 하고 그 다음에 서로 손을 잡고 성탄캐롤을 부른다.

Every Christmas, our family has a special meal and then we hold hands and sing Christmas carols (*or* Christmas songs).

93-3 I مَسَك إِيد –ِ

손을 잡다

held [s/one's] hand, held hands with [s/one]

예문 مِشْ إِشي غَرِيب فِي الشَّرْقِ الأَوْسَط إِنَّك تْشُوف زَلَمة بِمْسِك إِيد زَلَمة تانِي وهم ماشِيِّين فِي الشّارِع . مَرّات ، الصَحاب إِلِّي على العَضَم بِعْمَلُوا هَيْك مع بَعَض .

당신이 중동에서 남자들끼리 손잡고 거리를 다니는 것을 보는 것은 이상한 것이 아니다. 흔히 친한 친구들은 이렇게 한다.

**직역* : *"…남자가 다른 남자의 손을 잡고 그들이 거리에서 걷는 것을 보는 것이 이상한 것이 아니다. 여러 번, 뼈 위에 있는 친구들은 서로 이렇게 한다."*

It's not uncommon in the Middle East to see a man holding another man's hand as they walk down the street. Sometimes, this is how good friends act together.

93-4 I مَسَك ب/في ـِ

매달리다

hung on/onto, had a hold on, clung to, cleaved to [s/one or s/thing]

예문 ما تِمْسِك فِيِّ يا ابْنِي , أَنا عَمْ بَشْتَغِل هَلاَّء .

매달리지 말거라, 아들아, 나는 지금 일하고 있단다.

Don't hang on me son, I'm trying to do something right now.

93-5 I مَسَك حالُه ـِ

[입말]

①참다 [화장실을];

held it, held it in, waited to use the bathroom;

예문 ما في حَمّامات من هَوْن لَعِشْرِين كِيلُو ، لازِم تِمْسِكِي حالِك .

여기부터 20Km 는 화장실이 없어요, 당신(여)은 참는 수 밖에 없겠어요.

There are no bathrooms for another twenty kilometers, you'll (fem.) just have to hold it. *[lit: "… from here to twenty kilometers."]*

②화를 참다

held back his anger, held himself back, kept control of himself, *got a grip on himself*

예문 بْتِقْدَر تْلاحِز إِنّه مِسِك حالُه لآخِر لَحْزة من ما إنّه يِنْفَجِر لَمّا عِرِف إِنُّه بِنْتُه طَبْشَتِ السَّيّارة (إِنُّه بِنْتُه ضَرْبَتِ السَّيّارة) .

그가 딸이 차를 찌그러뜨린 것을 알았을 때 노하지 않고 끝까지 참는 것을 당신은 보셔서 아실 거예요.

직역: "그가 그의 딸이 차를 쳤다는 사실을 알았을 때, 그가 마지막 순간까지 화를 참고 폭발하지 않은 것을 당신은 관찰해서 아세요."

You could tell that it was all he could do to hold back his anger and keep from blowing up (*or* from going berserk) when he found out that his daughter wrecked the car.

93-6 I مَسَكْلُه إِشِي – ِ

[입말]

[누구를 위해] 들고 있다, 잡고 있다

held onto something for him, held something for him

직역: "그를 위해 들고 있었다."

예문 مُمْكِن تِمْسِكِيلِي التَّلِفُون عَبَيْنْما (بَيْنْما) أَغَسِّل إِيدَيّ ؟

제가 손을 씻는 동안 전화를 들고 계실 수 있으세요?

Would you (fem.) please hold the phone for me while I wash my hands?

93-7 I مَسَك مِعْدِتُه – ِ

[입말]

변비를 일으키다

made [s/one] constipated

직역: "그것이 그의 위를 잡았다."

예문 في مَأْكُولات (أَكْلات) مُعَيَّنة بْتِمْسِك مِعْدةِ الواحَد .

사람에게 변비를 일으키는 어떤 음식들이 있다.

There are certain foods that make people constipated.

[lit: "... grabs the stomach of the one."

94-1 I مَشى ـِ (مع)

① **걷다;**

walked (with) [s/one];

예문 بَحِبّ أَمْشِي على الشَّطّ وَقْتِ الغُرُوب .

나는 석양에 해변 걷기를 좋아한다.

I love to walk down the beach at sunset.

② **[어떤 일이] 진행되다**

[the test, the day, the surgery, the meeting, etc.] went, *went over* [well, great, badly, etc.]

예문 كِيف مَشى اجْتِماعَك مع رَئِيسِ القِسِم ؟... يَعْنِي ، ماشِي حالُه .

부서장과의 만남이 어떻게 진행되었어요? ... 글쎄, 잘 된 것 같아요.

**직역 : "부서장관과 당신의 만남이 어떻게 걸어갔어요? ... 그것이 의미하는 것은, 스스로 걸어가요."*

How did your meeting go with the division manager? I guess it went ok.

94-2 I مَشى حَسَب ـِ

[입말]

① **만족시키다;**

indulged in, indulged, walked according to [his fantasies, his thinking, his lusts, his desires, etc.];

예문 هَدَوْل إِلِّي بِمْشُوا حَسَب رَغْباتْهُم وما بِهْتَمُّوا بِالتَّانْيِين ، في النِّهاية ،

رَحْ يلاقُوا إِنّهُم لَحالْهُمْ ومِشْ مَبْسُوطِين .

자신의 욕구만 만족시키면서 다른 사람들에게 관심을 기울이지 않는 사람들은, 결국에 가서, 외톨이가 된 자신들을 발견하고 불행하게 된다.

Those who indulge in their own desires and don't care anything about others will, in the end, find that they are alone and unhappy.

② 교훈에 따라 살다

lived according to [The Ten Commandments, God's Law, the teachings of the Qur'an, the teachings of Buddha, etc.]

예문 الزَّرادِشْتِيِّين بِمْشُوا حَسَب تَعالِيم زَرادِشْت .

조로아스터교도들은 조로아스터의 가르침에 따라 산다.
Zoroastrians live their lives according to the teachings of Zoroastrian.

94-3 I مَشى مع ـِ

[입말]

① [장난에] 동참하다;

went along with [the joke, the prank, or s/one];

예문 إِزا بِتْشُوفْنا مِنْحُطّ سْفِنْجة مَبْلُولة على كُرْسِي شُكْرِي ، إِمْشِي مَعْنا في المِقْلَب . ماشِي ؟

만약 당신이 우리가 젖은 스폰지를 슈크리 (Shukuri)의 의자에 놓는 것을 보면, 우리와 함께 장난치는 거예요, 알았죠?
If you see us put a wet sponge in Shukri's chair, just go along with the prank. Ok?

② 함께 걷다

walked with [s/one]

예문 كُلّ فَتْرة ، أَنا وزُمَلائِي في الصَّفّ مْنِمْشِي مع بَعَض لَلمَطْعَم بَعْدِ الدَّوام طَوّالِي .

때때로, 나와 급우들은 학교가 끝나자마자 함께 식당으로 걸어간다.
Every once in a while, my classmates and I will walk together to the restaurantimmediately after school lets out (after school gets out).

95-1 I نام ـَ (في)

자다

slept, *caught some Z's,got some Z's, zonked out* (in) [the bed, the car], slept, *caught some Z's, got some Z's, zonked out caught some shut-eye* (on) [the couch, the floor, the bus, the airplane, etc.]

예문 أُخْتِي نامَتْ عَشَر ساعات بِدُونْما تِصْحى وَلا مَرّة !

내 누이는 한번도 깨지 않고 10 시간을 잤다.
My sister slept for ten hours without waking up even once!

95-2 I نام مع –َ

함께 자다, 성관계 하다, 같이 살다

slept with, had sex with, *shacked up with* [s/one], slept around with [others]

예문 بِسَبَبْ أَفْلامِ التِّلْفِزْيُون الجِنْسِيّة الغَرْبِيّة ، فِي فِكْرة غَلَط عِنْدِ العَرَب إِنُّه الغَرْبِيِّين بِنامُوا مع أَيّ حَدا .

서양의 외설스러운 TV 영화들 때문에 아랍사람들 사이에는 서양인들이 아무나와 함께 잔다는 잘못된 생각이 있다.
Because of (*lit: "by reason of"*) risqué television shows from the west (*lit: "the western sexual films of the television"*), it's a common misperception among Arabs that Westerners sleep around. *[lit: "… there is a wrong thought with the Arabs that the Westerners sleep with anyone."]*

96-1 I نِزِل –ِ (على/ل)

① **내려가다;**

[s/one] went down (to) [the store, the market, etc.];

예문 لازِم أَنْزَل على السُّوق عَشان أَشْتَرِي أَغْراض .

나는 물건들을 사야하기 때문에 시장에 반드시 내려 가야 한다.
I need to go down to the store to buy groceries (*or* some stuff).

② **착륙하다;**

[an airplane] landed, came in, touched down;

예문 نِزْلَتِ الطَّيّارة على الوَقْت .

비행기는 제시간에 착륙했다.

The plane landed on time.

③ **[체중이] 줄다, 감소하다**

lost, *dropped*, shed, took off [a certain amount of weight]

예문 مَبْرُوك ! سْمِعِت إِنَّك نْزِلْت حَوالِي سِتّة كِيلَوْ في الشَّهرِ الماضِي .

축하해요! 당신이 지난 달에 6Kg 정도를 줄였다고 들었어요.

Congratulations! I heard you lost around six kilos(or thirteen pounds) this past month.

96-2 ● نِزِل بَهْدَلة في/ب ـِ

[입말]

심하게 야단치다

came down hard on [s/one], *let [s/one] have it, gave [s/one] a tongue-lashing*

예문 مِشْ لازِم تِنْزَل بَهْدَلة بِمَرْتَك وأُوْلادَك لأَنَّك رَح تِحْبِطْهُم .

당신의 아내와 아이들에게 그렇게 심하게 야단치지 않으셨어야 해요, 왜냐하면 당신이 그들을 실망시킬 것이기 때문이에요.

You shouldn't come down so hard on your wife and kids because you'll discourage them.

96-3 ● نِزِل بِالمَظَلّة ـَ (من) ["ض"]

[입말]

낙하산으로 내리다

parachuted (from/out of) [the plane], parachuted in (from) [the sky, the plane, etc.]

예문 كان كْتِير مْرَتَّب ! تْنَعْشَر زَلَمة نِزْلُوا بالمِضَلّة على مَلْعَب كُرة القَدَم حامْلِين الطّابة لَلُّعْبة .

정말 좋았어요! 12 명의 남자가 낙하산으로 축구장에 시합공을 갖고 내렸어요.

It was really neat! Twelve men parachuted in from the sky and landed on the soccer field carrying the game ball.

96-4 I نِزِل ضَرْب في/بـِ ـَـِ

[입말]

계속 치다, 심하게 싸우다

hit [s/one] repeatedly, beat [s/one] repeatedly, kept hitting [s/one], beat [s/one] up badly, rained down on [s/one] with a beating, *gave [s/one] a walloping*

*note: in English, the verb “slugged it out” is used to describe a situation where two people are hitting each other repeatedly

예문 سامِي وأَحْمَد تْهاوَشُوا في الشّارِع ونِزْلُوا ضَرْب (ونِزْلُوا ضَرِب) بْبَعَض لأَنُّه أَحْمَد تْطَلَّع على أُخْت سامِي .

사미(Sammy)와 아흐맏(Ahmad)은 거리에서 싸우면서 서로 계속 치고받고 했는데 그 이유는 아흐맏이 사미의 여동생에게 흑심을 품었기 때문이다.

Sammy and Ahmad got in a fight and slugged it out because Ahmad looked at Sammy’s sister.

96-5 I نِزِل على ـَـِ

[입말]

① [계단을] 내려 가다;

went down, walked down [the stairs];

예문 نْزِلْت على الدَّرَج عَشان أَقابِل الضّيُوف .

나는 손님들을 맞이하기 위해 계단을 내려갔다.

I went down the stairs to meet the guests.

② 내려 앉다, 떨어지다;

[s/thing] landed on, landed on top of, came down on, came down on top of [s/thing or s/one];

예문 ما قَصَدِت أَوَقِّع التَّلاّجة على إِجِر رَأْفَت ! كُنْت عَمْ بْحاوِل أَمْسِكْها أَحْسَن من هَيْك وسَحْلَتْ من إِيدَيّ ونِزْلَتْ على إِجْرُه .

저는 라팔(Ra'fat)의 다리에 냉장고를 떨어뜨리려 의도했던 것이 아니에요! 이것보다 잘 잡으려고 했던 것인데 제 손에서 미끄러져 그의 다리에 떨어진 거예요.

I didn't mean to drop the refrigerator on Ra'fat's foot! I was trying to get a better grip on it and it slipped out of my hands and landed on his foot.

③ **[계시가] 내려오다**

[the Qur'an, the revelation, etc.] came down to, descended upon [s/one or s/thing]

예문 المسْلِمِين بِآمَنُوا إِنَّه القُرْآن نزِل على الرَّسُول مُحَمَّد عن طَرِيقِ الملاك جِبْرِيل (الملاك جُبْرائِيل) .

무슬림들은 꾸란의 계시가 천사 가브리엘을 통해 선지자 무함맏에게 내려온 것으로 믿는다.

Muslims believe that the revelations of the Qur'an descended upon the Prophet Muhammad through the Angel Gabriel.

96-6 I نزِل عن –

[산, 계단에서] 내려오다

climbed down [the tree, the ladder, the fence, the wall, etc.], came down, climbed down [the mountain, the stairs, the ladder, etc.], got down off of, got off of, climbed down off of [the ladder, the table, the chair, the roof, etc.]

예문 إِنْزِل عَنِ الشَّجَرة هلاّء بْتُوقع !

나무에서 당장 내려와 – 너 떨어지겠어!

Climb down the tree right now – you're going to fall!

96-7 I نزِل لِمُسْتَواه –

[입말]

① **단계를 낮추다, 수준을 낮추다;**

stooped down to his level, sank down to his level, went down to his level [of behavior];

예문 ما تِنْزَل لَمُسْتَواهُم وتِتْصَرَّف زَيْهُم إلاّ إزا بِدَّك تْخَرِّب حَياتَك كَمان !

일생을 망치지 않으려면, 그들처럼 수준 낮게 행동하지 말게!
Don't sink down to their level and start acting like them unless you want to ruin your life too!

② 수준으로 내려 가다

got down on his level

*참고: 첫번째 경우는 부정적인 의미로, 두번째 경우는 긍정적인 의미로 사용됨

예문 لازِم تِنْزَل لَمُسْتَوى النّاس عَشان تْحِبْهُم وتِفْهَمْهُم .

당신이 사람들을 사랑하고 이해하려면 그들의 수준으로 내려가야 한다.
You should get down to the level of the people in order to love and understand them.

96-8 I نِزِل من –ِ

[차에서] 내리다

got off, got off of [the bus, the plane, the train, the ship, the boat, the bike, etc.], got out, got out of [the car, the truck, or the helicopter], got off of, got down off of, dismounted [the horse, the camel, the donkey, etc.]

예문 من وَقِت لَوَقِت (من وَقِت لَلتّاني) كان لازِم أَنْزِل مِنِ السَّيّارة حتّى أَسْأَل عَنِ

الإِتِّجاهات (عَنِ الطَّرِيق) بَسْ غَيْر هَيْك ، أَنا تْزَكَّرْت الطَّرِيق مْنِيح .

때때로 나는 차에서 내려서 길을 묻곤 했었지만, 그래도 나는 길을 잘 기억했다.
From time to time, I had to get out of the car and ask for directions, but other than that, I remembered the way pretty well.

96-9 I نِزِل وطِلِع –ِ

[입말]

[가격, 온도가] 오르락 내리락 하다

[prices, the temperature, the taxes, or the interest rate] fluctuated, went up and down

예문 بَرْنّ إِنِّي رَشَّحِت (أَخَدِت بَرْد) عَشان دَرَجِةِ الحَرارة نِزْلَتْ وطِلْعَتْ كْتِير في هالأَكَمِّن يَوْم .

지난 며칠 동안 기온이 오르락 내리락 해서 나는 감기에 걸린 것 같다.
I think that I caught a cold because the temperature has been up and down the last few days.

97-1 I نِسِي –َ

잊다
forgot [s/thing or s/one]
*참고: 이 동사의 명사형은 신경쓰지 말라는 의미임, "Forget about it!"

예문 نْسِيت أَجِيبْلَك المَلَفّ . خَلِّينِي أَرُوح أَجِيبُه .

저는 파일을 갖고 오는 것을 잊었어요. 제가 가서 그것을 가져올께요.
I forgot to bring you the file. Let me go get it.

97-2 I نِسِي حالُه –َ

[입말]

① 잘 잊다, 건망증이 심하다;
was always forgetting [things]
*직역: "그가 자신을 잊었다.";

예문 ما تْفَكِّر حَتّى إِنَّك تُطْلُب مِنِّي أَزَكْرَك بِإِشِي ! أَنا بَنْسى حالِي .

당신이 나에게 부탁한 어떤 것도 제가 생각나게 해 줄 것이라 생각하지 마세요! 저는 잘 잊어버려요.
Don't even think about asking me to remind you about something! I'm always forgetting

② 분수를 잊다, 버릇없이 굴다;

forgot himself, forgot his manners

*참고: 다른 사람들과의 사회성을 방해하는 행동을 했을 때 사용됨;

예문 يُوسِف ، ما تِنْسى حالَك (يُوسِف ، خلِّيك مْأَدَّب) . أُقْعُدْ مْنِيح واسْتَعْمِل الشُّوْكة !

요셉(Yousef)아, 버릇없이 굴지 말거라. 똑바로 앉고 포크를 사용하거라!

Yousef, don't forget your manners. Sit up straight and use your fork!

③ 자기 자신을 망각하다

forgot his place, forgot who he was

*참고: 사회에서 본인의 지위를 지키지 않는 행동 하는 것을 의미함.

예문 أنا كُنْت بَخْتَلِط كْتِير مع ناس مِن الطَّبقات الرّاقِية لَدَرَجة إِنُّه بَعْضِ المرّات ، بَنْسى حالِي (بَنْسى مِين أَنا) إِنِّي فَقِير .

나는 상류층 사람들과 많이 어울리다 보니 어떨 때는 내가 가난하다는 사실을 망각하곤 한다.

I've been socializing so much with high society people that sometimes, I forget who I am… that I'm poor.

97-3 1 نِسِي وَيْن حَطّ –

[입말]

어디에 두었는지 잊다

forgot where he put, misplaced [s/thing]

예문 لاااا ! نْسِيتْ وَيْن حَطَّيْت مُوبايْلِي ! مِش قادِر أَتْزَكَّر وَيْن كان آخِر مَحَلّ حَطَّيْتُه فِيه .

안돼! 내 휴대폰을 어디에 두었는지 모르겠어! 그것을 마지막으로 어디에 두었었는지 도저히 생각이 나지 않아.

Oh no! I forgot where I put my cell phone! I can't seem to remember (*or* think) where was the last place I put it.

98 II نَقّى ـِـ ★

[입말]

고르다, 선택하다

chose, picked, selected [s/thing or s/one]

예문 نَقِّي الهِدِيّة الأَكْبَر وتْمَنّى الأَحْسَن !

더 큰 선물을 고르고 가장 좋은 것을 기대해봐요!

Choose the bigger gift and hope for the best!

99-1 I وِصِل ل/على ـَـ

① [장소에] 도착하다;

[s/one or s/thing] arrived at, *got to*, made it to, arrived in, arrived to, reached [the airport, the city, etc.];

예문 كان عِنّا مُشْكِلة في السِّيّارة (السَّيّارة خِرْبَتْ مَعْنا) ، بَس أَخِيراً وْصِلْنا على البَتْرا .

우리는 차에 문제가 있었지만 결국 페트라(Petra)에 도착했다.

We had car trouble but we finally made it to Petra (*or* we finally did make it to Petra).

② [편지,소포가] 도착하다;

[the package, the letter, etc.] *got to*, reached [s/one or s/where];

예문 أَهْلِي ما رَح يِبْعَتُولِي طرْد بِالبَرِيدِ الدُّوَلِي لإِنُّه عُمْرُه ما بْيُوصَلْنِي (عُمْرُه ما وِصِلْنِي) .

소포들이 내게 도착하는 일이 없기 때문에 내 부모님은 국제우편으로 내게 소포를 보내지 않을 것이다.

My parents will not send a package via international mail because they never get to me.

③ 도달하다, 다다르다;

[the hose, the cord, etc.] reached [s/thing else];

예문 البَرْبيش ما وِصِل لَلسَّطِح فَاسْتَعْمَلْت السَّطِل .

호스가 지붕에 도달하지 않아서 나는 양동이를 사용했다.
The hose didn't reach the roof, so I had to use the bucket.

④ **미치다, 뻗치다**

[s/one] reached for, got, got to [s/thing]

예문 آسِف ! هايْ كانَتْ تَمْريرة حِلْوة إِلِّي أَعْطَيْتْنِي إِيَّاها بَسْ أَنا ما قْدِرْت أَوْصَلْها .

미안해! 네가 나에게 정말 좋은 패스를 했는데 내가 거기에 미치지 못했어.
Sorry! That was a nice pass you gave me but I couldn't get it (*or* but I couldn't reach it).

99-2 I وِصِل لَحَلّ وَسَطْ ـِ (مع) {بِالنِّسْبة ل/على}

[입말]

타협하다, 화해하다

reached a compromise, worked out a compromise, made a compromise, compromised (with) [s/one] (over) [s/thing]

예문 مِش مُمْكِن لَمُحادَثاتِ السَّلام إِنّها تِتْقَدَّم أَوْ يُوصَلُوا لَحَلّ وَسَط إِزا ما في حَدا مِنِ الطَّرَفَيْن عَمْ بِتْنازَل .

만약 어느 한편이라도 포기하지 않는다면 평화 협상이 진전되거나 타협될 수 없다.
*직역: *"만약 두편 중에 포기하는 하나가 없으면 평화대화는 진전되거나 중간해결에 도달하는 것은 불가능하다."*
It's impossible for peace talks to move forward and for both sides to reach a compromise when no one is willing to give an inch.

99-3 I وِصِل لِمُسْتَوى ـَ

단계에 도달하다

reached the level, got to the level, arrived to the level [of s/one, of success, of affluence, etc.]

예문 سْمِعِت إِنَّك صِرْت واصِل (زَلَمة مُهِمّ) ! كِيف وِصِلْت لَهَالمِسْتَوى مِن النَّجاح ؟

당신이 큰 인물이 되었다고 들었어요! 어떻게 이런 성공의 경지에 도달하셨어요?

I heard that you've become a big-shot (*or* heavy-hitter)! How did you reach (*or* get to) this level of success?

100-1 I وِقِع –َ (عن) {على}★

① 넘어지다;

[s/one or s/thing] fell, fell down, fell over (off of/off) [s/thing] {onto/on} [s/thing];

예문 لَمّا كان في تَلْج ، ما كُنْت عارِف (قادِر) أَمْشِي ووِقِعِت عالرَّصِيف .

눈이 왔을 때, 나는 걸을 수 없었고 보도에 넘어졌다

**직역: "눈이 있었을 때, 나는 걷는 것을 알 수 없었고..."*

When we had snow, I wasn't able to walk and fell down on the sidewalk.

② 내려 앉다, 무너지다

[the stage, the ceiling, the balcony, etc.] caved in, fell in, collapsed, gave way

*note: in English, it is ok to say, "The floor caved in" but in Arabic, this would not be correct because Arabs would see it as being the ceiling which caved in from below the floor

예문 انْتَ كُنْت فِي الحَفْلة لَمّا وِقْعَتْ بَلْكُونة أَحْمَد وأَزَتْ تَمَنْ أَشْخاص ؟

당신은 아흐맏(Ahmad)의 발코니가 내려 앉아 8명의 사람이 다쳤을 때 그 파티에 있었어요?

Were you at the party when Ahmad's balcony caved in and injured eight people?

100-2 I وِقِع عن –َ★

[의자에서] 떨어지다

fell off of [s/thing], fell out of [the chair, his seat, the window, etc.]

예문 لَمّا كُنْت وَلَد صْغير ، كُنْت أَقْعُد على حِفَّةِ الكُرْسِي ومَرّات كُنْت أَوْقَع عَنُّه عالأَرْض .

내가 어린 아이였을 때, 의자 끝에 앉아 있다가 바닥에 떨어지곤 했다.

When I was a little boy, I used to sit on the edge of my chair and would occasionally fall off of it onto the floor.

100-3 I وِقِع في حُبّها – [يُوقَع] ★

그 여자와 사랑에 빠지다

fell in love with her, *fell for her, fell head-over-heels for her*

**직역: "그가 그녀의 사랑에 빠졌다."*

*참고: 주로 과거시제로 사용됨

예문 إِزا بْتِقْضِي مَعُه وَقْت كْتير (وَقِت زِيادة) ، مُمْكِن إِنِّك تُعْجَبِي فِيه وتُوقَعِي في حُبُّه .

만약 당신(여)이 그와 많은 시간을 같이 지낸다면 그를 좋아하게 될 수 있고 사랑에 빠질 수 있어요.

If you spend too much time with him, you might become fond of him and then fall in love with him.

100-4 I وِقِع في مُشْكِلة –َ (مع) {عَشان} ★

문제가 생기다

got in trouble, got into trouble (with) [s/one] {for} [doing s/thing]

**직역: "그는 문제에 빠졌다*

예문 أَيْش صار ؟ وقِعت في مُشْكِلة عَشان أَخَدت سِيّارة إِمَّك بِدُون إِزن ؟

무슨 일이 벌어진 거예요? 허락 없이 당신 어머니의 차를 가져가서 문제가 생긴 것인가요?

What happened? Did you get in trouble for taking your mom's car without permission?

101-1 II ★وَقَّف – ـَ

[입말]

① 서다, 서있다;

stood [in line], stood, *stood around;*

예문 وَقَّفت كْتِير أَسْتَنَّاك بِالشَّارِع . لَيْش تْأَخَّرت ؟

당신을 기다리면서 거리에 한참 서 있었어요. 왜 늦은 거예요?

I stood for a long time waiting for you in the street. Why were you late (*or* Why are you late?)?

② 일어서다;

stood up, got up;

예문 إِلِّي بِدُّه يِيجِي مَعِي لازِم يوَقِّف هَلاّء عَشان أَنا طالِع !

저는 지금 가기 때문에 저와 함께 오고 싶은 사람은 지금 반드시 일어서야 해요!

Whoever is coming with me better stand up now because I'm leaving!

③ 서게 하다;

made [s/one] stand up, made [s/one] get up, stood [s/one] up, set him on his feet;

예문 الإِمّ وَقَّفَتْ إِبْنها عَشان تْعَلّمه يمْشِي .

그 어머니는 그녀의 아들을 서게 해서 그에게 걷기를 가르쳤다

The mother made her son stand up in order to teach him to walk.

④ 수감하다;

put [s/one] in [the holding cell], held [s/one] at [the police station], held [s/one] in [jail];

예문 الشُّرْطة وَقَّفُوا أَرْبَع مُسَلَّحِين فِي النَّزارة وبَعْدَيْن رَمُوهُم فِي السِّجِن

(حَطُّوهُم فِي السِّجِن) .

경찰은 4명의 무장괴한을 영창에 넣었고 후에 투옥시켰다.
The police put four militants in the holding cell and later, put them in jail.

⑤ **[차를] 세우다;**

stopped [s/one], pulled [s/one] over
*참고: 운전 중 차를 세움;

예문 الشُّرْطِي وَقَّفْنِي عَشان ما كُنْت حاطِط (حاطّ) حِزامِ الأَمان .

경찰은 내가 안전벨트를 하지 않았기 때문에 나를 세웠다.
The policeman stopped me because I wasn't wearing a safety belt.
[lit: "…because I wasn't putting on the safety belt."]

⑥ **종지부를 찍다, 금지시키다, 중단시키다;**

put a stop to, put an end to, put a damper on [s/thing], *nipped [s/thing] in the bud;*

예문 المدِير وَقَّف التَّدْخِين في الشِّرْكة .

지배인은 회사 안에서 흡연을 금지시켰다.
The manager put a stop to smoking in the company.

⑦ **잠시 멈추다, 중단하다;**

paused;

예문 لَمّا بَلَّشَتْ تِحْكِي عن حادِث بِنْتْها في السَّيّارة ، وَقَّفَتْ وبَدَتْ تْدَمِّع .

그 여자가 차 안에서 당한 딸의 사고에 대해 말하기 시작했을 때, 그 여자는 말을 잠시 멈추고 눈물을 흘리기 시작했다.
When she began to talk about her daughter's car accident, she paused and started to tear up.

⑧ **[차가] 멈추다, 서다**

stopped [the car, the train, etc.], stopped, came to a stop

예문 صُفّ على جَنْبِ الشّارِع ووَقِّف السَّيّارة .

거리 옆으로 차를 대고 세우세요.
Pull over to the side of the road and stop the car.

101-2 ⓘ وَقَّف شَعِر راسُه –َ★

[입말]

머리카락이 서다

his hair stood straight up, his hair stood straight up in the air

*참고: 너무 무섭거나 혐오스러울 때 쓰는 표현임.

직역: "그 머리의 털이 섰다."

예문 كان لازِم تْشوف سُهَيْر لَمّا ماتَتْ مِنِ الخَوْف بَعِدْما خَوَّفْناها . وَقَّف شَعِر راسْها !

우리가 수헤르(Suhair)를 놀라게 했을 때 그 여자가 놀라 죽을 뻔 한 것을 당신이 보았어야 했어요. 그녀의 머리카락이 다 섰어요!
You should have seen Suhair freak out after we scared her. Her hair stoodstraight up in the air!

101-3 ⓘ وَقَّف شُغْلُه / وَقَّفُه عَنِ الشُّغُل –َ★

[입말]

해고하다

[the company or s/one] laid him off, laid him off from work

직역: "그가 그 사람의 일을 멈추게 했다."

예문 سْمِعِت فِي الأَخْبار اليَوْم إِنُّه شِرْكة هُنْداي رَح يوَقّفُوا سِتّ مِية عامِل
عَنِ الشُّغُل فِي مَصْنَعْهُم فِي كُورْيا الجَنُوبِيّة .

나는 오늘 뉴스에서 현대가 남한의 공장에서 600 명의 근로자를 해고한다고 들었다.
I heard on the news today that Hyundai Corporation will be laying off (*or* will lay off) six hundred workers from their plant in South Korea.

101-4 II وَقَّف ضِدّ –َ(في/ب) {ل}*

[입말]

[선거에서] 경쟁하다,

ran against [s/one] (in) [the election/s], ran against [s/one] {for} [the presidency, the office of governor, etc.]

예문 المرَشَّح الجَمْهُورِي ، جُون ماكَيْن ، وَقَّف ضِدّ المرَشَّح باراك أُوبامة في الإِنْتِخابات بَسْ خِسِر بِفَرِق بَسِيط .

공화당 후보 존 멕케인은 민주당 후보 버락 오바마와 선거에서 다투었지만 근소한 차로 패했다.

The Republican nominee, John McCain, ran against Barack Obama in the election, but lost by a small margin.

101-5 II وَقَّف في صَفّ –َ*

[입말]

[한쪽] 편을 들다

was on [s/one's] side, sided with [s/one], took sides with [s/one]

**직역: "그가 누구의 반에 섰다."*

예문 لَيْش بِتْوَقِّف في صَفّها لَمّا بْتِعْرَف إِنّها غَلْطانة ؟! لازِم تْوَقِّف مَع الحَقّ . صَحّ وِلاّ لأ ؟

왜 당신은 그 여자가 틀린 것을 알면서 그녀의 편을 드는 거예요? 당신은 반드시 진실 편에 있어야 해요. 맞아요, 틀려요?

Why do you take sides with her when you know she's wrong (*or* when you know she's in the wrong)?! You should take a stand for the truth. Am I right or not?

101-6 II وَقَّف جَمْب –َ*

[입말]

함께 하다, 함께 있다, 옆에 있다

stood by, stood beside, stood right beside [s/one]

예문 أنا ممْنُون لالله إِنُّه عِنْدِي قَرايِب رائِعِين . أنا مِتْأكِّد مِيّة بِالمِيّة إِنّهُم رَح يوَقّفُوا جَمْبِي حَتّى في أَصْعَبِ الأَوْقات .

저는 너무 좋은 친척들이 있어 하나님께 감사해요. 저는 그들이 저의 가장 힘든 시간에도 저와 함께 할 것이라는 것을 100% 믿어요.

I'm grateful to God to have wonderful relatives like the ones I have. I know one-hundred percent that they will stand right beside me even in the toughest times.

101-7 II وَقَّف مع –★

[입말]

① 옆에 서다;

stood by [s/one];

예문 لَمّا رُحت عالمِحْكَمة ، المِحامِي تَبعِي وَقَّف مَعايْ (وَقَّف مَعِي) ودافَع عن قَضِيّتِي .

내가 법정에 갔을 때, 나의 변호사는 내 옆에 서서 내 소송을 변호했다.

When I went to court, my lawyer stood by me and defended my case.

② 옹호하다, 동조하다

stood up for, took a stand for [s/one]

예문 شُو إِلِّي صار ... إِنْتَ صاحْبِي وِلاّ لأ ؟! كان مَفْرُوض إِنَّك تْوَقِّف مَعِي في وَقِتْها .

무슨 일이 벌어진 거예요... 당신이 제 친구인가요, 아닌가요?! 당신은 그 때 저를 옹호했어야만 했어요.

What happened… Are you my friend or not?! You were supposed to stand up for me back there!
[lit: "What is that which happened… Are you are my friend or not?! It was supposed to be that you stand with me in its time."]

101-8 II وَقَّف ل ـَ★

[입말]

맞서다, 견디다

stood up to [s/one]

예문 إزا في أُولاد في المِدْرَسة بِحاوْلُوا يِتْحَكَّمُوا فِيك ، لازِم تْوَقِّفِلْهُم وتْخَلِّيهُم يِعْرَفُوا إنَّك مِشْ خايِف .

만약 학교에 당신을 들볶는 소년들이 있으면, 그들과 맞서서 당신이 그들을 두려워하지 않는다는 사실을 알도록 해 주어야 해요.

If there are boys at school trying to bully you around, you need to stand up to them and let them know that you're not afraid.

10가지 형태에 따른 동사변환표

Form I فَعَلَ

Table A (움켜잡다; 체포하다, 잡다/*grabbed [s/thing]; arrested, caught [s/one]*)

대명사와 함께*	조동사와 함께 올 때	명 령	현 재	과 거	مَسَك –
يِمْسِكُه	يِمْسِك		بِمْسِك	مَسَك	هو
تِمْسِكْها	تِمْسِك		بْتِمْسِك	مَسْكَتْ	هي
يِمْسِكُوهُم	يِمْسِكُوا		بِمْسِكُوا	مَسَكُوا	هم
تِمْسِكُه	تِمْسِك	إِمْسِكْ	بْتِمْسِك	مَسَكْت	انْتَ
تِمْسِكِيها	تِمْسِكِي	إِمْسِكِي	بْتِمْسِكِي	مَسَكْتِ	انْتِ
تِمْسِكُونا	تِمْسِكُوا	إِمْسِكُوا	بْتِمْسِكُوا	مَسَكْتُوا	انْتُوا
أَمْسِكُه	أَمْسِك		بَمْسِك	مَسَكْت	أَنا
نِمْسِكْكُم	نِمْسِك		مْنِمْسِك	مَسَكْنا	احْنا

(움켜잡는, 잡고 있는; 잡는, 체포하는)	ماسِك	اسْمِ الفاعِل:
(잡힌, 체포된)	مْمْسُوك	اسْمِ المَفْعُول:
(잡음, 붙듬; 체포)	مَسْك	المَصْدَر:

► 유사한 동사: فَصَل / حَمَل / غَلَب / غَسَل / عَقَد / عَلَك / عَزَف / قَسَم / دَفَن / خَلَق / خَدَم / حَجَز

* 여기서 연계형 대명사라함은 동사 뒤에 붙는 인칭대명사 등을 말한다.

Table B (이해하다/*understood*)

대명사와 함께	조동사와 함께 올 때	명 령	현 재	과 거	فِهِم –
يِفْهَمُه	يِفْهَم		بِفْهَم	فِهِم	هو
تِفْهَمْها	تِفْهَم		بْتِفْهَم	فِهْمَتْ	هي
يِفْهَمُوهُم	يِفْهَمُوا		بِفْهَمُوا	فِهْمُوا	هم
تِفْهَمُه	تِفْهَم	إِفْهَمْ	بْتِفْهَم	فِهِمْت	انْتَ
تِفْهَميها	تِفْهَمِي	إِفْهَمِي	بْتِفْهَمِي	فِهِمْتِ	انْتِ
تِفْهَمُونا	تِفْهَمُوا	إِفْهَمُوا	بْتِفْهَمُوا	فِهِمْتُوا	انْتُوا
أَفْهَمُه	أَفْهَم		بَفْهَم	فِهِمْت	أَنا
نِفْهَمْكُم	نِفْهَم		مْنِفْهَم	فِهِمْنا	احْنا

(이해하는)	فاهِم	اسْمِ الفاعِل:
(이해된)	مَفْهُوم	اسْمِ المَفْعُول:
(이해, 깨달음)	فَهْم	المَصْدَر:

참고: 이 동사형은 발음과 다르게 쓴다. 쓸 때에는 항상 다음과 같다 فَعِل –.

▶ **유사한 동사:** سِمِع / رِكِب / غِلِط / فِرِح / فِشِل / عِرِف / قِبِل / حِفِظ / لِحِق / رِبِح / خِرِب / خِسِر / لِعِب

Table C (하다, 만들다/*did, made*)

대명사와 함께	조동사와 함께 올 때	명 령	현 재	과 거	عِمِل – َ ِ
يِعْمِلُه	يِعْمِل		بِعْمِل	عِمِل	هو
تِعْمِلْها	تِعْمِل		بْتِعْمِل	عِمْلَتْ	هي
يِعْمِلُوهُم	يِعْمِلُوا		بِعْمِلُوا	عِمْلُوا	هم
تِعْمِلُه	تِعْمِل	إِعْمِلْ	بْتِعْمِل	عِمِلْت	انْتَ
تِعْمِليها	تِعْمِلِي	إِعْمِلِي	بْتِعْمِلِي	عِمِلْتِ	انْتِ
تِعْمِلُونا	تِعْمِلُوا	إِعْمِلُوا	بْتِعْمِلُوا	عِمِلْتُوا	انْتُوا
أَعْمِلُه	أَعْمِل		بَعْمِل	عِمِلْت	أَنا
نِعْمِلْكُم	نِعْمِل		مْنِعْمِل	عِمِلْنا	احْنا

(일꾼; 일하고 있는)	عامِل	اسْمِ الفاعِل:
(만들어진)	مَعْمُول	اسْمِ المَفْعُول:
(일; 만듬)	عَمَلْ	المَصْدَر:

**참고: 이 동사형은 َ 혹은 ِ 로 다 쓰이고 발음과 다르게 쓴다. 쓸 때에는 항상 다음과 같다 – فَعِل.*

▶ **유사한 동사: 없음**

Table D (올리다/*lifted*)

대명사와 함께	조동사와 함께 올 때	명 령	현 재	과 거	رَفَع –
يِرْفَعُه	يِرْفَع		بِرْفَع	رَفَع	هو
تِرْفَعْها	تِرْفَع		بْتِرْفَع	رَفْعَتْ	هي
يِرْفَعُوهُم	يِرْفَعُوا		بِرْفَعُوا	رَفَعُوا	هم
تِرْفَعُه	تِرْفَع	إِرْفَعْ	بْتِرْفَع	رَفَعْت	انْتَ
تِرْفَعِيها	تِرْفَعِي	إِرْفَعِي	بْتِرْفَعِي	رَفَعْتِ	انْتِ
تِرْفَعُونا	تِرْفَعُوا	إِرْفَعُوا	بْتِرْفَعُوا	رَفَعْتُوا	انْتُوا
أَرْفَعُه	أَرْفَع		بَرْفَع	رَفَعْت	أَنا
نَرْفَعْكُم	نَرْفَع		مْنِرْفَع	رَفَعْنا	احْنا

(올라가는, 올리는, 들고 있는)	رافِع	اسْمِ الفاعِل:
(들려진)	مَرْفُوع	اسْمِ المَفْعُول:
(올림, 들림, 들려짐)	رَفْع	المَصْدَر:

► 유사한 동사: فَتَح / دَفَع / ذَبَح / رَحَل / رَكَع / نَفَع / نَصَح / نَسَخ / نَجَح / مَنَع / مَزَح / لَعَن / جَرَح / بَعَث

Table E (훔치다/*stole*)

대명사와 함께	조동사와 함께 올 때	명 령	현 재	과 거	سَرَق ـُ
يُسْرُقه	يُسْرُق		بْسْرُق	سَرَق	هو
تُسْرُقْها	تُسْرُق		بْتُسْرُق	سَرْقَتْ	هي
يُسْرُقُوهُم	يُسْرُقُوا		بْسْرُقُوا	سَرَقُوا	هم
تُسْرُقُه	تُسْرُق	أُسْرُقْ	بْتُسْرُق	سَرَقْت	انْتَ
تُسْرُقِيها	تُسْرُقِي	أُسْرُقِي	بْتُسْرُقِي	سَرَقْتِ	انْتِ
تُسْرُقُونا	تُسْرُقُوا	أُسْرُقُوا	بْتُسْرُقُوا	سَرَقْتُوا	انْتُوا
أَسْرُقُه	أَسْرُق		بَسْرُق	سَرَقْت	أَنا
نُسْرُقْكُم	نُسْرُق		مْنُسْرُق	سَرَقْنا	احْنا

(도둑, 훔치는)	سارِق	اسْمِ الفاعِل:
(털린)	مَسْرُوق	اسْمِ المَفْعُول:
(훔침, 도둑질)	سِرْقة	المَصْدَر:

► 유사한 동사: رَقَص / رَفَض / رَسَب / رَبَط / ذَكَر / دَخَل / خَلَط / كَتَب / خَرَج / حَكَم / صَرَخ / تَرَك / بَرَم

Table F (팔다/*sold*)

대명사와 함께	조동사와 함께 올 때	명 령	현 재	과 거	باع —
يبيعُه	يبيع		بِيبيع	باع	**هو**
تْبيعْها	تْبيع		بِتْبيع	باعَتْ	**هي**
يبيعُوهُم	يبيعُوا		بِيبيعُوا	باعُوا	**هم**
تْبِيعُه	تْبِيع	بِيعْ	بِتْبِيع	بِعْت	**انْتَ**
تْبيعِيها	تْبيعِي	بِيعِي	بِتْبِيعِي	بِعْتِ	**انْتِ**
تْبِيعُونا	تْبِيعُوا	بِيعُوا	بِتْبِيعُوا	بِعْتُوا	**انْتُوا**
أَبِيعُه	أَبِيع		بَبِيع	بِعْت	**أَنا**
نْبِيعْكُم	نْبِيع		مِنْبِيع	بِعْنا	**احْنا**

(판매원; 팔고 있는)	بايِع	**اسْمِ الفاعِل:**
(팔린)	*مَبْيُوع [مَبِيع]	**اسْمِ المَفْعُول:**
(판매)	بَيْع	**المَصْدَر:**

**참고:* مَبِيع (فَعِيل)이 문어체로는 맞는 형태이나 구어체에서는 (مَبْيُوع) 을 주로 사용한다.*

▶ **유사한 동사:** قاس / فاق / جاب / طار / زاد / دار / دان / ذاع / زاح / ساب / ساح / سار / شال / هان

Table G (두려워 하다/*was afraid, was scared*)

대명사와 함께	조동사와 함께 올 때	명 령	현 재	과 거	خاف –
يخافُه	يخاف		بِخاف	خاف	هو
تْخافها	تْخاف		بِتْخاف	خافَتْ	هي
يخافُوهُم	يخافُوا		بِخافُوا	خافُوا	هم
تْخافُه	تْخاف	خافْ	بِتْخاف	خِفْت	انْتَ
تْخافِيها	تْخافِي	خافِي	بِتْخافِي	خِفْتِ	انْتِ
تْخافُونا	تْخافُوا	خافُوا	بِتْخافُوا	خِفْتُوا	انْتُوا
أَخافُه	أَخاف		بَخاف	خِفْت	أَنا
نْخافْكُم	نْخاف		مِنْخاف	خِفْنا	احْنا

(무서운)	خايِف	اسْمِ الفاعِل:
(두려운)	مَخُوف	اسْمِ المَفْعُول:
(두려운, 공포)	خَوْف / مَخافة	المَصْدَر:

► 유사한 동사: نال / كاد / غار / نام

Table H (보다/*saw*)

대명사와 함께	조동사와 함께 올 때	명 령	현 재	과 거	شاف ـُ
يشُوفُه	يشُوف		بِشُوف	شاف	**هو**
تْشُوفْها	تْشُوف		بِتْشُوف	شافَتْ	**هي**
يشُوفُوهُم	يشُوفُوا		بِشُوفُوا	شافُوا	**هم**
تْشُوفُه	تْشُوف	شُوفْ	بِتْشُوف	شُفْت	**انْتَ**
تْشُوفِيها	تْشُوفِي	شُوفِي	بِتْشُوفِي	شُفْتِ	**انْتِ**
تْشُوفُونا	تْشُوفُوا	شُوفُوا	بِتْشُوفوا	شُفْتُوا	**انْتُوا**
أَشُوفُه	أَشُوف		بَشُوف	شُفْت	**أَنا**
نْشُوفْكُم	نْشُوف		مِنْشُوف	شُفْنا	**احْنا**

(보이는) شايِف	**اسْمِ الفاعِل:**
(없음)	**اسْمِ المَفْعُول:**
(우주; 존재) كَوْن*	**المَصْدَر:**

**참고: 이 동사에 대한 مَصْدَر 는 없음;표시된 예는 كان 동사의 것임.*

► **유사한 동사: صام / كان / ساق / زال / راح / ذاب / خان / باس / جاع / ذاق / دار / فاز / تاب / زار / قال**

Table I (던지다/*threw*)

대명사와 함께	조동사와 함께 올 때	명 령	현 재	과 거	رَمى ـِ
يِرْميه	يِرْمي		بِرْمي	رَمى	هو
تِرْميها	تِرْمي		بْتِرْمي	رَمَتْ	هي
يِرْمُوهُم	يِرْمُوا		بِرْمُوا	رَمُوا	هم
تِرْميه	تِرْمي	إِرْمي	بْتِرْمي	رَمَيْت	انْتَ
تِرْميها	تِرْمي	إِرْمي	بْتِرْمي	رَمَيْتِ	انْتِ
تِرْمُونا	تِرْمُوا	إِرْمُوا	بْتِرْمُوا	رَمَيْتُوا	انْتُوا
أَرْميه	أَرْمي		بَرْمي	رَمَيْت	أَنا
نِرْميكُم	نِرْمي		مْنِرْمي	رَمَيْنا	احْنا

(던지는 자, 던지는)	رامِي	اسْمِ الفاعِل:
(던져진)	مَرْمِي	اسْمِ المَفْعُول:
(던짐, 던지기)	رَمِي / رِماية	المَصْدَر:

► **유사한 동사: لَغى / حَمى / قَلى / كَوى / مَحى / نَوى / مَشى / حَكى / جَنى / جلى / عَنى / بَنى / بَكى**

Table J (잊다/*forgot*)

대명사와 함께	조동사와 함께 올 때	명령	현재	과거	نِسِي –
يِنْساه	يِنْسى		بِنْسى	نِسِي	هو
تِنْساها	تِنْسى		بْتِنْسى	نِسْيَتْ	هي
يِنْسُوهُم	يِنْسُوا		بِنْسُوا	نِسْيُوا	هم
تِنْساه	تِنْسى	إِنْسى	بْتِنْسى	نْسِيتْ	انْتَ
تِنْسِيها	تِنْسِي	إِنْسِي	بْتِنْسِي	نْسِيتِ	انْتِ
تِنْسُونا	تِنْسُوا	إِنْسُوا	بْتِنْسُوا	نْسِيتُوا	انْتُوا
أَنْساه	أَنْسى		بَنْسى	نْسِيتْ	أَنا
نِنْساكُم	نِنْسى		مْنِنْسى	نْسِينا	احْنا

(잊는, 잊어지는)	ناسِي	اسْمِ الفاعِل:
(잊혀진)	مَنْسِي	اسْمِ المَفْعُول:
(잊음, 건망증)	نِسْيان	المَصْدَر:

**참고:* 이 동사형은 발음과 다르게 쓴다. 쓸 때는 항상 다음과 같이 쓴다 فَعَي –.*

▶ **유사한 동사: رِضِي / بِقِي / صِحِي**

Table K (사랑하다, 좋아하다/*loved, liked*)

대명사와 함께	조동사와 함께 올 때	명 령	현 재	과 거	حَبّ ـِـ
يحِبُّه	يحِبّ		بِحِبّ	حَبّ	**هو**
تْحِبّها	تْحِبّ		بِتْحِبّ	حَبَّتْ	**هي**
يحِبُّوهُم	يحِبُّوا		بِحِبُّوا	حَبُّوا	**هم**
تْحِبُّه	تْحِبّ	حِبّ	بِتْحِبّ	حَبَّيْت	**انْتَ**
تْحِبِّيها	تْحِبِّي	حِبِّي	بِتْحِبِّي	حَبَّيْتِ	**انْتِ**
تْحِبُّونا	تْحِبُّوا	حِبُّوا	بِتْحِبُّوا	حَبَّيْتُوا	**انْتُوا**
أَحِبُّه	أَحِبّ		بَحِبّ	حَبَّيْت	**أنا**
نْحِبّكُم	نْحِبّ		مِنْحِبّ	حَبَّيْنا	**احْنا**

(사랑하는, 좋아하는)	حابِب / حابّ	**اسْمِ الفاعِل:**
(사랑받는, 소중한)	مَحْبُوب	**اسْمِ المَفْعُول:**
(사랑/ [하나님의] 사랑)	حُبّ /* مَحَبّة	**المَصْدَر:**

**참고: 이 동사와 연관된 명사로 "حُبّ" 가 있으며 의미는 친구나 연인의 사랑을 뜻하며, 이 동사와 연관된 다른 명사인 "مَحَبّة"는 인간에 대한 하나님의 사랑, 자녀에 대한 아버지의 사랑 등을 의미한다.*

▶ **유사한 동사:** هَزّ / بَلّ / حَجّ / حَسّ / حَلّ / حَنّ / دَبّ / دَلّ / ذَلّ / رَنّ / سَدّ / سَنّ / شَدّ / مَدّ / شَمّ

Table L (남다, 계속하다/*remained*)

대명사와 함께	조동사와 함께 올 때	명 령	현 재	과 거	ظَلّ –
يضلُّه	يضَلّ		بِضَلّ	ضَلّ	**هو**
تْضَلّها	تْضَلّ		بِتْضَلّ	ضَلَّتْ	**هي**
يضَلْهُم	يضَلُّوا		بِضَلُّوا	ضَلُّوا	**هم**
تْضَلَّك	تْضَلّ	ضَلّ	بِتْضَلّ	ضَلَّيْت	**انْتَ**
تْضَلّك	تْضَلِّي	ضَلِّي	بِتْضَلِّي	ضَلَّيْتِ	**انْتِ**
تْضَلْكُم	تْضَلُّوا	ضَلُّوا	بِتْضَلُّوا	ضَلَّيْتُوا	**انْتُوا**
	أَضَلّ		بَضَلّ	ضَلَّيْت	**أَنا**
	نْضَلّ		مِنْضَلّ	ضَلَّيْنا	**احْنا**

(머무는, 남아있는)	ضايِل / ضالّ	**اسْمِ الفاعِل:**
없음		**اسْمِ المَفْعُول:**
(남음, 머뭄)	ضَلّ	**المَصْدَر:**

**참고: إِجى 동사에서 유래하는 명령형이 없기 때문에 تَعال 을 사용한다.*

► **유사한 동사: 없음**

Table M (놓다/*put*)

대명사와 함께	조동사와 함께 올 때	명 령	현 재	과 거	حَطّ ُ
يحُطُّه	يحُطّ		بِحُطّ	حَطّ	هو
تْحُطْها	تْحُطّ		بِتْحُطّ	حَطَّتْ	هي
يحُطّوهُم	يحُطّوا		بِحُطّوا	حَطّوا	هم
تْحُطُّه	تْحُطّ	حُطّ	بِتْحُطّ	حَطَّيْت	انْتَ
تْحُطِّيها	تْحُطِّي	حُطِّي	بِتْحُطِّي	حَطَّيْتِ	انْتِ
تْحُطّونا	تْحُطّوا	حُطّوا	بِتْحُطّوا	حَطَّيْتُوا	انْتُوا
أَحُطُّه	أَحُطّ		بَحُطّ	حَطَّيْت	أَنا
نْحُطْكُم	نْحُطّ		مِنْحُطّ	حَطَّيْنا	احْنا

(놓는)	حاطِط / حاطّ	اسْمِ الفاعِل:
(놓여진)	مَحْطُوط	اسْمِ المَفْعُول:
(놓음)	حَطّ	المَصْدَر:

▶ 유사한 동사: رَدّ / شَقّ / شَكّ / صَرّ / رَشّ / دَقّ / خَضّ / حَكّ / جَرّ / جَزّ / نَطّ / نَقّ / مَرّ / كَبّ / صَبّ

Table N (오다/*came*)

대명사와 함께	조동사와 함께 올 때	명 령	현 재	과 거	إِجى – ِ
يِيجِيه	يِيجِي		بِيجِي	إِجى	هو
تِيجِيها	تِيجِي		بْتِيجِي	إِجَتْ	هي
يِيجُوهُم	يِيجُوا		بِيجُوا	إِجُوا	هم
تِيجِيه	تِيجِي	تَعالْ*	بْتِيجِي	جِيتْ	انْتَ
تِيجِيها	تِيجِي	تَعالِي*	بْتِيجِي	جِيتِ	انْتِ
تِيجُونا	تِيجُوا	تَعالُوا*	بْتِيجُوا	جِيتُوا	انْتُوا
أَجِيه	أَجِي		باجِي	جِيتْ	أَنا
نِيجِيكُم	نِيجِي		مْنِيجِي	جِينا	احْنا

(오는, 다가오는)	جايْ	اسْمِ الفاعِل:
없음		اسْمِ المَفْعُول:
(도래)	مَجِيء	المَصْدَر:

**참고: إِجى 동사에서 유래하는 명령형이 없기 때문에 تَعال 을 사용한다.*

▶ **유사한 동사: 없음**

Table O - 1 (먹다/*ate*)

대명사와 함께	조동사와 함께 올 때	명 령	현 재	과 거	أَكَل ـُ ـِ
ياكْلُه	ياكُل		بِياكُل	أَكَل	**هو**
تاكْلُها	تاكُل		بْتاكُل	أَكَلَتْ	**هي**
ياكْلُوهُم	ياكْلُوا		بِياكْلُوا	أَكَلُوا	**هم**
تاكْلُه	تاكُل	كُلْ	بْتاكُل	أَكَلْت	**انْتَ**
تاكْلِيها	تاكْلِي	كُلِي	بْتاكْلِي	أَكَلْتِ	**انْتِ**
تاكْلُوه	تاكْلُوا	كُلُوا	بْتاكْلُوا	أَكَلْتُوا	**انْتُوا**
آكْلُه	آكُل		باكُل	أَكَلْت	**أَنا**
ناكُلْهُم	ناكُل		مْناكُل	أَكَلْنا	**احْنا**

(먹고 있는)	آكِل	**اسْمِ الفاعِل:**
(먹은)	مَأْكُول	**اسْمِ المَفْعُول:**
(음식; 먹기)	أَكْل	**المَصْدَر:**

**참고: 동사변형표에서, أكل 동사는 현재형에서 간혹 ـُ 대신 ـِ 로 변형되기도 한다.*

▶ **유사한 동사: أَخَذ**

Table O-2 (먹다/*ate*)

대명사와 함께	조동사와 함께 올 때	명 령	현 재	과 거	أَكَل ـُـ
يُوْكْله	يُوْكُل		بِيُوْكُل	أَكَل	**هو**
تُوْكُلْها	تُوْكُل		بْتُوْكُل	أَكْلَتْ	**هي**
يُوْكْلُوهُم	يُوْكْلُوا		بِيُوْكْلُوا	أَكَلُوا	**هم**
تُوْكْلُه	تُوْكُل	كُلْ	بْتُوْكُل	أَكَلْت	**انْتَ**
تُوْكْلِيها	تُوْكْلِي	كُلِي	بْتُوْكْلِي	أَكَلْتِ	**انْتِ**
تُوْكْلُوه	تُوْكْلُوا	كُلُوا	بْتُوْكْلُوا	أَكَلْتُوا	**انْتُوا**
آكْلُه	آكُل		باكُل	أَكَلْت	**أَنا**
نُوْكُلْهُم	نُوْكُل		مْنُوْكُل	أَكَلْنا	**احْنا**

(먹고 있는)	آكِل	**اسْمِ الفاعِل:**
(먹은)	مَأْكُول	**اسْمِ المَفْعُول:**
(음식; 먹기)	أَكْل	**المَصْدَر:**

▶ **유사한 동사:** أَخَذ

Table P (읽다/*read*)

대명사와 함께	조동사와 함께 올 때	명 령	현 재	과 거	قَرا —
يِقْراه	يِقْرا		بِقْرا	قَرا	هو
تِقْراها	تِقْرا		بْتِقْرا	قَرَتْ	هي
يِقْرُوهُم	يِقْرُوا		بِقْرُوا	قَرُوا	هم
تِقْراه	تِقْرا	إِقْرا	بْتِقْرا	قَرَيْت	انْتَ
تِقْريها	تِقْرِي	إِقْرِي	بْتِقْرِي	قَرَيْتِ	انْتِ
تِقْرُوه	تِقْرُوا	إِقْرُوا	بْتِقْرُوا	قَرَيْتُوا	انْتُوا
أَقْراه	أَقْرا		بَقْرا	قَرَيْت	أَنا
نِقْراها	نِقْرا		مْنِقْرا	قَرَيْنا	احْنا

(읽고 있는)	قارِئ	اسْمِ الفاعِل:
(읽혀진)	مَقْرُوء	اسْمِ المَفْعُول:
(읽기)	قِراءَة	المَصْدَر:

**참고: 이 동사는 발음과 다르게 쓴다. 쓸 때 항상 다음과 같이 쓴다 — قَرَأَ.*

▶ **유사한 동사:** بَدا

Table Q (도착하다; 다다르다/*arrived; reached*)

대명사와 함께	조동사와 함께 올 때	명 령	현 재	과 거	وِصِل –
يُوصَلُه	يُوصَل		بُوصَل	وِصِل	هو
تُوصَلْها	تُوصَل		بْتُوصَل	وِصْلَتْ	هي
يُوصَلُوهُم	يُوصَلُوا		بُوصَلُوا	وِصْلُوا	هم
تُوصَلُه	تُوصَل	أُوصَلْ	بْتُوصَل	وِصِلْت	انْتَ
تُوصَلِيها	تُوصَلِي	أُوصَلِي	بْتُوصَلِي	وِصِلْتِ	انْتِ
تُوصَلُونا	تُوصَلُوا	أُوصَلُوا	بْتُوصَلُوا	وِصِلْتُوا	انْتُوا
أَوْصَلُه	أَوْصَل		بَوْصَل	وِصِلْت	أَنا
نُوصَلْكُم	نُوصَل		مْنُوصَل	وِصِلْنا	احْنا

(도착하는; 도달하는)	واصِل	اسْمِ الفاعِل:
(연결된)	مَوْصُول	اسْمِ المَفْعُول
(연결,영수증, 관계 /도착)	وَصْل / وُصُول	المَصْدَر:

► 유사한 동사: وِضِح / وِثِق / وِقِع / وِجِع / وِقِف

Table R (약속하다; 맡기다/*promised; committed*)

대명사와 함께	조동사와 함께 올 때	명 령	현 재	과 거	وَعَد ـِ
يُوعِدُه	يُوعِد		بُوْعِد	وَعَد	هو
تُوعِدْها	تُوعِد		بْتُوعِد	وَعَدَتْ	هي
يُوعِدُوهُم	يُوعِدُوا		بُوعِدُوا	وَعَدُوا	هم
تُوعِدُه	تُوعِد	أُوعِدْ	بْتُوعِد	وَعَدْت	انْتَ
تُوعِدِيها	تُوعِدِي	أُوعْدِي	بْتُوعِدِي	وَعَدْتِ	انْتِ
تُوعِدُونا	تُوعِدُوا	أُوعْدُوا	بْتُوعِدُوا	وَعَدْتُوا	انْتُوا
أَوْعِدُه	أَوْعِد		بَوْعِد	وَعَدْت	أنا
نُوعِدْكُم	نُوعِد		مْنُوعِد	وَعَدْنا	احْنا

(약속하는) واعِد	اسْمِ الفاعِل:
(약속된) مَوْعُود	اسْمِ المَفْعُول:
(약속한 것; 약속함/약속) وَعْد / مَوْعِد	المَصْدَر:

► 유사한 동사: وَصَف / وَزَن

Table S (상속하다/*inherited [possessions and/or money]*)

대명사와 함께	조동사와 함께 올 때	명 령	현 재	과 거	وِرِث –
يُورَته	يُورَت		بُورَت	وِرِت	**هو**
تُورَتْها	تُورَت		بْتُورَت	وِرْتَتْ	**هي**
يُورَتُوهُم	يُورَتُوا		بُورَتُوا	وِرْتُوا	**هم**
تُورَتُه	تُورَت	أُورَتْ	بْتُورَت	وِرِتْت	**انْتَ**
تُورَتِيها	تُورَتِي	أُورَتِّي	بْتُورَتِي	وِرِتْتِ	**انْتِ**
تُورَتُونا	تُورَتُوا	أُورَتُوا	بْتُورَتُوا	وِرِتْتُوا	**انْتُوا**
أَوْرَتُه	أَوْرَت		بَوْرَت	وِرِتْت	**أَنا**
نُورَتْكُم	نُورَت		مْنُورَت	وِرِتْنا	**احْنا**

(상속하는; 상속인, 후계자)	وارِت	**اسْمِ الفاعِل:**
(상속된)	مَوْرُوت	**اسْمِ المَفْعُول:**
(상속, 상속함/유전)	وَرْتة ، مِيرات / وِراثة	**المَصْدَر:**

**참고: " ث " 가 구어체에서는 " ت " 로 더 많이 발음된다.*

► **유사한 동사: وِلِد**

Form II فَعَّلَ

Table A (선물하다; 바치다, 제공하다/*presented [s/thing]; offered [advice or a favor]*)

대명사와 함께	조동사와 함께 올 때	명 령	현 재	과 거	قَدَّم –
يقَدِّمه	يقَدِّم		بِقَدِّم	قَدَّم	**هو**
تْقَدِّمْها	تْقَدِّم		بِتْقَدِّم	قَدَّمَتْ	**هي**
يقَدِّمُوهُم	يقَدِّمُوا		بِقَدِّمُوا	قَدَّمُوا	**هم**
تْقَدِّمْه	تْقَدِّم	قَدِّمْ	بِتْقَدِّم	قَدَّمْت	**انْتَ**
تْقَدِّمِيها	تْقَدِّمِي	قَدِّمِي	بِتْقَدِّمِي	قَدَّمْتِ	**انْتِ**
تْقَدِّمُونا	تْقَدِّمُوا	قَدِّمُوا	بِتْقَدِّمُوا	قَدَّمْتُوا	**انْتُوا**
أَقَدِّمْه	أَقَدِّم		بَقَدِّم	قَدَّمْت	**أنا**
نْقَدِّمْكُم	نْقَدِّم		مِنْقَدِّم	قَدَّمْنا	**احْنا**

(주는;증여자)	مْقَدِّم	**اسْمِ الفاعِل:**
(증여된, 받친)	مْقَدَّم	**اسْمِ المَفْعُول:**
(증여, 발표 /교회헌금)	تَقْدِيم /تَقْدِمة	**المَصْدَر:**

► **유사한 동사:** صَوَّر / عَلَّم / صَرَّف / صَفَّر / بَرَّر / بَدَّل / وَصَّل / وَزَّن / نَظَّف / مَيَّز / مَجَّد / كَلَّف / عَذَّب

Table B (하다/*did*)

대명사와 함께	조동사와 함께 올 때	명 령	현 재	과 거	سَوّى ـِ
يسَوِّيه	يسَوِّي		بِسَوِّي	سَوَّى	هو
تْسَوِّيها	تْسَوِّي		بِتْسَوِّي	سَوَّتْ	هي
يسَوُّوهُم	يسَوُّوا		بِسوُّوا	سَوُّوا	هم
تْسَوِّيه	تْسَوِّي	سَوِّي	بِتْسَوِّي	سَوَّيْت	انْتَ
تْسَوِّيها	تْسَوِّي	سَوِّي	بِتْسَوِّي	سَوَّيْتِ	انْتِ
تْسَوُّونا	تْسَوُّوا	سَوُّوا	بِتْسَوُّوا	سَوَّيْتُوا	انْتُوا
أَسَوِّيه	أَسَوِّي		بَسَوِّي	سَوَّيْت	أَنا
نْسَوِّيكُم	نْسَوِّي		مِنْسَوِّي	سَوَّيْنا	احْنا

(하는)	مْسَوِّي	اسْم الفاعِل:
(되어 있는,마무리된)	مْسَوَّى	اسْم المَفْعُول:
(의견조율,중재)	تَسْوِية	المَصْدَر:

▶ 유사한 동사: ◌ فَضّى / وَدّى / عَبّى / قَضّى / سَمّى / رَبّى / خَلّى / خَبّى / غَطّى / غَلّى / عَوّى / مَضّى

Table C (세를 주다/ *[the owner] rented out, leased*)

대명사와 함께	조동사와 함께 올 때	명 령	현 재	과 거	أجَّر –
يأجّره	يأجّر		بِأجّر	أجّر	هو
تْأجّرها	تْأجّر		بِتْأجّر	أجّرَتْ	هي
يأجّروهم	يأجّروا		بِأجّروا	أجّروا	هم
تْأجّره	تْأجّر	أجّرْ	بِتْأجّر	أجّرْت	انْتَ
تْأجّريها	تْأجّري	أجّري	بِتْأجّري	أجّرْتِ	انْتِ
تْأجّرونا	تْأجّروا	أجّروا	بِتْأجّروا	أجّرْتوا	انْتوا
أأجّره	أأجّر		بَأجّر	أجّرْت	أنا
نْأجّركم	نْأجّر		مِنْأجّر	أجّرْنا	احْنا

(세를 주는; 집주인)	مْؤَجِّر	اسْمِ الفاعِل:
(세가 나간, 임대된)	مْؤَجَّر	اسْمِ المَفْعُول:
(임대)	تأْجِير	المَصْدَر:

► **유사한 동사:** أكّد / أجّل / أخّر / أدّب / أذّن / أسّس / ألّف / أمّل / أمّن / أيّد / أوّل

Table D (조절하다, 지배하다/*controlled [s/one]*)

대명사와 함께	조동사와 함께 올 때	명 령	현 재	과 거	سَيْطَر على ـِ
	يسَيْطِر		بِسَيْطِر	سَيْطَر	هو
	تْسَيْطِر		بِتْسَيْطِر	سَيْطَرَتْ	هي
	يسَيْطِرُوا		بِسَيْطِرُوا	سَيْطَرُوا	هم
	تْسَيْطِر	سَيْطِر	بِتْسَيْطِر	سَيْطَرْت	انْتَ
	تْسَيْطِري	سَيْطِري	بِتْسَيْطِري	سَيْطَرْتِ	انْتِ
	تْسَيْطِرُوا	سَيْطِرُوا	بِتْسَيْطِرُوا	سَيْطَرْتُوا	انْتُوا
	أَسَيْطِر		بَسَيْطِر	سَيْطَرْت	أَنا
	نْسَيْطِر		مِنْسَيْطِر	سَيْطَرْنا	احْنا

(조절하는, 지배하는)	مْسَيْطِر	اسْمِ الفاعِل:
(조절된, 지배된)	مْسَيْطَر	اسْمِ المَفْعُول:
(조절, 지배)	سَيْطَرَة	المَصْدَر:

***참고:** *이 동사는 4 자음 동사지만 II 형 동사의 양식을 따라가기 때문에 편이 상 II 형 동사에 포함시켰다.*

▶ **유사한 동사:** فَلْفَل / فَنْدَل / زَعْرَن / غَرْغَر / هَنْدَم / خَرْبَط / تَلْمَذ / تَلْفَن

Table E (보이다/*showed [s/one] [s/thing]*)

대명사와 함께	조동사와 함께 올 때	명 령	현 재	과 거	فَرْجى ـِ
يفَرْجِيه	يفَرْجي		بِفَرْجي	فَرْجى	هو
تْفَرْجِيها	تْفَرْجي		بِتْفَرْجي	فَرْجَتْ	هي
يفَرْجُوهُم	يفَرْجُوا		بِفَرْجُوا	فَرْجُوا	هم
تْفَرْجِيه	تْفَرْجي	فَرْجي	بِتْفَرْجي	فَرْجَيْت	انْتَ
تْفَرْجِيها	تْفَرْجي	فَرْجي	بِتْفَرْجي	فَرْجَيْتِ	انْتِ
تْفَرْجُونا	تْفَرْجُوا	فَرْجُوا	بِتْفَرْجُوا	فَرْجَيْتُوا	انْتُوا
أفَرْجِيك	أفَرْجي		بَفَرْجي	فَرْجَيْت	أنَا
نْفَرْجِيكُم	نْفَرْجي		مِنْفَرْجي	فَرْجَيْنا	احْنا

없음	اسْمِ الفاعِل:
없음	اسْمِ المَفْعُول:
없음	المَصْدَر:

**참고: 이 동사는 II 형 동사의 양식을 따라가기 때문에 편이 상 II 형 동사에 포함시켰다*

▶ **유사한 동사: طَعْمى / وَرْجى ◌َ**

Form III فاعَلَ

Table A (돕다/*helped*)

대명사와 함께	조동사와 함께 올 때	명 령	현 재	과 거	ساعَد – ِ
يساعْدُه	يساعِد		بِساعِد	ساعَد	هو
تْساعِدْها	تْساعِد		بِتْساعِد	ساعَدَتْ	هي
يساعْدُوهُم	يساعْدُوا		بِساعْدُوا	ساعَدُوا	هم
تْساعْدُه	تْساعِد	ساعِدْ	بِتْساعِد	ساعَدْت	انْتَ
تْساعْدِيها	تْساعْدِي	ساعْدِي	بِتْساعْدِي	ساعَدْتِ	انْتِ
تْساعْدُونا	تْساعْدُوا	ساعْدُوا	بِتْساعْدُوا	ساعَدْتُوا	انْتُوا
أَساعْدُه	أَساعِد		بَساعِد	ساعَدْت	أَنا
نْساعِدْكُم	نْساعِد		مِنْساعِد	ساعَدْنا	احْنا

(돕는, 조수)	مُساعِد	اسْمِ الفاعِل:
(도움이 된, 원조된) 구어체에서는 사용 안함.	مُساعَد	اسْمِ المَفْعُول:
(도움, 원조)	مُساعَدة	المَصْدَر:

▶ 유사한 동사: دافع / وازَن / وافَق / واجَه / نافَس / ناقَش / لاعَب / لاحَظ / قاصَص / قارَن / قابَل

Table B (발견하다/*found [s/thing or s/one]*)

대명사와 함께	조동사와 함께 올 때	명 령	현 재	과 거	لاقى ـِ
يلاقِيه	يلاقِي		بِلاقِي	لاقى	**هو**
تْلاقِيها	تْلاقِي		بِتْلاقِي	لاقَتْ	**هي**
يلاقُوهُم	يلاقُوا		بِلاقُوا	لاقُوا	**هم**
تْلاقِيه	تْلاقِي	لاقِي	بِتْلاقِي	لاقَيْت	**انْتَ**
تْلاقِيها	تْلاقِي	لاقِي	بِتْلاقِي	لاقَيْتِ	**انْتِ**
تْلاقُونا	تْلاقُوا	لاقُوا	بِتْلاقُوا	لاقَيْتُوا	**انْتُوا**
أَلاقِيه	أَلاقِي		بَلاقِي	لاقَيْت	**أَنا**
نْلاقِيهُم	نْلاقِي		مِنْلاقِي	لاقَيْنا	**احْنا**

(찾는; 발견자, 검사원) مْلاقِي	**اسْمِ الفاعِل:**
(발견된, 찾아진, 만남 장소) مْلاقى	**اسْمِ المَفْعُول:**
(발견, 소견) مْلاقاة	**المَصْدَر:**

▶ **유사한 동사:** جارى / حامى / والى / وازى / نافى / عانى / ساوى / راعى / داوى / خاوى / نادى / راضى ◀

Table C (놀라게 하다/*surprised [s/one], took [s/one] by surprise*)

대명사와 함께	조동사와 함께 올 때	명 령	현 재	과 거	فاجَأَ —
يفاجْئُه	يفاجِئ		بِفاجِئ	فاجَأَ	هو
تْفاجِئْها	تْفاجِئ		بِتْفاجِئ	فاجَأَتْ	هي
يفاجْئُوهُم	يفاجْئُوا		بِفاجْئُوا	فاجَأُوا	هم
تْفاجْئُه	تْفاجِئ	فاجِئ	بِتْفاجِئ	فاجَئْت	انْتَ
تْفاجْئِيها	تْفاجْئِي	فاجْئِي	بِتْفاجْئِي	فاجَئْتِ	انْتِ
تْفاجْئُونا	تْفاجْئُوا	فاجْئُوا	بِتْفاجْئُوا	فاجَأْتُوا	انْتُوا
أَفاجْئُه	أَفاجِئ		بَفاجِئ	فاجَئْت	أَنا
نْفاجِئْكُم	نْفاجِئ		مِنْفاجِئ	فاجَأْنا	احْنا

(놀라게 하는, 갑작스러운)	مُفاجِئ	اسْمِ الفاعِل:
없음		اسْمِ المَفْعُول:
(놀람,기습, 예측못함)	مُفاجَأَة	المَصْدَر:

▶ **유사한 동사: كافَأَ**

Table D (나무라다, 비방하다/*got upset with [s/one]*)

대명사와 함께	조동사와 함께 올 때	명 령	현 재	과 거	آخَذ –
يآخْزه	يآخز		بِآخز	آخز	هو
تْآخِزْها	تْآخز		بِتْآخز	آخَزَتْ	هي
يآخْزُوهُم	يآخْزُوا		بِآخْزُوا	آخَزُوا	هم
تْآخْزه	تْآخز	آخِزْ	بِتْآخز	آخَزْت	انْتَ
تْآخْزِيها	تْآخْزِي	آخْزِي	بِتْآخْزِي	آخَزْتِ	انْتِ
تْآخْزُونا	تْآخْزُوا	آخْزُوا	بِتْآخْزُوا	آخَزْتوا	انْتُوا
أَآخْزه	أَآخِز		بَآخِز	آخَزْت	أَنا
نْآخِزْكُم	نْآخِز		مِنْآخِز	آخَزْنا	احْنا

اسْمِ الفاعِل:	없음
اسْمِ المَفْعُول:	없음
المَصْدَر:	مُآخَزة (비방, 나무람)

▶ **유사한 동사:** آنَس

Form IV أَفْعَلَ

Table A (납득시키다/*convinced [s/one]*)

대명사와 함께	조동사와 함께 올 때	명 령	현 재	과 거	أَقْنَع ـِ
يِقْنِعُه	يِقْنِع		بِقْنِع	أَقْنَع	هو
تِقْنِعْها	تِقْنِع		بْتِقْنِع	أَقْنَعَتْ	هي
يِقْنِعُوهُم	يِقْنِعُوا		بِقْنِعُوا	أَقْنَعُوا	هم
تِقْنِعُه	تِقْنِع	إِقْنِعْ	بْتِقْنِع	أَقْنَعْت	انْتَ
تِقْنِعِيها	تِقْنِعِي	إِقْنِعِي	بْتِقْنِعِي	أَقْنَعْتِ	انْتِ
تِقْنِعُونا	تِقْنِعُوا	إِقْنِعُوا	بْتِقْنِعُوا	أَقْنَعْتُوا	انْتُوا
أَقْنِعُه	أَقْنِع		بَقْنِع	أَقْنَعْت	أَنا
نِقْنِعْكُم	نِقْنِع		مْنِقْنِع	أَقْنَعْنا	احْنا

(설득력있는)	مُقْنِع	اسْمِ الفاعِل:
(설득된)	مُقْنَع	اسْمِ المَفْعُول:
(설득)	إِقْناع	المَصْدَر:

► 유사한 동사: أَدْرَك / أَبْعَد / أَسْقَط / أَشْرَف / أَشْرَك / أَصْلَح / أَضْحَك / أَعْجَب / أَعْدَم / أَعْلَن / أَتْعَب / أَذْمَن

Table B (주다/*gave*)

대명사와 함께	조동사와 함께 올 때	명 령	현 재	과 거	أَعْطى - ِ
يَعْطِيه	يَعْطِي		بِيَعْطِي	أَعْطى	هو
تَعْطِيها	تَعْطِي		بْتَعْطِي	أَعْطَتْ	هي
يَعْطُوهُم	يَعْطُوا		بِيَعْطُوا	أَعْطُوا	هم
تَعْطِيه	تَعْطِي	أَعْطِي	بْتَعْطِي	أَعْطَيْت	انْتَ
تَعْطِيها	تَعْطِي	أَعْطِي	بْتَعْطِي	أَعْطَيْتِ	انْتِ
تَعْطُونا	تَعْطُوا	أَعْطُوا	بْتَعْطُوا	أَعْطَيْتُوا	انْتُوا
أَعْطِيه	أَعْطِي		بَعْطِي	أَعْطَيْت	أَنا
نَعْطِيكُم	نَعْطِي		مْنَعْطِي	أَعْطَيْنا	احْنا

(주는; 증여자)	مُعْطِي	اسْمِ الفاعِل:
(주어진)	مُعْطى	اسْمِ المَفْعُول:
(증여, 줌)	إِعْطاء	المَصْدَر:

▶ 유사한 동사: أَرْضى / أَوْصى / أَوْحى / أَنْهى / أَمْضى / أَلْهى / أَلْغى / أَلْقى / أَعْمى/ أَخْلى/ أَحْيا

Table C (관리하다; 경영하다; 지도하다 /*managed [a business]; administrated, directed [an institution or s/one]*)

대명사와 함께	조동사와 함께 올 때	명 령	현 재	과 거	أدار ـِ
يدِيره	يدِير		بِدِير	أدار	هو
تْدِيرْها	تْدِير		بِتْدِير	أدارَتْ	هي
يدِيرُوهُم	يدِيرُوا		بِدِيرُوا	أدارُوا	هم
تْدِيرُه	تْدِير	دِيرْ	بِتْدِير	أَدَرْت	انْتَ
تْدِيرِيها	تْدِيري	دِيرِي	بِتْدِيرِي	أَدَرْتِ	انْتِ
تْدِيرُونا	تْدِيرُوا	دِيرُوا	بِتْدِيرُوا	أَدَرْتُوا	انْتُوا
أَدِيرُه	أَدِير		بَدِير	أَدَرْت	أنا
نْدِيرْكُم	نْدِير		مِنْدِير	أَدَرْنا	احْنا

(지도자; 지도하는; 지배인; 경영하는; 교장, 관리자)	مُدِير	اسْمِ الفاعِل:
(관리된)	مُدار	اسْمِ المَفْعُول:
(경영; 관리)	إدارة	المَصْدَر:

► **유사한 동사:** أغار / أطاع / أعال / أعار / أقال

Table D (창피를 주다/*humiliated [s/one]*)

대명사와 함께	조동사와 함께 올 때	명령	현재	과거	أَذَلّ –
يزِلُّه	يزِلّ		بِزِلّ	أزَلّ	**هو**
تْزِلْها	تْزِلّ		بِتْزِلّ	أَزَلَّتْ	**هي**
يْزِلُّوهُم	يْزِلُّوا		بِزِلُّوا	أَزَلُّوا	**هم**
تْزِلُّه	تْزِلّ	زِلّ	بِتْزِلّ	أَزَلَّيْت	**انْتَ**
تْزِلّيها	تْزِلّي	زِلّي	بِتْزِلّي	أَزَلَّيْتِ	**انْتِ**
تْزِلُّونا	تْزِلُّوا	زِلُّوا	بِتْزِلُّوا	أَزَلَّيْتُوا	**انْتُوا**
أَزِلُّه	أَزِلّ		بَزِلّ	أَزَلَّيْت	**أَنا**
نْزِلْكُم	نْزِلّ		مِنْزِلّ	أَزَلّيْنا	**احْنا**

(굴욕적인, 창피를 주는)	مُزِلّ	**اسْمِ الفاعِل:**
(창피당한)	مَزْلُول	**اسْمِ المَفْعُول:**
(굴욕; 수치)	إِزْلال	**المَصْدَر:**

▶ **유사한 동사:** أَصَرّ / أَشَعّ / أَصَمّ / أَضَرّ / أَعَدّ / أَقَرّ / أَمَدّ

Table E (다치게 하다, 망가뜨리다/*hurt, harmed, damaged [s/one or s/thing]*)

대명사와 함께	조동사와 함께 올 때	명 령	현 재	과 거	آذى –
يآدِيه	يآدِي		بِآدِي	آدى	**هو**
تْآدِيها	تْآدِي		بِتْآدِي	آدَتْ	**هي**
يآدُوهُم	يآدُوا		بِآدُوا	آدُوا	**هم**
تْآدِيه	تْآدِي	آدِي	بِتْآدِي	آدَيْت	**انْتَ**
تْآدِيها	تْآدِي	آدِي	بِتْآدِي	آدَيْتِ	**انْتِ**
تْآدُونا	تْآدُوا	آدُوا	بِتْآدُوا	آدَيْتُوا	**انْتُوا**
أَآدِيه	أَآدِي		بِآدِي	آدَيْت	**أَنا**
نْآدِيكُم	نْآدِي		مِنْآدِي	آدَيْنا	**احْنا**

없음	**اسْمِ الفاعِل:**
없음	**اسْمِ المَفْعُول:**
없음	**المَصْدَر:**

▶ **유사한 동사:** آوى

Form V تَفَعَّلَ

Table A (피하다/*avoided [s/one or s/thing]*)

대명사와 함께	조동사와 함께 올 때	명 령	현 재	과 거	تَجَنَّب –
يِتْجَنَّبُه	يِتْجَنَّب		بِتْجَنَّب	تْجَنَّب	هو
تِتْجَنَّبْها	تِتْجَنَّب		بْتِتْجَنَّب	تْجَنَّبِت	هي
يِتْجَنَّبُوهُم	يِتْجَنَّبُوا		بِتْجَنَّبُوا	تْجَنَّبُوا	هم
تِتْجَنَّبُه	تِتْجَنَّب	تْجَنَّب	بْتِتْجَنَّب	تْجَنَّبْت	انْتَ
تِتْجَنِّبِيها	تِتْجَنَّبِي	تْجَنَّبِي	بْتِتْجَنَّبِي	تْجَنَّبْتِ	انْتِ
تِتْجَنَّبُونا	تِتْجَنَّبُوا	تْجَنَّبُوا	بْتِتْجَنَّبُوا	تْجَنَّبْتُوا	انْتُوا
أَتْجَنَّبُه	أَتْجَنَّب		بَتْجَنَّب	تْجَنَّبْت	أنا
نِتْجَنَّبْكُم	نِتْجَنَّب		مْنِتْجَنَّب	تْجَنَّبْنا	احْنا

(피하는)	مِتْجَنِّب	اسْمِ الفاعِل:
V 형에서는 거의 사용안함		اسْمِ المَفْعُول:
(회피, 도피)	تَجَنُّب	المَصْدَر:

▶ 유사한 동사: تَخَوَّت / تَحَسَّن / تَأَسَّف / تَأَكَّد / تَحَقَّق / تَجَنَّب / تَحَمَّس / تَحَمَّم / تَدَرَّب / تَذَمَّر / تَزَوَّج

Table B (바라다/*wished, hoped*)

대명사와 함께	조동사와 함께 올 때	명 령	현 재	과 거	تَمَنّى –
يِتْمَنّاه	يِتْمَنّى		بِتْمَنّى	تْمَنّى	**هو**
تِتْمَنّاها	تِتْمَنّى		بْتِتْمَنّى	تْمَنَّت	**هي**
يِتْمَنُّوهُم	يِتْمَنُّوا		بِتْمَنُّوا	تْمَنُّوا	**هم**
تِتْمَنّاه	تِتْمَنّى	تْمَنّى	بْتِتْمَنّى	تْمَنَّيْت	**انْتَ**
تِتْمَنِّيها	تِتْمَنِّي	تْمَنِّي	بْتِتْمَنِّي	تْمَنَّيْتِ	**انْتِ**
تِتْمَنُّوها	تِتْمَنُّوا	تْمَنُّوا	بْتِتْمَنُّوا	تْمَنَّيْتُوا	**انْتُوا**
أَتْمَنّاه	أَتْمَنّى		بَتْمَنّى	تْمَنَّيْت	**أَنا**
نِتْمَنّاها	نِتْمَنّى		مْنِتْمَنّى	تْجَنَّبْنا	**احْنا**

(바라는, 원하는)	مِتْمَنِّي	**اسْمِ الفاعِل:**
V 형에서는 <u>거의 사용안함</u>		**اسْمِ المَفْعُول:**
(소원, 희망)	تَمَنِّي	**المَصْدَر:**

**참고:* *مِتْمَنّ* *보다는 구어체에서* *مِتْمَنِّي* *를 더 사용한다.*

► **유사한 동사: تَجَلّى / تَحَدّى / تَخَبّى / تَرَبّى / تَوَقَّف / تَرَقّى / تَسَلّى / تَعَزّى / تَعَشّى / تَغَدّى / تَغَطّى / تَمَشّى**

Table C (철학자인 체하다, 철학적으로 연구하다 */thought he knew a lot, but didn't know anything; [s/thing] was philosophized*)

대명사와 함께	조동사와 함께 올 때	명 령	현 재	과 거	تَفَلْسَف —
	يِتْفَلْسَف		بِتْفَلْسَف	تْفَلْسَف	هو
	تِتْفَلْسَف		بْتِتْفَلْسَف	تْفَلْسَفَتْ	هي
	يِتْفَلْسَفُوا		بِتْفَلْسَفُوا	تْفَلْسَفُوا	هم
	تِتْفَلْسَف	تْفَلْسَفْ	بْتِتْفَلْسَف	تْفَلْسَفْت	انْتَ
	تِتْفَلْسَفِي	تْفَلْسَفِي	بْتِتْفَلْسَفِي	تْفَلْسَفْتِ	انْتِ
	تِتْفَلْسَفُوا	تْفَلْسَفُوا	بْتِتْفَلْسَفُوا	تْفَلْسَفْتُوا	انْتُوا
	أَتْفَلْسَف		بَتْفَلْسَف	تْفَلْسَفْت	أَنا
	نِتْفَلْسَف		مْنِتْفَلْسَف	تْفَلْسَفْنا	احْنا

(철학적 사고를 하는, 철학자인 척하는)	مِتْفَلْسِف	اسْمِ الفاعِل:
V 형에서는 거의 사용안함		اسْمِ المَفْعُول:
(사이비 철학자)	تَفَلْسُف	المَصْدَر:

**참고: 이 동사는 4 자음 동사로서 V 형 동사의 양식을 따라가기 때문에 편이 상 V 형 동사에 포함시켰다.*

** تَفَلْسَف의 의미는 구어체에서는 '아는체하다'이며 문어체에서는 '철학적으로 연구하다'이다.*

► **유사한 동사:** تَزَحْلَق / تَفَلْفَل / تَفَصْحَن / تَهَنْدَم / تَخَرْبَط / تَزَعْرَن

Form VI تَفاعَل

Table A (무시하다/*ignored [s/one or s/thing]*)

대명사와 함께	조동사와 함께 올 때	명 령	현 재	과 거	تَجاهَل –
يِتْجاهَلُه	يِتْجاهَل		بِتْجاهَل	تْجاهَل	هو
تِتْجاهَلْها	تِتْجاهَل		بْتِتْجاهَل	تْجاهَلَتْ	هي
يِتْجاهَلُوهُم	يِتْجاهَلُوا		بِتْجاهَلُوا	تْجاهَلُوا	هم
تِتْجاهَلُه	تِتْجاهَل	تْجاهَلْ	بْتِتْجاهَل	تْجاهَلْت	انْتَ
تِتْجاهَلِيها	تِتْجاهَلِي	تْجاهَلِي	بْتِتْجاهَلِي	تْجاهَلْتِ	انْتِ
تِتْجاهَلُونا	تِتْجاهَلُوا	تْجاهَلُوا	بْتِتْجاهَلوا	تْجاهَلْتُوا	انْتُوا
أَتْجاهَلُه	أَتْجاهَل		بَتْجاهَل	تْجاهَلْت	أَنا
نِتْجاهَلْكُم	نِتْجاهَل		مْنِتْجاهَل	تْجاهَلْنا	احْنا

(무시하는)	مِتْجاهِل	اسْمِ الفاعِل:
VI 형에서는 <u>거의 사용안함</u>		اسْمِ المَفْعُول:
(무시)	تَجاهُل	المَصْدَر:

▶ 유사한 동사: تْقابَل / تَجاوَز / تَزانَخ / تَزايَد / تَسابَق / تَرابَط / تَعامَل / تَضايَق / تَصالَح / تَشابَه / تَظاهَر

Table B ([문제, 공을] 피하다/*dodged, avoided [the subject or the problem]; dodged [the ball]*)

대명사와 함께	조동사와 함께 올 때	명 령	현 재	과 거	تَفادى —
يِتفاداه	يِتْفادى		بِتْفادى	تْفادى	هو
تِتْفاداها	تِتْفادى		بْتِتْفادى	تْفادَتْ	هي
يِتْفادُوهُم	يِتْفادُوا		بِتْفادُوا	تْفادُوا	هم
تِتْفاداه	تِتْفادى	تْفادى	بْتِتْفادى	تْفادَيْت	انْتَ
تِتْفادِيها	تِتْفادِي	تْفادِي	بْتِتْفادِي	تْفادَيْتِ	انْتِ
تِتْفادُونا	تِتْفادُوا	تْفادُوا	بْتِتْفادُوا	تْفادَيْتُوا	انْتُوا
أَتْفاداه	أَتْفادى		بَتْفادى	تْفادَيْت	أَنا
نِتْفادُكُم	نِتْفادى		مْنِتْفادى	تْفادَيْنا	احْنا

(피하는, 회피하는)	مِتْفادِي*	اسْمِ الفاعِل:
VI 형에서는 거의 사용안함		اسْمِ المَفْعُول:
(회피)	تَفادِي	المَصْدَر:

**참고*: مْتْفادِ는 구어체에서 مِتْفادِي 로 말한다.*

► **유사한 동사:** تْساوى / تَغاضى / تَخاوى / تَوالى / تَباهى / تآخى

Form VII انْفَعَلَ

Table A (즐겁다/*was happy*)

대명사와 함께	조동사와 함께 올 때	명 령	현 재	과 거	انْبَسَط – ِ
	يِنْبَسِط		بِنْبَسِط	انْبَسَط	هو
	تِنْبَسِط		بْتِنْبَسِط	انْبَسْطَتْ	هي
	يِنْبَسْطُوا		بِنْبَسْطُوا	انْبَسَطُوا	هم
	تِنْبَسِط	انْبَسِطْ	بْتِنْبَسِط	انْبَسَطْت	انْتَ
	تِنْبَسْطِي	انْبِسْطِي	بْتِنْبَسْطِي	انْبَسَطْتِ	انْتِ
	تِنْبَسْطُوا	انْبِسطُوا	بْتِنْبَسْطُوا	انْبَسَطْتُوا	انْتُوا
	أَنْبَسِط		بَنْبَسِط	انْبَسَطْت	أنا
	نِنْبَسِط		مْنِنْبَسِط	انْبَسَطْنا	احْنا

(즐거운)	مِنْبَسِط	اسْمِ الفاعِل:
없음		اسْمِ المَفْعُول:
(유쾌, 행복)	إِنْبِساط	المَصْدَر:

▶ 유사한 동사: انْكَتَب / انْعَقَد / انْضَبَط / انْصَدَم / انْهَزَم / انْزَعَج / انْدَبَح / انْحَبَس / انْخَنَق / انْحَضَر / انْجَبَر

Table B (치유되다, 회복되다, 호전되다/*was healed; recovered, got better*)

대명사와 함께	조동사와 함께 올 때	명 령	현 재	과 거	انْشَفى ـِ
	يِنْشفِي		بِنْشفِي	انْشفى	هو
	تِنْشفِي		بْتِنْشفِي	انْشَفَتْ	هي
	يِنْشفُوا		بِنْشفُوا	انْشفُوا	هم
	تِنْشَفِي	انْشفِي	بْتِنْشَفِي	انْشَفَيْت	انْتَ
	تِنْشفِي	انْشفِي	بْتِنْشَفِي	انْشفَيْتِ	انْتِ
	تِنْشفُوا	انْشفُوا	بْتِنْشفُوا	انْشَفَيْتُوا	انْتُوا
	أَنْشَفِي		بَنْشَفِي	انْشَفَيْت	أَنا
	نِنْشَفِي		مِنِنْشَفِي	انْشَفَيْنا	احْنا

(치유된)	مِنْشَفِي	اسْمِ الفاعِل:
없음		اسْمِ المَفْعُول:
없음		المَصْدَر:

► 유사한 동사: انْشَفى / انْفَنى / انْطَوى / انْحَنى

Table C (미치다, 돌다/*went crazy*)

대명사와 함께	조동사와 함께 올 때	명 령	현 재	과 거	انْجَنّ —
	يِنْجَنّ		بِنْجَنّ	انْجَنّ	هو
	تِنْجَنّ		بْتِنْجَنّ	انْجَنَّت	هي
	يِنْجَنُّوا		بِنْجَنُّوا	انْجَنُّوا	هم
	تِنْجَنّ	انْجَنّ	بْتِنْجَنّ	انْجَنَّيْت	انْتَ
	تِنْجَنِّي	انْجَنِّي	بْتِنْجَنِّي	انْجَنَّيْتِ	انْتِ
	تِنْجَنُّوا	انْجَنُّوا	بْتِنْجَنُّوا	انْجَنَّيْتُوا	انْتُوا
	أَنْجَنّ		بَنْجَنّ	انْجَنَّيْت	أَنا
	نِنْجَنّ		مْنِنْجَنّ	انْجَنَّيْنا	احْنا

(미치는, 도는)	مِنْجَنّ	اسْمِ الفاعِل:
없음		اسْمِ المَفْعُول:
(발광, 열광)	جْنُون	المَصْدَر:

**참고: إِنْجِنان (إِنْفِعال)은 표준어이나 이것보다는 상기된 동사가 더 많이 사용된다. 위에 적혀 있는 (جْنُون)이 주로 사용된다.*

▶ **유사한 동사: انْفَكّ / انْطَخّ / انْضَمّ**

Table D (유죄판결받다; 돈을 빚지다/*was condemned, was convicted; owed money*)

대명사와 함께	조동사와 함께 올 때	명 령	현 재	과 거	انْدان –
	يِنْدان		بِنْدان	انْدان	**هو**
	تِنْدان		بْتِنْدان	انْدانَتْ	**هي**
	يِنْدانُوا		بِنْدانُوا	انْدانوا	**هم**
	تِنْدان	انْدانْ	بْتِنْدان	انْدَنْت	**انْتَ**
	تِنْدانِي	انْدانِي	بْتِنْدانِي	انْدَنْتِ	**انْتِ**
	تِنْدانُوا	انْدانُوا	بْتِنْدانُوا	انْدَنْتُوا	**انْتُوا**
	أَنْدان		بَنْدان	انْدَنْت	**أَنا**
	نِ◌نْدان		مْنِ◌نْدان	انْدَنّا	**احْنا**

(유죄 판결받은, 죄가 입증된) مِنْدان	**اسْمِ الفاعِل:**
없음	**اسْمِ المَفْعُول:**
없음	**المَصْدَر:**

▶ 유사한 동사: انْباع

Table E (방문을 받다/*was visited*)

대명사와 함께	조동사와 함께 올 때	명 령	현 재	과 거	انْزار —
	يِنْزار		بِنْزار	انْزار	هو
	تِنْزار		بْتِنْزار	انْزارَتْ	هي
	يِنْزارُوا		بِنْزارُوا	انْزارُوا	هم
	تِنْزار	انْزارْ	بْتِنْزار	انْزَرْت	انْتَ
	تِنْزاري	انْزاري	بْتِنْزاري	انْزَرْتِ	انْتِ
	تِنْزارُوا	انْزارُوا	بْتِنْزارُوا	انْزَرْتُوا	انْتُوا
	أَنْزار		بَنْزار	انْزَرْت	أنا
	نِنْزار		مْنِنْزار	انْزَرْنا	احْنا

없음	اسْمِ الفاعِل:
없음	اسْمِ المَفْعُول:
없음	المَصْدَر:

▶ 유사한 동사: انْشاف / انْقال

Form VIII افْتَعَل

Table A (멸시하다; 굴욕을 주다/*looked down at/on/upon [s/one]; dishonored [s/one]*)

대명사와 함께	조동사와 함께 올 때	명 령	현 재	과 거	احْتَقَر – ـِ
يِحْتَقْرُه	يِحْتِقِر		بِحْتِقِر	احْتَقَر	هو
تِحْتَقِرْها	تِحْتِقِر		بْتِحْتِقِر	احْتَقْرَت	هي
يِحْتَقْرُوهُم	يِحْتَقْرُوا		بِحْتَقْرُوا	احْتَقَرُوا	هم
تِحْتَقْرُه	تِحْتِقِر	احْتَقِرْ	بْتِحْتِقِر	احْتَقَرْت	انْتَ
تِحْتَقِريها	تِحْتَقِري	احْتَقْرِي	بْتِحْتَقْرِي	احْتَقَرْتِ	انْتِ
تِحْتَقْرُونا	تِحْتَقْرُوا	احْتَقْرُوا	بْتِحْتَقْرُوا	احْتَقَرْتُوا	انْتُوا
أَحْتَقْرُه	أَحْتِقِر		بَحْتِقِر	احْتَقَرْت	أَنا
نِحْتَقِرْكُم	نِحْتِقِر		مْنِحْتِقِر	احْتَقَرْنا	احْنا

(멸시하는)	مِحْتِقِر	اسْمِ الفاعِل:
(멸시받은)	مُحْتَقَر	اسْمِ المَفْعُول:
(멸시, 굴욕)	احْتِقار	المَصْدَر:

► 유사한 동사: اسْتَلَف / اسْتَنَد / اشْتَبَه / افْتَتَح / اقْتَرَح / ارْتَفَع / احْتَمَل / اخْتَصَر / ائْتَمَن / اخْتَلَف

Table B (포함하다, 담고 있다, 구성되다/*included, contained, consisted of [s/thing]*)

대명사와 함께	조동사와 함께 올 때	명 령	현 재	과 거	اِحْتَوى ـِ
يِحْتَوِيه	يِحْتَوِي		بِحْتَوِي	احْتَوى	**هو**
تِحْتَوِيها	تِحْتَوِي		بْتِحْتَوِي	احْتَوَتْ	**هي**
يِحْتَوُوهُم	يِحْتَوُوا		بِحْتَوُوا	احْتَوُوا	**هم**
تِحْتَوِيه	تِحْتَوِي	احْتَوِي	بْتِحْتَوِي	احْتَوَيْت	**انْتَ**
تِحْتَوِيها	تِحْتَوِي	احْتَوِي	بْتِحْتَوِي	احْتَوَيْتِ	**انْتِ**
تِحْتَوُونا	تِحْتَوُوا	احْتَوُوا	بْتِحْتَوُوا	احْتَوَيْتُوا	**انْتُوا**
أَحْتَوِيه	أَحْتَوِي		بَحْتَوِي	احْتَوَيْت	**أَنا**
نِحْتَوِيكُم	نِحْتَوِي		مْنِحْتَوِي	احْتَوَيْنا	**احْنا**

(포함하는, 담는, 구성된)	مِحْتَوِي	**اسْمِ الفاعِل:**
(포함된)	مُحْتَوى	**اسْمِ المَفْعُول:**
(포함, 구성, 내포)	احْتِواء	**المَصْدَر:**

► **유사한 동사:** **انْتَمى / انْتَهى / ارْتَخى / ارْتَشى / ارْتَمى / احْتَمى / اسْتَحى / اقْتَنَع / اعْتَدى / اقْتَدى / افْتَرى**

Table C (강탈하다, 강요하다/ *blackmailed [s/one], extorted, exacted [money]*)

대명사와 함께	조동사와 함께 올 때	명 령	현 재	과 거	ابْتَزّ —
يِبْتَزُّه	يِبْتَزّ		بِبْتَزّ	ابْتَزّ	**هو**
تِبْتَزّها	تِبْتَزّ		بْتِبْتَزّ	ابْتَزَّتْ	**هي**
يِبْتَزُّوهُم	يِبْتَزُّوا		بِبْتَزُّوا	ابْتَزُّوا	**هم**
تِبْتَزُّه	تِبْتَزّ	ابْتَزّ	بْتِبْتَزّ	ابْتَزَّيْت	**انْتَ**
تِبْتَزِّيها	تِبْتَزِّي	ابْتَزِّي	بْتِبْتَزِّي	ابْتَزَّيْتِي	**انْتِ**
تِبْتَزُّونا	تِبْتَزُّوا	ابْتَزُّوا	بْتِبْتَزُّوا	ابْتَزَّيْتُوا	**انْتُوا**
أَبْتَزُّه	أَبْتَزّ		بَبْتَزّ	ابْتَزَّ◌ِيْت	**أَنا**
نِبْتَزِّكُم	نِبْتَزّ		مْنِبْتَزّ	ابْتَزَّيْنا	**احْنا**

없음	**اسْمِ الفاعِل:**
없음	**اسْمِ المَفْعُول:**
(공갈, 갈취) ابْتِزاز	**المَصْدَر:**

▶ **유사한 동사:** ارْتَدّ / احْتَلّ / احْتَجّ / اهْتَمّ / اخْتَلّ / اخْتَصّ / احْتَكّ / امْتَدّ / اشْتَدّ

Table D (암살하다/*assassinated [s/one]*)

대명사와 함께	조동사와 함께 올 때	명 령	현 재	과 거	اغْتالَ –
يِغْتالُه	يِغْتال		بِغْتال	اغْتال	هو
تِغْتالْها	تِغْتال		بْتِغْتال	اغْتالَتْ	هي
يِغْتالُوهُم	يِغْتالُوا		بِغْتالُوا	اغْتالُوا	هم
تِغْتالُه	تِغْتال	اغْتالْ	بْتِغْتال	اغْتَلْت	انْتَ
تِغْتالِيها	تِغْتالِي	اغْتالِي	بْتِغْتالِي	اغْتَلْتِ	انْتِ
تِغْتالُونا	تِغْتالُوا	اغْتالُوا	بْتِغْتالُوا	اغْتَلْتُوا	انْتُوا
أَغْتالُه	أَغْتال		بَغْتال	اغْتَلْت	أَنا
نِغْتالْكُم	نِغْتال		مْنِغْتال	اغْتَلْنا	احْنا

(암살하는)	مِ◌ِغْتال	اسْمِ الفاعِل:
없음		اسْمِ المَفْعُول:
(암살)	اغْتِيال	المَصْدَر:

▶ **유사한 동사:** امْتاد / اخْتار / احْتاج / احْتار / اعْتاز / اشْتاق / ابْتاع / اخْتار / ارْتاح

Table E (고발하다, 기소하다/*accused, indicted [s/one]*)

اتَّهَم –	과 거	현 재	명 령	조동사와 함께 올 때	대명사와 함께
هو	اتَّهَم	بِتِّهِم		يِتِّهِم	يِتِّهْمُه
هي	اتَّهَمَتْ	بْتِتِّهِم		تِتِّهِم	تِتِّهْمِها
هم	اتَّهْمُوا	بِتِّهْمُوا		يِتِّهْمُوا	يِتِّهْمُوهُم
انْتَ	اتَّهَمْت	بْتِتِّهِم	اتِّهِمْ	تِتِّهِم	تِتِّهْمُه
انْتِ	اتَّهَمْتِ	بْتِتِّهْمِي	اتِّهْمِي	تِتِّهْمِي	تِتِّهْمِيها
انْتُوا	اتَّهَمْتُوا	بْتِتِّهْمُوا	اتِّهْمُوا	تِتِّهْمُوا	تِتِّهْمُونا
أَنا	اتَّهَمْت	بَتِّهِم		أَتِّهِم	أَتِّهْمُه
احْنا	اتَّهَمْنا	مْنِتِّهِم		نِتِّهِم	نِتِّهِمْكُم

اسْمِ الفاعِل:	مِتِّهِم	(고발하는, 고발자, 고소인; 원고)
اسْمِ المَفْعُول:	مُتَّهَم	(기소된; 혐의받은)
المَصْدَر:	إتِّهام	(고소, 기소)

▶ **유사한 동사:** اتَّحَد / اتَّكَل / اتَّفَق / اتَّصَل

Table F (박해하다, 학대하다/*persecuted [s/one]*)

대명사와 함께	조동사와 함께 올 때	명 령	현 재	과 거	اضْطَهَد –
يِضْطَهْدُه	يِضْطَهِد		بِضْطَهِد	اضْطَهَد	هو
تِضْطَهِدْها	تِضْطَهِد		بْتِضْطَهِد	اضْطَهَدَتْ	هي
يِضْطَهْدُوهُم	يِضْطَهْدُوا		بِضْطَهْدُوا	اضْطَهَدُوا	هم
تِضْطَهْدُه	تِضْطَهِد	اضْطَهِدْ	بْتِضْطَهِد	اضْطَهَدْت	انْتَ
تِضْطَهْدِيها	تِضْطَهْدِي	اضْطَهْدِي	بْتِضْطَهْدِي	اضْطَهَدْتِ	انْتِ
تِضْطَهْدُونا	تِضْطَهْدُوا	اضْطَهْدُوا	بْتِضْطَهْدُوا	اضْطَهَدْتُوا	انْتُوا
أَضْطَهْدُه	أَضْطَهِد		بَضْطَهِد	اضْطَهَدْت	أنا
نِضْطَهِدْكُم	نِضْطَهِد		مْنِضْطَهِد	اضْطَهَدْنا	احْنا

(박해자)	مْضْطَهِد	اسْمِ الفاعِل:
(박해받은)	مْضْطَهَد	اسْمِ المَفْعُول:
(박해)	إضْطِهاد	المَصْدَر:

**참고: 이 동사의 "ط"는 본래 "ت"이나, 발음 상의 어려움으로 인해 "ط"로 쓰고 읽혀진다. (문어체, 구어체 동일)*

▶ **유사한 동사:** اصْطَدَم

Table G (강요하다/*compelled, forced [s/one]*)

대명사와 함께	조동사와 함께 올 때	명 령	현 재	과 거	اضْطَرّ –
يِضْطَرُّه	يِضْطَرّ		بِضْطَرّ	اضْطَرّ	**هو**
تِضْطَرّها	تِضْطَرّ		بْتِضْطَرّ	اضْطَرَّتْ	**هي**
يِضْطَرُّونا	يِضْطَرُّوا		بِضْطَرُّوا	اضْطَرُّوا	**هم**
تِضْطَرُّه	تِضْطَرّ	اضْطَرّ	بْتِضْطَرّ	اضْطَرَّيْت	**انْتَ**
تِضْطَرِّيها	تِضْطَرِّي	اضْطَرِّي	بْتِضْطَرِّي	اضْطَرَّيْتِ	**انْتِ**
تِضْطَرُّونا	تِضْطَرُّوا	اضْطَرُّوا	بْتِضْطَرُّوا	اضْطَرَّيْتُوا	**انْتُوا**
أَضْطَرُّه	أَضْطَرّ		بَضْطَرّ	اضْطَرَّيْت	**أَنا**
نِضْطَرّكم	نِضْطَرّ		مْنِضْطَرّ	اضْطَرَّيْنا	**احْنا**

없음	**اسْمِ الفاعِل:**
(강요된, 의무인) مُضْطَرّ	**اسْمِ المَفْعُول:**
(의무, 책임) إِضْطِرار	**المَصْدَر:**

* *참고: 이 동사의 "ط"는 본래 "ت"이나, 발음 상의 어려움으로 인해 "ط"로 쓰고 읽혀진다.(문어체, 구어체 동일)*

▶ **유사한 동사: اضْطَفّ / اضْطَكّ**

Table H (사냥하다/*hunted [an animal or s/one]*)

대명사와 함께	조동사와 함께 올 때	명 령	현 재	과 거	اصْطادَ —
يِصْطادُه	يِصْطاد		بِصْطاد	اصْطاد	**هو**
تِصْطادْها	تِصْطاد		بْتِصْطاد	اصْطادَتْ	**هي**
يِصْطادُوهُم	يِصْطادُوا		بِصْطادُوا	اصْطادُوا	**هم**
تِصْطادُه	تِصْطاد	اصْطادْ	بْتِصْطاد	اصْطَدْت	**انْتَ**
تِصْطادِيها	تِصْطادِي	اصْطادِي	بْتِصْطادِي	اصْطَدْتِ	**انْتِ**
تِصْطادُونا	تِصْطادُوا	اصْطادُوا	بْتِصْطادُوا	اصْطَدْتُوا	**انْتُوا**
أَصْطادَك	أَصْطاد		بَصْطاد	اصْطَدْت	**أَنا**
نِصْطادْكُم	نِصْطاد		مْنِصْطاد	اصْطَدْنا	**احْنا**

없음	**اسْمِ الفاعِل:**
(사냥된) *짐승에만 사용 مُضْطَر	**اسْمِ المَفْعُول:**
(사냥) إِصْطِياد	**المَصْدَر:**

* *참고: 이 동사의 "ط"는 본래 "ت"이나, 발음 상의 어려움으로 인해 "ط"로 쓰고 읽혀진다.(문어체, 구어체 동일)*

▶ **유사한 동사: اصْطَاف**

Table I ([하나님을] 두려워하다, 경외하다/*[s/one] feared [God]*)

대명사와 함께	조동사와 함께 올 때	명 령	현 재	과 거	اتّقى ـِ
يِتّقِيه	يِتّقي		بِتّقي	اتّقى	**هو**
تِتّقِيها	تِتّقي		بْتِتّقي	اتّقَتْ	**هي**
يِتّقُوهُم	يِتّقُوا		بِتّقُوا	اتّقُوا	**هم**
تِتّقيه	تِتّقي	اتّقي	بْتِتّقي	اتّقَيْت	**انْتَ**
تِتّقِيها	تِتّقي	اتّقِي	بْتِتّقي	اتّقَيْتِ	**انْتِ**
تِتّقُونا	تِتّقُوا	اتّقُوا	بْتِتّقُوا	اتّقَيْتُوا	**انْتُوا**
أتّقِيه	أتّقي		بَتّقي	اتّقَيْت	**أنا**
نِتّقِيكُم	نِتّقي		مْنِتّقِي	اتّقَيْنا	**احْنا**

(경외하는) مُتّقِي	**اسْمِ الفاعِل:**
없음	**اسْمِ المَفْعُول:**
(경외) إتّقاء	**المَصْدَر:**

▶ **유사한 동사(하나뿐임):** اتّكى

Table J (우울하다, 슬프게 하다, 슬퍼지다/*was depressed*)

대명사와 함께	조동사와 함께 올 때	명 령	현 재	과 거	اكْتَأَب –
	يِكْتِئِب		بِكْتِئِب	اكْتَأَب	هو
	تِكْتِئِب		بْتِكْتِئِب	اكْتَأَبَتْ	هي
	يِكْتِئِبُوا		بِكْتِئِبُوا	اكْتَأَبُوا	هم
	تِكْتِئِب	اكْتِئِبْ	بْتِكْتِئِب	اكْتَأَبْت	انْتَ
	تِكْتِئِبِي	اكْتِئِبِي	بْتِكْتِئِبِي	اكْتَأَبْتِ	انْتِ
	تِكْتِئِبُوا	اكْتِئِبُوا	بْتِكْتِئِبُوا	اكْتَأَبْتُوا	انْتُوا
	أَكْتِئِب		بَكْتِئِب	اكْتَأَبْت	أَنا
	نِكْتِئِب		مْنِكْتِئِب	اكْتَأَبْنا	احْنا

(우울한, 슬픈, 침울한)	مُكْتَئِب	اسْمِ الفاعِل:
없음		اسْمِ المَفْعُول:
(우울증)	إِكْتِئاب	المَصْدَر:

▶ 유사한 동사: الْتَأَم

Form IX افْعَلّ

Table A (빨개지다/*blushed; turned red*)

대명사와 함께	조동사와 함께 올 때	명 령	현 재	과 거	احْمَرّ —
	يِحْمَرّ		بِحْمَرّ	احْمَرّ	هو
	تِحْمَرّ		بْتِحْمَرّ	احْمَرَّتْ	هي
	يِحْمَرُّوا		بِحْمَرُّوا	احْمَرُّوا	هم
	تِحْمَرّ	احْمَرّ	بْتِحْمَرّ	احْمَرَّيْت	انْتَ
	تِحْمَرِّي	احْمَرِّي	بْتِحْمَرِّي	احْمَرَّيْتِ	انْتِ
	تِحْمَرُّوا	احْمَرُّوا	بْتِحْمَرُّوا	احْمَرَّيْتُوا	انْتُوا
	يَحْمَرّ		بَحْمَرّ	احْمَرَّيْت	أَنا
	يِحْمَرّ		بِحْمَرّ	احْمَرّ	احنا

(빨개지는)	مِحْمَرّ	اسْمِ الفاعِل:
없음		اسْمِ المَفْعُول:
(얼굴을 붉힘, 부끄러워함)	إحْمِرار	المَصْدَر:

▶ 유사한 동사: اسْوَدّ / اخْضَرّ / ابْيَضّ / اصْفَرّ / ازْرَقّ / احْلَوّ / اسْمَرّ / اعْرَجّ / اطْرَشّ

Form X اسْتَفْعَل

Table A (사용하다/*used [s/thing]*)

대명사와 함께	조동사와 함께 올 때	명 령	현 재	과 거	اسْتَعْمَل – ـِ
يِسْتَعْمِلُه	يِسْتَعْمِل		بِسْتَعْمِل	اسْتَعْمَل	هو
تِسْتَعْمِلْها	تِسْتَعْمِل		بْتِسْتَعْمِل	اسْتَعْمَلَتْ	هي
يِسْتَعْمِلُوه	يِسْتَعْمِلُوا		بِسْتَعْمِلُوا	اسْتَعْمَلُوا	هم
تِسْتَعْمِلْها	تِسْتَعْمِل	اسْتَعْمِلْ	بْتِسْتَعْمِل	اسْتَعْمَلْت	انْتَ
تِسْتَعْمِليه	تِسْتَعْمِلي	اسْتَعْمْلي	بْتِسْتَعْمِلي	اسْتَعْمَلْتِ	انْتِ
تِسْتَعْمِلُوها	تِسْتَعْمِلُوا	اسْتَعْمْلُوا	بْتِسْتَعْمِلُوا	اسْتَعْمَلْتُوا	انْتُوا
أَسْتَعْمِلُه	أَسْتَعْمِل		بَسْتَعْمِل	اسْتَعْمَلْت	أنا
نِسْتَعْمِلْها	نِسْتَعْمِل		مْنِسْتَعْمِل	اسْتَعْمَلْنا	احْنا

(사용하는)	مِسْتَعْمِل	اسْمِ الفاعِل:
(사용된)	مُسْتَعْمَل	اسْمِ المَفْعُول:
(사용)	إِسْتِعْمال	المَصْدَر:

► **유사한 동사:** اسْتَفْهَم / اسْتَغْرَب / اسْتَشْهَد / اسْتَسْلَم / اسْتَثْمَر / اسْتَخْدَم / اسْتَوْرَد / اسْتَهْلَك / اسْتَقْرَب

Table B (선발하다; 예외로 하다/*singled [s/one] out [for s/thing good]; made an exception*)

대명사와 함께	조동사와 함께 올 때	명 령	현 재	과 거	اسْتَثْنى – ِ
يِسْتَثْنِيه	يِسْتَثْنِي		بِسْتَثْنِي	اسْتَثْنى	هو
تِسْتَثْنِيها	تِسْتَثْنِي		بْتِسْتَثْنِي	اسْتَثْنَت	هي
يِسْتَثْنُوهُم	يِسْتَثْنُوا		بِسْتَثْنُوا	اسْتَثْنُوا	هم
تِسْتَثْنِيه	تِسْتَثْنِي	اسْتَثْنِي	بْتِسْتَثْنِي	اسْتَثْنَيْت	انْتَ
تِسْتَثْنِيها	تِسْتَثْنِي	اسْتَثْنِي	بْتِسْتَثْنِي	اسْتَثْنَيْتِ	انْتِ
تِسْتَثْنُونا	تِسْتَثْنُوا	اسْتَثْنُوا	بْتِسْتَثْنُوا	اسْتَثْنَيْتُوا	انْتُوا
أَسْتَثْنِيه	أَسْتَثْنِي		بَسْتَثْنِي	اسْتَثْنَيْت	أَنا
نِسْتَثْنِيكُم	نِسْتَثْنِي		مْنِسْتَثْنِي	اسْتَثْنَيْنا	احْنا

(예외로 하는)	مِسْتَثْنِي	اسْمِ الفاعِل:
(예외가 된, 구분된)	مُسْتَثْنى	اسْمِ المَفْعُول:
(예외, 면제)	إِسْتِثْناء	المَصْدَر:

► **유사한 동사:** اسْتَغْنى / اسْتَحْلى / اسْتَرْخى / اسْتَعْطى / اسْتَهْدى / اسْتَوْحى / اسْتَوْفى

Table C (이용하다, 속이다/*took advantage of [s/one or s/thing]*)

대명사와 함께	조동사와 함께 올 때	명 령	현 재	과 거	اسْتَغَلّ ـِ
يِسْتَغِلُّه	يِسْتَغِلّ		بِسْتَغِلّ	اسْتَغَلّ	هو
تِسْتَغِلّها	تِسْتَغِلّ		بْتِسْتَغِلّ	اسْتَغَلّتْ	هي
يِسْتَغِلُّوهُم	يِسْتَغِلُّوا		بِسْتَغِلُّوا	اسْتَغَلُّوا	هم
تِسْتَغِلُّه	تِسْتَغِلّ	اسْتَغِلّ	بْتِسْتَغِلّ	اسْتَغَلَّيْت	انْتَ
تِسْتَغِلِّيها	تِسْتَغِلِّي	اسْتَغِلِّي	بْتِسْتَغِلِّي	اسْتَغَلَّيْتِ	انْتِ
تِسْتَغِلُّونا	تِسْتَغِلُّوا	اسْتَغِلُّوا	بْتِسْتَغِلُّوا	اسْتَغَلَّيْتُوا	انْتُوا
أَسْتَغِلُّه	أَسْتَغِلّ		بَسْتَغِلّ	اسْتَغَلَّيْت	أَنا
نِسْتَغِلّكم	نِسْتَغِلّ		مْنِسْتَغِلّ	اسْتَغَلَّيْنا	احْنا

(이용해먹는, 속여먹는, 기회주의자)	مُسْتَغِلّ	اسْمِ الفاعِل:
(이용당한, 속임당한)	مُسْتَغَلّ	اسْمِ المَفْعُول:
(이용, 속임)	اسْتِغْلال	المَصْدَر:

▶ **유사한 동사:** اسْتَرَدّ / اسْتَحَقّ / اسْتَغَشّ / اسْتَفَزّ / اسْتَخَفّ / اسْتَقَلّ / اسْتَمَرّ / اسْتَدَلّ

Table D (조언을 구하다/*asked for advice, sought counsel [from s/one]*)

대명사와 함께	조동사와 함께 올 때	명 령	현 재	과 거	اسْتَشار –
يِسْتَشِيرُه	يِسْتَشِير		بِسْتَشِير	اسْتَشار	هو
تِسْتَشِيرْها	تِسْتَشِير		بْتِسْتَشِير	اسْتَشارَتْ	هي
يِسْتَشِيرُوهُم	يِسْتَشِيرُوا		بِسْتَشِيرُوا	اسْتَشارُوا	هم
تِسْتَشِيرْهُم	تِسْتَشِير	اسْتَشِيرْ	بْتِسْتَشِير	اسْتَشَرْت	انْتَ
تِسْتَشِيرِيهُم	تِسْتَشِيرِي	اسْتَشِيرِي	بْتِسْتَشِيرِي	اسْتَشَرْتِ	انْتِ
تِسْتَشِيرُونا	تِسْتَشِيرُوا	اسْتَشِيرُوا	بْتِسْتَشِيرُوا	اسْتَشَرْتُوا	انْتُوا
أَسْتَشِيرَك	أَسْتَشِير		بَسْتَشِير	اسْتَشَرْت	أَنا
نِسْتَشِيرْكُم	نِسْتَشِير		مْنِسْتَشِير	اسْتَشَرْنا	احْنا

(조언하는, 조언자, 상담가, 고문)	مُسْتَشِير	اسْمِ الفاعِل:
(조언을 받은, 상담받은)	مُسْتَشار	اسْمِ المَفْعُول:
(조언, 상담)	إسْتِشارة	المَصْدَر:

▶ **유사한 동사:** اسْتَغاب / اسْتَجاب / اسْتَحال / اسْتَقال / اسْتَفاد / اسْتَعان / اسْتَراح

Table E (임대하다, 세를 들다/*rented [a house, an apartment from s/one]*)

대명사와 함께	조동사와 함께 올 때	명 령	현 재	과 거	اسْتَأْجَرَ – ِ
يِسْتَأْجِرُه	يِسْتَأْجِر		بِسْتَأْجِر	اسْتَأْجَر	هو
تِسْتَأْجِرْها	تِسْتَأْجِر		بْتِسْتَأْجِر	اسْتَأْجَرَتْ	هي
يِسْتَأْجْرُوهُم	يِسْتَأْجْرُوا		بِسْتَأْجْرُوا	اسْتَأْجَرُوا	هم
تِسْتَأْجِرُه	تِسْتَأْجِر	اسْتَأْجِرْ	بْتِسْتَأْجِر	اسْتَأْجَرْت	انْتَ
تِسْتَأْجْرِيها	تِسْتَأْجْرِي	اسْتَأْجْرِي	بْتِسْتَأْجْرِي	اسْتَأْجَرْتِ	انْتِ
تِسْتَأْجْرُوها	تِسْتَأْجْرُوا	اسْتَأْجْرُوا	بْتِسْتَأْجْرُوا	اسْتَأْجَرْتُوا	انْتُوا
أَسْتَأْجِرُه	أَسْتَأْجِر		بَسْتَأْجِر	اسْتَأْجَرْت	أَنا
نِسْتَأْجِرْها	نِسْتَأْجِر		مْنِسْتَأْجِر	اسْتَأْجَرْنا	احْنا

(임대인, 임대하는; 임차하는)	مِسْتَأْجِر	اسْمِ الفاعِل:
(임대가된, 세가 나간)	مُسْتَأْجَر	اسْمِ المَفْعُول:
(임대; 차용; 임대차, 고용)	اسْتِئْجار	المَصْدَر:

▶ **유사한 동사: اسْتَأْنَس / اسْتَأْثَر / اسْتَأْنَف / اسْتَأْمَن**

Table F (할만 하다, 받을 가치가 있다/*deserved*)

대명사와 함께	조동사와 함께 올 때	명 령	현 재	과 거	اسْتاهَل –
يِسْتاهْلُه	يِسْتاهَل		بِسْتاهَل	اسْتاهَل	هو
تِسْتاهَلْها	تِسْتاهَل		بْتِسْتاهَل	اسْتاهَلَتْ	هي
يِسْتاهْلُوهُم	يِسْتاهْلُوا		بِسْتاهْلُوا	اسْتاهَلُوا	هم
تِسْتاهْلُه	تِسْتاهَل		بْتِسْتاهَل	اسْتاهَلْت	انْتَ
تِسْتاهْلِيها	تِسْتاهْلِي		بْتِسْتاهْلِي	اسْتاهَلْتِ	انْتِ
تِسْتاهْلُونا	تِسْتاهْلُوا		بْتِسْتاهْلُوا	اسْتاهَلْتُوا	انْتُوا
أَسْتاهْلَك	أَسْتاهَل		بَسْتاهَل	اسْتاهَلْت	أنا
مِنِسْتاهَلْكم	نِسْتاهَل		مْنِسْتاهَل	اسْتاهَلْنا	احْنا

(받을 가치가 있는)	مِسْتاهِل	اسْمِ الفاعِل:
없음		اسْمِ المَفْعُول:
없음		المَصْدَر:

**참고: 문어체 아랍어에서는 Table E 처럼 اِسْتَأْهَل 로 쓰인다.*

► **유사한 동사: 없음**

한국어 ➲ 아랍어 색인

가격을 올리다
raised the price
رَفَع السِّعِر / زاد السِّعِر

가는 것을 그만두다
stopped going (to) [the meetings, etc.]
بَطَّل يرُوح

가능하다, 할 수 있다
could [do s/thing]
قِدِر

가다
went (to) [the store, the gas station, the office, etc.]
راح

가다 [누군가에게]
went to [s/one]
إِجالُه / إِجاه /راح ل

가다, 들어 가다
went (in/into) [a place]
فات

가동되다, 달리다 [휘발유, 전기로]
ran on [gasoline, diesel, electricity, hydrogen fuel, etc.]
اشْتَغَل على

가득차게 되다, 만연하게 되다, 꾀다
[s/thing or s/one] became infested (with) [fleas, lice, roaches, etc.]
صار مَلْيان

가득차다, 만원이다
[the store, the bus, the office, etc.] was full (of) [people]
كان مَلْيان

가로막다, 알아채다, caught on (to) [s/one, s/thing, or what he was doing]	حَطّ إِيدُه على طَرَف الخَيْط
가로지르다 crossed [a road, intersection, etc]	قَطَع
가르치다 taught [s/one]	عَلَّم
가방을 싸다, 짐을 꾸리다 packed up his suitcases	رَتَّب شُنَطُه
가버리다 went away	فَرْجاه عَرْض كْتافُه
가석방되다 was let out on parole	طِلِع من السِّجِن بِشُرُوط
가정되다, 예상되다 was supposed to [do s/thing]	كان مَفْرُوض / كان مَفْرُوض إِنُّه
가져다 주다 [물건을 누구에게] took [s/thing] (to) [s/one]	أَخَذ
가져다 주다, 사다 주다 [누구에게] brought him [s/thing], brought [s/thing] for him	أَخَذْلُه
가져오다 [물건을] got [s/thing]	أَخَذ / مَسَك
가지고 오다 [음식, 선물을] came with [food, presents, etc.]	إِجى ب
가지고 있다, 소유하다 had [s/thing]	كان عِنْدُه
가지런히 하다, 정돈하다 straightened up [the room, the office, the desk, the books, the chairs, etc.]	رَتَّب
간섭하다, 관여하다 interfered in [his business, the problem, etc.]	دَخَل في/ب
갈급하다, 절실히 필요하다 craved [a certain type of food, cigarettes, drugs, etc.]	مات على/في
감기에 걸리다 caught a cold	أَخَذ بَرْد
감명을 주다 [s/one or s/thing] impressed [s/one]	عَجَب

감사하다 thanked [s/one] (for) [s/thing], said thank you to [s/one] (for) [s/thing]	شَكَر ـُ (ل/على)
감옥에 넣다, 감금하다 threw him in jail	رَماه في السِّجْن
강박적으로 생각하다 had an obsession (with) [s/one or s/thing]	كان مَهْوُوس
강요하다 forced [s/one] [to do s/thing]	خَلّى
강탈하다 [누구를] robbed him	سَرَقُه / سَرَق مِنُّه
강하게 되다 [바람, 비명이] [the screaming, the problems, etc.] increased	زاد
갖게 되다 [돈, 어떤 것을] got a hold of [some money]	صار مع
(그가) 갖고 있게 두다 let it stay with him	خَلّاه مَعُه
갖다 [시간을] got [some time or time]	صار مع
갖다주다 [물건을] brought [s/thing] (for) [s/one or s/thing]	جاب
같은 나이이다 [누구와] was the same age as him	كان بِعُمْرُه /كان بِنَفْس عُمْرُه
같이 지내다 *hung out (with) [s/one]*	بِقِي / ظَلّ / طِلِع مع
개종시키다 [다른 종교로] converted him [to Hinduism, to Islam, etc.]	خَلّاه يصِير...
개회를 선언하다 called [the meeting, the session, etc.] to order	بَدا
거래를 이루다, 계약을 약정하다 made a deal (with) [s/one]	عِمِل صَفْقة
(그를) 거절하다, 퇴박 놓다 was repulsed by him, *totally hated him,* completely hated him, hated him a lot	شافُه زَيّ عُزْرايِين
거짓말하다 lied	كَذَّب (على)

격정하다
worried {for} [s/one]
خاف {على}

격정하다
was worried (about) [s/thing or s/one]
كان قَلْقان

건네 주다
gave [s/thing] (to) [s/one]
أَعْطى

건망증이 심하다, 잘 잊다
was always forgetting [things]
نِسِي حالُه

건설하다, 짓다
built [a building, a bridge, a wall, etc.]
بَنى

걷다
walked
مَشى

걸려들다 [장난에]
fell for the joke
أَكَل المَقْلَب / أَكَل مَقْلَب /
شِرِب المَقْلَب / شِرِب مَقْلَب

검증하다
got verification from [s/one] (about) [s/thing]
تَأَكَّد من

겁에 질리다
was really scared
خاف من خَيالُه

격노케 하다
[s/one or s/thing] made him go into a rage
خَلاّه يِخَشِّب

격발하다, 깨우다, 일으키다 [문제를]
created a stir (among) [the people]
عِمِل بَلْبَلة

결과로 일어나다, 초래되다
[s/thing] came about from [s/thing]
صار بَعِد

결론적으로 말하다
made a long story short
حَكى مِن الآخِر

결정을 취소하다
went back on his decision
رِجِع عن قَرارُه –

경계하다, 멀리하다
stayed on his guard {against} [s/one]
أَخَذ مَوْقِف

경시하다, 무시하다
marginalized him
حَطُّه على جَنَب

경쟁하다 [선거에서]
ran against [s/one] (in) [the election/s]
وَقَّف ضِدّ

경청하다, 귀를 기울이다 listened to [s/one]	سِمع ل
계급이 더 낮다 had a lower rank (than) [s/one else]	كانَتْ رُتْبَتُه أَقَلّ من
계급이 더 높다 outranked [s/one else]	كانَتْ رُتْبَتُه أَعْلى من
계몽하다, 깨닫게 하다 [s/one or s/thing] opened his eyes (to) [s/thing]	فَتَح عُيُونَه
계속 가다 kept walking	ظَلّ يِمْشِي /ظَلُّه يِمْشِي
계속 경청하다 listened to [music, the radio, etc.]	ظَلّ يِسْمَع
계속 말하다 kept on talking, kept on (for) [a certain amount of time]	ظَلّ يِحْكِي /ظَلُّه يِحْكِي
계속 졸다 kept falling asleep	ظَلّ يِغْفى
계속 주장하다, 타협하지 않다 didn't give an inch	ظَلّ على مَوْقِفُه
계속 치다 hit [s/one] repeatedly	نِزِل ضَرْب في/ب
계속 흠을 잡다 kept finding fault (in) [s/thing or s/one]	قَعَد على الغَلْطة
계약을 약정하다, 거래를 이루다 made a deal (with) [s/one]	عِمِل صَفْقة
계좌에 되돌려 주다 [은행, 회사에서] credited [a certain amount of money] to his account	زاد على حِسابُه
계좌이체하다 [통장에서] credited his account	زاد على حِسابُه
계획을 세우다 made up a plan	عِمِل خِطّة
고려하다, 심사숙고하다 thought about [doing s/thing]	فَكَّر إنّه
고르다, 선택하다 chose [s/thing or s/one]	نَقّى

고백하다, 털어 놓다
confided in him
حَكالُه سِرُّه –

고생하다, 역경을 겪다 [삶 속에]
had a hard life
تِعِب في/ب حَياتُه

고생하다 [직장에서]
had a hard job
تِعِب في/ب شُغْلُه

고소하다, 고발하다
[s/one] filed charges against [s/one]
رَفَع الدَعْوى على

고조되다, 악화되다 [싸움이]
[the fighting, the violence, etc.] escalated
زاد

고쳐 보다
tried to fix [s/thing]
جَرَّب يصَلِّح /حاوَل يصَلِّح

곧바로 가다, 직행하다
went straight to [the door, the car, the food, etc.]
راح دُغْري على

곱하다
multiplied [a number] (times) [another number]
ضَرَب

공개하다, 폭로하다
disclosed [his tax records, how much he made, etc.]
بَيَّن

공부하다
studied [the lesson, the book, chemistry, the idea, the proposal, etc.]
دَرَس

공황을 일으키다
panicked (on) [s/one]
مات مِن الخَوْف

관계를 끊다
threw away his friendship with him
باعُه بِقِشْرة بَصَلة

관람하다 [TV, 뉴스를]
watched [television, the news, the show, the game, etc.]
تَطَلَّع على / تَفَرَّج على / حَضَر

관심을 기울이다, 집중하다
put his mind to [doing s/thing]
حَطّ بِراسُه إنُّه …

관여하지 않다
stayed out of it
كان بِحالُه

(어떤 것에) 관해 말하다
spoke about [s/thing or s/one]
حَكى عن

괴롭히다
gave [s/one] a hard time
غَلَّب

교제하다, 데이트하다 went out with [s/one], went out with [s/one] on a date	طِلِع مع
교훈에 따라 살다 lived according to [The Ten Commandments, God's Law, the teachings of the Qur'an, the teachings of Buddha, etc.]	مَشى حَسَب
교훈을 배우다 learned a lesson, learned a valuable lesson	أَخَذ عِبْرة
교훈을 주다, 강연하다 gave him a lecture {on} [s/thing]	أَعْطاه مُحاضَرة
구성하다 [모임을] organized [the party, the meeting, the get-together, etc.]	رَتَّب
구역질나다, 멀미하다 felt nauseous	كانَتْ مَنافْسُه بْتِلْعِي / كانَتْ مَنافْسُه مَقْلُوبة
구원하다 [죄, 죽음에서] saved [s/one] (from) [death, hell, his sins, etc.]	خَلَّص
구입하다, 사다 bought [s/thing]	اشْتَرى
구치소에 넣다 put him in the holding cell	حَطُّه في النَّظارة / حَلاّه في النَّظارة
권리가 있다 had the right [to do s/thing or to say s/thing]	طِلِعْلُه
귀가 매우 밝다, 모든 것을 듣다 could hear everything	سِمِع دَعْسة النِّمْلة
귀가하다, 귀가시키다 went home, made [s/one] go home	رَوَّح / رَوَّح عالبَيْت
귀가하다 [가출했다가] went back to live with [his wife, his kids, his house, or his family]	رِجِع ل
귀를 기울이다, 경청하다 listened to [s/one]	سِمِع ل
귀찮게 하다, 불편하게 만들다 inconvenienced [s/one]	غَلَّب
귓결에 듣다, 우연히 엿듣다 overheard, accidentally overheard, accidentally heard [s/one or s/thing]	سِمِع بِالصُّدْفة –
그만 두다 quit [his job, work, school etc.]	تَرَك

그치다, 끊다 [습관을] stopped [doing s/thing]	بَطَّل
근절하다, 박멸하다 [벌레를] exterminated [the roaches, mosquitoes, bugs, etc.]	قَتَل
금지시키다, 중단시키다 put an end to [s/thing]	وَقَّف
급송하다, 급파하다 dispatched, sent out, sent [police cars, policemen, etc.] (to) [a certain location]	بَعَث ـَ (ل)
긍정적인 면을 보다 saw the positive in [s/thing or s/one]	شاف الإِشِي الإِيجابِي في
기다리게 만들다 kept him waiting (for) [a certain amount of time, s/thing or s/one]	خَلاّه يِسْتَنّا
기다리다 waited for [s/one or s/thing]	اسْتَنّا
기다리다 [어떤 일이 일어나기를, 사람을] was waiting on [s/one]	اسْتَنّا على
기대하다, 바라다 [무엇을] hoped, it was his hope [that…]	تَمَنّى
기반을 두다 built [s/thing] on [s/thing else]	بَنى على
기분을 망치다 [s/one or s/thing] put him in a bad mood	خَرَّب مَزاجُه
기분이 나쁘다 was in bad mood	كان مَزاجُه عِكْر
기쁘게 하다 pleased [s/one else]	عَجَب
기어 오르다 [s/one] ascended [the mountain, the hill, etc.]	طِلِع على
기억을 잃다, 집중하지 못하다 [he] lost his [his common sense, his concentration, his memory, etc.]	راح مِنُّه
기억하다 remembered [s/thing or s/one]	تذَكَّر
기억해 주다, 그를 생각하다 kept him in mind	خَلاّه في بالُه

기운을 내다 cheered up	رَفَع راسُه
기원하다, 유래되다 [s/thing or s/one] originated (from) [England, Russia, etc.]	كان أَصْلُه
기회가 주어지다 [그에게] he was given an opportunity, he was given the opportunity [to do s/thing]	إِجاه فُرْصة – (حَتّى/ل)
길게 늘어뜨리다, 반복하다 went on and on about it	زادْها
길을 발견하다 found a way [to do s/thing]	لَقى طَرِيقة
까먹다, 잊어버리다 [it] escaped his mind	راح عن بالَه
깔보다, 우쭐대다, 으스대다 stuck his nose up at [s/one]	رَفَع مَناخِيرُه على
깨끗하게 유지하다 kept [his car, his house, his boat, etc.] looking nice	خَلّى [...] نَظِيف
깨다, 부서뜨리다 broke [the glass, the mirror, the vase, a plastic item, etc.]	كَسَر
깨닫게 되다 found out [s/thing]	عِرِف
깨닫게 되다, 발견하게 되다 found that, found out that [something is true, people like to do certain things, etc.]	لَقى إِنُّه
깨어 있게 하다 he/it kept him awake	خَلاّه صاحي
꼭 필요로 하다 was required for him, was required of him	كان إِجْبارِي عَلَيْه
꽉 차다, 붐비다 [사람으로 버스가] it was really crowded on [the bus, the plane, etc.]	كان في زَحْمة في/ب
끊다 [전기, 전화를] [the electric company, s/one, etc.] shut off [the electricity, the phone, the water, etc.]	قَطَع
끝까지 요구하다 [가격을] held out (for) [a better price, a better product, etc.]	اسْتَنّا
끝나다 [일이] was finished with [s/thing]	خَلَّص من

끝나다, 정리되다 [관계가]
was finished with [s/one]
خَلَّص من

끝내다 [어떤 것을]
finished [s/thing]
خَلَّص

나가다, 떠나다
left [the building, the country, etc.]
تَرَك

나무라다, 비방하다
blamed [s/one else]
حَطّ الحَقّ على / رَمى المُشْكِلة على

나무라다, 잔소리하다
made himself out to be a teacher over [s/one else]
عِمِل حالُه مُعَلِّم على

(어떤) 나이에 이르다
turned [a certain age]
صار عُمْرُه

나타나다
[s/one] showed up
بَيَّن

낙오하다 [학교, 경기에서]
dropped out of [the class, school, the contest, etc.]
تَرَك

낙하산으로 내리다
parachuted, parachuted in
نِزِل بِالمَظَلّة

날아와 앉다 [벌레, 먼지가]
[a fly, dirt, a bug, etc.] landed in [his food, his bowl, etc.]
إِجى في

남기고 떠나다 [자녀, 돈을]
left behind [children, possessions, money, etc.]
تَرَك وَراه

남기다, 두고 오다
left [s/thing] [s/where]
تَرَك

남기다 [유산을]
left [s/one] [possessions, money, land, etc.]
تَرَك ل

남다 [음식, 돈이]
[food, money, etc.] remained
زاد

남다, 오래 머무르다 [냄새가]
[the smell, the taste, etc.] stayed
بِقِي / ظَلّ

남아 있다, 머무르다
remained [s/where]
قَعَد

낮추다, 줄이다 [소리를]
lowered [his voice, the noise, etc.]
خفَّف

낯설다, 이상하다 [s/thing] was strange	كان غَرِيب
낳다 [she] gave birth to [a child]	جابَتْ
내려가다 [s/one] went down (to) [the store, the market, etc.]	نِزِل
내려가다 [계단을] went down [the stairs]	نِزِل على
내려 앉다, 떨어지다 [s/thing] landed on, landed on top of [s/thing or s/one]	نِزِل على
내려 앉다, 무너지다 [천정이] [the stage, the ceiling, the balcony, etc.] caved in	وِقِع
내려오다 [계시가] [the Qur'an, the revelation, etc.] came down to [s/one or s/thing]	نِزِل على
내려오다 [나무, 사다리에서] climbed down [the tree, the ladder, the fence, the wall, etc.]	نِزِل عن
내리다 [차, 말에서] got off of [the horse, the car, etc.]	نِزِل من
넘어가다 went over [the wall, the fence, the building, etc.]	طِلِع فَوْق
넘어서다 [수량이] [the weight, the price, the number of people, the temperature, his age, etc.] exceeded [a certain number]	زاد عن
넘어지다 [s/one or s/thing] fell	وِقِع
넣다 [다른 물건과 함께] enclosed [s/thing] ‹with› [s/thing else]	حَطّ
노골적으로 말하다 [누구에 대해] [s/one] was talking directly to him	إِجى فِيه
노력하다 tried hard, tried very hard	حاوَل جُهْدُه / حاوَل كُلّ جُهْدُه / عِمِل جُهْدُه
녹슬게 하다 [전선, 금속을] [the rust, the acid, etc.] ate away at [the wire, the metal, etc.]	أَكَل
녹슬다 [전선, 금속을] [the rust, the acid, etc.] ate [the wire, the metal, etc.]	أَكَل

놀다
played [a game, with toy]
لِعِب

놀라게 하다 [누구를]
[s/one or s/thing] amazed [s/one]
عَجَب

농낙당하다
fell for the joke
أَكَل المَقْلَب / أَكَل مَقْلَب / شِرِب المَقْلَب / شِرِب مَقْلَب

농담을 그만하다
cut down on the jokes
خَفَّف المَزَح

농담하다
played a joke (on) [s/one]
عِمِل مَقْلَب

놓치다, 못하다 [어떤 것을]
he missed out on, he missed [the party, the food, doing s/thing, etc.]
راح عَلَيْه –

뇌물을 건네다
paid him off
دَفَعَلُه بَخْشِيش / دَفَعْلُه بَقْشِيش*

눈여겨 보다, 주의하다
kept an eye on [s/one, s/thing, or on what s/one was doing]
خَلّى عَيْنُه على

눈을 뜨게 하다, 계몽하다
[s/one or s/thing] opened his eyes (to) [s/thing]
فَتَح عْيُونُه

느끼다
felt [s/thing or s/one]
حَسّ

느끼다 [병, 피곤을]
felt [sick, tired, comfortable, etc.]
حَسّ إِنُّه /حَسّ ب/في

느끼다 [감정을]
felt [joy, peace, pain, the presence of s/thing, etc.]
حَسّ ب/في

느슨해지다, 줄다
[s/one or s/thing] made [s/one] lose [his enthusiasm, his excitement, his motivation, etc.]
خَفَّف

늘씬하게 패다
slammed him against the wall
ضَرَبُه بِالحَيْط

늦잠 자다
overslept
راحَتْ عَلَيْه نَوْمة

늦잠 자다
stayed in bed
ظَلّ نايِم

다가오다 [누구에게]
came to [s/one]
إِجى / إِجى ل

다니다 [학교에]
studied at, studied in [the university, the government school, the U.S.A., etc.]
دَرَس في/ب

다다르다, 도달하다
[the hose, the cord, etc.] reached [s/thing else]
وِصِل ل/على

다루는 법을 터득하다
got the hang of [s/thing]
تَعَلَّم على

다리가 부러지다
broke his leg
كَسَر إِجْرُه /كَسَر راسُه

다리를 꼬다
crossed his legs
حَطّ إِجْر على إِجْر

다 먹다 [음식을]
finished off [the milk, the bread, etc.]
خَلَّص

다 먹어치우다
ate everything, *ate everything up*
أَكَل الأَخْضَر واليابِس

다시 어지럽게 되다
[s/thing] got messed up again
رِجِع تْبَرْبَش /رِجِع تْكَرْكَب

다시 음주(폭음)하다
started drinking again
رِجِع يِشْرَب

다시 전화하다
called [s/one] back (about) [s/thing]
رِجِع يِحْكِي مع

다이어트하다, 식이조절하다
went on a diet
عِمِل رِجيم

다 집어가다
took everything for himself
أَكَل الأَخْضَر واليابِس

단계를 낮추다
stooped down to his level [of behavior]
نِزِل لِمُسْتَواه

단계에 도달하다
reached the level [of s/one, of success, of affluence, etc.]
وِصِل لَمُسْتَوى

닫다 [문, 창문을]
closed [the door, the window, etc.]
سَكَّر

당황하다
panicked (on) [s/one]
مات مِن الخَوْف

대놓고 말하다, 정면으로 맞서다
confronted him about it
حَطّ عِنْد عَيْنُه

대책을 세우다 did something about it	سَوّى إِشِي فِيه –ِ
더 민첩하다 was smarter than [s/one]	كان أَشْطَرْ من
더 열심히 일하다 [다른 사람보다] worked harder than [s/one else]	اشْتَغَل أَكْثَرْ من
더 재치있다 was smarter than [s/one]	كان أَذْكى من / كان أَشْطَرْ من
더하다, 높이다 [숫자를] boosted [s/thing] [in number]	زاد
던지다 [공을] threw [the ball, etc.] (to) [s/one]	رَمى
덜다, 완화하다 relieved [the pain or the pressure]	خفَّف
데려오다 [사람을] got [s/one]	جاب
데리고 가다 [누구를] took him [s/thing]	أَخَذْلُه
데이트하다 [he] got together (with) [her]	بَدا عَلاقة / بَلَّش عَلاقة
도달하다, 다다르다 [the hose, the cord, etc.] reached [s/thing else]	وِصِل ل/على
도움을 주다, 손써 주다 gave [s/one] a hand	حَطّ إِيدُه مع
도중에 태우다, 마중나가다 picked up [the flowers, the package, s/one, etc.] {from/at} [the store, the airport, the shop, the post office, etc.]	جاب
도착하다 [어떤 장소에] [s/one or s/thing] arrived in [the airport, the city, etc.]	وِصِل ل/على
도착하다 [소포가] [the package, the letter, etc.] reached [s/one or s/where]	وِصِل ل/على
도착하다 [어떤 시간에] came at [a certain time]	إِجى على
돈받고 딸을 시집보내다 married his daughter off for money	باع بِنْتُه

돈을 벌다, 부를 축적하다
made a fortune (off of/by) [doing s/thing] — عِمِل ثَرْوة

돈이 있다
had the money — كان مَعُه –

돌아가다 [가족에게]
went back to [his wife, his kids, his house, or his family] — رِجع ل

돌아가다 [누구에게로]
got back to [s/one] (about) [s/thing] — رِجع ل / رِجِع يِحْكِي مع

돌아가다 [어디로]
returned back to [the house, the office, etc.] — رِجع على

돌아보다
looked around — تَطَلَّع / تَفَرَّج

돌아오다 [어떤 장소에서]
came back (from) [s/where or (from) doing s/thing] — رِجع

동기를 부여하다
motivated [s/one] [to do s/thing] — أَعْطاه دَفْعة

동전던지기하다, 제비뽑다
flipped a coin — عِمِل فَنّة

동정하다, 동감하다
felt for [s/one] (emotionally) — حَسّ مع/في

동조하다, 옹호하다
stood up for [s/one] — وَقَّف مع

동참하다 [장난에]
went along with [the joke, the prank, or s/one] — مَشى مع

동행하다, 함께 가다
came along with [s/one] (to) [s/place] — إِجى مع

(어떻게) 되게 만들다
made it become [worse, better, etc.] — خَلاّه يصِير...

되다 [어떻게]
became [happy, angry, sad, etc.] — صار

되돌아가다
walked back — رِجع لَوَرا

되풀이해서 말하다
went on and on about it — زادْها

두고 오다, 남기다
left [s/thing] [s/where]
تَرَك

두다 [물건을]
put [s/thing or s/one] {in} [s/thing or s/one]
حَطّ

두려워 하다
feared [s/one or s/thing]
خاف

두통을 느끼게 하다
gave him a headache
عِملّه صُداع / عِملُّه وَجَع راس / عِملّه مَغص

둘러 보다
looked around
تَطَلَّع / تَفَرَّج

뒤로 가다 [차가]
put it in reverse
حَطّ الرِّيفِيْرْس

뒤로 물러서다, 뒷걸음치다
walked backwards
رِجِع بِالعَكْس

뒤를 잇다, 따라 오다
[s/one] came after [s/one] [in a position, job, etc.]
إِجى بَعِد

뒤엎다 [결정을]
overrided [s/one else or s/one else's decision]
لَغى

뒤에 나타나다, 뒤에 오다
[s/one] came after [a certain time]
إِجى بَعِد

뒤에서 험담하다
talked about [s/one] behind his back
حَكى من وَراء ضَهْرُه

듣다
heard [s/one or s/thing]
سِمِع

듣다 [어떤 것에 관해]
heard about [s/one or s/thing] (from) [s/one]
سِمِع عن

들고 있다, 잡고 있다 [누구를 위해]
held onto it for him
مَسَكْلُه إِشي

들뜨게 하다
struck [s/one] as wonderful
عَجَب

들어가다 [건물에]
entered [the house, the building, etc.]
دَخَل / دَخَل على / فات على

들여놓지 않다
[it, they (a business, etc.)] stopped carrying [s/thing]
بَطَّل في عِنْدُه

딱하게 느끼다, 미안하게 느끼다 felt sorry for [s/one]	زِعِل على
땅에 엎드리다 [공격을 피해] *hit the deck*	أَخَذ الأَرْض
때려 눕히다, 때려 기절시키다 [s/one or s/thing] knocked him out, *knocked him out cold*	خَلاّه يغيِّب
때리다, 치다 hit [s/one or s/thing]	ضَرَب
떠나다 went out (to) [the store, the office, etc.]	طِلِع
떠나다 [어느 장소에서] left [the house, work, etc.]	طِلِع من
떠나다, 나가다 left [the building, the country, etc.]	تَرَك
떠나다, 버리다 [아내를] left [his wife]	تَرَك
떠나서 놓치다 [차가] [the bus, the plane, the train, etc.] left before [s/one] could catch it	راح على
떠나 있다, 나가 있다 has been out of [the house, the office, etc.] (since) [a certain time]	طِلِع من
떨어지다, 내려 앉다 [s/thing] landed on, landed on top of [s/thing or s/one]	نِزِل على
떨어지다 [물건이 위에] [s/thing] got on, got onto [s/one, his clothes, his car, etc.]	إِجى على
떨어지다 [의자, 창문에서] fell out of [the chair, his seat, the window, etc.]	وِقِع عن
똑바로 앉다, 바른 자세로 앉다 sat up straight (in) [his seat or the chair] sat up straight (at) [the table, etc.]	قَعَد مْنِيح
뜨다, 푸다, 퍼올리다 scooped out, scooped [a certain amount of] [spices, candy, nuts, etc.] for him	حَطّلُّه
립스틱을 바르다 [she] put on lipstick	حَطَّتْ حُمْرة
마구 때리다, 괴롭히다 beat him up	ضَرَبُه قَتْلة

마시다
drank [s/thing]
شِرب

마음에 담아두다, 잊지 않고 있다
made a mental note [to do s/thing or say s/thing]
حَطُّه في بالُه

마음을 바꾸다, 파기하다 [약속을]
changed his mind
بَطَّل

마음을 아프게 하다 [그 여자의]
broke her heart
كَسَر قَلْبْها

마음을 열다
[s/one or s/thing] opened his mind (to) [s/thing]
فَتَح ذِهْنُه

마음을 읽다
read his mind
قَرا أَفْكارُه / قَرا فِكْرُه

마음이 끌리다
[s/thing] appealed to [s/one]
عَجَب

막다, 막히게 하다 [관, 혈관을]
[s/thing or s/one] closed up [the pipe, the drain, his artery etc.]
سَكَّر

만나러 오다 [집에]
went over to [s/one's house]
إجى عِنْد /إجى لَعِنْد

만들다 [어떤 것을]
made [s/thing]
عِمِل

만들다 [전기, 소리를]
generated, *put out [a certain amount of noise, a certain amount of electricity, etc.]*
أَعْطى

만연하게 되다, 꾀다
[s/thing or s/one] became infested (with) [fleas, lice, roaches, etc.]
صار مَلْيان

만원이다, 가득차다
[the store, the bus, the office, etc.] was full (of) [people]
كان مَلْيان

만족시키다
indulged in, indulged [his fantasies, his thinking, his lusts, his desires, etc.]
مَشى حَسَب

많은 것을 알다, 박식하다
knew a lot about
فِهِم في/ب

말을 진지하게 받아 들이다
took him seriously
أَخَذ كَلامُه جَدّ

말하다
said [s/thing]
حَكى / قال

말하다 [누구에게] told [s/one] [s/thing]	حكى ل / قال ل
말하다 [누구와] talked to, talked with [s/one]	حَكى مع
말할 수 있다, 여길 수 있다 could say [that s/one was mad, that s/thing was true, etc.]	قِدِر يِحْكِي
망신시키다 [가족을] [s/one or his actions] brought shame to/on [his family, his country, etc.]	جاب عار على / جاب العار على
(모든 것을) 망치다 *[s/one or s/thing s/one said] ruined everything*	خَرَّب الدِّنيا
망치다, 실수하다 made a mistake	عِمِل غَلَط
맞다, 어울리다 [옷이] [the shirt, the pants, etc.] fit [s/one]	إِجى على
맞다 [신발이] [the shoes] fit	إِجى على قَدّ إِجْرُه* —
맞닥치다 walked in on [s/one]	دَخَل على —ُ
맞서다 stood up to [s/one]	وَقَّف ل
맡기다 [수리를 위해] dropped off [s/thing] [for s/one or to be fixed]	حَطّ
매니큐어 칠하다 [she] painted her nails	حَطَّتْ ماناكِير
매달리다 hung on/onto [s/one or s/thing]	مَسَك ب/في
매달리다 [숙제, 작업에] [s/one] worked on [his homework, the project, etc.]	اشْتَغَل على —ِ
매료되다, 열중하다 was crazy for [s/one or s/thing]	صار مُغْرَم في/ب
매맞다 got beat-up	أَكَل قَتْلة
매우 나쁘다, 형편없다 [s/thing] was terrible	كان زَيِّ العَمى

매질하다 spanked [the child]	ضَرَب
(심하게) 매질하다 gave him a spanking	ضَرَبُه قَتْلة
머리카락이 서다 his hair stood straight up, his hair stood straight up in the air	وَقَّف شَعِر راسُه* –
머무르다 stayed	بِقِي / ظَلّ / خَلّى
먹다 ate [s/thing]	أَكَل
먼 거리를 오다 came a long distance	قَطَع مَسافة
먼저 오다, 전임이다 [s/one] came before [s/one] [in a position, in a job, etc.]	إِجى قَبِل
멀리가다 [s/one] went far away (from) [home, his country, etc.]	راح بَعِيد
멀리 있다 drifted apart from [s/one else]	صار بَعِيد عن
멀리하다 stayed out of [s/one's] [room, office, house, etc.]	ظَلّ بَرّا
멀미하다, 구역질나다 felt nauseous	كانَتْ مَنافْسُه بْتِلْعِي / كانَتْ مَنافْسُه مَقْلُوبة
멀어지다, 소원해지다 grew far apart from [s/one or his faith]	صار بَعِيد عن
멍해지다 *got a mental block,* stopped being focused	بَطَّل يجَمِّع
면전에서 문을 닫다 closed the door in his face	سَكَّر الباب بِوِجْهُه
면전에서 사라지다 *got out of his face*	راح من وِجْهُه –
명심하다 kept it in mind	خَلاّه في بالُه
모금하다 [회사, 조직이] [s/one, the company, the organization, etc.] raised funds (for) [s/one or s/thing]	أَخَذ دَعِم / جاب دَعِم

모든 것을 다 듣다, 귀가 매우 밝다 could hear everything	سِمع دَعْسة النِّمْلة
모든 것이 잘못되어 가다 everything went wrong for him, nothing went right for him, [the doors] slammed in his face, shut in his face	سَكَّرَتْ بِوِجْهُه –
모집하다, 선발하다 [선수를] drafted [the player]	اشْتَرى
목록을 만들다 made up a list of [s/thing]	عِمِل قائِمة ب/ل
목소리를 높이다 raised his voice (to/at) [s/one]	رَفَع صَوْتُه
목을 베다, 참수하다 beheaded him	قَطَع راسُه
몸집에 맞다 [신발,옷이] [the shoes, the shirt, the pants, etc.] fit	إِجى على مَقاسُه
몹시 화나게 만들다 [s/one or s/thing] infuriated him	خَلاّه يِخَشِّب
무너지다, 내려 앉다 [천정이] [the stage, the ceiling, the balcony, etc.] caved in	وِقِع
무릎으로 차다 kneed him (in) [the stomach, etc.]	ضَرَبُه بِرُكْبِتُه
무서워 하다 worried {for} [s/one]	خاف {على}
무시하다, 경시하다 marginalized him	حَطُّه على جَنَب
무효로 하다 [s/thing or s/one] invalidated [s/thing or what s/one said]	لَغى
문을 열다 [누구에게] opened the door on [s/one]	فَتَح الباب على
문의하다 [어떤 것에 관해] asked about [s/one or s/thing], asked [s/one] about [s/one or s/thing]	سأَل عن
문제가 생기다 got in trouble, got into trouble (with) [s/one]	وِقِع في مُشْكِلة
문제를 만들다 caused a problem (for) [s/one else]	سَوّى مُشْكِلة

문제를 일으키다
caused problems
عِمِل مَشاكِل

묻다
asked [s/one or s/thing]
سَأَل

미사일을 쏘다
shot a missile (at) [s/one or s/place]
ضَرَب صارُوخ

미안하게 느끼다, 딱하게 느끼다
felt sorry for [s/one]
زِعِل على

미치다, 뻗치다
[s/one] reached for [s/thing]
وِصِل ل/على

밀다, 밀고 나가다
pushed [s/one]
دَفَع

바닥나다 [인내심이]
he's out of, he ran out of, he's run out of, he doesn't have anymore [patience, morals, hope, etc.]
بَطَّل في عِنْدُه – ـِ

바라다
eyed [s/thing]
تَطَلَّع ل

바라다, 기대하다
hoped, it was his hope [that…]
تَمَنّى

바라다, 구하다, 원하다
had eyes for [s/one or s/thing]
حَطّ عَيْنُه على

바라보다, 주목하다
looked at [s/one else's paper, test, etc.]
تَطَلَّع على

바른 자세로 앉다, 똑바로 앉다
sat up straight (in) [his seat or the chair]
sat up straight (at) [the table, etc.]
قَعَد مْنيح

바빠지다
got busy, *got busy with it*
اشْتَغَل

바탕을 두다
built [s/thing] on [s/thing else]
بَنى على

박멸하다, 근절하다 [벌레를]
exterminated [the roaches, mosquitoes, bugs, etc.]
قَتَل

박식하다, 많은 것을 알다
knew a lot about
فِهِم في/ب

밖에 나가 보다
went outside to see him
طِلِعْلُه

밖으로 던지다
threw it/him outside, threw it/him out
رَماه بَرّا

반대로 말하다
said the opposite [of s/one else or of what s/one else said]
حكى العَكْس

반대로 하다
did the opposite (of) [s/one or (of) what s/one said]
عِمِل العَكْس

반드시 요구되다
was required for him, was required of him
كان إجْبارِي عَلَيْه

반복하다, 길게 늘어뜨리다
went on and on about it
زادْها

반복해서 같은 말하다
kept saying the same thing over and over
ظَلّ يَعِيد نَفْسِ الكَلام

반칙을 범하다
fouled [s/one]
عِمِل خَطأ ضِدّ

받다 [공, 줄을]
caught [the ball, the rope, etc.]
مَسَك

받다 [물건 팔고 돈을]
[s/thing] brought [a certain amount of money] to [s/one]
جاب ل

받다 [전화, 팩스를]
got [a phone call, a fax, etc.]
إجى

받아 들이다, 수용하다 [수표, 카드를]
accepted, honored [checks, credit cards, etc.]
أَخَذ

발견하다
found [s/thing]
لَقى

발로 차다
kicked him (in) [the stomach, the leg, the head, etc.]
ضَرَبُه شَلُّوت

발생하다 [충돌이]
[clashes] broke out
بَدا / بَلَّش

발에 차이다
got kicked
أَكَل شَلُّوط

밝혀지다
[s/thing or s/one] turned out to be [s/thing or s/one else]
طِلِع

방문하다
visited [s/one or a place]
زار

방해하다, 어렵게 만들다 tried to make trouble for [s/one]	حَطّ حَطِطُه على / حَطّ حْطاطُه على
배열하다, 체계화하다 [책, CD 등을] arranged [his books, the CDs, etc.]	رَتَّب
배우다 [단어, 습관을] learned [a new word, a bad habit, a new phrase, etc.]	أَخَذ / تَعَلَّم
배우다 [어떤 것에 대해] learned about [s/thing or s/one]	تَعَلَّم عن
배회하다 *hung around [the house]*	ظَلّ في/ب / قَعَد في/ب
배후에서 지휘하다 was the mastermind behind [the attack, the plan, etc.]	كان العَقِل المُدَبِّر وَرا
버릇없이 굴다 forgot his manners	نِسِي حالُه
버리다, 떠나다 [아내를] left [his wife]	تَرَك
버리다, 떠나다 [습관을] parted with [smoking, gambling, his car, etc.]	تَرَك ل
벌어지다, 일어나다 [일이] [s/thing] happened	صار
벌어지다 [어떤 일을] it occurred to him [that…]	إجى على بالُه
법원에 가다 went to court (for) [a traffic ticket, a parking violation, etc.]	راح على/ل المَحْكَمة
베다, 자르다 [나무를] cut down [a tree]	قَطَع
변비를 일으키게 하다 made him constipated	عِملُه إِمْساك
변비를 일으키다 made [s/one] constipated	مَسَك مَعْدَتُه
변색하다, 바래다 [색이] [the shirt, the pants, the picture, the curtains, etc.] faded	راح لَوْنُه
보고서를 쓰다 wrote a paper (on) [a certain subject]	عِمِل بَحْث / عِمِل تَقْرير

보기가 되다 [s/thing] was a good example of [s/thing else]	كان مِثال ل
보내다 [누구를] referred [s/one] to [s/one or a business], sent [s/one] to [s/one or a business]	بَعَث – َ (ل)
보내다 [누구에게 무엇을] sent [s/thing] (to) [s/one]	بَعَث – َ (ل)
보다 saw [s/one or s/thing]	شاف
보다 [공연을] saw [the movie, the news, the play, the TV show, etc.]	حَضَر
(그에게) 보복하다 *was out to get him*	حَطُّه في بالُه
보여지다 [어떤 것처럼] looked like [s/one else]	كان شِكْلُه زَيّ / كان شِكْلُه كَإِنُّه
보이다, 보여주다 showed [s/one] [s/thing]	فَرْجى
보이다 [기쁘게, 슬프게] [s/one] looked [happy, tired, sick, etc.]	بَيَّن على
본때를 보이다, 엄히 훈계하다 made an example out of him (for) [the rest, the class, etc.]	عِمِل عِبْرة من
본보기가 되다 [사람들에게] [s/one] was a model of, modeled [kindness, patience, good behavior, etc.]	كان مِثال ل
본보기로 여기다 looked up to him as an example	أَخَذُه قُدْوة إِلُه/ أَخَذُه مِثال إِلُه
부담시키다, 짐을 지우다 put the burden on his shoulders [to do s/thing]	رَمى الحِمِل على كْتافُه
부당행위하다, 엿보다 looked on, looked onto [s/one else's paper, test, etc.]	تَطَلَّع على
부르다 [바보라고] called him [stupid, a thief, etc.]	حَكالُه...
부를 축적하다, 돈을 벌다 made a fortune (off of/by) [doing s/thing]	عِمِل ثَرْوة
부서뜨리다, 깨다 broke [the glass, the mirror, the vase, a plastic item, etc.]	كَسَر

부수고 들어가다 [문을]
broke down [the door, etc.]
كَسَر

부실 경영하다
mismanaged [the company, the business, the account, etc.]
كان عِنْدُه سُوء إدارة في/ب

부정적인 면을 보다
saw the negative in [s/thing or s/one]
شاف الإشي السَّلْبِي في

분명하다
[it] was apparent
بَيَّن

분수를 잊다
forgot himself
نِسِي حالُه

불다, 불어오다 [선풍기 바람이]
[the fan, the wind, the air conditioning, the heat, etc.] blew on [s/one]
إجى على

불편하게 만들다, 귀찮게 하다
inconvenienced [s/one]
غَلَّب

붐비다 [시장, 버스 등이]
[the market, the bus, the street, etc.] became crowded
صار زَحْمة

붐비다, 꽉 차다 [사람으로 버스가]
it was really crowded on [the bus, the plane, etc.]
كان في زَحْمة في/ب

붙잡다
grabbed [s/one or s/thing]
مَسَك

비난당하다
[s/one] was slandered
أَكَل إسْفِين

비밀리에 진행하다
did things secretively
اشْتَغَل من تَحت لَتَحت / عِمِل من تَحت لَتَحت

비방하다, 탓하다
blamed [s/one else]
حَطّ الحَقّ على / رَمى المُشْكِلة على

비용이 들다, 요하다
[s/thing] cost [a certain amount of money]
كَلَّف

(그 여자가) 비탄에 잠기게 하다
gave her a broken heart
كَسَر قَلْبْها

빈둥거리다 [집안에서]
sat around, *hung around [the house]*
ظَلّ في/ب / قَعَد في/ب

빌다, 소망하다 [누구를 위해]
hoped [s/thing] for [s/one]
تَمَنّى ل

빚을 갚다. 대금을 지불하다 paid for [the sandwich, the drink, the car, the house]	دَفع حَقّ ...
빚지다 owed [s/one] [money or s/thing]	كان مَدْيُون ل/ب
빠뜨리다, 남겨 두다 omitted [s/thing]	تَرَك
빠져 나가다 got away with [the crime or the problem (he caused)]	طِلِع من ـَ
빠지다 [벌레가] [a fly, dirt, a bug, etc.] fell in [his food, his bowl, etc.]	إجى في
빼다 [일정에서] took [s/thing] out {of} [his schedule, his plans, etc.]	لَغى
빼앗다 [물건을 누구에게서] took [s/thing] {from/away from} [s/one]	أَخَذ
뺨을 맞다 got slapped	أَكَل كَفّ
뽐내다 held his head up, held his head up high	رَفَع راسُه
뿔뿔이 흩어지다, 멀리 있다 drifted apart from [s/one else]	صار بَعِيد عن
사과하다 asked forgiveness (from) [s/one] {for} [s/thing he did or s/thing he said]	طَلَب السَّماح
사다, 구입하다 bought [s/thing]	اشْتَرى
사다 주다 [누구에게] brought him [s/thing], brought [s/thing] for him	أَخَذْلُه
(그 여자와) 사랑에 빠지다 fell in love with her	وِقِع في حُبّها
사랑하다, 좋아하다 Loved [s/one, s/thing, or to do s/thing]	حَبّ
사실이다 [어떤 것이] [his story, what he said, etc.] was true	كان صَحّ
사용하다 [컴퓨터, 화장실을] used [the computer, the bathroom, etc.]	اسْتَعْمَل

사용하다, 쓰다 [기계가 건전지를] [a toy, etc.] took [a certain number of batteries]	أَخَذ
사유를 주다 gave [s/one] a reason [to do s/thing]	أَعْطى سَبَب
사이를 가르다 [두 사람의] [s/thing or s/one] came between [two people]	دَخَل بَيْن
사주다 [누구를 위해] bought [s/thing] for [s/one] bought [s/one] [s/thing]	اشْتَرى ل
사직하다, 그만 두다 quit [his job, work, etc.]	تَرَك
산지 얼마가 되다 [어떤 장소에] [he] has been [s/where for a certain period of time]	صارْله
산책에 데리고 가다 took him on a short trip	أَخَذُه مِشْوار
살다, 주재하다 [어디에] lived [s/where]	قَعَد
살찌다, 체중이 늘다 gained weight	زاد وَزْنُه
살펴 보다, 밖을 돌아보다 took a look	أَخَذ نَظَرَة
상관하지 않다 *couldn't care a less*	باعْها / باع الدِّنيا بِالّي فِيها
상황이 나빠지다 the situation got worse	زاد الوَضع سُوء – صار الوَضِع أَسْوأ –
생각나지 않다, [생각, 말이] 떨어지다 could not think of [new ideas, new words, etc.]	سَكَّرَتْ مَعُه
생각을 간파하다 read his thoughts	قَرا أَفْكارُه / قَرا فِكْرُه
생각을 버리다 threw out the idea	لَغى الفِكْرة / لَغى المَشْرُوع
생각하다 [어떻게] thought [that…]	ظَنّ
생각하다 [어떤 것에 관해] thought (about) [s/thing or s/one]	فَكَّر

(그를) 생각하다, 기억해 주다 kept him in mind	خَلاّه في بالُه
(부정적인) 생각하다 [잘못되었다는] got the idea that… [s/one was angry, s/thing was wrong, s/one didn’t care, etc.]	أَخَذ فِكْرة إِنُّه
생각해내다 thought of [s/thing]	فَكَّر ب
생명을 취하다 [신이] [God] took [s/one's] life	أَخَذ
서게 하다 made [s/one] stand up	وَقَّف
서다, 서있다 stood	وَقَّف
서로 손잡다 [two or more people] held hands	مَسَكُوا إِدَيْن بَعْض
선발하다, 모집하다 [선수를] drafted [the player]	اشْتَرى
선언하다, 선포하다 made [s/thing] clear	بَيَّن
선택권이 있다 had the option (to) [do s/thing]	كان عِنْدُه خِيار / كان إِلُه الإِخْتِيار
선택하다, 고르다 chose [s/thing or s/one]	نَقّى
성적을 받다, 점수를 받다 made a [good, bad, high, low, etc.] grade (on) [the test, the quiz, etc.]	جاب عَلامة / جاب مُعَدَّل
세금 인상하다 raised taxes (on) [s/thing or s/one]	رَفَع الضَّرايِب / زاد الضَّرايِب
세우다 [차를] stopped [s/one]	وَقَّف
소동케 하다, 격발하다 [문제를] created a stir (among) [the people]	عِمِل بَلْبَلة
소망하다, 빌다 [누구를 위해] hoped [s/thing] for [s/one]	تَمَنّى ل
소문을 듣다 got wind of [s/thing] (from) [s/one]	سِمِع عن

소송하다, 고소하다
prosecuted him
رَفَع عَلَيْه قَضِيّة

소심한 사람이 되다
was a coward
خاف من خَيالُه

소외시키다, 제외시키다
made him/it stay out of [s/one's] [room, office, house, etc.]
خَلاّه بَرّا

소요하다 [강의가 시간을]
[the lesson, the class, the session, etc.] took
[a certain amount of time]
أَخَذ / بِقِي

소원해지다, 멀어지다
grew far apart from [s/one or his faith]
صار بَعِيد عن

소유하다, 가지고 있다
had [s/thing]
كان عِنْدُه

소지품을 정돈하다
straightened up his stuff, straightened up his things
رَتَّب أَغْراضُه

소지품을 챙기다
packed up his stuff
رَتَّب أَغْراضُه

소진하다 [자원을]
depleted [the natural resources, the oil reserves, etc.]
خَلَّص

소화하다 [불이 집을]
[the fire, the blaze, etc.] consumed [the house, etc.]
أَكَل

속다 [누구에게]
fell for it
أَكَل المَقْلَب / أَكَل مَقْلَب /
شِرِب المَقْلَب / شِرِب مَقْلَب

속도 조절하다 [일에 있어]
paced himself [in his work]
اشْتَغَل على راحْتُه

속생각을 다 알다
saw through him
عِرِف أَيْش جُوّاتُه

속이다
lied
كَذَّب (على)

손등으로 치다
backhanded him
ضَرَبُه بِقَفا يدُه

손바닥으로 치다 [얼굴, 팔을]
slapped him (on) [the arm, the face, etc.]
ضَرَبُه كَفّ

손상시키다 [관계를]
marred [the elections, the relationship, etc.]
خَرَّب

손을 들다
raised his hand

رَفع أُصْبَعُه / رَفَع إيدُه

손을 잡다
held [s/one's] hand

مَسَك إيد

손톱 단장하다
[she] had her nails done, had a manicure done

حَطِّلْها ماناكِير – ُ

솔선수범하다
took the initiative

أَخَذ المُبادَرة

솔직하게 말하다
spoke frankly (about) [s/thing]{with} [s/one]

حَكى بِصَراحة

솔직하다, 숨김 없다
was honest (with) [s/one]

كان صَرِيح

수가 더 많다
they outnumbered [the others]

كان عَدَدْهُمْ أَكْثَرْ من

수강하다 [학원에서]
took a course in [cooking, typing, etc.],
took a [computer, typing, etc.] course

أَخَذ دَوْرة

수리하다 [차, 엔진을]
[s/one] worked on [the car, the engine, the computer, etc.]

اشْتَغَل في/ب

수술을 받다 [환자가]
[the patient] had surgery

عِمِل عَمَلِيّة

수술을 하다 [의사가]
[the doctor] did surgery (on) [his leg, his heart, s/one, etc.]

عِمِل عَمَلِيّة

수용하다, 받아 들이다 [수표, 카드를]
accepted, honored [checks, credit cards, etc.]

أَخَذ

수익을 내다, 벌다 [돈을]
earned [a certain amount of money]

دَخَلُه

수준에 못미치다
[the service, the hotel, the product, s/thing, etc.] was not up to standard

كان أَقَلّ مِن المُسْتَوى/
كان أَقَلّ مِن العادي

수준으로 내려가다
got down on his level

نِزِل لِمُسْتَواه

수준을 낮추다
stooped down to his level [of behavior]

نِزِل لِمُسْتَواه

순독하다, 입술을 읽다
read his lips

قَرا شَفايْفُه

순이익을 남기다 [회사가]
[the company, s/one, etc.] cleared [a certain amount of money, a profit, etc.]
إِجاه رِبح صافِي /
جاب رِبح صافِي

숨어서 보다, 엿보다
watched [s/one]
تَطَلَّع على / تَفَرَّج على

숨은 동기가 있다
had a hidden motive
كان عِنْدُه مَصْلَحة /
كان إِلُه مَصْلَحة

숨을 쉬다, 호흡하다
took a breath
أَخَذ نَفَس

쉬다, 휴가를 받다
took leave
أَخَذ إجازة

스스로 다짐하다, 스스로 약속하다
made a promise to himself [that he would do s/thing]
قَطَع وَعَد على حالُه

승차하다 [차에]
got in, got into [the car, the truck, or the helicopter]
طِلِع في

시간이 되다 [어떤 것을 할]
the time has come, it’s time (to) [do s/thing], the time has come, it’s time (for) [s/one] [to do s/thing]
إِجى الوَقْت* ــِ (حَتّى/ل)

시도하다
tried [s/thing]
جَرَّب / حاوَل

시작되다 [모임이]
[the meeting, the show, etc.] started, started up
بَدا / بَلَّش

시작하다 [일을]
[s/one or s/thing] began [s/thing, doing s/thing, or to do s/thing]
بَدا / بَلَّش

시작하다 [작업을]
got started (on) [s/thing]
اشْتَغَل

시작하다 [어떻게 되기]
[s/one or s/thing] started [doing s/thing or to do s/thing]
صار

식욕을 줄이다
decreased his appetite
خَفَّف شَهِيتُه

식욕을 증진시키다, 입맛을 돌게 하다
increased his appetite
فَتَح شَهِيتُه

식이조절하다, 다이어트하다
went on a diet
عِمِل رُجِيم

신경쓰지 않다
couldn’t care a less
باعْها /
باع الدِّنيا بِالِّي فِيها

신봉하다 [사상, 생각을]
embraced [an idea, s/one's idea, or s/one's way of thinking] — أَخَذ

신실하다
was faithful (to) [s/one, the company, etc.] — كان أَمِين

신중히 검토하다
gave [the idea, the suggestion, etc.] a lot of thought — دَرَس

신청하다, 요구하다
requested [s/thing] — طَلَب

신호위반하다
ran the light, ran the red light — قَطَع الإِشارة

실망시키다
disappointed him — كَسَر خاطْرُه

실수하길 기다리다
waited for him to make a mistake — قَعَدْلُه على غَلْطة

실수하다, 망치다
made a mistake — عِمِل غَلَط

심사숙고하다, 고려하다
thought about [doing s/thing] — فَكَّر إِنُّه

심하게 야단치다
came down hard on [s/one] — نِزِل بَهْدَلة في/ب

쓰다
wrote [a book, a paper, a song, a poem, a report, etc.] — كَتَب

쓰다 [누구에게]
wrote (to) [s/one], wrote [s/one] [a song, a poem, a report, etc.], wrote [a song, a poem, etc.] for [s/one] — كَتَب ل

쓰다, 소요하다 [강의가 시간을]
[the lesson, the class, the session, etc.] took [a certain amount of time] — أَخَذ / بِقِي

악담하다
talked bad about [s/one else] — حَكى على / ضَرَبُه إِسْفِين

안부를 묻다 [누구에 관해]
asked about [s/one or s/thing], asked [s/one] about [s/one or s/thing] — سأَل عن

안으로 잠그다 [문을]
locked him/it up in [the house, the car, the room, etc.] — سَكَّر عَلَيْه ب/في

앉다
sat — قَعَد

앉아서 함께 대화하다 had a talk with [s/one] (about) [s/thing]	قَعَد وحَكى مع
알게 되다,깨닫게 되다 found that, found out that [something is true, people like to do certain things, etc.]	لَقى إِنُّه
알게 되다, 이해하게 되다 understood from [s/one] [what was the problem, etc.]	فِهِم من
알게 되다, 나타나게 되다 [s/one, his behavior, his demeanor, etc.] came across [rude, angry, well, etc.]	بَيَّن إِنُّه
알다 knew [s/thing or s/one]	عِرِف
알리다 informed [s/one] (about) [s/thing or s/one]	خَبَّر
알아듣다 understood	فِهِم
알아채다, 가로막다 caught on (to) [s/one, s/thing, or what he was doing]	حَطّ إِيدُه على طَرَف الخَيْط
알아챌 수 있다, 여길 수 있다 could see [that s/one was mad, that s/thing was wrong, etc.]	قِدِر يِلاحِظ
암시를 얻다, 힌트를 얻다 took the hint	فِهِم
암을 유발하다 caused cancer	عِمِل سَرَطان
앞서 도착하다 [s/one] came before [a certain time]	إِجى قَبِل
약을 먹다 [병 때문에] took some medicine, took some medication	أَخَذ الدَّوا
약점을 보다 found fault in [s/one or s/thing]	شاف غَلَط في / شاف أَغْلاط في
양심을 팔다 *sold himself out, sold out*	باع ضَمِيرُه
어기다, 위반하다 [법, 규칙을] disobeyed [the law or the rule]	كَسَر
어디에 두었는지 잊다 forgot where he put [s/thing]	نِسِي وَيْن حَطّ

어떤 것을 느끼다
felt like…
حَسّ إِنُّه

(그를) 어떤 상태로 보다
he looked to him [to be…], he seemed to him [to be…],
he seemed [to be…]
شافُه –ُ

어떤 상태로 있게 하다
let [s/thing] stay [where it was]
خَلّى

어떤 짓을 하다
did [s/thing] to [s/one or s/thing]
عِمِل ل

어떻게 되게 만들다
tended to make [s/thing] [better, worse, etc.]
خَلّى

어려운 시간을 갖다
he had a hard time [doing something]
كان صَعْب عَلَيْه

어렵게 만들다, 방해하다
tried to make trouble for [s/one]
حَطّ حَطِطُه على / حَطّ حْطاطُه على

어슬렁 거리다
hung around (with) [s/one]
بِقِي

어울리다, 맞다 [옷이]
[the shirt, the pants, etc.] fit him
إِجى على قَدُّه

어지럽히다, 혼란을 만들다
made a mess (in) [the kitchen, the class, etc.]
عِمِل فَوْضى

억제하다 [담배, 술을]
cut down on [the use of tobacco, alcohol, drugs, etc.]
خفَّف من

언급하다, 꺼내다 [주제를]
brought up [the subject, his name, etc.] (to) [s/one]
جاب سِيرة

언급하다, 진술하다, 말을 전하다
said that […]
حكى إِنُّه / قال إِنُّه

얼굴에 써 있다, 표정으로 알다
[it] was written all of his face that [he lied, he stole, etc.]
بَيَّن عَلَيْه إِنُّه

얼마 지나다 [시간이]
[it] has been [an hour]
صارْلُه

없다, 떨어지다
there's no more [money, flour, etc.]
بَطَّل في –ِ

없이 지내다
did without [s/thing or s/one]
ظَلّ بِدُون

엉망으로 만들다, 파산시키다
ruined [his car, his radio, his life, the economy, the situation, etc.]
خَرَّب / خَرَّبْلُه

여기다 [어떤 것으로]
could have passed for [s/one]
كان شِكْلُه زَيّ / كان شِكْلُه كَإِنُّه

여길 수 있다, 말할 수 있다
could say [that s/one was mad, that s/thing was true, etc.]
قِدِر يِحْكِي

여러 일을 동시에 하다
juggled several jobs
اشْتَغَل كَمِّن شَغْلة

여유가 있다 [금전적인]
could afford [to do s/thing]
قِدِر

여유가 있다 [경제적으로]
could afford
كان مَعُه –

여행하다 [관광지를]
took a tour (of) [an area, a site, a city, etc.]
أَخَذ جَوْلة

역기를 들다
lifted weights
لِعِب حَدِيد

역할을 하다
played a role (in) [the play, the movie, society, the company, the government, etc.]
لِعِب دَوْر

연관이 있다, 관계가 있다
[s/one or s/thing] had something to do with [s/thing]
دَخَلُه ب/في / [إِلُه دَخَلْ ب/في]

연구하다, 조사하다
did research (on/in) [a certain subject]
عِمِل بَحْث

연애하다, 사귀다
[they] started dating
بَدا عَلاقة / بَلَّش عَلاقة

열다, 열리다
[s/one or s/thing] opened [s/thing]
فَتَح

열심히 하다, 진지해지다
got serious (in) [his studies, his work, etc.]
صار جَدِّي

열중하다, 매료되다
was crazy for [s/one or s/thing]
صار مُغْرَم في/ب

염려하다
was worried (about) [s/thing or s/one]
كان قَلْقان

엿보다, 부당행위하다
looked on, looked onto [s/one else's paper, test, etc.]
تَطَلَّع على

영창에 넣다
put him in the holding cell
حَطُّه في النَّظارة / حَلاّه في النَّظارة

옆에 서다
stood by [s/one]
وَقَّف جَمْب / وَقَّف مَعُه

옆에 있다, 함께 하다
stood beside [s/one]
وَقَّف جَمْب

예를 들다, 예를 들어 설명하다
gave an example (of) [s/thing]
أَعْطى مَثَل

예상되다, 가정되다
was supposed to [do s/thing]
كان مَفْرُوض / كان مَفْرُوض إِنُّه

예상하다, 계산하다 [시간, 돈을]
figured on [s/thing taking a certain amount of time, spending a certain amount of money, etc.]
أَخَذ بِعَيْنِ الإِعْتِبار إِنُّه

오는 것을 그치다, 결석하다
stopped coming (to) [the meetings, etc.]
بَطَّل يِيجِي

오다
came
إِجى

오다 [교통수단으로]
came by [taxi, plane, train, etc.]
إِجى ب

오다 [어디에서]
[s/one] came from [s/place]
إِجى من

오다 [집, 사무실에]
came to [the house, the office, etc.]
إِجى على

오래가다, 지속되다 [수업이]
[the lesson, the class, the session, etc.] lasted [a certain amount of time]
أَخَذ / بِقِي

오래 머무르다, 남다 [냄새가]
[the smell, the taste, etc.] stayed
بِقِي / ظَلّ

오래 사용하다 [기계를]
[the car, the refrigerator, etc.] lasted
بِقِي / ظَلّ

오르락 내리락 하다 [가격, 온도가]
[prices, the temperature, the taxes, or the interest rate] fluctuated
نِزِل وطِلِع

오른 쪽으로 가다
kept right
خَلاّه عاليَمِين / خَلاّه يَمِين

오해하다, 잘못 이해하다 misunderstood [s/thing or s/one], misunderstood [what he said, what he was trying to do]	فِهِم غَلَط
올라가다 [산을] [s/one] ascended [the mountain, the hill, etc.]	طِلِع على
올라오다, 위로 지나가다 [차가] [the car, the truck, etc.] ran over [s/thing]	طِلِع فَوْق
올리다 raised [s/thing or s/one]	رَفَع
옳다 [이야기가] [his story, what he said, etc.] was correct	كان صَحّ
옹호하다, 동조하다 stood up for [s/one]	وَقَّف مع
와락 흥분하다, 분별을 잃다 *had a short in his fuse*	ضَرْبَتْ فْيُوزاتُه
완전히 이해하다, 파악하다 comprehended [what s/one said]	فِهِم على
완화하다, 덜다 relieved [the pain or the pressure]	خفَّف
외식하다 went out to eat, ate out [at a restaurant]	أَكَل بَرّا ـُ ـِ
왼쪽으로 가다 kept left	خَلاّه عالشْمال / خَلاّه عاليَسار / خَلاّه شْمال / خَلاّه يَسار
요구하다, 신청하다 requested [s/thing]	طَلَب
요약하여 설명하다 briefed [s/one] (on) [s/thing]	خَبَّر
요하다, 비용이 들다 [s/thing] cost [a certain amount of money]	كَلَّف
용서를 구하다 asked forgiveness (from) [s/one] {for} [s/thing he did or s/thing he said]	طَلَب السَّماح
우연히 엿듣다, 귓결에 듣다 overheard, accidentally overheard, accidentally heard [s/one or s/thing]	سِمِع بِالصُّدْفة ـ
우쭐대다, 으스대다, 깔보다 stuck his nose up at [s/one]	رَفَع مَناخِيرُه على

우쭐하다, 자기만 생각하다 was conceited	شاف حالُه
움켜 잡다 grabbed [s/one or s/thing]	مَسَك
웃겨서 죽을 뻔하다 died from laughing	مات مِن الضُّحُك / مات مِن الضِّحِك
웃기려 하다 lightened up, became light-hearted, became fun-loving	خفَّف دَمُّه –
원하다 wanted [s/thing or to do s/thing]	تَطَلَّع ل / كان بِدُّه
원하다, 바라다, 구하다 had eyes for [s/one or s/thing]	حَطّ عَيْنُه على
위로 지나가다, 올라오다 [차가] [the car, the truck, etc.] ran over [s/thing]	طِلِع فَوْق
위로하다 comforted him	أَخَذ بِخاطْرُه
위반하다, 어기다 [법, 규칙을] disobeyed [the law or the rule]	كَسَر
위임하다 assigned him the responsibility [of doing s/thing]	كَلَّفُه / كَلَّفُه إِنُّه
위촉하다, 임명하다 commissioned [s/one]	كَلَّف
위치하다 [s/thing] was located [s/where]	كان مَوْجُود
위해 일하다 [누구를] worked for [s/one]	اشْتَغَل عِنْد/ل
(그를) 위해 찾다, 점검하다 took a look at [s/thing] for him	شافْلُه
위협을 느끼다 felt intimidated (by) [s/one]	حَسّ بِتَهْدِيد
유래되다, 기원하다 [s/thing or s/one] originated (from) [England, Russia, etc.]	كان أَصْلُه
유래하다 [s/thing] derived from	إِجى من

유발되다, 초래되다
[s/thing good, s/thing bad, etc.] came out of [s/thing]
إِجى بَعِد

유지 보수하다
did maintenance (on) [the water heater, the house, etc.]
عِمِل صِيانة

유턴하다 [차를]
made a u-turn
عِمِل يُو تَرْن

유혹하다 [누구를]
tempted [s/one]
جَرَّب

은밀하게 일하다
did things secretively
اشْتَغَل من تَحِت لَتَحِت /
عِمِل من تَحِت لَتَحِت

은행을 털다
robbed a bank
سَرَق بَنْك

음식을 만들다
made [a cake, lunch, dinner, a pizza, cookies, coffee, etc.]
عِمِل / سَوّى

음주하기 시작하다
started drinking
بَدا يِشْرَب / بَلَّش يِشْرَب

응급상황이다
was an emergency
كان طارِئ

의견을 묻다
asked for his opinion (about) [s/thing]
أَخَذ رأْيُه

의논하다, 토의하다
discussed [s/thing]
حَكى في

의무가 있다
was obligated [to do s/thing]
كان ضَرُورِي / كان لازِم

의무감을 느끼다
felt like he had to [do s/thing]
حَسّ إِنُّه لازِم

의지를 나타내다
showed his intention
بَيَّن نِيِّتُه

의지하다, 의존하다
looked to [God or s/one] (for) [support, help, encouragement, etc.]
تَطَلَّع على

이기다
won [the game, the match, the battle, the war, a new car, etc.]
فاز ب

이기다 [시합에서]
beat [s/one] (in) [the game, the match, etc.]
فاز على

이기다 [싸움에서] beat up [s/one] (in a fight)	قِدِر على
이끌다, 인도하다 [s/thing] led [s/one] [to do s/thing]	خَلّى
이득을 내다 [the company, the organization, etc.] made a profit	جاب رِبح
이상하다, 낯설다 [s/thing] was strange	كان غَرِيب
이수하다, 코스를 밟다 studied for [his master's degree, his octorate, etc.]	دَرَس
이유를 제시하다 gave a reason [why he did s/thing or said s/thing]	أَعْطى سَبَب
이중체크하다, 확인하다 [누구와] checked with [s/one] (about) [s/thing]	تَأَكَّد من
이해하게 되다, 알게 되다 understood from [s/one] [what was the problem, etc.]	فِهِم من
이해하다 understood [s/one (his person), his personality, English, the book, etc.]	فِهِم
이혼을 원하다 filed for a divorce	طَلَب الطَّلاق
(그 여자와) 이혼하다 divorced her	رَمى عَلَيْها يَمِينِ الطَّلاق
인도하다, 이끌다 [s/thing] led [s/one] [to do s/thing]	خَلّى
(어떤) 인물로 만들다 made [s/one] into [a movie star, a top student, etc.]	سَوّى / عِمِل
일어나게 하다 [s/one or s/thing] made [s/thing] happen	عِمِل
일어나다, 벌어지다 [일이] [s/thing] happened	صار
일어나다 [누구에게 어떤 일이] happened to [s/one]	صار مع
일어서다 stood up	وَقَّف

일을 뛰어나게 하다 did a good job, did a great job	عِمِل شُغُل كُوَيِّس
일을 맡기다 left [s/thing] to him	كَلَّفُه ب
일을 해주다 [누구를 위해] did [s/thing] for [s/one]	عِمِل ل
일정을 짜다 [모임의] arranged a time, arranged for a time [to meet]	رَتِّب وَقْت
일정을 조정하다 got himself organized	رَتِّب أُمُورُه
일하다 [어떤 장소에서] worked in [a hotel, a restaurant, Disney World, etc.]	اشْتَغَل في/ب
일하다 [직장에서] [s/one] worked	اشْتَغَل
읽다 read [the book, the article, etc.]	قَرا
임명하다, 위촉하다 commissioned [s/one]	كَلِّف
임신한 것으로 보이다 [she] looked pregnant	بَيِّن عَلَيْها الحَمِل
입 다물다, 조용히 하다 shut his mouth	سَكَّر تُمُّه
입맛을 돌게 하다, 식욕을 증진시키다 increased his appetite	فَتَح شَهِيتُه
입술을 읽다, 순독하다 read his lips	قَرا شَفايْفُه
입장하다 [건물에] entered [the house, the building, etc.]	دَخَل / دَخَل على / فات على
입증하다 [옳고 그름을] verified [s/thing]	تأَكَّد من
입학하다 [학교에] entered [school, university, college, etc.]	دَخَل في/ب/على
있는 곳에서 보이다 [s/thing] was visible from where he was	بَيِّن من عِنْدُه

있다, 존재하다
[s/one or s/thing] was…
كان

있다 [어떤 장소에]
he was here
كان مَوْجُود

잊다
forgot [s/thing or s/one]
نِسِي

잊어버리다, 까먹다
[it] escaped his mind
راح عن بالَه

잊지 않고 있다, 마음에 담아두다
made a mental note [to do s/thing or say s/thing]
حَطُّه في بالُه

자기만 생각하다, 우쭐하다
was conceited
شاف حالُه

자기 자신을 망각하다
forgot his place
نِسِي حالُه

자다
slept
نام

자르다 [물건을]
cut [s/thing] (with) [s/thing]
قَطَع

자물쇠를 걸다
put a lock on [the door, the gate, the bike, etc.]
حَطّ قِفِل على/ل

자책하다
could have kicked himself
أَكَل أصابِعُه نَدَم

작동하다 [기계가]
[the machine, the computer, etc.] worked
اشْتَغَل

작아지다 [옷이]
[the shirt, the pants, etc.] became too small for [s/one]
بَطَّل يِيجِي على

잔소리하다, 나무라다
made himself out to be a teacher over [s/one else]
عِمِل حالُه مُعَلِّم على

잘못 알리다
misinformed him
خَبَّرُه غَلَطْ

잘못 운영하다
mishandled [the account, the money, etc.]
كان عِنْدُه سُوء إدارة في/ب

잘못 이해하다, 오해하다
misunderstood [s/thing or s/one], misunderstood [what he said, what he was trying to do]
فِهِم غَلَط

잘 시간이 되다
it's time for bed
صار وَقْتِ النَّوْم

잘 잊다, 건망증이 심하다
was always forgetting [things]
نِسِي حالُه

잠시 멈추다, 중단하다
paused
وَقَّف

잠자러 가다
went to sleep
راح ينام

잡고 있다, 들고 있다 [누구를 위해]
held onto it for him
مَسَكْلُه إِشي

잡으러 오다 [경찰이]
[the police, etc.] came looking for him
إِجالُه / إِجاه

장난에 걸려들다
fell for the joke
أَكَل المَقْلَب / أَكَل مَقْلَب / شِرِب المَقْلَب / شِرِب مَقْلَب

재판을 기다리다
stood trial (for) [murder, theft, rape, etc.]
اسْتَنّا الحُكُمْ

재확인하다 [누구를 위해]
checked for [s/one]
تَأَكَّد ل

전업으로 일하다
worked full-time
اشْتَغَل دَوام كامِل

전화가 끊어지다
there was no sound on the line, he could not hear his/her voice, he was unable to hear his/her voice
راح الخَطّ ـُ

전화걸다
dialed the number
طَلَب الرَّقَم /ضَرَب على ـُ

전화를 (도중에) 끊다
hung up on him, hung up the phone on him, hung the phone up on him
سَكَّر الخَطّ بِوِجْهُه

전화하다, 부르다
called [s/one's house, s/one's cell phone, etc.]
حَكى على

전화하다
called [s/one]
اتَّصَل مع/في/ب / حَكى مع

(누구에게) 전화하다
gave him a call
ضَرَبْله تَلِفون

절단하다 [사지를]
amputated [an arm, his leg, etc.]
قَطَع

절실히 필요하다, 갈급하다
craved [a certain type of food, cigarettes, drugs, etc.]
مات على/في

절제하다 [담배, 술을]
cut down on [the use of tobacco, alcohol, drugs, etc.]
خفَّف من

점검하다
took a look at [s/one or s/thing]
شاف

점수를 받다, 성적을 받다
made a [good, bad, high, low, etc.] grade
(on) [the test, the quiz, etc.]
جاب عَلامة / جاب مُعَدَّل

점심 시간을 갖다
went on lunch break
أَخَذ فُرْصة

정돈하다, 가지런히 하다
straightened up [the room, the office, the desk, the books, the chairs, etc.]
رَتَّب

정리되다, 끝나다 [관계가]
was finished with [s/one]
خَلَّص من

정면으로 맞서다, 대놓고 말하다
confronted him about it
حَطّ عِنْد عَيْنُه

정지하다 [은행구좌를]
closed [the account]
سَكَّر

제비뽑다, 동전던지기하다
flipped a coin
عِمِل فَنّة

제안하다
gave [the idea, the suggestion, etc.]
some thought
فَكَّر ب/في

제외시키다, 소외시키다
made him/it stay out of [s/one's] [room, office, house, etc.]
خَلاّه بَرّا

조금씩 먹다, 입질하다
nibbled on [a cracker, a piece of bread, a donut, a carrot, etc.]
أَكَل لُقْمة من

조사하다, 연구하다
did research (on/in) [a certain subject]
عِمِل بَحْث

조용히 하다, 입 다물다
shut his mouth
سَكَّر تُمُّه

조회하다, 문의하다
referred to [s/thing]
رِجِع ل

조회하다 [일정을], 검증하다
got verification from [s/one] (about) [s/thing]
تَأَكَّد من

존경하다 looked up to him	أَخَذُه قُدْوة إِلُه/ أَخَذُه مِثال إِلُه
존재하다, 있다 [s/one or s/thing] was…	كان
졸기 시작하다 started to fall asleep	صار يِغْفى
종지부를 찍다 put a stop to [s/thing]	وَقَّف
좋아하다, 사랑하다 loved [s/one, s/thing, or to do s/thing]	حَبّ
좌지우지하다 bossed [s/one] around	عِمِل أَبُو عَلِيّ على
죄를 범하다 committed a crime	عِمِل جَرِيمة
주다 [누구에게 무엇을] gave [s/one] [s/thing]	أَعْطى
주먹으로 맞다 got punched	أَكَل بُكْس
주먹으로 치다 punched him (in) [the arm, the chest, the stomach, the face, etc.]	ضَرَبُه بُكْس
주변을 둘러 보다 looked around him (for) [s/thing]	تَطَلَّع حوالَيْه
주사하다, 주입하다 injected [the needle]	أَعْطى
주재하다, 살다 [어디에] lived [s/where]	قَعَد
죽다 passed away, *gave up the ghost*	مات / أَعْطاه عُمْرُه / طِلْعَتْ رُوحُه
죽이다 [s/one or s/thing] killed [s/one]	خَلَّص على / قَتَل
줄다, 감소하다 [체중이] lost [a certain amount of weight]	نِزِل
줄서서 들어가다 filed into [the class, the building, etc.]	دَخَل بِالدَّوْر

줄이다, 최소화하다 minimized [the talking, the damage, the problems, etc.]	خفّف
중독되게 하다, 취하게 만들다 [s/one or the alcohol, etc.] got him drunk	خلاّه يِسْكَر
중독시키다 [the alcohol, the beer, etc.] intoxicated [s/one]	سَكَّر
중재하다, 화해하다 worked out a compromise	سَوّى حَلّ وَسَطْ / وِصِل لَحَلّ وَسَطْ
중지시키다, 제동을 걸다 stopped him in his tracks, stopped him dead in his tracks	حَطُّه عِنْد حَدُّه
즉흥적으로 말하다 spoke impromptu	حَكى ارْتِجالي
증가하다, 높이다, 올리다 increased [s/thing]	زاد
지나치다, 극단으로 가다 went too far	زادْها
지루해지다 was bored	طِلْعَتْ رُوحُه
지불하다 paid [the rent, his taxes, etc.]	دَفَع
(대금을) 지불하다, 빚을 갚다 paid for [the sandwich, the drink, the car, the house]	دَفَع حَقّ ...
지불하다 [일정 금액을] paid [a certain amount of money] for [s/thing]	دَفَع على / دَفَع في/ب
지불하다 [누구에게] paid [s/one] off	دَفَع ل
지속되다, 오래가다 [수업이] [the lesson, the class, the session, etc.] lasted [a certain amount of time]	أَخَذ / بِقِي
지속하다 [전화, 인터넷을] stayed on [the internet, the phone, the computer, etc.]	قَعَد على
지위가 더 낮다 had a lower position (than) [s/one else]	كانَتْ مَرْتِبْتُه أَقَلّ
지위가 더 높다 had a higher position, (than) [s/one else]	كانَتْ مَرْتِبْته أَعْلى

지적하다, 가리키다
[the facts, the statistics, etc.] pointed to [s/thing else] — بَيَّن

지적하다
spoke up about [s/thing or s/one]
(to) [s/one] — حَكى عن

지치다, 피곤해지다
got tired (of) [s/one or s/thing] — تِعِب

직접 확인하다, 직접 보다
looked for himself — تأَكَّد لَحالُه

직행하다, 곧바로 가다
went straight to [the door, the car, the food, etc.] — راح دُغْري على

진술하다, 말을 전하다
said that […] — حكى إِنُّه / قال إِنُّه

진심으로 말하다
spoke honestly (about) [s/thing]{with} [s/one] — حَكى بِصَراحة

진지해지다, 열심히 하다
got serious (in) [his studies, his work, etc.] — صار جَدِّي

진행되다 [어떤 일이]
[the test, the day, the surgery, the meeting, etc.] went
[well, great, badly, etc.] — مَشى

질리다, 진절 머리가 나다
got fed up (with) [s/one or s/thing] — تِعِب

질문하다
asked a question (about) [s/thing] — سأَل سُؤَال

짐을 꾸리다, 가방을 싸다
packed up his suitcases — رَتَّب شُنَطُه

짐을 지우다, 부담시키다
put the burden on his shoulders
[to do s/thing] — رَمى الحِمِل على كْتافُه

집안 일을 하다
did [the dishes, the laundry, the windows, the floor, the
housework, etc.]; — سَوّى ـِ / عِمِل ـَ (ل)

집어 던지다
hurled [s/thing] (at) [s/one else] — رَمى

집에 가다, 귀가하다
went home — رَوَّح /
رَوَّح عالبَيْت

집을 털다
[a thief, etc.] broke into his house — سَرَق بَيْتُه

집중을 중단하다 stopped concentrating	بَطَّل يجمِّع
집중하다, 관심을 기울이다 put his mind to [doing s/thing]	حَطّ بِراسُه إنُّه ...
집착하다 was obsessed (with) [s/one or s/thing]	كان مَهْوُوس
집행유예되다 was let out on parole	طِلِع من السِّجِن بِشُرُوط
짓다, 건축하다 built [a building, a bridge, a wall, etc.]	بَنى
(어떤) 짓을 하다 did something to [s/thing or s/one]	عِمِل إِشي في
좇아가서 잡다, 체포하다 caught [s/one]	مَسَك
차례대로 들어가다 filed into [the class, the building, etc.]	دَخَل بِالدَّوْر
차례를 기다리다 [줄에서] waited for his turn (in) [line, the post office, etc.]	اسْتَنّا دَوْرُه
차를 들어 올리다 jacked up the car	رَفَع السَّيّارة
차를 털다 [a thief, etc.] broke into his car	سَرَق من سَيارْتُه
차에 태우고 가다 drove off, drove off in his car	راح بِسَيّارْتُه
착륙하다 [the airplane] landed	حَطّ / نِزِل
참견하다, 간섭하다 [s/thing] mattered to him	دَخَلُه
참다 [화장실을] held it, held it in (to use the bathroom)	مَسَك حالُه
참석하다, 출석하다 attended [the meeting, the conference, etc.]	حَضَر
참수하다, 목을 베다 beheaded him	قَطَع راسُه

찾다
found [s/thing]
لَقى

찾아 다니다, 찾아 헤매다
looked for [s/thing, s/place, or s/one]
دَوَّر على

찾아오다 [경찰이]
[the police, etc.] came looking for him
إجالُه / إجاه

책망하다, 탓하다
blamed [s/one else]
رَمى الحَقّ على /
رَمى المُشْكِلة على

책임을 지다
took the responsibility for [doing s/thing]
أَخَذ على عاتْقُه

책임지우다, 지명하다 [그를]
assigned him the responsibility [of doing s/thing]
كَلَّفُه / كَلَّفُه إِنُّه

청소하다 [방, 차를]
cleaned up [his room, the car, his drawer, etc.]
رَتَّب

청혼하다
[s/one] asked for [s/one's] hand in marriage
طَلَب إِيد

체중감량하다
lost weight
خَفَّف وَزْنُه

체중이 늘다, 살찌다
gained weight
زاد وَزْنُه

체중이 더 많이 나가다
[s/one] outweighed [s/one else]
كان وَزْنُه أَكْتَرْ من

체크하다 [일정을]
checked [s/thing]
تَأَكَّد من

체포하다, 쫓아가서 잡다
caught [s/one]
مَسَك

쳐다 보다 [누구를 뻔히]
looked at [s/one]
تَطَلَّع على/في/ب

초과하다 [체중, 가격이]
[the weight, the price, the number of people, the temperature, his age, etc.] was above [a certain number]
زاد عن

초래되다, 결과로 일어나다
[s/thing] came about from [s/thing]
صار بَعِد

최근 소식을 알리다
kept him up-to-date (on) [s/thing]
خَبَّرُه أَوَّل بِأَوَّل

최선을 다하다 tried his best	حاوَل جُهْده / حاوَل كُلّ جُهْدُه / عِمِل جُهْدُه
추워지다 [날씨가] [the weather, the temperature, etc.] became cold	صار بارِد
축구하다 played soccer (with) [s/one]	لِعِب كُرَةَ القَدَم
충격을 완화하다 [s/thing] cushioned the fall	خَفَّف الضَّرْبة
충고를 구하다 asked his opinion (about) [s/thing]	أَخَذ رأْيُه
충고를 받아들이다 took [s/one's] advice, went with [s/one's] advice	عِمِل بِرَأْي ـَ ـِ
취소하다 [모임, 주문을] cancelled [the meeting, the food order, the party, etc.]	لَغى
취직하다, 취업하다 was hired, was hired on	اشْتَغَل
취하게 만들다, 중독시키다 [s/one or the alcohol, etc.] got him drunk	خَلاّه يِسْكَر
취하다 [술에] [the alcohol, the beer, etc.] got [s/one] drunk	سَكَّر
치다, 때리다 hit [s/one or s/thing]	ضَرَب
침입하다 [문으로] kicked in [the door, etc.]	كَسَر
침입하다 [컴퓨터에] hacked into [the computer, the program, the mainframe computer, the system, the FBI's database, etc.]	دَخَل على
칼로 베다 slashed him with a knife	ضَرَبُه مُوس
칼로 찌르다 stabbed him, stabbed him with a knife (in) [the arm, the chest, the stomach, the leg, etc.]	ضَرَبُه سِكِّينة ـُ (في/ب)
칼에 베이다, 난도질 당하다 was cut (by) [s/one] with a knife	أَكَل مُوس
칼에 찔리다 got stabbed, got stabbed with a knife	أَكَل سِكِّينة

칼을 들이대다 pulled a knife on him	رَفَع عَلَيْه سِكّينة
켜둔채로 놔두다 left it (the car, the engine, the heater, the television, etc.) on	خَلّاه شَغّال
크게 싸우다, 크게 다투다 made a big deal (out of) [s/thing or s/one]	عِمِل قُصّة
타다 [택시, 버스를] took [a taxi, a bus, a train, etc.]	أَخَذ
타다, 승차하다 [차에] got in, got into [the car, the truck, or the helicopter]	طِلِع في
타락시키다 [s/one or s/thing] corrupted [s/one or s/one's morals]	خَرَّب
타보다, 드라이브하다 [차를] went for a ride (in) [his car, etc.]	أَخَذ جَوْلة
타협하다, 화해하다 reached a compromise	وِصِل لَحَلّ وَسَطْ
타협하지 않다, 계속 주장하다 didn't give an inch	ظَلّ على مَوْقِفُه
탈락하다 [학교, 경기에서] dropped out of [the class, school, the contest, etc.]	تَرَك
탈선시키다 perverted [s/one else's] mind	خَرَّب أَخْلاق
탓하다, 비방하다 blamed [s/one else]	حَطّ الحَقّ على / رَمى المُشْكِلة على
태도를 취하다 took a position (against) [s/thing]	أَخَذ مَوْقِف
태워 주다 [누군가를] took him for a ride {in} [his car, etc.]	أَخَذُه مِشْوار
털다, 강탈하다 [누구를] robbed him	سَرَقُه / سَرَق مِنُّه
털어 놓다 [비밀을] confided in him	أَعْطاه سِرّ / حَكالُه سِرُّه
토론하다 [어떤 주제에 대해] talked it over	حَكى بِالمَوْضُوع / حَكى في المَوْضُوع / حَكى عَن المَوْضُوع

토막내다 [몸을] dismembered [s/one]	قَطَع جِسْم
토의하다, 의논하다 discussed [s/thing]	حَكى في
통해 보다 [창문, 구멍을] looked through [the window, the peephole, the sliding glass door, etc.]	تَطَلَّع من / شاف من
(그를) 퇴박 놓다, 거절하다 was repulsed by him, *totally hated him,* completely hated him, hated him a lot	شافُه زَيّ عُزْرايِين
튀겨 날리다 flicked [s/thing] {on/at} [s/one or s/thing]	رَمى
팁을 주다 gave him a tip	دَفَعَلُه بَخْشِيش / دَفَعْلُه بَقْشِيش
파괴하다 [공공시설을] vandalized [s/thing]	خَرَّب
(인생을) 파멸시키다 [s/one] ruined his life	خَرَّب بَيْتُه
파산시키다, 엉망으로 만들다 ruined [his car, his radio, his life, the economy, the situation, etc.]	خَرَّب / خَرَّبْلُه
파악하다, 완전히 이해하다 comprehended [what s/one said]	فِهِم على
파트타임 근무하다 worked part-time	اشْتَغَل شُغُل جُزْئي
파티를 베풀다 threw a party (for) [s/one or s/thing]	سَوّى حَفْلة
판결을 뒤집다 [the court or the judge] overturned [the decision, the case, the ruling, or the judgment] overruled [the decision or the judgment]	لَغى
팔다 [물건을] sold [s/thing]	باع
팔이 부러지다 broke his arm	كَسَر إِيدُه / كَسَر راسُه
편승을 요구하다, 태워주길 부탁하다 asked for a ride (from) [s/where] {to} [s/where else]	طَلَب تَوْصِيلة
편을 들다 [한쪽] took sides with [s/one]	وَقَّف في صَفّ

펼치다 [책을]
[s/one or s/thing] opened [s/thing]
فَتَح

폐업하다 [가게를]
shut down [the store, the business, etc.]
سَكَّر

표를 하다 [어디에]
marked [the page, the way, the tree, etc.]
عَلَّم

표시로 구분하다, 체크하다
checked off [s/thing]
عَلَّم على

표정으로 알다, 얼굴에 써 있다
[it] was written all of his face that [he lied, he stole, etc.]
بَيِّن عَلَيْه إنُّه

푸다, 퍼올리다, 뜨다
scooped out, scooped [a certain amount of]
[spices, candy, nuts, etc.] for him
حَطِّلُّه

피곤해지다, 지치다
got tired (of) [s/one or s/thing]
تِعِب

필사적으로 애쓰다
went over backwards (for) [s/one]
تِعِب كْتِير

필요로 하다 [무엇을]
he needed [s/thing]
كان لازْمُه / كان لازِمْلُه

하게 만들다 [어떤 것을]
[s/thing and s/one] made it necessary for him to, made it necessary that he[do s/thing]
خَلاّه ضَرُورِي /
خَلاّه ضَرُورِي إنُّه

하고 싶다 [어떤 일을]
felt like [doing s/thing]
إجى على بالُه / حَسّ إنُّه

하다
did [s/thing]
عِمِل / سَوّى

한마디로 줄여 말하다
made a long story short
حَكى مِن الآخِر

한 모금 마시다 [물을]
took a sip (of) [water, etc.]
أَخَذ شَفّة / شِرِب شَفّة

한 모금 빨다 [담배를]
took a drag (from) [a cigarette, a cigar, etc.]
أَخَذ شَفّة / شِرِب شَفّة

한바탕 달리다 [차, 자전거로]
took him for a spin (in) [his car, etc.]
أَخَذُه لَفّة

한숨에 다 마시다
drank it up
شِرْبُه مَرّة واحْدة

할 수 밖에 없다 had to [to do s/thing]	كان ضَرُورِي / كان لازِم
할 수 있다, 가능하다 could [do s/thing]	قِدِر
핥다 [동물이] [the dog, the cat, etc.] lapped up [the water, the milk, etc.]	شِرِب
함께 걷다 walked with [s/one]	مَشى مع
함께 시간을 보내다 spent time with [s/one]	قَعَد مع
함께 일하다 worked with [s/one]	اشْتَغَل مع
함께 자다, 성관계하다 slept with [s/one]	نام مع
함께 하다, 옆에 있다 stood beside [s/one]	وَقَّف جَمْب
합산되다 [the total price, the bill, the fees, etc.] totaled [a certain amount]	صار / طِلِع
해고하다 [the company or s/one] laid him off, laid him off from work	وَقَّف شُغُلُه / وَقَّفُه عَنِ الشُّغُل
해고하다 fired [s/one]	رَوَّح / رَوَّح عالبَيْت
해내다 *got the best of [s/one]*	قِدِر على
허락을 받다 got permission (from) [s/one] [to do s/thing]	أَخَذ إِذْن
허락하다, 허용하다 allowed [s/one] [to do s/thing]	خَلّى
허물을 발견하다 found fault in [s/one or s/thing]	شاف غَلَط في / شاف أَغْلاط في
험담하다, 나쁘게 이야기하다 made him look bad	بَيَّنُه عاطِل
험담하다 *talked trash about [s/one else]*	حَكى على / ضَرَبُه إِسْفِين

헤어지다
broke up with [s/one] | تَرَك

현금으로 바꾸다 [증권을]
liquidated [his assets, his stock, his business, etc.] | باع

현상수배하다
[s/one] put out a contract on his life | حَطّ مَبْلَغ لإلِّي بُقْتُلُه

형편없다, 매우 나쁘다
[s/thing] was terrible | كان زَيّ العَمى

호되게 맞다
got beat-up | أَكَل قَتْلة

호의를 베풀다
did a favor for [s/one], did [s/one] a favor | عِمِل خِدْمة ل / عِمِل مَعْرُوف مع

호흡하다
took a breath | أَخَذ نَفَس

혼내주다, 팔(다리)를 부러뜨리다
broke his legs, broke his arm | كَسَر راسُه –

(심한) 혼란에 빠지게 하다
[s/thing or s/one] turned his world upside down | حَطُّه في دَوّامة

혼란을 만들다, 어지럽히다
made a mess (in) [the kitchen, the class, etc.] | عِمِل فَوْضى

혼자 두다
let him be by himself | تَرَكُه لَحالُه / خَلاّه لَحالُه

혼자 있다
kept to himself | كان بِحالُه

화가 나다
got upset (at) [s/one] | زِعِل

(매우) 화나게 되다
got really angry | سَكَّرَتْ مَعُه

화를 참다
held back his anger | مَسَك حالُه

화해시키다, 화해하다
made peace (with) [s/one] | عِمِل سَلام

화해하다, 중재하다
worked out a compromise | سَوّى حَلّ وَسَطْ / وِصِل لَحَلّ وَسَطْ

طِلِعْلُه –
확보되다, 확정되다
was confirmed [a spot, a place, etc.] [at the university, in the play, on the team, etc.], was given [a spot, a place, etc.] [at the university, in the play, on the team, etc.];

تأَكَّد من إنُّه
확실히 해두다
made sure that [s/one was going to do s/thing or s/thing was going to happen]

تأَكَّد
확인되다, 분명해지다
[s/thing] was confirmed

تأَكَّد إنُّه
확인하다 [어떤 것을]
made sure that [he did s/thing]

أَخَذ
(우/좌)회전하다 [거리에서]
took [a right, a left, a certain road, etc.]

حَطّ الرِّيفَيْرْس
후진하다, 뒤로 가다 [차가]
put it in reverse

رِجِع لَوَرا
후진하다 [차가]
went in reverse (in) [his car]

عِمِل عِبْرة من
(엄히) 훈계하다, 본때를 보이다
made an example out of him (for) [the rest, the class, etc.]

سَرَق
훔치다
stole [s/thing] (from) [s/one else or s/thing]

أَخَذ إجازة / راح إجازة / طِلِع إجازة
휴가를 가다
took a vacation (to) [s/place]

أَخَذ فُرْصة
(여름) 휴가를 가다
went on summer break

طِلِع إجازة
휴가를 떠나다
went on vacation (to) [the Bahamas, Italy, the U.S., etc.]

أَخَذ اسْتِراحة
휴식을 취하다 [공부하다가]
took a break

ضَرَب بْرَيْك
휴식하다
pressed down on the brake

فِهِم
힌트를 얻다, 암시를 얻다
took the hint

فَرْجى عَضَلاتُه
힘을 과시하다
showed off his muscles to [s/one]

خفَّف
희석하다 [용액을]
diluted [the drink, the chemical, etc.]

이 도서의 국립중앙도서관 출판시도서목록(CIP)은 e-CIP 홈페이지(http://www.nl.go.kr/ecip)에서 이용하실 수 있습니다.(CIP제어번호: CIP2010001928)

101가지 아랍어 동사

구어체, 요르단-팔레스타인 편

초판 1쇄 발행 2010년 6월 10일
초판 2쇄 발행 2017년 7월 21일

지은이 Fridrik E. Tiedemann Jr.
옮긴이 김문규
발행인 김인철
총괄 · 기획 가정준 Director, University Press
편집장 신선호 Executive Knowledge Contents Creator
도서편집 김민정 Contents Creator
재무관리 김은혜 Managing Creator
마케팅 파트장 백승이 Chief Marketing Creator
마케팅 박종원 Marketing Creator
발행처 한국외국어대학교 지식출판원
02450 서울특별시 동대문구 이문로 107
전화 02)2173-2493~7
FAX 02)2173-3363
홈페이지 http://press.hufs.ac.kr
전자우편 press@hufs.ac.kr
출판등록 제6-6호(1969. 4. 30)
디자인 · 편집 ㈜이환디앤비 02)2254-4301
인쇄 · 제본 네오프린텍 02)718-3111

ISBN 978-89-7464-611-0 18790 정가 20,000원

* 잘못된 책은 교환하여 드립니다.

HU:NE은 한국외국어대학교 지식출판원의 어학도서, 사회과학도서, 지역학 도서 Sub Brand이다. 한국외대의 영문명인 HUFS, 현명한 국제전문가 양성(International+Intelligent)의 의미를 담고 있으며, 휴인(携引)의 뜻인 '이끌다, 끌고 나가다'라는 의미처럼 출판계를 이끄는 리더로서, 혁신의 이미지를 담고 있다.

이 책의 음원(mp3)은 한국외국어대학교 지식출판원 홈페이지(press.hufs.ac.kr) – 게시판 – 자료실에서 다운받아 사용하시기 바랍니다.